Über dieses Buch

Die heutigen italienischen Provinzen von Verona, Vicenza, Padua, Belluno, Treviso, Udine, Görz und Triest, dazu ein Teil des heutigen Jugoslawien bis Pula – das früher von der Republik Venedig beherrschte Festland – werden hier beschrieben. Die wechselvolle Geschichte dieser Landschaft zwischen Alpen und Mittelmeer wird hier lebendig, verbunden mit historischen Legenden und Biographien von Künstlern, Politikern und Militärs. Aber auch Romeo und Julia in Verona, die attraktiven Sehenswürdigkeiten vieler Städte, die Villen eines Palladio, die abgelegenen Täler und Landgemeinden dürfen in diesem Buch über Venetien nicht fehlen, das gleichermaßen für den Historiker und Kunstgeschichtler wie für den Touristen eine Fülle von Informationen bringt.

Der Autor

Humbert Fink, geb. 1933 in Salerno/Süditalien, war Mitglied der Gruppe 47. Er ist Publizist, u. a. ständiger Mitarbeiter des Österreichischen und des Bayerischen Fernsehens mit regelmäßigen Sendereihen. Im Fischer Taschenbuch Verlag liegt außerdem vor: Süditalien – Tränen unter der Sonne (Bd. 3038).

Humbert Fink

Venetien zwischen Gardasee und Istrien

Der Doge kam nur bis Asiago

Mit 17 Abbildungen nach Fotografien
von Ulrike Elsinger und Humbert Fink

Fischer Taschenbuch Verlag

Für Ulrike Elsinger

Fischer Taschenbuch Verlag
März 1982
Umschlagentwurf: Jan Buchholz/Reni Hinsch
Karte auf S. 300–301: Christl Aumann
Fischer Taschenbuch Verlag GmbH, Frankfurt am Main
Lizenzausgabe mit freundlicher Genehmigung
der Süddeutschen Verlags GmbH, München

Gesamtherstellung: Hanseatische Druckanstalt GmbH, Hamburg
Printed in Germany
1480-ISBN-3-596-23054-3

Inhalt

An den Wurzeln des Lebens

Die Berge werfen keinen Schatten

Es gehört zu den eigenartigsten Widersprüchen dieses an Widersprüchen und Überraschungen so reichen Friaul, daß die wohl berühmteste und seit annähernd zwei Jahrtausenden auch am meisten frequentierte Straße, die sich wie ein abenteuerlich gewundener Schlauch durch die letzten Ausläufer der mitteleuropäischen Alpen zieht, durch eines der unbekanntesten Gebiete Europas verläuft. Denn die Millionen Menschen, die, von Österreich über Tarvis kommend, durch das Val Canale und Canale di Ferro südwärts reisen, vorbei an einem Panorama, dem man nur ein paar flüchtige Blicke widmet, und quer durch die faszinierenden Jahresringe vieler Zeitalter, deren tatsächliche Attraktionen immer noch völlig unbekannt sind, diese Millionenschar der Touristen, Händler und Fuhrleute, der Soldaten und Pilger, tappt gleichsam mit verbundenen Augen durch ein atemberaubendes Labyrinth unserer Zivilisation.

Immerhin hat diese latente Unwissenheit so etwas wie Tradition, denn noch vor rund hundert Jahren, als man möglicherweise noch mehr Zeit und Geduld aufbrachte für die Erforschung der eigenen Herkunft, beschrieb ein vielbändiges Werk, das unter der Patronanz des österreichischen Kronprinzen Rudolf entstanden war, die Landschaften der alten Monarchie, wobei man sich für das sogenannte Kanaltal – das damals bis Pontafel/Pontebba österreichisch war – mit einigen wenigen Zeilen begnügte. Und da hieß es dann im behäbigen Stil jener Zeit: »Im südwestlichen Theile von Kärnten, der Wasserscheide zwischen dem schwarzen und dem adriatischen Meere, finden wir das in vielen Partien so überaus malerische Kanalthal, einerseits durchströmt von der wildbachartig einherbrausenden Fella, welche nordöstlich von Uggowitz, am Sattel der Uggowitzer Ache und des Dürren Wipfels entspringt, bei Saifnitz die Wasserscheide bildet, und dem Tagliamento zueilt, anderseits von der Gailitz, die ihren Lauf der etwas nördlicher fließenden Gail zuwendet. Wenn man bei der italienischen Grenzstation Pontebba die Fellabrücke überschreitet, befindet man sich in dem österreichischen Grenzdorfe Pontafel und hat gleich Gelegenheit, einen Gegensatz zu bewundern, wie er sonst nur in den seltensten Fällen bemerkt werden kann: drüben italienisch, herüben slowenisch und deutsch, die Bauten, die Menschen, ihre Sitten und Gebräuche. Das kleine Dorf, durch einen mächtigen Steindamm vor den Ausbrüchen der Fella und der sich mit ihr vereinenden Pontebbana geschützt, liegt in einem kleinen Thalbecken, umrandet von einem Kranz bewaldeter Berge, die steil anstrebend ihre malerisch geformten Kuppen im blauen Äther baden.«

Dieses erste Beispiel sozusagen monarchistischer Landschaftsbeschreibung kann natürlich noch nichts darüber aussagen, daß die Unvernunft der Menschen dieses idyllische Pontebba/Pontafel, das nach den ebenso verlustreichen wie unglücklichen Feldzügen der Österreicher in der Lombardei und in Venetien, und vor allem nach der Katastrophe von Königgrätz in der zweiten Hälfte des 19. Jahrhunderts, zum wichtigen Grenzort wurde, ein weiteres Menschenalter später dem Erdboden gleichmachte, als im Jahre 1915 die Kanonen zu beiden Seiten der Pontebbana losbrüllten. Die altehrwürdige Pfarrkirche von Santa Maria Maggiore, die im Jahre 1504 entstanden war, ging genauso in Flammen auf wie die alten Häuser entlang der Reichsstraße, über die schon römische Eilkuriere und illyrische Sklaven zogen; und auch mancher römische Grundriß, der seit dem zweiten nachchristlichen Jahrhundert in diesem entlegenen Winkel des Tals existierte, kroch in jenem verrückten Kriegsjahr endgültig in die Erde zurück. Hier begreift man vielleicht auch, daß die Geschichte der Friedhöfe dieses Val Canale zugleich auch eine Geschichte menschlicher Dummheit ist, denn immer wütete hier zwischen den Bergen irgendein Krieg.

Da schreibt zum Beispiel jener Chronist aus dem vergangenen Jahrhundert, der zu erwähnen vergessen hatte, daß an der Stelle der Doppelgemeinde Pontebba/Pontafel bereits in römischer Zeit eine Zollstation existierte für den Handel zwischen den römischen Provinzen Norditalien und Illyrien: »Anders gestaltet sich die Gegend schon bei den oberhalb an der Fella gelegenen Leopoldskirchen, die Gehänge werden kahler, jäh aufstrebende Felskolosse blicken dräuend ins Thal, breite graue Streifen, mit großen Steinen und Geschiebemengen übersäet, bezeichnen die furchtbare Tätigkeit der entfesselten Wildbäche. Ein bizarrer Wechsel in der Gebirgsszenerie begleitet uns, bis unweit des alten Hammerhauses bei Talavai die schwalbennestartig am Felsen klebenden zwei Blockhäuser unsere Aufmerksamkeit auf sich ziehen, bei welchen in der Pfingstwoche 1809 Hauptmann Hensel mit einer kleinen Schar von Helden den Franzosen so lange den Weg versperrte, bis diese sich ihren Weg über die Leichen der Tapferen zu bahnen vermochten. Ein einfaches Denkmal mit dem Bilde des sterbenden Löwen gibt Zeugniß davon, daß dieser Punkt vertheidigt wurde bis zum letzten Blutstropfen. Und bei Malborgeth blickt uns wie ein stets bereiter Grenzwächter die neuerbaute, wohlarmirte Thalsperre entgegen, das schmale Thal beherrschend, zu dessen beiden Seiten sich steile Bergwände aufthürmen, welche nur die sprunggewandte Gemse belebt und deren wilde Zacken und Gipfel noch der stolze Adler in weitem Bogen umkreist. Bei Uggowitz schiebt sich mit mächtigen Widerlagern der 1369 Meter hohe Dürrer Wipfel vor, als wollte er das Thal abschließen im Bunde mit dem ihm entgegenstehenden Bergriesen, welche in ihrem weiteren Verlaufe die wildromantische Schlucht formieren, durch die wie ein wildes Kind der freien Berge die Seisera herausströmt aus einem Gebiete voll himmelanstrebenden Bergen und unzugänglichen Felsenschluchten. Der gewaltige Wischberg sendet hier ebenfalls einen Ausläufer dem Thale zu, von dessen Vorsprung ein Kirchlein niederschaut. Es ist dies der weit bekannte Wallfahrtsort Luschari, wo alljährlich Tausende frommer Waller zusammenkommen und fromme Gebete mit der Bewunderung einer überwältigenden Naturschönheit verbinden.«

Soweit das wörtliche Zitat. Und was den kühnen Heldentod der Verteidiger von Malborgeth oder Malborghetto angeht, so steht man heute nachdenklich vor diesem Denkmal, das an die hartnäckige Opferbereitschaft eines siebenbürgischen Hauptmannes namens Hensel erinnert, der hier am 17. Mai 1809 einer französischen Übermacht erlegen ist. Düster und scheinbar unzugänglich erhebt sich der felsige Hügel mit den Ruinen der alten Festung neben der Straße. Frischer Bergwind spielt im grünen Geäst der Bäume. Und die Einsamkeit der Hochtäler steht im erstaunlichen Gegensatz zum Lärm der Geschichte, die sich hier immer wieder festgekrallt hat. Im nahen Malborghetto aber kann man noch an der Fassade des beeindruckenden Palastes Canal die alten Allegorien entziffern, die aus dem Ocker und verwischten Rotbraun des derben Gemäuers hervortreten. Und hier sind auch die ersten venezianischen Details in alpiner Umgebung feststellbar, wölben sich Bogen und starren marmorne Säulen blind in einen Himmel, der von seidigem Glanz ist. Und auch hier wieder die alten blutigen Geschichten auf den Friedhöfen und an den Wänden der Kirchen, wenn auf den nutzlosen Heldendenkmälern die Namen der Gefallenen aufmarschieren, slowenisch und deutsch und dazwischen manchmal italienisch, so daß man sich zu fragen beginnt, für welches Vaterland in welchem großen Krieg diese Männer eigentlich ums Leben gekommen sind.

Längst vergessen ist auch die wahre Bedeutung Malborghettos als ein mittelalterliches Zentrum der Eisenindustrie. Und niemand erinnert sich heute mehr an die strategische Bedeutung dieses wichtigen Marktes, der insgesamt viermal bei kriegerischen Aktionen eine entscheidende Rolle spielte, und zwar im Jahre 1616, als im sogenannten Krieg von Gradisca zwischen Venedig und Habsburg die Festung von Malborgeth von venezianischen Truppen erobert wurde, und dann in der Zeit der Franzosenkriege, als zuerst 1797 General Massena, dann 1805 Eugène Beauharnais und zuletzt 1809 eine französische Übermacht diese immer wieder hart umkämpfte Festung besetzten, die später nach dem endgültigen Verlust der lombardo-venetianischen Provinzen 1866 von den Österreichern noch einmal verstärkt und ausgebaut wurde, ohne daß freilich aus ihren Kanonen noch ein einziger Schuß abgefeuert worden wäre. Und so steht dieses Denkmal, das nur an den Hauptmann Hensel und seine Soldaten erinnert, wohl für alle habsburgischen Söldner und österreichischen Soldaten, die in dieser düsteren Talenge für irgendeinen Kaiser und für irgendein Vaterland nutzlos gestorben sind. Denn die Männer, die hinter den heute längst schon zerbrochenen und teilweise verschwundenen Mauern dieser alten Festung kämpften, stammten aus allen entfernten Winkeln des riesigen Reiches, aus der Bukowina und aus Siebenbürgen, aus Galizien und Dalmatien, und die Idee, die sie hier mit ihrem Leben zu verteidigen hatten, war für sie kaum viel mehr als eine Chimäre.

Und was tatsächlich vom Ruhm vergangener Zeiten übrigbleibt, zeigen die Abfallhaufen vor dem bronzenen Löwen des Denkmals, die von Touristen hinterlassen werden, denen die historische Bedeutung dieses Schauplatzes entweder unbekannt oder gleichgültig ist!

Damals vor rund hundert Jahren aber schrieb der eifrige Berichterstatter über dieses ehemals habsburgische und österreichische Tal, durch das die Salzkarawanen und Seidenladungen und alle die kostbaren Spezereien aus den orientalischen Ländern nordwärts nach Deutschland oder Wien zogen: »Verfolgen wir den Weg über die Wasserscheide von Saifnitz weiter nach Tarvis, einem inmitten der herrlichen Alpenwelt gelegenen Marktflecken, von wo aus wir einen Ausflug ins Raibler Tal unternehmen. Längs der Schlitza mit ihren smaragdgrünen Wellen windet sich die Straße durch die Schlucht links am Fuße des Königsberges, rechts an den Fünfspitzen vorbei bis zu dem Bergwerk Raibl und dem wegen der Großartigkeit seiner Umgebung mit Recht berühmten Raibler See, hinter welchem der Seekopf und der Zottenkopf malerisch aufsteigen. Diese Straße gegen Süden weiter verfolgend gelangen wir auf den Predil, wo über der jenseits gelegenen Thalsperre der gewaltige Mangart im Hintergrunde eine imposante Folie bildet. Hier im Angesicht einer entzückend schönen Gebirgswelt kämpfte fast gleichzeitig mit Hensel auch Hauptmann Hermann und fiel mit seinen Streitern für das Vaterland, nachdem er mit seiner kleinen Schar, trotz des Bewußtseins gänzlicher Isoliertheit, Wunder der Tapferkeit verrichtet hatte. Hier wie bei Talavai verkündet ein Denkmal mit dem sterbenden Löwen den Heldenruhm der braven Söhne Österreichs. Nicht mit Unrecht hat man diesen in den Franzosenzeiten so viel umstrittenen Punkt die kärntnerischen Thermopylen genannt.«

Es ist also viel junges rotes Blut zwischen diesen Tälern und Hochgebirgen geflossen, und der Berichterstatter aus dem 19. Jahrhundert vermeldet das auch mit dem gebührenden Stolz. Was schadet es, daß man immer nur Niederlagen mitteilen kann? Die fließende Zeit gleitet über die Wunden hinweg und glättet sie zu kunstvoll behauenem Marmor, der bald diese verwischte und verwitterte Farbe annimmt wie die schweigende Natur ringsum. Im übrigen aber sind Namen und Begriffe wie Tarvis oder Raibl, Saifnitz oder Predil auch heute noch nicht völlig aus dem Gedächtnis der Österreicher

verschwunden, wenngleich seit einem langen Menschenalter schon andere Fahnen und andere Vorschriften sie ausdauernd bewachen.
Die ebenso glänzende wie dramatische Kulisse der Berge zum Beispiel, auf deren bizarren und felsigen Abhängen bis weit in den Sommer hinein Schneefirn aufleuchtet, umschließt einen der ältesten Märkte dieses Grenzgebietes. Denn Tarvis, das wahrscheinlich römischen Ursprungs ist, erlebte einen ersten Aufschwung bereits im 15. Jahrhundert, als hier ähnlich wie in Malborgeth die Eisenindustrie florierte, erhielt im Jahre 1456 durch ein Edikt der Bischöfe von Bamberg das gewinnbringende Recht, einmal im Jahr einen Großmarkt zu veranstalten, erlitt dann 1478 und 1492 die demütigenden und bitteren Erfahrungen verheerender Türkenüberfälle und war schließlich zur Zeit der Franzosenkriege immerhin noch dreimal Austragungsort blutiger Scharmützel. Zuletzt verwüstete 1813 eine französische Abteilung den verarmten Markt.
Aber es waren nicht nur diese durch Jahreszahlen beschreibbaren Ereignisse, die Tarvis berührten. Immerhin errichteten die Habsburger ausgerechnet hier diese legendären Zollschranken, die den Abfluß des österreichischen Handels nach Venedig verhindern sollten. Denn seit sich Österreich auf Triest als seinen Haupthafen konzentriert und alle Anstrengungen unternommen hatte, dieses Juwel auch ökonomisch zu erhalten, betrachtete man selbstverständlich das immer noch mächtige und gefährliche Venedig mit mißtrauischen Blicken. Und weil blanker Argwohn allein nicht ausreichte, um den Handel mit der Lagunenstadt vollends abzuwürgen, errichtete man in Tarvis, wo sich die Straßen kreuzten, streng bewachte Zollschranken, die mithelfen sollten, den Warenfluß nach Triest umzuleiten. Wie weit sich das mit den kirchlichen Interessen und auch mit den hintergründigen Wünschen der Schmuggler vereinbaren ließ, für die der alte mythische Wallfahrtsort auf dem Luschariberg nicht nur ein Anlaß für andachtsvolles Beten war, können wir heute nicht mehr feststellen. Jedenfalls versickerte in dieser unruhigen Zeit gelegentlich auch der Strom der frommen Wallfahrer, die nicht mehr einsehen wollten, daß sie an diesen ominösen Zollschranken auf Leib und Seele visitiert wurden, bevor man sie weiterziehen ließ.

Immerhin gingen von Tarvis seit ältester Zeit schon Karrenwege und staubbedeckte Pilger- und Handelswege hinüber ins Slowenische und über den mächtigen Predil hinunter in die Gemischtsprachigkeit des Isonzotales, während die alte und vielerprobte Straße aus den habsburgischen Ländern nach Venedig seit römischen Tagen Norden und Süden wie eine dünne Klammer zusammenhielt und im übrigen dem heute fast schon bis zur Bedeutungslosigkeit abgewirtschafteten Markt von Tarvis auch politische Bedeutung schenkte. Das dauerte dann an bis in die Zeit der Eisenbahnen, als hier ein Schienenstrang, der von Marburg und Laibach kam, plötzlich endete, oder als schließlich durch Tarvis die berühmte Südbahnstrecke gelegt wurde. Und noch im Ersten Weltkrieg avancierte dieses merkwürdige Tarvis zum wichtigsten Etappenort hinter der Front, die über schneeverwehte Gipfel und durch gähnende Abgründe verlief. Das rollende Rumoren der Kanonen war für lange Monate eine selbstverständliche Begleitmusik für die spärlichen und bescheidenen Wochenmärkte, die auf dem alten Marktplatz vor der Pfarrkirche – die ihrerseits aus dem 15. Jahrhundert stammt – abgehalten wurden.
Heutzutage hat sich das alles zur industriellen Schablone verändert oder entwickelt. Der Markt selbst ist in die sogenannte Unterstadt abgewandert und vertreibt sogenannte Billigstprodukte, die zum Teil in neapolitanischen Fabriken so preisgünstig hergestellt werden, daß die Verdienstspannen immer noch beträchtlich sind. Tarvis selbst verläßt sich freilich schon längst nicht mehr auf die Bedeutung seines Marktes – der jetzt die slowenische Kundschaft aus dem benachbarten Jugoslawien auf eine ähnliche Weise anlockt, wie er in den ersten beiden Jahrzehnten nach dem letzten Krieg auf die Österreicher beinahe magnetisch gewirkt hatte –, Tarvis also etabliert sich als Kurort für alle Jahreszeiten, verweist nachhaltig auf die schneesicheren Winter und auf die würzige Luft seiner kühlen Sommer, und die satten Farben hochaufragender Wälder sowie das granitfarbene Gestein der Berge ringsum verleihen dem vitalen Markt, der es über alle zerstörerischen Zeitläufe hinweg zur Stadt gebracht hat, genau die modische Patina, die im internationalen Fremdenverkehrsgewerbe heutzutage gefragt ist. Im Hintergrund, freilich kaum noch wahrnehmbar, existiert auch noch der

Bergbau von Raibl, dem italienischen Fusine, mit seinem früheren Reichtum und dieser Protzenhaftigkeit, der es nichts ausmachte, wenn plötzlich ganze Häuser spurlos in der Tiefe des unterhöhlten Berges verschwanden. Die materiellen Sorgen freilich, die mit der Gegenwart auch in diesen alpinen Industrieraum eingezogen sind, lassen sich nicht mehr verschweigen. Und immer mehr Häuser verfallen, immer mehr Söhne und Enkelkinder einstmaliger Knappen suchen ihr Heil in der Abwanderung. Lediglich die spektakuläre Natur vermittelt gelegentlich noch den Eindruck unzerstörbarer Schönheit. Davon leben kann freilich niemand mehr.
Dann bei Camporosso im Val Canale, dem alten kärntnerischen Saifnitz, die Wasserscheide zwischen Mittelmeer und Schwarzem Meer. Es ist eine kleine, kaum wahrnehmbare Erhöhung, über die Millionen Kraftfahrer achtlos hinweggleiten. Und doch fließt auf der einen, Italien zugewandten Seite alles Wasser nach Süden, der Adria entgegen, während auf der gleichsam noch österreichischen Seite die Gewässer den weiten Weg zum Schwarzen Meer antreten. In der Ortschaft selbst, die seit einigen Jahren abseits der neuen Schnellstraße liegt, demonstrierten römische Funde die Anwesenheit von Zöllnern und Grenzbeamten schon in geschichtlicher Zeit, als dieses Camporosso eine wichtige römische Station war auf dem Weg nach Noricum. Und die Grenzsoldaten, die Finanzbeamten und auch die Gendarmen, die jetzt in ihren manchmal recht eindrucksvollen italienischen Uniformen ihren Dienst versehen, unterscheiden sich wohl kaum von ihren römischen, patriarchalischen, langobardischen, venezianischen und habsburgischen Vorgängern, die hier immer schon eine imaginäre Grenze bewacht haben. Denn dieses Tal, diese abgeschiedene und manchmal auch heute noch idyllisch anmutende Landschaft zwischen den Bergen, war nie italienisch oder deutsch oder auch slawisch in diesem ausschließlichen Sinne, daß man daraus ein verbrieftes Recht für alle Ewigkeit ableiten könnte. Am deutlichsten wird das wohl in Bagni di Lusnizza, dem altehrwürdigen und rustikalen Bauernbad, dessen heilkräftiges Wasser nicht nur Römer und Langobarden, sondern auch Österreicher und Franzosen, Slowenen und natürlich die Italiener ausgiebig benützt haben.
Und dann, schon in Chiusaforte, der ehemaligen Grenz- und

Zollstation aus der langobardischen Zeit, steht unvermutet ein alter Mann mit wettergegerbtem Gesicht an der Straße und erzählt, während ihm die Tränen in die Augen schießen, vom Tod seiner Familie, und wie das bescheidene Dorf, das jenseits der Fella sich dicht an die graupelzigen Abhänge schmiegt, innerhalb von wenigen Augenblicken zusammenstürzte. Das war damals in jener tragischen Mainacht des Jahres 1976. Und der imposante Engel auf der Dorfkirche ist seit jenen Stunden nur noch ein kümmerliches Fragment gewesen, bis er bei einem der zahlreichen Nachbeben vollends vom einsturzgefährdeten Kirchturm fiel und im weichen Erdreich zerschellte. Und auch die kleinen Dörfer und abgeschiedenen Weiler, die sich hier buchstäblich ins Dikkicht der Berge und Felskämme flüchten, tragen noch die unverwechselbaren Spuren dieser Tragödie, Pezzeit, Saletto, Tamaroz, Piani di Quà und Piani de lá, graue Steinhäuser im Schatten des legendären Monte Canin, und der Schnee vom vergangenen Winter liegt noch faulig in den Überresten mächtiger Lawinenabgänge, die manchmal die schmalen Seitentäler bis in den Mai hinein hermetisch von der Außenwelt absperren. Und immer wieder die tiefen Einschnitte in den Bergen, aus denen weiße Wasserfälle gischtend herausschießen und sich in den Bergbächen zu einem türkisfarbenen Rinnsal vereinen, das allmählich wächst, an Tiefe und Leuchtkraft der Farben zunimmt und schließlich kraftvoll und selbstbewußt zwischen den dunklen Halskrausen der Bergwände und schütteren Wälder hervortritt. Es ist eine Welt für sich, selbst in den Augenblicken, da die Autokarawanen der Touristen über die moderne Straße zur Sella Nevea hinauflärmen oder im Sommer Dutzende von Familien ihren Ausflugsmüll achtlos auf den Almwiesen und an den Ufern der Bergbäche zurücklassen. Zwar haben die bauwütigen Italiener dieses Seitental mit Betonbunkern und Stellungsanlagen bestückt, zwar buckeln immer wieder militärische Anlagen aus dem verfilzten Unterholz oder erheben sich aus den Abhängen merkwürdige Geschützstellungen wie Warzen, deren Bedeutung man nicht sogleich begreift, aber trotz dieser martialischen Eingriffe war das Leben hier in dieser südlichen Talzone, die von Sonnenglanz und dem Zauber der Einsamkeit erfüllt ist, von einem so unverwechselbaren und unwiederholbaren Zauber, daß die noch längst nicht verheilten Wunden, die das Erdbeben geschlagen hat, besonders schmerzhaft anmuten. Denn viele der alten graufarbenen Steinhäuser liegen immer noch wie zertrümmerte Tiere, deren Sterben langsam und qualvoll gewesen sein muß, inmitten der blühenden Natur. Und in den Dörfern, durch die jeder einzelne Erdstoß seit diesem verhängnisvollen Mai 1976 wie ein Faustschlag fegte, verstärken die Ruinen das Alptraumhafte und Apokalyptische noch, das wie ein düsterer Schleier über dem Tal liegt. Etwas vom Ende der Welt oder vom Ende aller Zeiten wird hier mitgeteilt, und die Erbärmlichkeit des menschlichen Daseins, das schon vorher unter Armut und Not gelitten hat, steigert sich jetzt ins Absurde. Merkwürdig ist nur, daß die Bunker und militärischen Bastionen, die sorgfältig in dieses abgeschiedene Seitental hineinverarbeitet worden sind, anscheinend das Erdbeben völlig unversehrt überstanden haben.

Carnia oder
Der Mensch ist ein Produkt der Natur

Im nordwestlichen Winkel dieses vielfach gefleckten und mit vielerlei Farben und Absonderlichkeiten gekennzeichneten Landes namens Friaul, das mich immer an eine riesige Schildkröte erinnert, die sich schwerfällig nach Süden und damit dem rettenden Wasser der Adria entgegenschleppt, in dieser vereinsamten und mitunter auch noch unzugänglichen Weltabgeschiedenheit also, die geographisch aufs ungefähre als *Carnia* beschrieben wird und die mit dem slowenischen Krain und dem deutschen Kärnten mehr als nur eine Namensähnlichkeit gemeinsam hat, leben die Menschen heute noch wie in einem anderen Zeitalter. Denn während zwischen den sogenannten orientalischen Hügeln des östlichen Friaul die Geschichte ihre aufsehenerregenden Hinterlassenschaften übersichtlich und auf eine sozusagen fein säuberlich katalogisierende Weise zurückgelassen hat und im imaginären Dreieck zwischen Udine, Cividale und Görz jeder verwitterte Stein und jede halbvergessene Legende allergenaueste Auskunft geben über wichtige Herzöge, machtbesessene Patriarchen und beinahe schon imperiale Grafen, während das große Maul der Geschichte genießerisch an der zerfetzten Küste der Lagunenlandschaft zwischen Grado und Marano hängt und immer wieder Geschichten erzählt, aus denen sich eine ruhmreiche oder auch nur abwechslungsreiche Vergangenheit heraushören läßt, während also hier das vielbeschworene friaulanische Erbe ungeachtet seiner zweitausendjährigen Bedrängnis durch Römer, Langobarden und Awaren, durch Hunnen, Türken und byzantinische Kolonialherren gleichsam unversehrt bis in seine frühesten Anfänge hinein nachzuverfolgen ist, wischt im fernen fremden Nordwesten ein dünner und zäher Nebel alle Genauigkeit der geschichtlichen Überlieferung hinweg und umkreisen die Berge wie wütende Kettenhunde wachsam ein Stück seltsamer Zivilisation, das in manchen Augenblikken nicht mehr von dieser Welt anmutet.

Es sind Berge wie entschlafene Götter und landschaftliche Bilder wie aus einer jenseitigen Welt. Und die Mythen, die

man sich natürlich auch in diesem wahrscheinlich unbekanntesten Teil Norditaliens erzählt, weil niemand ohne Mythos überleben kann, haben diesen ein wenig rätselhaften Tonfall, der sich weder mit mediterraner Sinnlichkeit noch mit der liebenswürdigen Schwerfälligkeit österreichischer Denkungsart vergleichen läßt. Dabei gibt es uralte deutsche Sprachinseln und sonderbar slawische oder vielleicht sogar altrussische Dialektformen, wenn man sich diese Carnia, die im Grunde eine letzte natürliche Barriere vor den fragwürdigen Verheißungen des Südens ist, bis zu den slowenischen Grenzbergen vorstellt, bis zum Monte Canin und zum Gran Monte. Und wer genügend Phantasie aufbringt für die gründliche Erforschung selbst rätselhaftester Zusammenhänge, der kann in diesem dunklen Wetterwinkel auch heute noch eine dünne Spur entdecken, die weit zurückführt in eine sagenhafte keltische Vorvergangenheit.
Die nüchternen historischen Fakten, soweit sie sich auf dieses Quellgebiet von Piave und Tagliamento beziehen, sind freilich verhältnismäßig einfach. Irgendwann um die Mitte des ersten vorchristlichen Jahrtausends drangen keltische Stämme über die Karnischen Alpen bis in die fruchtbaren Tiefebenen zwischen den großen Flüssen vor, wobei der Stamm der Karner möglicherweise der bedeutendste oder auch nur überlebensfähigste war. Jedenfalls datiert der älteste Name, den diese unzugängliche und gebirgige Region schon im Altertum erhalten hatte, aus den Aufzeichnungen des älteren Plinius und heißt nichts anderes als *Region der Karner*, nämlich *Carnorum Regio*. Dann, seit dem zweiten vorchristlichen Jahrhundert, kommt von Süden her die machtvolle Gegenbewegung, dringen mit den römischen Legionären auch römische Kultur und Zivilisation bis zu den Ausläufern der Gebirge vor, wird Aquileia als Stützpunkt gegen die keltische Einwanderung gegründet und bereinigt Rom von diesem Aquileia aus im Jahre 115 vor Christus in einem umfassenden und langwierigen Feldzug zumindest vorübergehend das karnische Problem. Neue Straßen werden angelegt, alte keltische Fluchtpfade sorgfältig ausgebaut, Stützpunkte sowie Zoll- und Poststationen eingerichtet, und an der wichtigen Nord-Süd-Verbindung, die sowohl übers alte Karnische Kreuz als auch über den Kreuzberg hinauf in die damals weitgehend noch unbekannten nordischen Länder

führt, gründet Cäsar wahrscheinlich im Jahre 52 vor Christus an der legendären Via Iulia Augusta ein kleines befestigtes Municipium namens Iulium Carnicum. Der verläßliche Historiker Ptolemaios nennt es ausdrücklich ein *castellum* und verweist auf seine Sonderstellung zwischen dem römischen Italien und dem Noricum. Nur wenige Jahrzehnte später, nach einem letzten verzweifelten Aufstand der selbstbewußten Karner gegen die römischen Invasoren, den Augustus brutal niederschlägt, erhält dieses Iulium Carnicum das Stadtrecht und wird zugleich zum Zentrum für die militärische und zivile Verwaltung des damaligen nördlichen Friaul. In den folgenden Jahrhunderten avanciert die kleine Bauern- und Soldatenstadt an den Ufern des wilden und unbezähmbaren But zum Sitz des Prokurators für das Noricum und im 5. Jahrhundert, und damit also auch noch als Signal für die anbrechende Langobardenzeit, sogar zum respektablen Bischofssitz. Der letzte Bischof, er hieß Fidentius, übersiedelte freilich bereits anfangs des 8. Jahrhunderts fluchtartig nach Cividale. Das rauhe, entbehrungsreiche Leben zwischen den karnischen Bergen scheint ihm nicht behagt zu haben. Und die römische Stadt, die einige Jahrhunderte lang als eine Art Vorposten mediterraner Zivilisation im Geflecht der abweisenden Landschaft südlich der Karnischen Alpen eine bemerkenswerte Funktion zu erfüllen gehabt hatte, verschwand plötzlich für mehr als tausend Jahre fast spurlos aus dem Gedächtnis der Menschen. Wahrscheinlich zerstörten zuerst Awaren und dann Hunnen die Ansiedlung, wahrscheinlich wuchs zuerst Gras zwischen den Ruinen und versanken dann die letzten verwitterten Marmortrümmer unaufhaltsam in der Tiefe der Erde, bis niemand sich mehr an die römische Gründung erinnern mochte, die ohnedies immer ein exotischer Fremdkörper in dieser bedürfnislosen Landschaft gewesen war.

Heute liegen nur noch ein paar dunkelgraue oder eigentlich fast schon schwärzlich verfärbte Steine im saftigen Grün einer quadratischen Wiese, um die sich ein kleines Bauerndorf namens Zuglio drängt, das mit seinen roten hölzernen Fensterläden erstaunt auf diese merkwürdige Arena blickt, die sich über so viele Jahre hinweg gleichsam im Untergrund der Zeit behauptet hat. Drüben am anderen Ufer des But führt die Straße hinauf zur alten deutschen Sprachinsel von Timau oder

Tischlwang, wie es früher einmal hieß, und weiter zum Anstieg auf den Plöcken. Hier im Schatten der Häuser von Zuglio, das seit einigen Jahren durch eine Brücke mit dem anderen Ufer verbunden ist, schleppen dicke fette Katzen ihre gerundeten Bäuche über die Reste des ehemaligen römischen Forums von Iulium Carnicum, und im Nordwesten der längst wieder eingestellten Grabungen, in den kaum wahrnehmbaren Überresten eines Tempels, der in seinen Anfängen wahrscheinlich dem keltischen Lichtgott Balenus geweiht gewesen war, kramt eine alte Bäuerin nachdenklich im lockeren Erdreich. Der Wind von den schneebedeckten Bergen ist eisig und heimtückisch. Und das Leben hinter den alten grauen Steinmauern von Zuglio hat sich im Grunde seit den römischen und langobardischen Tagen kaum verändert. Denn wer an den Ufern des grünen und heftig schäumenden But überleben will, muß hartnäckig und auf eine klassische Weise anspruchslos sein. Vielleicht haben die Menschen hier deshalb eine andere und nüchterne Beziehung zu den Dingen des Glaubens. Sie sind jedenfalls verschlossener und mißtrauischer als anderswo, gläubig zwar, auch fromm, aber nicht so sentimental wie weiter im Süden. Und vor allem lassen sie sich nur schwer von allen Neuerungen überzeugen, die ohnedies selten genug bis in diese entlegene Landschaft vordringen. Immerhin fand man im Bereich des heutigen Zuglio, im Ortsteil Ciampon, erst in den vierziger Jahren unseres Jahrhunderts Spuren einer christlichen Basilika, die darauf schließen lassen, daß spätestens in der ersten Hälfte des 5. Jahrhunderts das mächtige Beispiel von Aquileia auch hier zu wirken begonnen hatte, und zwar in dem historischen Augenblick, als ein Bischof in die uralte keltische Gemeinde seinen feierlichen Einzug hielt.
Wesentlich eindrucksvoller im Sinne eines spektakulären Zeugnisses aus allen diesen vergangenen Zeitläufen ist freilich die Kirche von San Pietro in Carnia, die auf dem Monte San Pietro direkt oberhalb Zuglios liegt und der älteste erhaltene Sakralbau Karniens überhaupt ist. Erstmals erwähnt wurde die Kirche zwar erst 620, aber ihre Gründung ist nachweisbar auf das 5. Jahrhundert datierbar, als auch in Iulium Carnicum das Christentum von Aquileia aus seine missionarische Tätigkeit aufgenommen hatte.
Es ist ein Bild wie aus einem dunklen Traum, das von der

halben Höhe des trapezförmigen Berges ins Tal herabgrüßt. Ärmlich und vor vielen Jahrhunderten schon aus der wirbelnden Zeit gefallen, duckt sich das uralte Mauerwerk graubraun und zerschlissen an den schneebedeckten Hügel. Alle Dinge haben hier eine andere Dimension, und auch das Leben, wie wir es leichten Herzens gewohnt sind, verliert hier endgültig seine selbstsüchtige Bedeutung. Leicht und fast spielerisch weht das hellgrüne Federkleid der Bäume hangaufwärts, knien flammende Gebüsche und kurzstämmige Kiefern in einer Landschaft, die sich melancholisch von der Welt zurückzieht. Und trotzdem kann man sich immer noch unschwer die schweißüberströmten Gesichter der Wallfahrer vorstellen, die vor einem Jahrtausend und länger aus der dunstverhüllten Tiefe ihrer Täler aufgebrochen waren, um sich für die unbegreiflichen Schicksalsschläge, denen sie wie selbstverständlich ausgesetzt waren, wenigstens durch frommen Zuspruch und süßen Weihrauchduft trösten zu lassen. Denn auch heute noch kann man Spuren des einstigen Kreuzweges erkennen, der sich in abenteuerlichen Windungen den Berghang hinaufzieht, flankiert von zerfallenden Kreuzwegstationen und überwuchert von Gestrüpp und Geröll. Unten tobten die Furien des Krieges, fluteten Langobarden und Awaren, Byzantiner und Hunnen über die verwüsteten Felder und durch die brennenden Dörfer, während oben schon dicht unter einem hellblauen Himmel Gottes furchtsame Knechte sich ins geweihte Mauerwerk verkrochen und entsetzt oder auch nur fatalistisch auf die Beispiele einer immerwährenden Apokalypse starrten, die in jeder Generation mindestens einmal ihre Heimat zerstörte.

Die Kirche wirkt wie einer dieser tonfarbenen Scherben, die manchmal noch zufällig aus der Erde wachsen. Immerhin kann man an ihren Mauern die letzten zwölfhundert Jahre fast mühelos ablesen, denn die ältesten Teile stammen aus dem 8. Jahrhundert, während zum kostbaren Kirchenschatz Heiligenfiguren gehören, die man als Beispiele christlicher Kunst aus dem ersten Jahrtausend erkannt hat. Einige Serpentinen höher, schon auf dem abgeflachten Gipfel des Monte San Pietro, hinter dem sich dann die Wildnis des Monte Arvénis erhebt, wird man sich in Fielis vielleicht noch einmal genauer und besser vorstellen mögen, wie das damals tatsächlich gewesen sein könnte, als die Bischofskirche San

Pietro in Carnia in Funktion gewesen war und das krächzende Halleluja der Gläubigen sich noch regelmäßig am dunklen Gewölbe brach. Fielis ist ein kleines, verwahrlost wirkendes Bauerndorf, über dessen primitive Steinmauern das schrille Geschrei der Hähne hinwegfliegt. Und doch besitzt es in seiner Kirche eine berühmte Madonnenfigur aus der Mitte des 18. Jahrhunderts, während in anderen Bergdörfern, die sich wie verarmte Erben des früher einmal reichen Bischofssitzes mühsam am Leben erhalten haben, ähnliche Beweise bäuerlicher Religiosität die dunklen Kirchen schmücken, so etwa in Formeaso, wo 1682 der vielleicht berühmteste Maler des ganzen Friaul, Nicola Grassi, geboren wurde, oder in Cabia, das in seiner Pfarrkirche das erste durch Signatur und Datierung ausgewiesene Bild Grassis aus dem Jahre 1710 besitzt.
Ganz andere, schärfere Erfahrungen macht man dann in Ampezzo, das zwar vom nutzlosen Ruhm zehren könnte, im Bereich der einstigen Via Iulia Augusta zu liegen und das in ältesten Urkunden als ein Lehen des ehedem reichen und berühmten Nonnenklosters von Salt erwähnt worden war und in seiner Pfarrkirche heute noch eine Reihe von Bildern Nicola Grassis besitzt, das aber heute, nachdem es auch schon länger als zwölfhundert Jahre existiert, nur noch ein Schatten einstiger Größe ist. Denn aus der altväterischen Gediegenheit von vorgestern ist inzwischen ein erstes und unübersehbares Anzeichen stiller Not geworden. Spätestens hier nämlich beginnt die Frage nach dieser Ökonomie des Lebens, die nicht nur aus der monotonen Aufzählung von Sehenswürdigkeiten bestehen kann und unter der man sich auch südlich der Alpen etwas anderes vorstellt als eine geduckte Existenz hinter hölzernen Fensterläden, deren scheinbare Attraktivität nur noch gelegentlich von Touristen wahrgenommen wird. Die traditionell gewellten Dachschindeln sind zwar romantisch, und romantisch ist fraglos auch der flüchtige Blick in die altersdunklen schmalen Gassen, in denen hundertjährige Steinhäuser eine irreführende Nostalgie ermöglichen. Aber der dünne Rauch aus den Kaminen, um die noch die Gespenster des letzten Winters ihr Unwesen treiben, verrät eine andere und bitterere Form des Daseins, als sie heutzutage genießerisch von denjenigen Besuchern konsumiert wird, die das alles mit leisem Applaus und gleichsam nur im Vorüber-

gehen begutachten. Kulturrallyes und anderer touristischer Unfug sind Mode geworden gerade für so hartgeprüfte Regionen wie das Friaul, aber die nur notdürftig gefüllten Regale und Schaufenster in den Geschäften mancher dieser Dörfer und Marktgemeinden reden eine deutliche Sprache. Das hier war vor dem Erdbeben von 1976 bereits ein halbverschwiegenes Elendsgebiet, das sich an seinen kulturellen Denkmälern nicht sattessen konnte. Und fast ist man froh darüber, daß die schmale Gebirgsstraße hinauf nach Sauris, das hinter steilabfallenden Bergen und hinter scheinbar ausweglosen Schluchten sich seit Jahrhunderten schon geschickt verbirgt, durch Lawinenabgänge und Steinschläge immer wieder unterbrochen wird. So bleibt wenigstens die Illusion, daß in dieser ältesten deutschen Sprachinsel südlich der Alpen das verschwiegene Elend einer von latenter Arbeitslosigkeit und fehlender Infrastruktur geplagten Bevölkerung noch ein freundliches Antlitz zeigt, das von manchen Touristen und frustrierten Politikern befriedigt begrüßt wird. Die unbestreitbare Erhabenheit einer urtümlichen Landschaft und einige interessante historische Perspektiven entschädigen schließlich für manche soziale Ungerechtigkeit. Und wer sich immer wieder wundert, daß er in diesen stillen karnischen Dörfern überwiegend alte Menschen durch die romantischen Straßen schlurfen sieht, der vergißt völlig, daß in den belgischen und nordfranzösischen Kohlengruben karnische Bergbauernsöhne und Arbeiter für diese selbstverständliche Existenz schuften, die sie in ihrer Heimat anscheinend nicht finden können.

Ein angesehener italienischer Literat erklärte nach einem Besuch in der Carnia einmal ein wenig irritiert, er habe das Gefühl, wie vor einem Guckkasten zu stehen. Seine Augen, so sagte er, saugten sich an den leuchtenden und klaren Bildern fest. Aber ringsherum sei alles verstummt. Und er spüre ein Volk, das verschlossen, mißtrauisch und auch schwerfällig sei. Und erst in jüngster Zeit beginne seiner Meinung nach das atavistische Mißtrauen der karnischen Bergbevölkerung gegen alles Moderne allmählich zu schwinden.

Aber der Übersetzer, der diesen Text des italienischen Literaten ins Deutsche zu übertragen hatte, verwechselte karnisch mit krainisch – das bekanntlich etwas mit Jugoslawien zu tun hat –, weil er anscheinend noch nie etwas von dieser tatsächlich unbekannten Region gehört hatte. Und so durchzieht das Kapitel, das sich mit den Besonderheiten der Carnia beschäftigt, hartnäckig ein krainischer Hintergrund, und die wirklichen Verhältnisse in der Carnia, die in diesem Kapitel wenigstens ansatzweise geschildert werden, erfahren wieder einmal eine geographische Transferierung. Trotzdem sollten sich die eifrigen Befürworter einer kulturellen Wiedererwekkung auch in der Carnia, sollten sich die gedankenlosen Sonntagstouristen und nostalgischen Schwärmer, die vor rauchverqualmten Bauernstuben und unbeschreiblichen sanitären Verhältnissen Elogen anstimmen über die Naturverbundenheit dieser Menschen, sollten sie alle also, die im bequemen Auto bis zu den letzten Gehöften vordringen, sich einmal allen Ernstes überlegen, wie der Mensch in der Carnia – der hier noch ein Produkt der Natur ist – sich von den urtümlichen Formen der Landwirtschaft ernähren soll. Der Kleinst-Grundbesitz – bedingt durch notorische Armut, geologische Verhältnisse und jahrhundertelange Erbteilung – wird nicht durch die Tatsache gegenstandslos gemacht, daß man auf ihm einen rätselhaften Dialekt spricht. Und daß man in den Nächten vor Epiphanias und den Heiligen Drei Königen die Berge in der Carnia manchmal heute noch mit mythischen Feuern bestückt, daß man aus der Richtung, die der abziehende Rauch einschlägt, die Zukunft ablesen kann, sagt noch nichts über die Einkommensverhältnisse aus. Denn so, wie ein nervöser deutscher Übersetzer die italienische Carnia mit dem slowenischen Krain verwechselt, so verwechseln heute noch die Bewunderer des Friaul landschaftliche Schönheit und folkloristische Eigenart mit sozialer Zufriedenheit. Und wer im genossenschaftlichen Restaurant von Tolmezzo für ein ausreichendes Mittagessen und eine Flasche Rotwein lächerliche viertausend Lire auf den Tisch legen muß, kann in der Tat zufrieden sein, so lange er sich nicht fragt, welche ökonomischen Verhältnisse diesen erstaunlichen Preis verursachen.

Alle seine Erinnerungen verknüpften sich mit Priestern und Kirchen, sagt unser italienischer Literat in seinem Kapitel über das Friaul. Das ist allerdings kein Übersetzungsfehler, denn rund um Udine und mehr noch in Karnien ist man erstens katholisch und zweitens christlich-demokratisch. In

Forni di Sopra und Forni di Sotto an der alten Paßstraße hinter Ampezzo, die beide auf römische Straßenstationen zurückführen könnten, sind die rustikalen Pfarrkirchen genauso die einzigen noch erwähnenswerten Beispiele für ein halbwegs intaktes Leben wie in den weltabgeschiedenen Dörfern südlich davon, die sich manchmal wie Schwalbennester an die mächtigen Gebirgsgipfel des Monte Pramaggiore oder des Monte Dosap drängen. Unten im Haupttal aber, durch das der Tagliamento sein mächtiges Geschiebe wälzt, immer wieder die Spuren des Erdbebens von 1976. Bei Villa Santina wehen die weißen Schleier eines Wasserfalls, der über die senkrechten Felswände herabstürzt, dekorativ und wie eine ferne Idylle bis hin zu den Trümmern der halbzerstörten Gemeinde. Manchmal wirken die gähnenden Lücken in den Häuserzeilen wie frischaufgeworfene Gräber, denen nur noch der Blumenschmuck fehlt. Später in Socchieve lärmt der Dorftrottel auf dem kleinen Platz mit dem unvermeidlichen Brunnen, haben sich schmutzige Schneehaufen jetzt im April noch breitgemacht und schauen sich die beiden konkurrenzierenden Hotels ›La Stella‹ und ›Alla Rosa‹ mit ihren leeren Zimmern verbissen an. Der rauhe Dialekt, den die Menschen hier reden, hat etwas Fremdes und auf merkwürdige Weise Unitalienisches. Dafür finden die überraschenden Entdeckungen abseits der Hauptstraße statt, wenngleich auch sie beinahe selbstverständlich mit Religion und Kirche zu tun haben. Denn die kleine, auf einem Hügel mitten im Dorf gelegene Kirche San Martino zählt durch ihre Ausstattung, die teilweise noch bis ins 14. Jahrhundert zurückführt, zu den ergreifendsten katholischen Denkmälern in der Carnia. Und auf einem höher gelegenen Hügel oberhalb des Dorfes und an der Stelle der heutigen Pieve di Castoia befand sich früher einmal eine mittelalterliche Befestigung, die wahrscheinlich römischen Ursprungs war. Hier erzählen noch römische Grabsteine, eingemauert in uralte Bildstöcke, erstaunliche Geschichten. Und die Kirchen hinter den alten Steinhäusern der Bauern stehen wie freundliche Engel in einer melancholischen Landschaft. Unterwegs nach Tolmezzo dann noch die kleine, fast byzantinisch anmutende Kirche Madonna del Sasso, eine alte Wallfahrtskirche versteckt im dichten Gebüsch an den schotterigen Ufern des breiten Tagliamento. An den Außenmauern sind noch vereinzelt Spuren einstiger farbiger Schönheit zu erkennen. Der Rest stirbt still vor sich hin. Die Scheiben sind zerbrochen, die Glocken längst schon aus dem Aufbau oben am verwitterten Dach entfernt. Und unaufhaltsam von der Natur zurückerobert, liegt diese seltsame Kirche wie ein gestrandetes Schiff am Tagliamento.

Nachdenkliche Fahrt entlang eines Flusses namens Tagliamento

Ein Fluß ist ein Fluß, aber kein Fluß ist wie der andere. Und hätte der Tagliamento keine einzige charakteristische Besonderheit außer dieser ungewöhnlichen Form einer zittrig in die Landschaft eingegrabenen arabischen Sieben, so wäre er trotzdem unter allen Gewässern dieses Kontinents allein schon daran leicht erkennbar, weil er das Herz des Friaul ebenso gelassen wie kunstvoll zerteilt.

Es war an einem dieser launenhaften Apriltage, an denen dicke und lautlos zerplatzte Regentropfen aus merkwürdig zerfließenden Wolken fallen, durch die zur gleichen Zeit ein verwaschener und mühsam blauer Himmel schimmert. Die Sonne aber war seltsamerweise zugleich schwül und farblos. Es war an einem Apriltag, an dem der Regen unter den verwischten Strahlen dieser Sonne verdunstet, bevor er noch die ein wenig geschwollene und gerade erst vollerblühte friaulanische Landschaft erreichen kann. Aber dieser eine Tag umschloß die Erinnerungen an alle anderen Tage, an denen der Tagliamento wie eine weißsandige und blaugeäderte Oase, die von kühlen Strömungen und schattigen Uferböschungen erfüllt war, inmitten einer schmelzenden Natur gewirkt hatte, die sich ihren unersättlichen Bauch mit dem verzehrenden Feuer der sommerlichen Sonne vollgeschlagen hatte. Es gab Tage, an denen eine heimtückische Hitze zwischen den Gebüschen und dünnen Weiden flirrte, die manchmal über viele Kilometer hinweg geduldig den verschwimmenden Flußufern folgten, während aus den alten Steinhäusern in den Dörfern rund um den Monte San Simeone der Widerhall dieser Hitze wie eine schrille Musik aufstieg, die man nicht hören kann, sondern nur als einen ziehenden Schmerz auf den Schläfen und in den brennenden Augen empfindet. Der entflammte Himmel war in solchen unwahrscheinlichen Sommern ein riesiger Hohlspiegel, in dessen Krümmung das Land allmählich verbrannte. Und das gleißende Feuer, das in der Schotterwüste des breiten Flußbettes unaufhörlich explodierte, war unerträglich.

Ein Fluß ist ein Fluß, aber kein Fluß ist wie der andere. Und

von allen Gewässern, die aus der aufgebuckelten Rundung der Alpen hervorbrechen und dann nach Süden wandern, erinnert der Tagliamento als einziger an diese breiten und schrecklich verwüsteten Fiumaren, die von den Abhängen der Gebirge Kalabriens ins Mittelmeer münden.
An diesem launenhaften Apriltag kroch der Fluß unverdrossen an Tolmezzo vorbei, das am Morgen noch fast unter den tiefhängenden Wolken verschwand. Fröstelnd standen die Schildwachen vor den unvermeidlichen Kasernen, kleine magere olivfarbene Männer, die ein wenig verloren wirkten im fahlen Widerschein des Flußbettes, das an dieser Stelle das ganze Tal ausfüllt. Was für eine Idee, sich in solchen Augenblicken vorzustellen, daß seit annähernd zweitausend Jahren schon fröstelnde und verloren wirkende Soldaten den Fluß bewachen, der sie mit einem einzigen Aufbäumen seiner riesenhaften Gestalt unter sich begraben könnte! Und doch stehen hier seit den mythisch anmutenden Tagen der Kelten, seit diesen entfernten Jahrhunderten, in denen Langobarden und Awaren, Hunnen und Magyaren dem Fluß gefolgt waren, immer diese kleinen mageren olivfarbenen Männer, die manchmal aus Rom und dann wieder aus Byzanz, manchmal aus Syrien und dann wieder aus Sizilien abkommandiert wurden zur fröstelnden Schildwache an diesem Schnittpunkt der Flüsse und Straßen.
Die erste zögernde Helligkeit der Aprilsonne, die als ein schütteres Geflecht aus diffusem Licht und schwankenden Schatten an diesem Tag zwischen den Bergen hing, entlud sich dann erst bei Amaro und Carnia über der Landschaft, wo der Tagliamento in einer langgestreckten Biegung den zernarbten und zersplitterten Monte San Simeone umgeht, während im dahinterliegenden Tal des Lago di Cavazzo alle ursprünglichen Farben und Formen immer noch auf eine so somnambule Weise erloschen oder verwischt waren, daß der kleine See plötzlich eine ungeheure Bedeutung erhielt und sein Wasser das stumpffarbene Aussehen matten Emails annahm. Auch hier müssen übrigens einmal römische Legionäre und unternehmungslustige Händler aus Altinum und Aquileia gelebt haben, denn lange bevor das altersgraue und fast schon vollkommen mit der Landschaft verwachsene Dorf Cavazzo Carnico den geschäftstüchtigen Benediktinern von Moggio gehörte, gruben sich die Römer schon ihre dürftigen

Gräber neben den allgegenwärtigen Götzenbildnissen und kleinen Statuen und wälzten sie den spröden Stein, den sie aus den karnischen Bergen schlugen, ängstlich vor ihre behelfsmäßigen Häuser, wenn wieder einmal die rebellischen keltischen Ureinwohner aus den unzugänglichen Bergtälern hervorbrachen. Jedenfalls existieren in diesem Tal von Cavazzo heute noch Pfarrkirchen, die auf römischen Fundamenten errichtet worden sind, und werden immer noch römische Anlagen und Gräber entdeckt, wenn die Schubraupen und Schaufelbagger das schwarze Erdreich für die Autobahn aufreißen.
Es war lange Jahrhunderte ein vollkommen vergessenes und verträumtes Tal, das der Tagliamento sorgfältig umrundet, weil er das mächtige Massiv des Monte San Simeone nicht durchbrechen konnte. Jetzt freilich, da sich die Autobahn mit ihren Betongliedern durch die Landschaft frißt, scheint diese zerstörerische Veränderung unaufhaltsam zu sein, die schon mit dem großen Erdbeben begonnen hat, als innerhalb von wenigen Augenblicken viele der schönsten Beispiele uralter bäuerlicher Kultur wie von einer riesigen Faust zerschmettert wurden. Und die trostlose Behelfsmäßigkeit der Holzbarakken und Wellblechhütten, in denen heute die überlebenden Erdbebenopfer leben müssen, erinnert nachhaltig daran, daß auch hier das Zeitalter ungebrochener bäuerlicher Traditionen unwiderruflich vorbei ist.
Nur das fließende Wasser, das ungeduldig aus dem Schlauch hervorquillt, den sich der stumpffarbene See zwischen Simeone gegraben hat, und die vielfach verästelten und mit eigenartigen Mustern das ungestüme Leuchten des Schotters bedekkenden Rinnsale des Tagliamento glänzen auch heute noch blaugrün und türkisfarben und unverändert wie immer und öffnen die dunkle Landschaft spätestens hinter Osoppo zu dieser kaleidoskopischen Fülle, die auch ein launenhafter Apriltag nicht verhindern kann.
Der Felsen von Osoppo ist dann die erste unverkennbare Wegmarke. Er liegt wie ein gestrandetes Schiff mitten in der Ebene, die hier allmählich beginnt. Es ist ein drohender, schmutzigweißer und ins Schwärzliche wechselnder Vierkant, der aus einiger Entfernung wie eine festgemauerte Burg aussieht, die den Eingang in die Täler hinauf nach Norden hartnäckig versperrt. Tatsächlich aber existieren nur noch

kümmerliche Überreste jener Befestigungsanlagen, für die schon das römische *oppidum Osopi*, das so bekannte Biographen wie Venantius Fortunatus und Paulus Diaconus hatte, und auch die langobardische Burg des Herzogs Gisulf, der im Jahre 611 von diesem Felsen aus den ersten gefährlichen Ansturm der Awaren abwehrte, berühmt waren. Die Geschichte Osoppos, das heute nur noch wie so viele andere friaulanische Ortschaften ein erbärmlicher Trümmerhaufen ist, hört sich wie eine dieser melancholischen Balladen an, in denen ausschließlich von den Furien des Krieges und vom nutzlosen Sterben der Menschen die Rede ist. Denn auch die im Mittelalter auf römischen und langobardischen Mauern errichtete Burg, die schließlich 1328 von Udine aus durch den streitbaren Patriarchen Pagano della Torre eingenommen und dann als Lehen weitergegeben wurde, war immer wieder das Ziel wütender Angriffe jener Armeen, die über die alte Römerstraße in die friaulanischen Ebenen einzudringen versuchten. Die letzten beiden großen und wohl auch pathetischen Augenblicke in der abwechslungsreichen Geschichte dieses Felsens und dieser Burg ereigneten sich 1514, als der Venezianer Girolamo di Savorgnan – übrigens ein Verwandter des genialen Erbauers von Palmanova – sich gegen die Truppen des habsburgischen Kaisers Maximilian behauptete, und im April des Jahres 1848, als im Verlauf der revolutionären Erhebung ganz Norditaliens gegen die verhaßten Österreicher das Kastell durch eine Handvoll Freiwilliger aus Karnien und dem Friaul zuerst im Handstreich genommen und dann sechs Monate lang gegen eine ganze Armee gehalten werden konnte.

Es war das zweifellos eine der bedeutendsten militärischen und auch politischen Leistungen des legendären Risorgimento, die aus unerfindlichen Gründen fast vollkommen in Vergessenheit geraten ist. Vielleicht hat das damit etwas zu tun, daß die überlebenden Helden von Osoppo in die berüchtigtsten Militärzuchthäuser und Festungen der damaligen Monarchie verschleppt wurden. Immerhin aber war die Besetzung des Festungshügels von Osoppo und der verzweifelte Kampf gegen die österreichische Übermacht, die von dem gefürchteten General Nugent kommandiert wurde, ein Fanal für das Land, das sich zwischen Mailand und Venedig in vollem Aufruhr befand.

Gegenüber von Osoppo – und gleichfalls am wesentlich geschichtsträchtigeren linken Ufer des Tagliamento – befanden sich bis in die unglücklichen Tage von 1976, als unter dem Monte San Simeone ein unheimliches Grollen ertönte und das Ende der Welt ankündigte, die beiden uralten Städte Gemona und Venzone, die schon in römischer Zeit eine gewisse Bedeutung hatten als Militärstationen auf dem Weg ins nördliche Iulium Carnicum – Gemona, die ältere dieser zwei verfeindeten Schwesterstädte, hat wahrscheinlich bereits in der zweiten Hälfte des 2. Jahrhunderts das begehrte Stadtrecht erhalten – und die dann das ganze turbulente Mittelalter hindurch die wichtigsten Grenzstationen und Warenumschlagplätze zwischen dem langobardischen und aquileianischen Friaul und dem deutschen Norden waren. Freilich gönnte keine Stadt der anderen auch nur den mindesten Vorteil, gab es immer wieder grimmige Auseinandersetzungen, behauptete sich *»la chiave del Friuli«*, wie Venzone seine Schlüsselposition sich stolz bestätigen ließ, gegen das ältere und vielleicht auch etwas vermögendere Gemona, das für die aquileianischen Patriarchen Straßenzölle erhob, an denen es sich natürlich selber am meisten zu bereichern verstand, während sich Venzone wiederum seit 1231 am damals rasch berühmt gewordenen Wochenmarkt – den es gleichfalls den Patriarchen verdankte – ausgiebig zu sanieren versuchte.
Es muß eine aberwitzige und dabei mörderische Rivalität gewesen sein, die gelegentlich wohl auch zu grotesken Situationen führte, denn selbst den tüchtigen Dombaumeister scheint man sich gegenseitig erbittert aus der Hand gerissen zu haben. Die beiden altehrwürdigen und berühmten Domkirchen in Venzone und Gemona – die heute nur noch traurige Schutthügel oder ernüchternde Ruinen sind – wurden jedenfalls allem Anschein nach von einem gewissen Johannes aus Kärnten ungefähr zur gleichen Zeit geplant. Und auch bei den Beispielen rühmlicher Tapferkeit ließ man sich vom Nachbarn nicht übertrumpfen, denn einmal widerstand Gemona einem Herzog Ulrich aus Kärnten, der durch seine schwerbewaffneten Soldaten alte Machtansprüche realisieren wollte, und dann wieder verhinderte Venzone im berüchtigten Krieg zwischen Venedig und dem Habsburger Maximilian I. den Durchzug österreichischer Truppen hinunter auf den Kriegsschauplatz von Görz und Gradisca. Und

nur die mirakulösen Mumien, die jetzt freilich auch unterm Trümmerhaufen, der Venzone bedeckt, spurlos verschwunden sind, gaben dem ehemals mauernumgürteten und mittelalterlich anmutenden *»Schlüssel zum Friaul«* einen kleinen Vorsprung an touristischer Attraktivität gegenüber Gemona. Auch die politische Entwicklung war in Venzone stets ein wenig undurchsichtiger und freilich auch farbiger als im nüchternen Gemona, wo man ohne besondere Komplikationen aus der Langobardenzeit ins patriarchalische Zeitalter und von diesem in die goldene venezianische Ära überwechselte, während Venzone nach den Langobarden abwechselnd den Kärntnern und den Görzern, den Patriarchen aus Aquileia und irgendwelchen verschiedenen Herzögen aus Österreich unterstand, was allerdings nichts an der heftigen und ausdauernden Rivalität zum politisch glücklicheren Gemona ändern konnte.
Was ist das eigentlich für ein Fluß, der sich ebenso herausfordernd wie gleichgültig durch alle diese törichten Zwistigkeiten und blutigen Scharmützel bewegt? Ein Fluß ist ein Fluß, aber kein Fluß ist wie der andere. Besäße nicht trotzdem auch der Tagliamento ein Anrecht darauf, ähnlich wie der Piave ein *»heiliger Fluß des Vaterlandes«* zu sein? Oder verzeiht man es ihm im nationalstolzen Italien auch heute noch nicht, daß er den deutschen und österreichischen Sturmtruppen kein wirbelndes Hochwasser entgegenstellte, als sie nach der zwölften und letzten Isonzoschlacht endgültig den Durchbruch nach Westen erzielten und die Barrieren des Flusses fast spielerisch überwanden?
Aber der Tagliamento vermag ja nicht einmal in den Zeiten der Schneeschmelze sein ewig schotterbedecktes und weißsandiges Bett, dessen hochalpine Anfänge in den Bergen oberhalb des Passo di Mauria liegen, auch nur einigermaßen auszufüllen. Dafür ist er ein großer und unermüdlicher Arbeiter und zerschneidet er das Friaul, wühlt und scharrt er sich durch die alte keltische Carnia, frißt er sich oberhalb Spilimbergos auf sehr malerische und auch dramatische Weise durch die herabgestürzten Flanken des Monto Cuar, bis er sich dann endlich in den sonderbarsten Figuren verzweigt und verliert und mit ihnen die Ebene bedeckt. Spilimbergo ist übrigens von einem deutschen Geschlecht derer von Spengenburg besiedelt worden, das dann wiederum für die bedeu-

tende friaulische Familie *Spilimbergo-Zuccola* verantwortlich war, die unter Kaiser Karl V. in den Rang von Pfalzgrafen erhoben wurde. Und eine Irene von Spilimbergo, Malerin und intime Freundin Tizians, mag in den Aulandschaften bei Spilimbergo ihre ersten Erfahrungen mit der faszinierenden Leuchtkraft des Sonnenlichtes gemacht haben, wenn es in tausend Kaskaden vom Himmel herabfiel, der sich mit einer stahlfarbenen Schraffur über das Land wölbte, während das Licht im gleißenden Schotter seine Helligkeit und Leuchtkraft noch einmal verdoppelte und die Schatten der Bäume und Büsche dünn und zerbrechlich wurden.
Zahllose Figuren und Bilder überziehen das Land mit einem Gitter, durch dessen Stäbe der Tagliamento strömt, bis er zuletzt über eine Landzunge, die er mit seinem unablässig arbeitenden, schlammverschmierten und sandgefüllten Maul sich selber aufgebaut hat, zwischen Bibione und Lignano Pineta gelassen ins Meer mündet.
Und wieder die Erinnerung an die heißen Sommertage vor vielen Jahren, als diese Mündungslandschaft unten im Süden tatsächlich noch eine naturbelassene Wildnis war, als das Wasser des Flusses noch klar und kalt zwischen den aufgeschichteten Steindämmen, die am Unterlauf seine anschwellende Fülle bändigen, verheißungsvoll in die mediterrane Welt floß, als noch die schwärzlich gebräunte Haut eines einsamen Schwimmers ein herausforderndes Signal war, das mit dem massiven Leuchtturm konkurrierte, der das gurgelnde und saugende Untertauchen des Tagliamento im adriatischen Wasser mit seinem dicken gelben Strahlenbündel genießerisch abtastete. Damals war das Knattern des heißen Windes, der von Süden kam, und der Duft des glühenden Sandes noch ein selbstverständlicher Bestandteil der Natur, war das rostfarbene oder bräunliche Segel hinter den wehenden Dünen noch das Zeichen eines Fischerbootes, waren die dünnen Stimmen, die sich über dem lautlosen Fließen des Stromes trafen, noch Zurufe von Jägern und Hirten.
Das alles ist nicht einmal zwanzig Jahre her, aber längst schon unvorstellbar geworden. Das alles ist unvereinbar mit dem geschäftsgierigen Tumult der Yachthäfen und Feriensiedlungen, die heute das Mündungsgebiet des Tagliamento zu einer Spielwiese für Fertigteilbauweisen und internationale Veranstaltungen degradiert haben. Die Fischer oder Jäger, die in der

Carnia oder bei Spilimbergo noch die weitverzweigte Aulandschaft durchstreifen, würden jedenfalls *ihren* Fluß an seiner Mündung nicht mehr erkennen.
Dabei ist es auch anderswo nicht mehr so selbstverständlich wie früher einmal, daß man bis unmittelbar an die ausgefransten und zerrissenen Ufer des Tagliamento vordringen kann. Und wer begreifen will, welche Bedeutung diese Flußlandschaft für die geistige und historische Situation des Friaul hat, der muß gleichsam schrittweise neben und mit dem Fluß einhergehen, bis er den unverwechselbaren Rhythmus trifft, der für dieses Land charakteristisch ist. Augenblicke einer stillen, fast schüchternen Schönheit sind dabei möglich. Die Berge im Norden und die kunstvolle Geometrie der Ebene im Süden werden zu vertrauten Wegweisern. Winzige halbversteckte Dörfer in der uralten Rundung einer Bucht, die der schabende Fluß herausgearbeitet hat, und die abgeschliffenen grünen und braunen Hügel, die wie überwachsene Köpfe schlafender Riesen in der Ebene liegen, vervollständigen den mühsamen Weg zurück in die Geschichte, durch die der Tagliamento seine unheimlichen Erinnerungen schleppt.
In San Daniele zum Beispiel, das frühzeitig schon dem legendären Parlament der *Patria del Friuli* angehörte, war man immer italienisch in diesem besonderen Sinn, der auch das Geistige oder eigentlich Intellektuelle einschloß. Zugleich gehörte diese reizvolle Hügelstadt, deren Zentrum mit dem Dom und dem Rathaus zu den architektonischen Sehenswürdigkeiten des Friaul zählt, gemeinsam mit Aquileia und San Vito zu den wenigen Ortschaften, die auch noch nach dem Ende der weltlichen Herrschaft des Patriarchates von Aquileia der Jurisdiktion der Partriarchen unterstanden, und zwar genau bis ins Jahr 1751. Durch die *Biblioteca Civica oder Guarneriana* aber wird San Daniele gewissermaßen geistesgeschichtlich geadelt. Denn diese großartige Bibliothek, die noch auf den bedeutenden Humanisten, päpstlichen Abgesandten und Generalvikar der Patriarchen Guarnerio d'Artegna zurückgeht, der im Jahre 1466 seine unschätzbare Sammlung von Handschriften der Pfarrkirche von San Michele vermacht hatte, diese Bibliothek umfaßt heute so kostbare Stücke wie eine Bibel aus dem 11. Jahrhundert, eine Handschrift des Danteschen ›Inferno‹ aus dem 14. Jahrhundert und

zahlreiche andere Beispiele einer der ganz seltenen Humanistenbibliotheken des Abendlandes.
Aber San Daniele ist natürlich nicht nur eine dieser bewundernswerten Ansammlungen europäischer Kultur- und Geistesgeschichte, die man gerade in zutiefst bäuerlichen Landschaften immer wieder entdecken kann, und es ist heute auch nicht nur ein notdürftig geordnetes und noch längst nicht wieder restauriertes Opfer der Katastrophe von 1976, sondern es schwebt zugleich auch wie ein Gespinst aus Traum und Wirklichkeit über der verschachtelten und vielfältig gemusterten Ebene, die der Tagliamento aufgeschüttet hat. Und spätestens hier, wo sich die Alpen amphitheatralisch aus der Landschaft erheben und die derben Grundfarben der bäuerlichen Natur durchsetzt sind von zarten Schattierungen, begreift man das Geheimnis der herzergreifenden Schönheit dieses Landes. Es liegt ein tiefer geschichtlicher Sinn in dieser beinahe manieristisch anmutenden Schönheit, weil jedes einzelne Dorf und jede Pfarrgemeinde und jedes der heute zertrümmerten und gleichsam von innen her entblößten Schlösser und jeder braune und grüne und gelbgepunktete Streifen Land eine historische Abstammung verrät, die bis auf den allerersten Anfang ihrer Entwicklung zurückzuverfolgen ist. Und das ist allein durch Tradition noch nicht zu erklären. Denn in diesem *innersten* Friaul ist nichts dem Zufall überlassen, weil man es – auch hier begabt mit einem instinktiven Sinn für alles Artifizielle – frühzeitig schon verstanden hat, die Politik oder den ideologischen Machtkampf in die natürliche Schönheit der Landschaft einzubinden. Man eroberte nicht nur Städte und Weidegründe, man hielt nicht nur die wichtigsten Straßen besetzt, um von den unvermeidlichen Zöllen zu profitieren, sondern man verstand das uralte Spiel um die Macht immer auch unter dem Aspekt einer zivilisatorischen und kulturellen Mission.
San Daniele, der anmutig gerundete Hügel, der mich immer an ein altes kostbares Heiligtum erinnert, von dem wir nicht genau wissen, in welcher Sprache und mit welchem Zeremoniell wir es verehren sollen, dieses verzauberte und noch im Untergang bezaubernde San Daniele – wo man übrigens den vermutlich schmackhaftesten Schinken Italiens produziert – ist freilich nur ein Beispiel dafür, was im Schatten des Tagliamento an schöpferischer Kraft die Natur gestaltend

verändert hat. Ragogna, Buia, Maiano, Colloredo oder auch Pinzano wären gleichfalls noch zu nennen, vielleicht weniger spektakulär und weniger im Mittelpunkt eines touristischen Interesses stehend, weil alle diese Dörfer, Burgen und Märkte schon vor Jahrhunderten in diese sanfte Anonymität zurückgetreten sind, die sie jetzt wie einen schützenden Schirm über ihr stilles Dasein halten. Die Wurzeln des Lebens aber reichen überall bis tief ins Herz des Friaul, dessen schönes Pathos die Verrücktheiten der Welt und die Geschichte überdauert hat. Es ist das ein Pathos, das selten genug gebieterisch aufleuchtet und dann aus der fließenden Zeit das Geheimnis herausfiltert, das ich nur ungenügend beschreiben kann. Es hat ganz gewiß mit Geduld zu tun, mit Zähigkeit und Mut und wahrscheinlich auch mit dieser selbstverständlichen Liebe zum Detail, aus dem sich alle Größe zusammensetzt.

Später in Cordovado dann, das wie ein verwunschenes Zauberschloß an der Grenze zu Venetien liegt, nur mehr ein paar Augenblicke von der mächtigen Benediktinerabtei in Sesto al Reghena entfernt – und nachdem ich stundenlang dem über Nacht angeschwollenen und lehmfarbenen Fluß gefolgt bin, der sich plötzlich mit der trügerischen Gewalt eines vielgliedrigen Wurms durch das pausenlose Grün und Ocker und Erdbraun und zarte Violett der Landschaft fortbewegt –, später in diesem verzauberten und nur noch vom Geschrei der Schwalben eingehüllten Cordovado die langen Exerzitien im Umgang mit dem langsamen Niedergang, wenn er die beeindruckende Reife der Zufriedenheit angenommen hat. Der Fluß ist jetzt wieder hinter der Krümmung saftiger Wiesen verschwunden. In San Vito al Tagliamento war ich noch auf der Suche nach den Fresken von San Giovanni, die mir aber niemand mehr zeigen konnte. Nur der plumpe und grellrote Ziegelbau des vielbesuchten Bauernheiligtums und Klosters Madonna di Rosa leuchtet herausfordernd am Straßenrand. Dafür umgibt mich hier in Cordovado der melancholische Zauber einer versunkenen Welt, über die vollerblühte Kastanienbäume, unermüdlicher Efeu und dunkelgrüne Zypressen hinweggeschritten sind. Aus geheimnisvollen Toreinfahrten wachsen mir kunstvolle Bögen entgegen. Und aus einer verwischten Rundung, die wie ein erloschenes Aug' über einem längst verschlossenen Kirchenportal in die nackte Mauer hineingewachsen ist, steigt noch einmal die kaum erkennbare Muttergottes herab, deren früher einmal großartig gewesene Farbigkeit heute bis zur Unkenntlichkeit verwittert ist. Aber die Farben, die aus dieser Rundung gefallen sind, wiederholen sich in der Wildnis des üppigen Grases und der kräftig blühenden Blumen. Und ein paar Zypressen stehen als dunkle Wächter vor dem langsam verfallenden Gotteshaus.

Drüben in der Ebene rauscht der angeschwollene Fluß. Gestern, vorgestern noch war er oben in der Carnia und zwischen den Hügeln von Spilimbergo und San Daniele ein verwirrtes Bündel silbrig glänzender Fäden. Heute rollt er mit seinem schlammbedeckten Maul ungestüm dem Meer entgegen. Und die Vögel zeichnen ihre überraschenden Dreiecke in die dunstverhüllte Luft dicht oberhalb des träge fließenden Wassers.

Es steht ein Schloß in Passariano

Im südlichen Friaul, annähernd gleich weit entfernt von den beiden natürlichen Grenzflüssen Idrija und Tagliamento, liegt ein Landschaftsstück, das einem Dreieck frappierend ähnlich ist, wenn man die alte Reichsstraße von Udine nach Venedig, dann die sogenannte *Napoleonica* zwischen Codroipo und Palmanova und schließlich die Ausfallstraße von Udine nach Grado als die Begrenzungslinien dieses Dreiecks betrachtet. Und seit vielen Jahren schon habe ich den Eindruck, der natürlich auch ungemein subjektiv ist, daß in diesem landschaftlichen Dreieck hinter Udine die Welt endgültig und unwiderruflich venezianisch wird und die Landschaft etwas Geometrisches annimmt, sozusagen zur selbständigen Architektur wird und damit die dramatischen Bewegungsabläufe der Carnia oder die melancholische Koketterie der *orientalischen Hügel* zwischen Cividale und Görz zu einer disziplinierten und überschaubaren Kunstform werden läßt. Ich meine, daß diese eigentümliche Veränderung, die weiter im Südwesten des Friaul noch gravierender in Erscheinung tritt, selbstverständlich auch etwas mit dem lautlosen Auftauchen der ersten Kanäle zu tun hat, dieser Kanäle, die wie blasse dunkelbraune oder auch schwärzlich verfärbte Adern die Ebene durchfließen, die ihrerseits ein ganz eigenartiges schachbrettartiges Muster angenommen hat, darin fein säuberlich die alten und ein wenig ärmlich anmutenden Bauerndörfer mit den wabenförmigen Mustern einer scheinbar planlos wuchernden Industrie im stillen Widerstreit stehen. Die Namen dieser Dörfer und größeren Ortschaften – Campoformido, Codroipo, Mortegliano, Cargnacco, Palmanova oder Passariano – sind dabei auf eine völlig unprätentiöse Weise berühmt, weil sie den Ruhm oder die Ehre, die ihnen aus der Geschichte zugeflossen sind, mit einer Gelassenheit ertragen, die in einem so alten Bauernland wie dem Friaul fast schon selbstverständlich anmutet.

Es ist ein schönes und stilles Land, das von den drei Straßen, die es zum natürlichen Dreieck gemacht haben, wie ein Kunstwerk umrahmt wird. Die langen Alleen der Pappeln,

Platanen und Weiden, einzelne Birkenschonungen und die weißgepuderten Chausseen, über denen zarte Staubfahnen stehen, liegen als schnurgerade Linien eines weitverzweigten Netzes über der selbstgefälligen Quadratur fruchtbarer Felder, die mit ihrer abwechselnd rotbraunen und schwarzbraunen und immer saftig glänzenden Erde oder mit dem leuchtenden Grün sorgsam beschnittener Wiesen dieses landschaftliche Schachbrett um eine ganze Reihe würfelig gemusterter Flächen vermehren. Venedig beginnt oder endet hier mit einer sanften Verzauberung, die sich hinter allen Dingen und Gestalten verbirgt. Und es ist keine große Landschaft in dem Sinn, daß sie tragisch wäre oder den pompösen Faltenwurf der Geschichte um alle die seltsamen geometrischen Formen und Zeichen würfe, die gleichsam ihr geistiges und auch materielles Rückgrat ausmachen, sondern es ist immer noch altes gutes fruchtbares Bauernland, das vor mehr als zweitausend Jahren römische Veteranen buchstäblich im Schweiße ihres Angesichts für die mediterrane Zivilisation erobert haben. Erobert durch das Schwert und den Pflug, was sich zwar wie eine Binsenweisheit anhört, aber für jeden Bewunderer dieser Landschaft, der noch in historischen Kategorien zu denken imstande ist, allein schon durch den Umstand verdeutlicht wird, daß erstens Städte wie Altinum, Aquileia und Venedig – und zwar genau in dieser Reihenfolge – für das Entstehen aller Kultur und Zivilisation hier in diesem Dreieck verantwortlich waren, und daß zweitens auch heute noch Schwert und Pflug eine zwar unfromme, aber nützliche Verbindung eingehen. Denn über den landwirtschaftlichen Maschinen der Bauern, die sich durch eine Erde wühlen, die erstmals von römischen Kolonisatoren aufgebrochen worden ist, lärmen im venezianischen Teil des Friaul heute Militärflugzeuge der berühmten Kunstflugstaffel *»Frecce triccolori«* von der nahe gelegenen Basis Rivolto, die wie fahlfarbene Libellen oder groteske Schwalben das wolkige Netz des Himmels zerreißen. Und auch die Kasernen, die aus den gleichen strategischen Gründen wie damals, als Rom seine Legionen gegen die keltische und illyrische Gefahr in diesen Teil seines starkbefestigten Grenzlandes entsandte, die Ebene bedecken, sind wohlausgerüstet und bestückt mit Menschen und Maschinen.

Dieser militärische Aspekt, der die unheimlich anheimelnde

Geometrie der Landschaft wahrscheinlich noch verstärkt, hat also eine erstaunliche Tradition. Denn nach der römischen Invasion, nach einem ostgotischen Intermezzo, das von einem byzantinischen Zwischenspiel abgelöst wurde, nach der langen Kadenz langobardischer Herrschaft und den Paukenschlägen östlicher Barbaren, nach Awaren, Hunnen und Ungarn, die innerhalb von jeweils wenigen Augenblikken alles zerstörten, was zuvor in vielhundertjähriger Arbeit aufgebaut worden war, nach allen diesen tragischen Erscheinungen am Horizont der gleichmütigen Landschaft betrat Venedig mit imperialer Entschiedenheit den Schauplatz und erklärte, indem es die alten Vorherrschaften von Aquileia und Görz und teilweise auch von Udine systematisch zerbrach, dieses traditionsreiche Bauernland als seinen Grenz- und Aufmarschplatz sowohl gegen die türkische Bedrohung als auch gegen die machtvollen Expansionsgelüste der Habsburger. Man vergißt derlei heutzutage immer wieder, aber in jenen Jahrhunderten, als die älteste glanzvolle Kapitale dieser Region im Schlamm einer amphibischen Natur versank, als also Aquileia am Elend und am Fieber zugrunde ging, das aus den Kanälen und Sümpfen kroch, während Venedig sich auf seinen hölzernen Pfählen zuerst über den zähflüssigen Schlamm erhob und dann über ein wachsendes Imperium zu gebieten begann, daß also zu dieser Zeit Bauernland und Bauernleben im Friaul und damit auch in unserem Dreieck, das ich hier zu beschreiben versuche, nur unter dem ausschließlichen Aspekt der Nützlichkeit betrachtet wurden. Jeder Hügel, jeder Flußübergang, jedes goldgelb im Wind wehende Getreidefeld, jeder undurchdringliche Sumpf und jeder zerfurchte Karrenweg wurden auf ihre Brauchbarkeit für die venezianische Grenzpolitik überprüft, und jeder Schritt, den Venedig nach Osten und Nordosten unternahm, war lediglich eine taktische Maßnahme, die das militärische Vorfeld betraf. Alle anderen Fakten zählten nicht oder waren bestenfalls zweitrangig.

Aus allen diesen Verästelungen und Entwicklungen, die sich mitunter als irritierende geschichtliche Abläufe und manchmal auch nur als eine logische Fortsetzung expansiver Politik erklären lassen, aus allen diesen barocken Ereignissen, die das stumme Elend der Bauern, die immer ihre Haut für irgendeinen unsichtbaren Herren zu Markte tragen mußten, kunstvoll verdeckten, erhebt sich heute noch wie eine unzeitgemäße Fata Morgana die Villa Manin in Passariano, die nur ein paar Kilometer hinter Codroipo an der alten Landstraße liegt, die als *Napoleonica* nach Palmanova führt, das seinerzeit bekanntlich der gewaltigste und zugleich auch kunstvollste Eckpfeiler venezianischer Grenzpolitik war.

Auch hier also wieder diese historischen Bezüge, diese latente Geschichtlichkeit, denn die Wahl des Schauplatzes für eines der größten und faszinierendsten architektonischen Kunststücke im Friaul, ja in ganz Norditalien, war kaum zufällig, die zwischen der Markusrepublik und der politischen Idee, die sie so hartnäckig vertrat, jahrhundertelang bestanden. Dazu gehören auch Namen und Begriffe wie diese Villa Manin, deren Erbauer und Besitzer zwar aus Udine stammten, nachdem sie zuvor aus der Toskana eingewandert waren, die aber schließlich – und nachdem Udine 1420 venezianisch geworden war – in und durch Venedig sowohl das unermeßliche Vermögen als auch den gesellschaftlichen Einfluß erlangten, die sie zu einer solchen äußersten Anstrengung befähigten. Natürlich besaß jede vermögende oder auch nur gesellschaftlich akzeptable venezianische Familie neben ihrem Palast im morbiden Dunstkreis des *Canal Grande* auch noch einen respektablen Landbesitz mit dazugehörigen Gebäuden, die manchmal bis zum luxuriösen Schloß oder zur prachtvollen Villa avancierten. Und natürlich fand diese Zurschaustellung ökonomischer Solidität und glänzender Lebenshaltung auf der stetig wachsenden und sich vergrößernden venezianischen *terra ferma* statt, die sich wie eine riesige erdbraune und hellgrüne Zunge von Venedig aus nach allen Himmelsrichtungen erstreckte, und natürlich verfügten einige besonders honorige und besonders kapitalintensive Familien bis an die fünfzig solcher Landsitze und daneben noch schloßähnliche Villen, die an römische Prachtbauten erinnerten. Aber diese Villa Manin von Passariano, halbwegs zwischen Pordenone und Udine, war doch in mehrfacher Hinsicht eine herausragende Leistung.

Man muß sich das stets von neuem ins Gedächtnis rufen, weil es für das Verständnis einer so kunstvollen und wohl auch hypersensiblen Ordnung, die diese Landschaft in unserem imaginären Dreieck auszeichnet, nahezu unerläßlich ist. Aber die ganze Region war seit ihrem zögernden Eintritt in die

beschreibende Geschichte praktisch ununterbrochen ein hartumkämpftes und vielfach gefährdetes Grenzland. Und daß nicht die militärische Architektur oder ein militanter Tonfall überwiegen, sondern überall eine unverwechselbare künstlerische Handschrift deutlich wird, das hat fraglos mit dem Instinkt und der Begabung vor allem Venedigs für alles Artifizielle selbst in den Beispielen des praktischen Alltags zu tun. Und das findet für mich seinen höchsten Ausdruck als einer Idee von intellektueller Sinnlichkeit und Schönheit am Beispiel eben dieser Villa Manin statt.
Die Grafen Manin kommen also ursprünglich aus der Toskana, siedeln sich in Udine an und machen dann im Dienste Venedigs ihre glanzvolle Karriere. In Udine zum Beispiel kann man die sogenannte *Capella Manin*, die dem ehemaligen Palazzo Manin benachbart ist, heute noch als einen einheitlichen Eindruck für die künstlerische Vollendung bewundern, mit der in dieser verhältnismäßig kleinen Landschaft während des ganzen 18. Jahrhunderts gebaut wurde. Diese Kapelle, die in der Zeit zwischen 1732 und 1736 für Niccolò Manin errichtet worden ist, besticht vor allem durch die Einzelheiten der eleganten Fassade sowie durch ihre besonders geschmackvolle Bestückung mit rotem und schwarzem Marmor. Und etwa zur gleichen Zeit – als einigermaßen exaktes Datum kann man die dreißiger Jahre des 18. Jahrhunderts annehmen – baute die Familie dann ein eher einfaches und bescheidenes Landhaus aus dem 16. Jahrhundert, das sie in der Gegend von Codroipo besaß, zum luxuriösen Palast aus. In Udine erzählt man sich eine Überlieferung, demnach schon hundert Jahre vor den ersten Anfängen für die prachtvolle Villa Manin detaillierte Pläne bestanden haben sollen für diesen großartigen Bau, wobei diese Pläne angeblich Ideen eines der großen Baumeister des 15. Jahrhunderts – es handelt sich hier um Andrea Doria – kongenial fortsetzen sollten. Aber wie dem auch sein mag, es erfolgten der Ausbau des einfachen Landsitzes zum Schloß und seine endgültige Vollendung zur Villa sowie die Anlegung des berühmten Parks in den dreißiger und fünfziger Jahren des 18. Jahrhunderts, wobei man heute einen gewissen Giovanni Ziborghi als Baumeister annimmt und nur des höheren Ruhmes wegen auch noch den genialen Venezianer Domenico Rossi nennt, was allerdings dokumentarisch kaum belegbar ist.

Erwähnenswert wäre freilich auch das Jahr 1763, weil zu diesem Zeitpunkt eine umfassende und wahrscheinlich auch erweiternde Renovierung des Schlosses durch einen Architekten namens Borghetti erfolgte, was uns schon in die Nähe des historisch so bedeutsamen und freilich auch tragischen Augenblicks bringt, da dieser Villa Manin der Niedergang Venedigs mit dem Niedergang der Familie Manin nicht nur in einem höheren symbolhaften Sinne, sondern auch sehr ursächlich zusammenfällt. Denn nach seinen militärischen Siegen über die Österreicher quartierte sich Napoleon im Oktober des Jahres 1797 hier in Passariano ein und dirigierte von der Villa aus die Friedensverhandlungen mit den Repräsentanten des gedemütigten Kaisers Franz II., was allein schon deshalb bemerkenswert erscheint, weil ja die Villa Manin zu diesem Zeitpunkt noch die offizielle Residenz des letzten venezianischen Dogen ist. Und dessen Name lautet Lodovico Manin, der seit 1789 dieses höchste politische Amt einnimmt, das die Markusrepublik zu vergeben hat, und der jetzt tatenlos mit ansehen muß, wie die freilich schon fragwürdig gewordene Herrlichkeit Venedigs endgültig zerstört wird. In diesem Zusammenhang scheint es notwendig, einen kleinen Irrtum zu korrigieren, denn der berühmte *Friede von Campoformido*, der die politische Landkarte Europas wieder einmal entscheidend verändern soll und unter anderem Venedig und seine kostbare *terra ferma* zu österreichischen Provinzen degradiert, wird nicht – wie man das gemeinhin annimmt – am 17. Oktober 1797 in dem gleichnamigen Bauerndorf an der Reichsstraße nach Udine unterzeichnet, sondern tatsächlich genau eine Stunde nach diesem offiziellen Termin – eine Stunde nach Mitternacht –, also erst am 18. Oktober, und zwar in einem Saal der Villa Manin. Die Ursache dafür ist wahrscheinlich in der berechnenden Vorsicht Napoleons zu suchen, der die Österreicher wissen läßt, daß er sich von Passariano nicht entfernen könne, weil er wichtige Nachrichten aus Paris erwarte. Die Österreicher wiederum befürchteten, diese Nachrichten würden die Ansprüche der Franzosen verschärfen, und sie eilen mitten in der Nacht in das Schloß, um den Vertrag unterzeichnen zu lassen.

Lodovico Manin aber, der letzte rechtmäßige Doge der Republik Venedig, überlebt diese dramatischen und für die

Existenz seiner Heimat vernichtenden Stunden und Tage nur um wenige Jahre. Er stirbt 1802 völlig vereinsamt und, wie es in zeitgenössischen Kommentaren heißt, auch ehrlos und ruhmlos. Das prachtvolle Schloß aber zerfällt ebenso wie das unermeßliche Vermögen der Manin, militärische Besetzungen, Plünderungen und wohl auch der Vandalismus zufälliger Besucher machen die Villa zur trostlosen Ruine, bis schließlich der italienische Staat in den fünfziger Jahren unseres Jahrhunderts mit umfassenden Restaurierungsarbeiten beginnt, die inzwischen weitgehend abgeschlossen sind. Heute bietet sich die Villa Manin wieder in ihrer ursprünglichen Schönheit dar. Ein Hauch saturierter Großbürgerlichkeit überschneidet sich mit dem erstaunten Blick auf einen riesigen Park, der wie ein grüner Ozean ist, durch den verwitterte Marmorstatuen schwimmen, als wären es hochbordige venezianische Galeeren. Und während draußen die orangefarbenen Traktoren der Bauern an den geschwungenen Bögen der Kolonnaden vorbeirattern, begreift man drinnen im Schloß die fast absolute Abstraktion der Wirklichkeit. Denn alle diese Schauräume und Saalfluchten – darunter natürlich das unvermeidliche *napoleonische Zimmer* –, alle diese mitunter atemberaubenden Einzelstücke etwa in der Waffensammlung oder in der Schloßkirche vermitteln einen ungefähren Eindruck von Venedig als einem prachtvollen Raritätenkabinett, das seinen sinkenden Ruhm und seinen schwindenden Einfluß gleichsam durch überfüllte Museen kompensiert, während unterm flackernden Schein dicker honigfarbener Kerzen sich die Politiker über ein Dokument beugen, das den unwiderruflichen Zusammenbruch der stolzen Republik beschreibt.

Ein anderer schlechthin unüberbietbarer Höhepunkt dieser geometrischen Ordnung inmitten unseres imaginären Dreiecks – die allerdings nichts zu Tode Erstarrtes oder Totgeborenes ist – findet sich dann auf den grasüberwachsenen und in anmutigen Windungen und Wölbungen die sanfte Landschaft beherrschenden Wällen von Palmanova. Mir erscheint diese berühmteste und auch kostspieligste Festungsstadt, die von der *Serenissima* auf ihrer immer wieder bedrohten *terra ferma* errichtet worden ist, wie einer dieser hübschen Seesterne, die man manchmal noch in den Gewässern der nahegelegenen Adria finden kann. Jedenfalls strahlt das heute zwar verwach-

sene und scheinbar in die friaulanische Erde zurückfallende Festungswerk eine so würdevolle Wärme aus, daß man, überwältigt von vollkommen unmilitärischen Gefühlen, unaufhörlich um diesen neunfingrigen Stern herumläuft und leichten Herzens seinen strategischen Ursprung vergißt.
Denn Palmanova, das im Augenblick seiner Entstehung Palma geheißen hat, verdankt seine Existenz ja nicht einem plötzlich ausbrechenden altruistischen Gefühl der Venezianer oder der Vorliebe irgendeines Dogen für besonders kunstvolle und schöngeistige architektonische Formulierungen, sondern es entstand ausschließlich unter dem allumfassenden Aspekt einer Absicherung des venezianischen Landbesitzes im Friaul, der zu der Zeit, als Palmanova gebaut wurde, durch osmanische und habsburgische Angriffe bedroht war. Die ersten Überlegungen über die Errichtung eines Festungswerkes oder einer befestigten Militärkolonie an der uralten Römerstraße, die von Aquileia nordwärts führte, gab es bereits anfangs des 16. Jahrhunderts, als durch den Verlust der Festung von Gradisca an Österreich die stets gefährdete Grenze endgültig zu verschwimmen drohte. Später dann war man sich in Venedig darüber einig, daß man im östlichen Vorfeld der damaligen *terra ferma* ein Bollwerk gegen die ständig drohende Türkengefahr brauche, und im Jahre 1585 begann man sich schließlich über den geographischen Standpunkt dieser Festung zu einigen. In der berühmten *Bibliothek Marciana* in Venedig kann man heute noch eine Art Denkschrift über diese ersten Planungen einsehen, die im Grunde die gegenwärtige Form Palmanovas bereits vorwegnehmen. Endgültig bevorzugt wurde schließlich der Plan des Grafen Giulio Savorgnan, der zu jener Zeit Oberbefehlshaber des gesamten venezianischen Befestigungswesens war und sich schon bei der Planung oder Modernisierung der großen venezianischen Festungen auf Korfu, Kreta und Zypern als hervorragender Festungsbaumeister ausgewiesen hatte. Im September 1593 wurde jedenfalls mit der Planifikation begonnen, und am 7. Oktober 1593, genau zweiundzwanzig Jahre nach dem glorreichen Tag von Lepanto, an dem eine vereinigte christliche Flotte unter Don Juan d'Austria die osmanischen Seestreitkräfte vernichtend geschlagen hatte, fand die feierliche Grundsteinlegung statt.
Man hatte ursprünglich an eine Militärkolonie von etwa

zwanzigtausend Einwohnern gedacht und den Siedlern alle möglichen Vergünstigungen angeboten, darunter das erstaunliche Geschenk eines wohlausgerüsteten Hauses für jede Familie. Aber die Bürger Venedigs wehrten sich jetzt gegen die Zumutung, sich in einer Militärstadt an der weitabgelegenen und gefürchteten Ostgrenze niederzulassen. Und so sah man sich in Venedig spätestens im Jahre 1622 gezwungen, die Kolonisation ganz einfach dadurch zu beleben, daß man abgeurteilten Verbrechern Straferlaß und dazu kostenlose Baugrundstücke zusicherte, wenn sie sich in der neuen Festung ansiedelten. Trotzdem gilt Palma – das erst in der napoleonischen Zeit seinen heutigen Namen Palmanova erhielt – annähernd zweihundert Jahre lang nicht nur als die schönste, sondern auch als die stärkste militärische Anlage in ganz Europa. Und bis zu ihrer Eroberung durch die Franzosen im Jahre 1797 konnte sie auch tatsächlich den Ruhm der absoluten Uneinnehmbarkeit für sich beanspruchen, was freilich durch mangelnde kriegerische Unternehmungen in den beiden ersten Jahrhunderten ihres Bestehens leicht erreichbar war.
Heute ist Palmanova eine stille, fast verträumt anmutende Kleinstadt inmitten der friaulanischen Tiefebene, die in großen Wellen von Udine bis an die spröde und rätselhafte Welt der Lagunen reicht. Und wenn in Passariano im großherrschaftlichen Dunstkreis der Villa Manin das Leben auch in unserer profanen Gegenwart einen signorilen Zuschnitt hat, so tropft es hier in Palmanova geruhsam und auch ein wenig kleinbürgerlich von den ockerfarbenen und graubraunen Fassaden der ärarisch ausgerichteten Häuser, die früher einmal von freigelassenen Galeerensträflingen bewohnt worden sind. Was für ein seltsamer Widerspruch das doch ist! Denn die ehrfurchteinflößende Außenfassade des erst im Jahre 1777 eingeweihten Doms und die kiesbestreute, unterm Sonnenlicht aufglitzernde und heftig gleißende sechseckige *Piazza Grande* im Zentrum, die eigentlich wie ein gefrorener Teich vor der Kirche liegt, sie beide wirken durch die aufgestellten Marmorstatuen längst vergessener venezianischer Edelleute wie ein bestürzend schönes Wachsfigurenkabinett, von dessen Ausstellungsstücken man die Vergänglichkeit der Geschichte ablesen kann. Und es liegt eine tiefe Symbolkraft in der Tatsache, daß der vor mehr als dreihundert Jahren im

stolzen Palma aufgestellte und damals noch prachtvoll vergoldete Obelisk, der die ewige Unversehrtheit der Festung versinnbildlichen sollte, heute nur noch ein schwärzlich grauer, unansehnlicher Marmorstein wie jeder andere ist. Aber es liegt dennoch ein Zauber über der Stadt, die einmal das meistbewunderte und auch meistgefürchtete militärische Bauwerk der Venezianer auf ihrer kostbaren *terra ferma* war und die heute trotz der Kasernen und Soldaten, die sie zur Garnisonsstadt machen, immer noch ein vielschichtiges Kunstwerk ist, das die blühende Natur und die formende Kraft der Menschen umfaßt. Es ist ein Zauber, den ich nur schwer beschreiben kann, weil er wie so oft bei makellosen Beispielen zwischen legendärer Idylle und banalem Kitsch schwankt und sich einem am nachdrücklichsten wohl nur auf den alten Festungswällen mitteilt, wo aus farbtrunken aufblühenden Bäumen der zufriedene Gesang unsichtbarer Vögel und aus dem morastigen Wasser der Festungsgräben die unergründlichen Geräusche der Geschöpfe kommen, die seit altersher im Untergrund leben. Drinnen in der Stadt, deren Ordnung freilich nicht nur geometrisch, sondern in manchen Augenblicken auch unbarmherzig ist, weil sie jedes lebendige Gassenlabyrinth und anmutig verspielte Winkelwerk vermissen läßt, drinnen in der Stadt schmelzen die Schatten unter der Mittagssonne. In den kleinen dunklen Gasthäusern beugen sich Soldaten und Landarbeiter einträchtig über dampfende Schüsseln voll Polenta und *Trippe*, dieser scharf gewürzten Spezialität aus gekochten Innereien. Die hochmütigen Statuen auf der gleißenden *Piazza Grande* blicken mit glanzlosen Augen auf den spärlichen Verkehr. Die Hitze liegt wie eine schimmernde Wolke über den Dächern. Draußen auf den Wällen aber und inmitten dieser grünen und dunkelbraunen Zeichnungen, die eifrige Festungsbaumeister und Architekten im Auftrag Venedigs hinterlassen haben, schleift jetzt der aufkommende Wind über die verwitterten Bastionen. Hartnäckig bläst er immer wieder von neuem aus der morastigen Tiefe der Tümpel gegen die überhängenden Graswülste, unter denen sich das dicke Gemäuer der alten Festung verbirgt. Und das Geräusch, das er dabei verursacht, hat etwas Herzergreifendes.

Der Geist von Pordenone

Etwa gleich weit entfernt von Pordenone, der ehemaligen österreichischen Enklave inmitten aquileianischen und später venezianischen Gebietes, liegen zwei Ortschaften – das nördliche Maniago und das südliche Sesto al Reghena –, die beide auf ihre Weise jeweils die äußersten Grenzpunkte für eine besondere Art von landschaftlicher Vergeistigung darstellen, wobei das abseitigere und wohl auch unbekanntere Maniago, dessen Domkirche von San Mauro zugleich auch die älteste nachweisbare Pfarrkirche der untergegangenen römischen Stadt Concordia war, schon wieder so etwas wie eine Stufe in ein anderes Erdzeitalter ist, weil sich nur wenige Kilometer hinter den langgestreckten und schmalen Häuserzeilen, die von alten ärmlichen Bauernhäusern gebildet werden, ein furchteinflößender Spalt in den westlichen friaulanischen Grenzbergen öffnet, durch den die Cellina breitufrig und weißsandig in die Ebene eindringt. Die Schlucht aber, die sich von diesem natürlichen Tor, das ein Genie wie Dante fraglos zu mythologischen Vergleichen angeregt hätte, und das auch heute noch wie ein unheimlicher Einstieg ins Erdinnere anmutet, über eine Strecke von mehr als neun Kilometer durch eine fast gespenstisch anmutende gebirgige Kulisse dreht und windet, bevor sie sich auf die Hochebene von Barcis und das dahinterliegende Gebiet um den berüchtigten Stausee von Vaiont verliert, diese Schlucht ist wie mit einem schartigen Messer in den aufgerissenen und zersplitterten Kalkstein hineingearbeitet worden. Die kunstvolle Faserung der senkrecht abfallenden Bergwände verrät die Jahrmillionen, in denen der manchmal giftgrüne und dann wieder türkisfarbene Fluß sich sein Bett gegraben hat, und an den engsten Stellen, an denen die dunklen Felswände buchstäblich zusammenzuwachsen scheinen, hat es den Anschein, als ob sich die altgewohnte Welt endgültig umstülpe und ins alptraumhafte Gegenteil verkehre.

Nüchterne Besucher werden wahrscheinlich von einem Naturwunder sprechen, von einem eindrucksvollen Schöpfungsakt der Natur, dessen dramatische Schönheit immer

wieder neue atemberaubende Einblicke in die beharrliche Tätigkeit der schiebenden und scharrenden Gesteinsmassen und des unaufhörlich mahlenden und saugenden Wassers ermöglichen. Aber diese Cellina-Schlucht ist ungleich mehr als nur ein Naturwunder, weil sie gleichsam einen letzten Höhepunkt im friaulanischen Panorama setzt, eine Art zusammenfassender Beschreibung dessen, was in dieser abseitigen und wenig bekannten Landschaft an Rätselhaftem und Erstaunlichem möglich ist. Der schmale Ausschnitt des irritierend dünnhäutigen Himmels, der sich über die messerscharfen Klippen der fast gegeneinander stoßenden Bergwände spannt, und das lautlose Arbeiten des in der Tiefe wühlenden Flusses ergeben nämlich eine erschreckende Vorstellung von der unaufhaltsamen Wirkung dieser natürlichen Kraft, die ein ganzes Gebirgsmassiv scheinbar mühelos spaltet. Und wer sich noch seine naive Neugier für die einzelnen Phasen der Schöpfungsgeschichte bewahrt hat, der kann hier das Phänomen vom Werden und Vergehen unserer Erde aus intimer Nähe betrachten.
Maniago selbst, immerhin bereits in einer Urkunde aus dem Jahre 981 erstmals erwähnt und ehemals stimmberechtigt im legendären Parlament der *»Patria del Friuli«* und in jüngster Zeit auch Heimat eines Weltmeisters namens Primo Carnera, dehnt sich wie ein unnatürlich in die Länge gezogenes rotbraunes und steingraues Feld voll zerschlagener Tonscherben vor dem Eingang zu dieser Schlucht und am Fuße der Prealpi Clautane, dieses westlichen Teils der Karnischen Voralpen, vor denen die große dunstverhüllte Tiefebene gelassen nach Osten einherwandert. Und fast hat es den Anschein, als wären die vernichtenden Wellenbewegungen des letzten Erdbebens ausgerechnet an diesem Gebirge gescheitert und hätten dann, sich überschlagend in einem einzigen zornigen Wirbel, die kleinen Ortschaften und Bauerndörfer am Rand der Ebene mit besonderer Wut getroffen. Denn nicht nur Maniago gleicht einer von verheerenden Bombenangriffen heimgesuchten Stadt, sondern auch ein früher einmal so idyllisch gelegenes Dorf wie Fanna, dessen Ortskern vollkommen zerstört ist, hat seine altvertraute Form verloren. Damit aber dürften wohl auch die letzten Erinnerungen an die römische Urgründung verwischt sein, die man hier vermutet hat. Und auch der erstaunliche Um-

stand, daß in diesem Fanna noch im Mittelalter eine von dem seinerzeit hochberühmten nordadriatischen Pomposa abhängige Benediktinerabtei existierte, ist heute nur noch durch alte Dokumente beweisbar. Im Bewußtsein der Menschen ist diese historisch bemerkenswerte Tatsache spurlos verschwunden. Jedenfalls stößt jede Frage nach dem längst untergegangenen Kloster lediglich auf ratloses Kopfschütteln.

Dafür gibt es einige Kilometer weiter draußen in der Ebene und nur einen Steinwurf neben der vielbefahrenen Hauptstraße, die den Westen des Friaul mit seinem natürlichen Zentrum Udine verbindet, eine alte Wallfahrtskirche *»Madonna delle Strade«*, die ein seltsam idyllisches Dasein führt und früher einmal Schauplatz farbiger Bauernwallfahrten gewesen ist, während sie heute als Beispiel dient für die gewandelten Verhältnisse auch in einer entlegenen Landschaft. Denn jetzt gilt die schmucklose Kirche mit den einfachen strengen Formen als eine Art Bethaus für Automobilisten, und nur eine zeitlos schöne und durch die herbe Anmut ihres Gesichtsausdruckes ergreifende Madonna aus dunkelgrauem Stein, die ein wenig unterhalb der Kirche ihren Standplatz hat, erinnert noch an die Zeiten inbrünstiger Prozessionen und fast abergläubischer Frömmigkeit.

Eine andere bemerkenswerte Wallfahrtskirche namens *»Madonna del Monte«*, die an die uralten Zusammenhänge zwischen mythischem Mutterkult und christlicher Marienverehrung auch im Friaul erinnert, erhebt sich oberhalb Avianos, der Heimatstadt jenes leidenschaftlichen Kapuzinerpaters und Bußpredigers, der ursprünglich Carlo Cristofori hieß und im Auftrag des Papstes 1680 als Missionsprediger nach Linz und 1682 nach Wien kam, wo er am 12. September 1683 auf dem Leopoldsberg seine berühmt gewordene Messe für die kaiserlichen Verteidiger der von den Türken belagerten Stadt las. Zu diesem Zeitpunkt nannte er sich längst schon Marco d'Aviano. Und unter diesem Namen starb er auch 1699 in Wien, ein ebenso eifriger wie eifernder Verteidiger des wahren Glaubens und in dieser Funktion als Propagandist gegen den Islam besonders nützlich.

Die Wallfahrtskirche, die mit ihrem prachtvollen Kuppeldach hoheitsvoll von den letzten Ausläufern des gewaltigen Gebirgsmassivs rund um den Monte Cavallo auf das verträumte

Aviano und die sehr lebendige und kriegsmäßig ausgerüstete U. S.-Basis unten in der Ebene blickt, hat mit dem sonderbaren Bußprediger freilich nichts zu tun, sondern reicht mit ihren geistigen Wurzeln tief in diese irrationalen Bereiche, in denen heidnische Vorstellungen von der alles überwältigenden Allmacht der großen mediterranen Mutter mit den ein wenig naiven und dennoch herzergreifenden Ideen von einer gütigen und total vermenschlichten Muttergottes zu einem recht erfolgreichen Glaubensbekenntnis verschmolzen sind.
Es mutet allerdings ein wenig seltsam an, wenn man heute die Kolonnen der amerikanischen Straßenkreuzer über die Serpentinen der neuen Straße zur Anhöhe hinaufschaukeln sieht, wenn man diesen ein wenig fremdartig wirkenden und um eine Spur zu schrillen und zu lauten amerikanischen Soldatenfrauen begegnet, die hier an einem Schnittpunkt ältester europäischer Glaubensbekenntnisse und mythischer Vorstellungen etwas von der Fragwürdigkeit ratloser Exoten an sich haben. Und auch der latente Widerspruch, der zwischen raketenbestückten und stets startbereiten Kampfflugzeugen, die wie höchsttechnisierte und lautlose mechanische Ungeheuer unten in der Ebene auf den Rollbahnen des amerikanischen Militärflugplatzes lauern, und der stillen Bedürfnislosigkeit, die sich rings um die schimmernde Kuppel der Wallfahrtskirche ausbreitet, dieser fast schon makabere Widerspruch, der hier in Aviano auch noch an vielen anderen Kleinigkeiten deutlich wird, versinnbildlicht die ganze Verworrenheit und die fragwürdig gewordenen sogenannten ideologischen Werte gerade in einer der abgeschiedensten Landschaften im mediterranen Bereich. Wer von dieser frommen Anhöhe aus hinunterblickt auf die sich dehnende Ebene, in der einige der modernsten Flugplätze und Militärbasen beinahe unmittelbar neben einigen der ältesten und beispielhaftesten Kultstätten angesiedelt sind, der begreift vielleicht auch etwas von der völlig veränderten Moral, zu der wir uns gedankenlos bekennen. Denn hat es hier nicht tatsächlich den Anschein, als ob wir jetzt endgültig damit aufgehört hätten, einer großen mythischen Mutter unsere Dankbarkeit zu bezeugen, nur weil wir inzwischen mit giftgeschwollenen Kampfmaschinen umzugehen gelernt haben?
Solche Formulierungen hören sich vielleicht ein wenig dramatisch an, aber in gewissen Augenblicken und an gewissen

Schauplätzen einer der stillsten und schönsten Landschaften Europas erfahren sie eine bittere Schärfe, die nachdenklich und betroffen macht.
Die andere Ortschaft, der andere äußere Grenzpunkt für eine besondere Art von landschaftlicher Vergeistigung liegt südlich von Pordenone und ist von ganz anderem Zuschnitt als Maniago, das wie eine wachsame Spinne vor dem Eingang in ein Höllental nistet. Sesto al Reghena, dieser zweite Kontrapunkt zu Pordenone, ist ein kleiner unscheinbarer Flecken, an dem zuerst einmal eine historische Besonderheit auffällt, denn Sesto liegt keine zehn Kilometer nördlich von Concordia, was allein schon deshalb bedeutsam ist, als es wahrscheinlich von dieser Nachfolgestadt des ehemaligen römischen Militärstützpunktes gleichen Namens aus besiedelt worden ist. Historisch einwandfrei erwiesen ist jedenfalls das Jahr einer Klostergründung durch drei langobardische Edelleute: 762. Und auch, daß dieses Kloster dann unmittelbar nach seiner Entstehung von den Benediktinern übernommen worden ist.
Nun wäre freilich eine solche Klostergründung noch gar nichts besonderes in diesem von frühchristlichen Spuren nahezu überschwemmten Gebiet im Umkreis Aquileias oder Castelmontes, wo jeweils erste legendäre Vorstellungen von diesem neuen christlichen Mythos wie selbstverständlich ins Bewußtsein der Menschen eingedrungen sind. Bemerkenswert im Zusammenhang mit Sesto aber ist der Umstand, daß diese tüchtigen frommen langobardischen Edelleute Söhne jener sagenhaften Piltrudis gewesen sein sollen, dieser Frau, die uns von Cividale her noch in Erinnerung sein dürfte, weil sie dort angeblich als Königin gewirkt hatte. Hier in Sesto entwickelte sich aus der langobardischen Gründung jedenfalls bald eine der reichsten und mächtigsten Abteien der alten Mark Friaul, die mehr als fünfzig Ortschaften und Burgen besaß. Nach einer Zerstörung durch die Ungarn im 10. Jahrhundert wurde das Kloster auch noch einmal vollkommen erneuert und durch beträchtliche Schenkungen in seinem Besitzstand sogar noch erweitert. Seine religiöse Anziehungskraft, die freilich nicht ohne materiellen Niederschlag blieb, verdankte es der kostbaren Reliquie einer berühmten Heiligen, und zwar der heiligen Anastasia, deren reich geschmückter Marmorsarkophag eines der großen Beispiele langobar-

discher Kunst des 7. und 8. Jahrhunderts ist. Man kann diesen Sarg heute noch in der Klosterkirche *»Maria in Silvis«* bewundern, und zwar in der erstaunlich guterhaltenen Krypta, und es ist in der Tat ein ganz eigenartiges Gefühl, in der kühlen Dämmerung dieser einsamen Gruft den an Elfenbein erinnernden Farbton des Sarkophags geheimnisvoll schimmern zu sehen.

Hier also befand sich das alte *Sextus in Silvis*, dessen fast schon vergessener Name noch an die dichten Wälder erinnert, die vor einem runden Jahrtausend die ganze Ebene bedeckt haben. Heute wandert man ungehindert durch die alte Kirche mit ihren erstaunlichen Ausmaßen, deren Wände mit kostbaren Fresken bedeckt sind. Ein Hauch melancholischer Verlassenheit weht durch die dunklen Hallen, obgleich in einem Nebengebäude die Volksschule des kleinen Dorfes untergebracht ist. Der riesenhafte Campanile hängt wie ein Pendel vom zartblauen Himmel. Sein Schatten fällt schwerfällig auf den graukörnigen Schotter im weiten Klosterhof. Die Zeit tropft langsam. Und nur die intensive Leuchtkraft der Farben in den alten Fresken erinnert an das turbulente Leben, das hinter diesen Klostermauern einmal geherrscht haben muß.

Der triumphierende Höhepunkt und zugleich die Ausgangsbasis für alle diese früher einmal so bedeutsamen Pilgerwege nach Aviano, Fanna und Sesto ist zweifellos Pordenone, das buchstäblich wie eine rosafarbene Wolke, wie ein zarter rotbrauner Traum über der Ebene zu schweben scheint, die sich hier, schon jenseits von Tagliamento, Meduna und Cellina, aus dem alten friaulanischen Stammland hinausbewegt ins Venezianische. Dabei hat diese Stadt, die wahrscheinlich aus einem römischen Handelsplatz an den Ufern des antiken Naonis – des heutigen Noncello – allmählich zu ihrer gegenwärtigen Bedeutung und Schönheit herangewachsen ist, eine der merkwürdigsten und auch widersprüchlichsten Biographien des ganzen Friaul. Denn die im späten 12. oder anfangs des 13. Jahrhunderts bereits wohlbekannte Siedlung *Portus Naonis* war zu dieser Zeit längst schon österreichisch, gehörte schon seit 976 zur Herrschaft der Herzöge von Kärnten und später der Grafen von Steiermark, während ringsum alles Land natürlich aquileianisch war und der Oberhoheit der Patriarchen unterstand.

Es ereignete sich hier also wieder einmal eines dieser Phänomene, die zwar den Ablauf mancher historischer Ereignisse zutiefst beeinflussen, die aber nur schwer erklärbar sind, weil uns heute jede Vorstellungskraft dafür fehlt, daß plötzlich mitten im alten römischen Kulturbereich – Altinum, Concordia und Aquileia liegen in der Nachbarschaft – eine deutsche Oase entstehen konnte. Und auch die ersten Urkunden von 1232 und die ältesten Statuten aus dem Jahre 1291 sind zu einem Zeitpunkt entstanden, da *Portusnaonis* – wie man den Namen nun schrieb – gerade erst in habsburgischen Besitz übergegangen war, nachdem es zuvor volle neun Jahrzehnte lang den Babenbergern angehört hatte. In allen diesen Jahrhunderten kein Wort von Aquileia, keine Erwähnung von Venedig, nichts über die unaufhaltsame Entwicklung mediterraner Zivilisation, obgleich das ganze übrige Friaul spätestens seit 1420 venezianisch war. Und erst im Jahre 1508, also praktisch nach rund sechshundertjähriger und ununterbrochener österreichischer Herrschaft, drang während der Kämpfe zwischen den Venezianern und Maximilian I., die sich vor allem um den Besitz von Görz und Gradisca rauften, ein in venezianischen Diensten stehender Söldnerführer namens Bartolomeo D'Alviano endlich auch in diese Enklave ein, die sich damals bereits ihren heutigen Namen Pordenone zugelegt hatte, obgleich sie offiziell in dieser letzten Phase der österreichischen Ära noch Porzenau hieß. Der Condottiere D'Alviano eroberte dieses Porzenau schließlich nach hartnäckigen Kämpfen endgültig für die Markusrepublik.

Übrigens scheint es den Bürgern von Pordenone zuletzt unter der habsburgischen Herrschaft nicht sonderlich behagt zu haben – und wer will, kann hier bereits von den ersten Anzeichen eines freilich erst viel später einsetzenden Irredentismus in den oberitalienischen Provinzen sprechen –: Jedenfalls waren sie schon nach den ersten Erfolgen des Söldnerführers eifrig darum bemüht, ihm die Stadt gewissermaßen schmackhaft zu machen und sie ihm in die Hände zu spielen. Sie drängten ihm Pordenone als Lehen auf, was D'Alviano ebenso hocherfreut wie geschmeichelt damit beantwortete, daß er nach dem Vorbild anderer großer Condottieri seiner Zeit eine Akademie begründete, die er bezeichnenderweise in dem Kastell einrichtete, das im Jahre 1276 von einem gewissen Philipp Ulrich von Kärnten auf der dominierenden *Piazza dei Grani* erbaut worden war und das dann

einige Jahrhunderte lang zu den wichtigsten Festungen Österreichs südlich der Alpen gezählt hatte. Das Schicksal dieser *Accademia Liviana*, die ihren Namen dem Sohn des Eroberers von Pordenone verdankte – er hieß Livius –, war freilich nicht besonders ruhmreich, denn schon nach dem Tod dieses Livius 1537 kam erstens das ganze Gebiet der ehemaligen österreichischen Enklave endgültig an Venedig und zerfiel zweitens die mit großem Ehrgeiz begonnene Akademie zu völliger Bedeutungslosigkeit. Das alte österreichische Kastell erlitt schwere Schäden und tiefgreifende bauliche Veränderungen, bis es Ende des vorigen Jahrhunderts kurzerhand in ein Gefängnis umgewandelt wurde. Erwähnenswert ist vielleicht auch noch die Tatsache, daß der fraglos berühmteste Maler der ganzen Region, Giovanni Antonio Sacchiense, genannt Il Pordenone, zum Zeitpunkt seiner Geburt in Porzenau, also im Jahre 1484, ein habsburgischer Untertan war.
Eines seiner hervorragendsten Werke, seine *»Madonna della Misericordia«*, das im Dom von San Marco als Altarbild zahllose Kunstfreunde aus aller Welt angelockt hatte, wurde übrigens am 4. Dezember 1962 im Verlauf eines der aufsehenerregendsten Kircheneinbrüche gestohlen und ist bis heute wie so viele andere wertvolle Kunstwerke nicht wieder aufgetaucht.
Portusnaonis, Porzenau, Pordenone: Wer heute durch die alte schöne Stadt geht, wird kaum noch an die sechshundert Jahre andauernde österreichische Herrschaft erinnert, denn allein schon die Hauptstraße in der Altstadt, der ebenso eindrucksvolle wie malerische *Corso Vittorio Emanuele II.*, der mit seinen romantischen Laubengängen und den dekorativen Patrizierhäusern und kleinen Palästen aus der Gotik, der Renaissance und des Barock als eine Art *Via triumphalis* eines selbstbewußten und vermögenden Bürgertums die sehenswerte Altstadt in zwei Hälften zerteilt, allein schon diese schöne Straße, die früher einmal von freskengeschmückten Fassaden gesäumt war, setzt einen so südländischen und heute noch farbenprächtigen Akzent, daß man sich diese verflossene österreichische Präsenz tatsächlich nur noch als eine historische Anekdote vorstellen kann. Den Abschluß dieser großbürgerlichen Prachtstraße bilden dann der venezianisch anmutende *Palazzo Comunale* und der Dom von

San Marco mit seinem Campanile, dessen eindrucksvolle Gestalt mit ihrer ockerfarbenen Leuchtkraft als unverwechselbares und beeindruckendes Wahrzeichen das Stadtbild beherrscht.
Pordenone mutet zugleich feierlich und exzentrisch, seltsam vertraut und eigenartig exotisch an, vor allem dann, wenn man aus der Einsamkeit friaulanischer Bergtäler oder aus der verschwiegenen Idylle längst wieder vergessener und verödeter Wallfahrtsplätze kommt. Es liegt ein Strahlen über dieser Stadt, das an den Widerschein eines zögernden Sonnenuntergangs erinnert. Und die Erinnerungen an eine bewegte Vergangenheit liegen als eine Art malerischer Sekundärhimmel über den Dächern. Daran ändern auch die trostlos uniformen Kasernen nichts, deren Würgegriff die sich rasch ausbreitende Stadt im Norden an ihrer Entwicklung hindert. Denn das alte und stets lebensbejahende Portusnaonis, dessen Anfänge erst vor wenigen Jahren entdeckt wurden, als man im ältesten Stadtteil – im sogenannten Borgo Torre – und in der Nähe des kleinen Dorfes Noncello die Reste römischer Anlagen ausgrub, diese zuerst römische und österreichische, dann d'alvianische und schließlich venezianische Handelsstadt, die sich frühzeitig ihrer urbanen Möglichkeiten bewußt geworden ist, verliert auch im Schatten der Bersaglieri-Kasernen nicht ihr ziviles Klima. Und es ist gewiß kein Zufall, daß gerade hier die bewundernde Erinnerung an die Leistungen des Malers *Il Pordenone* stärker ist als jede Reminiszenz an das vergessene österreichische Zeitalter. Merkwürdig bleibt dieser Umstand dennoch, daß die Stadt, die neben Udine am nachhaltigsten an das große venezianische Beispiel und Vorbild erinnert, länger als ein halbes Jahrtausend österreichisch war.

Cividale oder Nachrichten aus einer vergessenen Provinz

In einigen weltabgeschiedenen Dörfern hinter Cividale erzählt man sich heute noch manchmal eine ebenso unvernünftige wie unglaubliche Geschichte. Demnach flog einmal in alten Zeiten ein geheimnisvoller Engel über die stillen und traurigen Hügel im östlichen Friaul. Sein Flügelschlag war dunkel und streng. In seinem Schatten entstand zuerst das Heiligtum von Castelmonte. Dann verlor er auf einem steinigen Feld vor Cividale eine kleine flaumige Feder. Seither fragen sich die Menschen, ob dieser Engel noch einmal wiederkommen wird, um seine verlorene Feder zu holen. Und weil es immer leichtgläubige Geschöpfe gibt, die an die unveränderliche Wahrheit solcher Geschichten glauben, wachsen auch heute noch die schlanken Glockentürme zwischen den pelzigen Hügeln rund um Cividale geradewegs in den Himmel.

Am Abend hatte mir der Kellner im Hotelrestaurant einige Blätter *»ruccola«* unter den Salat gemischt, eine dunkelgrüne und bitter schmeckende Kresseart, die angeblich nur auf den Hügeln von Tricesimo wächst. Das verursache schöne Träume, hatte der Kellner lächelnd erklärt. Dann rauschte der kalte Februarregen die ganze Nacht aufs zerstörte Friaul, wehte von den slowenischen Hügeln und aus der Triester Gegend her ein scharfer kalter Wind, der die Menschen nachdenklich und melancholisch macht, und schrien die Hähne mit heiseren Stimmen, bis der Morgen fröstelnd über die roten Ziegeldächer von Tricesimo kroch. Träumte ich wirklich von einem geheimnisvollen Engel, der flügelschlagend über die stille und traurige Landschaft des östlichen Friaul hinwegflog? Am anderen Vormittag wollte ich nach Castelmonte, aber im Hotel warnte man mich, daß der Schnee noch die Straßen hinauf in die Berge bedeckte. Der Regen fiel jetzt dünn und strähnig auf das winterlich kahlgeschorene Land. Die Berge im Osten, der Gran Monte und der Monte Ioanaz, trugen dunkelgraue Kapuzen. Später am Vormittag, nachdem der Regen endlich aufgehört hatte, sah ich die bleichen Schneefelder, die rasch schmolzen. Zögernd fuhr ich schließlich doch nach Castelmonte.

Das winzige Dorf, das hoch über Cividale schon dicht an der Grenze zu Jugoslawien liegt, ist auf keiner Landkarte eingezeichnet. Es thront hochmütig und weltverloren irgendwo in der Nähe des 46. Breitengrades, der über den alten Grenzfluß Idrija herüberkommt, über diesen grünen schäumenden Fluß, der immer schon die Dialekte und seit einigen Jahrzehnten auch die Meinungen der Menschen voneinander trennt. Es ist sozusagen der letzte Vorposten friaulanischer Herzlichkeit, bevor die weglose Wildnis sich aufbuckelt zu den Bergen, hinter denen das immer noch blutverschmierte Isonzotal bereits einer anderen Welt angehört. Und ich weiß auch nicht, warum die Kartographen hartnäckig darauf vergessen, Castelmonte in ihre Überlegungen miteinzubeziehen. Vielleicht handelt es sich bei ihnen ausnahmslos um überzeugte Atheisten, vielleicht lassen sie sich nicht von abergläubischen Bildern und Erscheinungen beeindrucken. Ich weiß nur, daß sich diesmal ein grauer Regenhimmel über Castelmonte wölbte, daß der letzte Februartag wie ein mürrischer Gast über die Steinstufen und durch die schmalen Gassen dieses ältesten friaulanischen Heiligtums schlich, daß kein Schnee mehr die Straßen bedeckte und die Elstern über die ersten weißen Schneeglöckchen und blaßvioletten Erika flogen, daß Castelmonte immer schon ein heiliges Nest gewesen sein muß für fromme Gedanken und hoffnungsvolle Bibelsprüche, lange vor den Österreichern, die hier einmal acht und dann sogar dreiundfünfzig Jahre lang saßen, lange vor den Franzosen, die es in dieser entlegenen Einsamkeit acht entbehrungsreiche Jahre lang ausgehalten haben, und auch lange vor den Venezianern, die dreihundertachtundsiebzig Jahre hindurch dieses seltsame Bergnest für sich beansprucht haben und den Pilgern, die von überall her nach Castelmonte wallfahrten, also auch aus dem Krainischen und aus Kärnten, Wegegeld abverlangten und obskure Steuern auferlegten.
Lange wanderte ich durch das leere Dorf, lange studierte ich die zahllosen Votivgaben in der großen dunklen Kirche, diese rührenden und manchmal auch dramatischen Danksagungen für die Errettung aus unverschuldeter Not und aus Feuersbrunst oder Schiffsuntergang. Ein ehrwürdiger Pater zelebrierte selbstvergessen die Heilige Messe. Zwei blasse Kapuzinermönche waren sein ganzes Publikum. Ich drückte mich verstohlen an den marmorverkleideten Wänden der Wall-

fahrtskirche herum, stieg in die bauchige Krypta hinab, lauschte auf den Flügelschlag irgendeines Engels und dachte fröstelnd an das namenlose Unheil, das draußen in der Welt auf mich wartete, während ich nicht aufhören konnte, die zahllosen Illustrationen und Aufzeichnungen dankbarer Pilger anzustarren. Später, wieder zurückgekehrt ins leere Kirchenschiff, nahm ich mir zwei Hefte von *»La Madonna di Castelmonte«* und blätterte, während ich beeindruckt dem fast unhörbaren Gemurmel des einsamen Paters vorne am Altar lauschte, in dieser Kirchenzeitung, die wieder zur Hälfte mit Hinweisen auf Pilgerzüge und mit Danksagungen für wundertätige Heilungen oder für eine Erlösung aus schlimmen Verhältnissen gefüllt waren. Die unstillbare Sehnsucht der Menschen nach einem Zauber, der wie ein gutmütiger Schatten ihr Leben begleitet und möglicherweise auch verändert, fand hier jedenfalls einen rührenden Niederschlag.
Draußen vor der Kirche und dem immer noch wehrhaft anmutenden Gemäuer des Kapuzinerklosters wieder böiger Wind. Einzelne dicke große Regentropfen zerplatzen lautlos auf dem Steinboden. Tief unten liegt Cividale mit seiner erstaunlichen römischen, langobardischen und patriarchalischen Vergangenheit. Und doch kann das unscheinbare und auf keiner Landkarte eingezeichnete Castelmonte den größeren Ruhm für sich beanspruchen, nicht nur das älteste Marienheiligtum im ganzen friaulanischen Land, sondern auch eine der ältesten religiösen Kultstätten Oberitaliens überhaupt gewesen zu sein, denn als drüben in Kleinasien beim legendären Konzil von Ephesos im Jahre 431 die Repräsentanten des Christentums sich darauf geeinigt hatten, die Marienverehrung endgültig zu legitimieren, da ereignete sich auf diesem einsamen und windüberschwemmten Hügel im imaginären Grenzbereich der romanischen, slawischen und germanischen Völker eines dieser Wunder oder eine dieser rätselhaften Erscheinungen, die von der abergläubischen Bevölkerung alsbald mit der fernen kleinasiatischen Jungfrau und Muttergottes in Verbindung gebracht worden sind.
Ich denke über den unerläßlichen Aberglauben des Volkes nach, vierzehn Kreuzwegstationen und noch einmal mehr als hundert Stufen oberhalb Cividales, der vielleicht berühmtesten und zugleich nebensächlichsten Provinzstadt des alten

Venetien, während flachbäuchige Regenwolken über der Ebene stehen, die sich von den Abhängen Castelmontes bis zur Adria dehnt. Wann stand auf diesem dunklen Felsen, der fast gewalttätig aus der verletzlichen Hügelhaut wächst, der erste unbegreifliche Kult auf, wann murmelte ein Mensch hier im Schatten irgendeines unbekannten Götzen oder Gottes die ersten unverständlichen Gebete, welcher Wind wehte längst verschwundenen Völkern Staub in die Augen, als sie hier ihre primitiven Opfer darbrachten? Ich stelle Vermutungen an, sehe die vielen Pilgerkirchen und katholischen Wallfahrtsplätze vor mir, die fast alle heidnischen Ursprungs sind, weil sie auf irgendeine Venus oder Aphrodite, auf irgendeinen Jupiter oder Zeus zurückgehen, seit die verrückten Griechen hartnäckig an allen Küsten Italiens landeten und geheimnisvolle Etrusker ihren Mythos lange vor Rom bis in die entferntesten Winkel des alten italienischen Festlandes schleppten. Ich stehe im Schatten slawischer Regenwolken und grüble über mediterrane Kulte nach und bewundere den unzerstörbaren Aberglauben der Menschen, die über viele Jahrtausende hinweg immer auf die gleichen Hügel krochen und immer dieselben Riten vollzogen, nur um einem strengen Gott nahe zu sein. Wann hinterließ hier ein feuriger Erzengel seine Spur im harten Felsgestein? Immerhin hieß Castelmonte früher einmal Santa Maria di Monte, und noch früher San Michele, was auf diesen merkwürdigen Engel verweist, der in ältesten Zeiten flügelschlagend über Europa hinwegflog und dessen Erscheinung zwischen dem süditalienischen Gargano und dem französischen Saint Michel im frommen Bewußtsein der Völker unzerstörbare Spuren hinterlassen hat.
Aber flog dieser geheimnisvolle Engel nicht auch über Cividale hinweg? Die alten Steinkirchen in dieser Stadt erinnern mich manchmal an Hangars für Heilige und Erzengel, die vor vielen Jahrhunderten durch die Luft gesegelt kamen und erschöpft im riesigen Dom landeten, dessen Ausmaße immer wieder von neuem überraschen. Jetzt zeichnet die Dämmerung bizarre Figuren zwischen die mächtigen Säulen. In einem Nebenraum drängt sich eine Schulklasse vor den Zeugnissen christlich-langobardischer Kunst. Und draußen auf dem Domplatz fällt der Regen, der wieder eingesetzt hat, beharrlich auf die Schultern Cäsars, dessen Statue den Platz beherrscht und der seit mehr als zweitausend Jahren von

einem verschwiegenen Götterhimmel aus die Stadt beobachtet, die er gegründet und auf römische Art gleichsam getauft hat. Und vom Natisone, der seit einigen Tagen schon gischtendes Schmelzwasser von den immer noch schneebedeckten Bergen herabfährt, kommt ein Echo geweht, das wie die heisere Stimme eines Menschen klingt.

Ich gehe mit vorsichtigen Schritten durch diese Stadt, die der ganzen Region ihren Namen geschenkt hat, als Gaius Julius Caesar sie Forum Iulii nannte, ich tauche ins Schattengeflecht verwinkelter Gassen ein, deren Namen wie kurze Schlagzeilen die Geschichte Cividales erzählen, ich stolpere unter diesem traurigen Februarhimmel viele Jahrhunderte zurück und sehe awarische Reiterei und die schnauzbärtigen Hunnen Attilas, aber auch kurzgeschorene römische Legionäre und diese langbärtigen pannonischen Germanen, die dann den berühmten Namen *Langobarden* erhielten, ich sehe slawische, romanische und germanische Völker und dazwischen fremdartige Byzantiner und Juden durch die alte Stadt fluten, die heute wie eine große Spielzeugschachtel aussieht, in der man anscheinend mühelos die alten Geschichten und Legenden nachspielen kann. Der kalte Ostwind drückt den Rauch aus den sorgfältig gemauerten Kaminen erdwärts. Im ältesten Stadtteil hinter dem Dom ducken sich die Häuser wie schmalbrüstige Nonnen in die verwinkelten Gassen hinein. Torbögen öffnen sich unvermutet, Schatten fallen aus blinden Fensterscheiben aufs glänzende Pflaster. Und durch die dunkle Judengasse läuft ein verstohlenes Flüstern, das Bruchstücke einer unbekannten hebräischen Legende erzählt. Mir fallen die Judengemeinden in den weitentfernten süditalienischen Städten ein, ihr rätselhaftes Kommen und Gehen und die erbarmungslose Wut der Christen. Wer schnitt hier erstmals einen blutigen Judenstern in die wächserne Haut eines hebräischen Alten? Der Regen fällt gleichmütig auf die Vergangenheit.

Die Nacht zuvor hatte ich, unbeeindruckt von den träumespendenden dunkelgrünen und bitteren *»ruccola«* und nur manchmal abgelenkt von diesem Engel, der durch meinen unruhigen Schlaf rauschte, noch einmal die abwechslungsreiche Biographie Cividales studiert, die römischen Jahresringe des Forum Iulii gezählt und mir gemerkt, daß schon neunundvierzig Jahre vor der Geburt des Herrn hier das römische

Bürgerrecht verliehen worden ist, mich damit abgefunden, daß die unternehmungslustigen Langobarden im Jahre 568 über Isonzo und Natisone eindrangen in die ehrwürdige Römerstadt oder daß Karl der Große den wehrhaften Brükkenkopf nach Osten plötzlich *Civitas Austriae* nannte. Ich hatte Jahreszahlen und Ereignisse eifrig in meinen Kopf getan und bewundernd festgestellt, daß auch Kärntens und Bayerns Herzöge im 18. Jahrhundert über Cividale herrschten, aber mein Kopf ist jetzt verwirrt, mein Kopf läuft jetzt wie ein leerer Krug durch die verschwundenen Zeitalter, mein Kopf füllt sich mit Geschrei und Tränen, während wieder die Kelten und Römer, die Langobarden und Awaren, die Hunnen und Venezianer lärmend vor den altersgrauen Mauern stehen und ungestüm Einlaß begehren und oben auf Castelmonte ein geheimnisvoller Engel flügelrauschend landet. Mir fällt die Geschichte Cividales auf meinen armen Kopf, ich bin voll Mitleid für diese kleine Stadt mit ihren kleinen Plätzen und kleinen Gassen und kleinen Häusern, denen zweitausend Jahre lang die großen Geschichten immer nur Schwierigkeiten bereitet haben. Ich kann mir plötzlich vorstellen, wie viele Niederlagen und Demütigungen man einstecken muß, bis alles Gewesene sich nur noch in Museen und Archiven schattenhaft rührt, bis der rote Hahn auf den Dächern und die grölende Soldateska in den Straßen und alle Plünderungen, Vergewaltigungen und Kontributionen nur noch zu dürren Aufzeichnungen in den Annalen der Stadt werden.
Ich gehe schneller durch die jahrhundertealten Gassen. Die vielen Kirchen schauen mich jetzt mit ihren Rosetten an, als wären es Tränensäcke. Manche von ihnen erinnern mich an sterbende Elefanten. Und mir wird die Geschichte Cividales wie ein langer Alptraum bewußt, ich erinnere mich, daß hier zweihundertfünf Jahre die langbärtigen Langobarden residiert haben und nach ihnen fast ein halbes Jahrtausend lang die aquileianischen Patriarchen, ich untersuche die kleinen herabgewohnten Häuser mit ihren dürftigen Balkonen und halberblindeten Fensterscheiben nach Spuren des legendären Reichtums, als über die slowenischen Hügel noch das Quecksilber aus Idrija hereingekarrt wurde und die berühmten friaulanischen Goldschmiedearbeiten über die starke Grenzfestung Tolmein in den Norden verkauft wurden und hier auf den wohlgepflasterten Plätzen und vor den Kirchen deutsche

Friaul: Österreichisches Denkmal bei Malborghetto

Friaul: Alte Hängebrücke über die Cellina-Schlucht

Friaul: Nach dem Erdbeben in Moggio

Ritter in ihren kostbaren Kostümen aus lombardischer und venezianischer Seide und in modischen Schnabelschuhen umherstolzierten, ich suche nach einem Zeichen aus jener verrückten Zeit, da die schweren Salztransporte aus den nordadriatischen Salinen hinauf nach Deutschland durch die mauernbewehrte Stadt mußten und friaulanischer Wein in prallen Ledersäcken bis nach Augsburg transportiert wurde, ich stelle wachsam die Ohren auf und bilde mir ein, den satten Klang dicker Goldstücke und das fröhliche Klimpern vieler runder Silberlinge zu hören, während aus den dunkelgrauen Steinkirchen mit dem Hämmern und Scharren der Stukkateure und Steinmetze auch ein satter patriarchalischer Bariton kommt, der einen lateinischen Text mit bayerischem oder schwäbischem Akzent aufsagt.

Aber nur der Natisone bewegt sich lärmend tief unter der alten Bogenbrücke, die einer Legende zufolge der Satan um die Mitte des 15. Jahrhunderts dem Dombaumeister Ehrhard von Villach in einer einzigen Nacht errichtet haben soll, was bald darauf den gottlosen Mann aus Kärnten das Leben gekostet und der Brücke im Volksmund den schönen Namen *»Ponte del Diavolo«* eingebracht hat. Das hat dann freilich nicht verhindern können, daß sie im Jahre 1917 von italienischen Truppen teilweise zerstört worden ist. Mit dem Satan oder zumindest mit irgendwelchen feindseligen Dämonen aber könnten die fast lebensgroßen Köpfe in Verbindung gebracht werden, die in unterirdischen Höhlen am linken Flußufer seit ältesten Zeiten schon aus dem Gestein herauswachsen. Niemand weiß, was diese fratzenhaften Lemuren bedeuten oder wen sie darstellen oder welchen untergegangenen Kult sie versinnbildlichen. Und auch die Namen, die man diesen Höhlen, die wie ein tiefer Schacht in die unbekannte Vorvergangenheit Cividales hineinstoßen, vor Jahrhunderten bereits gegeben hat, verraten im Grunde nicht sehr viel über die wahre Bedeutung dieser unheimlichen Unterwelt: *»carceri romani«* oder *»prigioni longobarde«* oder auch *»ipogeo celtico«*. Vielleicht trifft der letzte Name noch am ehesten die Wahrheit, vielleicht sind diese angeblich römischen oder langobardischen Gefängnisse tatsächlich Überreste einer keltischen Nekropole. Gewißheit freilich gibt es keine.

Udine: Uhrturm auf der Piazza della Libertà

Das Erbteil, das die Geschichte der kleinen Stadt hinterlassen hat, ist doppelbödig und grausam und immer fremdartig auf eine unheimliche Weise. Im sogenannten Tempietto Longobardo, der noch zum Bereich der ältesten christlichen Kultanlage des Forum Iulii gehörte, nämlich zum Kloster Santa Maria in Valle, das auf den Überresten einer frühchristlichen Kirche aus dem 5. Jahrhundert steht, in diesem eigenartigen Tempietto Longobardo befinden sich die schönsten Beispiele langobardischer Kunst in Italien, was mich freilich gleichgültig läßt, wenn ich mir vorzustellen versuche, wer auf welche Weise das berühmte Frauenkloster und damit auch den langobardischen Tempel gegründet haben könnte. Das soll nämlich jene sagenhafte Piltrudis gewesen sein, die als langobardische Königin durch alle germanischen Geschichten und Märchen wandert und von der wir nur so viel wissen, daß ihre Söhne das berühmte Kloster im westfriaulanischen Sesto al Reghena erbaut haben. Angeblich soll diese Piltrudis den kleinen langobardischen Tempel aus den Trümmern eines älteren Tempels errichtet haben, der den Vestalinnen, also den heiligen Prostituierten Roms, geweiht gewesen ist. So wenigstens will es die mündliche Überlieferung des Volkes. Historisch einwandfrei erwiesen ist allerdings nur, daß sich hier die arianische Hauptkirche der Langobarden befunden hat, während ein Kirchenbau namens Santa Maria Assunta, der Vorläufer des heutigen Doms, im 8. Jahrhundert vom berühmten Patriarchen Calixtus als Zentrum des katholischen Glaubens erbaut worden ist.

So viele Geschichten für ein paar Augenblicke der Geschichte! Mein armer Kopf ist ganz erfüllt mit katholischen und arianischen Absonderlichkeiten, ist voll vom wüsten Wehen langobardischer Bärte und den dröhnenden Stimmen eifernder Patriarchen, die Kirchen bauten und mit dem Schwert zuerst den Glauben und dann die Kirchenschätze verteidigten und vermehrten, was heute noch einmal jährlich in der berühmten *»Messa dello spadone«*, der sogenannten *»Schwertmesse«*, seinen Ausdruck findet. Mein armer Kopf fliegt wie ein Vogel durch Cividale und memoriert fromme Biographien und die nutzlosen Namen dieser vielen Kirchen, auf die gleichförmig der Februarregen fällt, mein armer Kopf sehnt sich hinaus ins schöne hügelige friaulanische Land, wo jetzt die ersten Krokusse dunkelviolett und weiß und der

Huflattich endlich aus der Erde kriechen und die Bauern in ihren blaufarbenen Arbeitsanzügen langsam durch die kahlen Weingärten gehen und schon die ersten Traktoren wieder vorsichtig durchs dunkelbraune Erdreich scharren. Mir fallen winzige und namenlose Dörfer ein, die sich grauschindelig und steinfarben um die schlanken Glockentürme drängen, dazwischen die abbröckelnden Fassaden ehemals herrschaftlicher Schlösser und das saftige savoyardische Rot wohlbestellter Gutshöfe, und unterm verhängten Himmel, der drüben im Osten nur langsam aufbricht und ein erstes zaghaftes Märzenblau erkennen läßt, sehe ich die langen Geraden der Pappeln und auf kleinen verschwiegenen Kuppen einen Schwarm junger Birken, während die Bäche und Flüsse ungeduldig das schmutzige Schmelzwasser meerwärts tragen. Und mir fällt dieser sanftmütige und hochintelligente Paulus Diaconus ein, der ums Jahr 730 im langobardischen Cividale als Paulus Warmfried zur Welt kam.
Die Stadt hieß in jenen frühen Jahrhunderten allerdings *Caput Venetiae* und dann unter den Langobarden *Civitas forumiuliana* und war um diese Zeit auch das politische und religiöse Zentrum des ganzen östlichen Oberitalien. Paulus Diaconus, gerade noch ein Zeitgenosse des berühmten Patriarchen Calixtus, mit dem das aquileianische Patriarchat in Cividale begann, lebte später vorübergehend am Hofe Karls des Großen und schrieb schließlich am Ende seines langen und wohlgefälligen Lebens im Benediktinerkloster von Monte Cassino seine *»Historia longobardorum«*, diese einzige umfangreiche und wahrheitsgetreue Geschichte der Langobarden, die in sechsunddreißig Herzogtümern über ganz Italien verstreut waren und deren Spuren heute noch in manchen Gebräuchen und in vielen italienischen Ausdrücken und Worten enthalten sind.
Ich denke aber auch voll Bewunderung an die längst wieder verschwundene und vergessene Universität von Cividale, die bereits im 9. Jahrhundert den eifrigen Patriziersöhnen und den jungen Adeligen aus Cormons, Cividale, Gemona und Venzone das befremdende Wissen der Welt vermittelte und die noch im Jahre 1353 durch Kaiser Karl IV. eine offizielle Anerkennung fand, bis dann Ruhm, Reichtum, politischer Einfluß und wohl auch das Glück unter den Streitigkeiten und unterm Wahnsinn der folgenden Jahrzehnte allmählich

verblaßten und verschwanden und die Schatten des Niedergangs über die Kirchen, Klöster und Paläste fielen, bis der Aschenregen ärmlicher Verhältnisse die früher einmal lärmenden Gassen und Plätze leerfegte.
Was aus allen Jahrhunderten und ereignisreichen Verhältnissen tatsächlich blieb, ist der erstaunte Blick auf ein Provinzdasein, das sich heute noch zögernd auf seine uralten Wurzeln besinnt, die durch den dramatischen Niedergang aller höfischen und kirchlichen Herrlichkeit tief ins fruchtbare gute Erdreich der friaulanischen Landschaft reichen. Es ist das freilich eine Landschaft, deren Melancholie gelegentlich trostlos sein könnte, würde nicht immer wieder eine fast schon mediterrane Sonne den sanften Hügeln und vorsichtig gewellten Feldern kräftige Farben ins blasse Antlitz schmieren. Und es wäre das Hungertuch, die Narrenkappe, das traurige Wahrzeichen dieser ostitalienischen Grenzlandschaft, wanderten nicht diese fröhlichen Zeigefinger Gottes, die alten steinernen Glockentürme, mitten durch die blauverfärbten Rebenfelder und übers satte Goldgelb der gebündelten Maiskolben. In Cividale selbst zerreißt nur selten noch der spinnwebartige Vorhang aus müder Trauer und vertanen Möglichkeiten, tritt nur manchmal noch das erstaunliche Bild ehemaliger Schönheit und vielleicht sogar stattlicher Größe lautlos aus dem Halbdunkel der Zeit hervor, wenn man plötzlich durch eine verschwiegene Toreinfahrt und vorbei an altem und morschem Gemäuer in die verwunschene Welt eines dieser Paläste vordringt, die früher einmal das Stadtbild beherrscht haben. Dann freilich, eingetreten in ein fremdes Zeitalter, ahnt man etwas von dieser längst verschwundenen Pracht und einem herrschaftlichen Lebensgefühl, das nach antiken Vorbildern mittelmeerländischen Luxus an die steil abfallenden Felsenufer des Natisone zauberte. Da wachsen noch glatte Marmorsäulen inmitten wilden Efeus himmelwärts, stehen grünbemooste Nymphen und martialische Heroen auf sorgfältig gearbeiteten Balustraden und laufen halbverschüttete Kieswege ins Dickicht herabgestürzter Trümmer, aus denen gelegentlich zynische Faunsfratzen oder gefallene Engel hervorgrinsen.
Draußen auf dem offenen Land, wo das bäuerliche und kleinbürgerliche Provinzdasein endgültig seinen dekorativen Faltenwurf aus zwanzig Jahrhunderten abwechslungsreicher

Geschichte verliert, kauern die dunklen Ruinen einstmals berühmter Burgen im Schatten der Berge. Alte und große Namen, die heute niemand mehr kennt, zerfallen mit dem abbröckelnden Gestein, auf dem noch der Schnee vom vergangenen Winter liegt. Die Grafen von Attems haben oberhalb von Attimis ihre älteste Burg längst schon verlassen, und auch das früher einmal prachtvolle Besitztum der Grafen De Portis, das Kastell von Morpurgo in der Nähe von Buttrio, versinkt unaufhaltsam in der nachgiebigen friaulanischen Erde. Die berühmte Kirche San Gervasio in Nimis, deren Anfänge bis auf das 6. Jahrhundert zurückgehen, ist nur noch ein trauriger Leichnam, an dem heute mühsame Retuschen und Rekonstruktionen versucht werden. Und auch durch die alte Kapelle von Faèdis, deren Fresken aus dem 15. Jahrhundert ebenso schön wie unbekannt waren, hat das Erdbeben einen bösen Sprung gezeichnet, der nicht mehr zuwachsen will.
Es flog einmal in alten Zeiten ein geheimnisvoller Engel über die stillen Hügel im östlichen Friaul. Sein Flügelschlag war dunkel und streng. In seinem Schatten entstand zuerst das Heiligtum von Castelmonte. Dann verlor er auf einem steinigen Feld vor Cividale eine kleine flaumige Feder. Seither fragen sich die Menschen, ob dieser Engel noch einmal wiederkommen wird, um seine verlorene Feder zu holen. Und weil es immer leichtgläubige Geschöpfe gibt, die an die unveränderliche Wahrheit solcher Geschichten glauben, wachsen auch heute noch die schlanken Glockentürme zwischen den pelzigen Hügeln rund um Cividale geradenwegs in den Himmel.

Aufenthalt in Udine

Immer schon wollte ich wie ein flinker Maulwurf durch den berühmten Schloßhügel von Udine kriechen, durch diesen historischen Buckel, der vielleicht wirklich, wie eine Legende das hartnäckig behauptet, unter den schuftenden und scharrenden Händen hunnischer Reiter emporgewachsen ist, die ihrem König Attila einen Hochsitz schaffen wollten für den faszinierenden Anblick des brennenden Aquileia! Immer schon wollte ich bis unter die kostbaren Fundamente vordringen, auf denen siebzehn stolze Patriarchen ihre Gesetze diktierten und zugleich ihre langatmigen Gebete aufsagten, die manchmal nur noch wenig mit dem christlichen Erlöser zu tun gehabt haben! Immer schon wollte ich mehr als nur einen flüchtigen Blick auf die viereckige Piazza del Mercato Nuovo werfen – in neuerer Zeit auch Matteotti genannt –, auf diesen wahrscheinlich ältesten Marktplatz im Schatten der Alpen, der bis auf den heutigen Tag unverändert geblieben ist und auf dem sich seit einem halben Jahrtausend die grünen Salatbündel mit dem fahlfarbenen Fenchel mischen und wo neben den gefüllten Fischtrögen Kräuterfrauen ihre zeitlose Ware anbieten und von den Käseständen verführerischer Duft aufsteigt! Immer schon wollte ich wie ein Herzensbrecher und Taschendieb durch Udine laufen und nach der gemeinsamen Verwandtschaft forschen, die den südlichen venezianischen Tonfall mit dem rauheren Dialekt aus den Bergen im Norden und dem melodischen und gutturalen Parlando von den slowenischen Hügeln drüben im Osten zu einer Sprache verbinden, die mir vertraut ums Ohr weht! Und immer schon dachte ich mit einem Gefühl zärtlicher Sehnsucht an diese Stadt, hinter deren Mauern endgültig der Süden beginnt!

Aber zuerst stand der Regen noch über dem langobardischen Cividale, kam ein heftiger Wind vom Meer her, der in die kahlen Alleen seine fröstelnden Erzählungen blies, und ich verbrachte die Abende vor dem knackenden und knisternden Feuer des *»fogolar«*, dem alten bäuerlichen Kamin, auf dem die Friaulaner ihre gepfefferten Würste und saftigen Lenden-

stücke braten, die ich an diesen melancholischen Februartagen zwischen Cormons und Tricesimo in kleinen versteckten Landgasthäusern verzehrte, ein geduldiger Gast vor den offenen Feuerstellen, auf denen die Holzscheite funkensprühend verglühten.
Dann kam endlich der März. Und weißer, weicher Nebel floß wie eine undurchsichtige Flüssigkeit über die Landschaft, in deren tiefstem Erdinneren es manchmal noch leise grollte. Im *»Boschetti«* in Tricesimo, in einem dieser Gasthäuser, die weit übers Friaul hinaus berühmt sind, erzählten sie mir vom Tod des einzigen Opfers, das dieses Erdbeben im Jahre 1976 in der kleinen Stadt, die aus einem römischen Straßenposten entstanden ist, gekostet hat. Das war eine Frau, die seit vielen Jahren schon immer den gleichen Weg gegangen war, wenn sie von ihrem Arbeitsplatz heimkehrte ins Elternhaus. Nur damals, als die Erde zu zucken begann und die berstenden Mauern alle Straßen verschütteten, machte sie ängstlich einen kleinen Umweg. Die schweren Backsteine eines niederstürzenden Campanile begruben sie. Und drei Tage lang suchten die ahnungslosen Eltern den Heimweg, den ihre Tochter immer gegangen war, nach ihrem spurlos verschwundenen Kind ab, bis man den Leichnam endlich durch einen Zufall anderswo fand.
Der Nebel lag wie milchiger Schaum über der Landschaft. Und ich wanderte erstaunt durch das vertraute Land, das mich jetzt plötzlich an einen fremden Stern erinnerte, bizarr und völlig verändert. Die unvermeidlichen Glockentürme schwammen verloren durch diese sanfte Milch, in der die festgemauerten Bauernhäuser schweigend versanken und die Straßen nur noch schmale Landungsstege waren. Die großen dicken friaulanischen Engel auf dem Campanile breiteten ihre faltigen Flügel mit einer Geste hilfloser Unterwerfung aus und wirkten wie Krähen, die mitten in diesem unverständlichen Meer aus Nebel und stiller Traurigkeit ertrinken müssen. Ich war verunsichert, näherte mich nur auf Nebenstraßen der Stadt, in der einmal obskurer Bruderstreit und dann wieder das Aufsagen frommer Litaneien die geduldigen Bürger eingeschüchtert hatten, ich schlich durch die Hintertür in diese schöne Stadt, deren verschwommene Silhouette, wenn ich sie jetzt aus der trügerischen Dämmerung auftauchen sah, mir fremd und unbegreiflich erschien. Und die mir ein paar Fragen stellte, die mich mutlos machten.

Was ist das zum Beispiel für eine vergilbte und mürbe Leinwand, die schlaff im Märznebel hängt und durch die noch diese legendäre Römerstraße *Iulia Augusta* von Aquileia über das alte Udine oder das spätere Castrum Utini nach Norden schnürte? Wo finde ich noch Spuren dieses verwitterten römischen Ziegelsteins, den zuerst die Römer für ihre Wachtürme und dann die arianischen Langobarden für eine kleine Kirche auf dem Schloßhügel hinterlassen haben? Wo grabe ich noch einen brauchbaren Nachweis aus für das ländliche Atina, das slawische Viden oder das deutsche Weiden des 12. Jahrhunderts, denn unter diesen verschiedenen Namen trat damals Udine auf, während mir jetzt der milchige Nebel die Augen trübt? Und wer gibt mir eine vernünftige Auskunft über diese merkwürdigen und wanderlustigen Patriarchen, die von Aquileia nach Cormons gingen und von dort ins benachbarte Cividale zogen und schließlich seit 1238, seit der Deutsche Berthold von Andechs und einflußreiche Onkel der heiligen Elisabeth von Thüringen hier residierte, auch nach Udine kamen, in diese anschwellende und aufblühende Stadt mitten in der Ebene. Es waren fürstliche Herren, oftmals Deutsche, gelegentlich ein ränkesüchtiger Franzose oder ein tyrannischer Italiener wie jener Giovanni di Moravia, der 1394 rechtschaffenerweise ermordet wurde. Es waren fürstliche Herren also, einmal sogar der Bruder eines Kaisers darunter, unter deren mäzenatischem Einfluß aus schmutzigen und ärmlichen Dörfern allmählich wohlhabende Städte wurden, in denen zuerst die Dome und dann die Paläste und schließlich auch die Patrizierhäuser diese solide düstere Pracht erhielten, die ich heute nachdenklich bewundere.
Aber die Sicherheit, die den fürstlichen Kirchenherren wie eine Gnade aus den Händen fiel, war immer nur verhältnismäßig. Und der Wohlstand einer kleinen Minderheit immer vom launenhaften Wohlwollen dieser exzentrischen Kirchenfürsten abhängig. Zwar existierte *»La Patria del Friuli«*, dieses ehrenwerte Parlament eines freien und unabhängigen Friaul, darin die Vertreter des Klerus, der Aristokratie und der freien Gemeinden repräsentiert waren, bereits seit dem 12. Jahrhundert und übersiedelte mit dem Ende des 13. Jahrhunderts endgültig nach Udine, aber die unausrottbare Unvernunft der Mächtigen gefährdete den Ertrag bürger-

licher Arbeit und bäuerlichen Fleißes. Denn es rauften sich die großen Herren, diese dürren Grafen und feisten Barone mit ihren wohlklingenden Namen und ihrer grenzenlosen Habgier, und es schlugen sich die frommen Patriarchen, die vom Reich Gottes predigten, während sie eine handfeste Tyrannei auf Erden schufen. Vielleicht eine segensreiche Tyrannei, wenn man den ruhmlosen Tod der Bauern und Bürger vergißt. Und vielleicht auch nur eine unerläßliche Tyrannei, wenn man die unzumutbaren Verhältnisse bis zum Auftritt Venedigs bedenkt, da nicht nur im bescheidenen Udine Größenwahn und Niedertracht regierten.
Ich kann mir das Geschrei der kriegslüsternen Parteien, das herausfordernde Klirren der Waffen und die herzzerreißenden Flüche der Opfer all dieser Bürgerkriege, die Udine vor dem langen venezianischen Zeitalter fast zweihundert Jahre hindurch zum alptraumhaften Schauplatz menschlicher Unvernunft gemacht haben müssen, heute noch gut vorstellen, während ich langsam durch die bäuerlichen Vorstädte eindringe in die friedliche Stadt. Und die protzenhafte Aufdringlichkeit dieser Patriarchen, Ritter und bevorzugten Herren verflüchtigt sich wie ein sanfter Spuk in dieser bürgerlichen Atmosphäre, die mich wohltuend umgibt. Alle Exzesse der Vergangenheit und auch die irritierenden Auseinandersetzungen der Gegenwart verlieren spätestens auf der Piazza della Libertà ihre verhängnisvolle Bedeutung, auf diesem vielleicht urbansten und zugleich anmutigsten aller oberitalienischen Stadtplätze, der sich längst schon die schmückende Auszeichnung verdient hat, *»la piazza più veneziana d'Italia dopo San Marco«*, also der venezianischste Platz Italiens nach San Marco zu sein! Hier nämlich wächst endlich einmal der kunstvoll bearbeitete Marmor in anmutigen Figuren und Formen zu einer Einheit, die den romantischen Vorstellungen aller Bürger entspricht. Es liegt Musik über diesem verhältnismäßig kleinen Platz, dessen Arkaden, Treppen und Statuen ein eleganter Kontrapunkt sind zur etwas schwerfälligen und erdverbundenen Haltung der Stadt, die ihre bäuerliche Herkunft auch im 20. Jahrhundert noch nicht ganz verleugnen kann.
Was für eine Musik müßte das eigentlich sein, die ich mir auf dieser schönen Piazza della Libertà vorstellen könnte, während der Nebel seine kunstvollen Spiralen zwischen dem

Schloßhügel und der darunterliegenden Altstadt dreht? Mozart vielleicht? Oder etwas anmutig Heiteres von Rossini?
Einige Tage später kam ich wieder nach Udine und schleppte diesmal einen heftigen Märzregen auf meinen Schultern in die Städte hinein. Es war ein Sonntag, von dem man noch nicht genau wußte, ob er traurig zwischen den nassen grauen Wolken versickern würde oder ob vielleicht später doch noch eine frühlingshafte Sonne auf die glänzenden Dächer fallen könnte. Und jetzt hörte ich tatsächlich Musik von der Piazza della Libertà, sah ich wirklich eine Musikkapelle, die schmetternde Märsche und populäre italienische Ouvertüren aufspielte. Es waren die Musikanten der Alpini, von denen eines der berühmtesten Regimenter in Udine kaserniert ist, und die Soldaten spielten wie melancholische Clowns auf ihren Instrumenten, während der Regen in ihre jungen ratlosen Gesichter fiel. Das sorgfältig polierte Blech der Instrumente schimmerte herausfordernd, und vom Tschinellenbaum tropften die Kadenzen der Musik wie eine entfernte Erinnerung an jene Zeit, als hier noch die von den Hufen der Pferde aufgewirbelten Staubfahnen die heilige Siesta der Patriarchen störten. Ein heute längst schon vergessener Statthalter namens Girolamo Contarini beendete diesen ärgerlichen Zustand, indem er ganz einfach die Pflasterung des Platzes veranlaßte. Das war im Jahre 1484, und die dankbaren Kirchenfürsten, die in ihrem erzbischöflichen Palast jetzt nicht mehr den ordinären Straßenstaub zu schlucken brauchten, sorgten dafür, daß der schon gepflasterte Platz mit dem Namen des fürsorglichen Statthalters bedacht wurde.
Jetzt im 20. Jahrhundert freilich, da man nach einigen Revolutionen und Weltkriegen noch immer mit einer Freiheit spekuliert, die wahrscheinlich in alle Ewigkeit ein utopischer Traum bleiben wird, hat man sich auf den patriotischen Namen Piazza della Libertà geeinigt, und die Bürger von Udine, die für gewöhnlich nicht allzuviel mit dieser kostbar gestalteten und gepflasterten Fläche inmitten ihrer Altstadt anzufangen wissen, standen an diesem regnerischen Sonntag im März dichtgedrängt und erwartungsfroh rund um ihre musizierenden Soldaten.
Überhaupt die Plätze von Udine! Drüben auf der weiträumigen Piazza I. Maggio, wo die einstmals berühmte Wallfahrtskirche des Servitenordens, Madonna delle Grazie, an der

Stelle eines mittelalterlichen Marienheiligtums heute wie ein griechischer Tempel aufprunkt, umkreisen patriarchalische Häuser, die manchmal schon etwas Palasthaftes haben, einen kleinen Park. Ihre Fassaden schimmern wie nicht abgeschickte Briefe durchs kahle Geäst der Bäume, und manches verwischte Altrosa, manches ehrwürdige Altersgrau eines breithüftigen Verwaltungsbaus oder bürgerlichen Hauses vermischt sich mit dem dunklen Erdreich, das schmatzend den Regen aufsaugt. Auf der Piazza Mercato oder Matteotti, wo nicht nur zwei der ältesten und schönsten Brunnen Udines stehen, sondern auch im Jahre 1370 schon die vermögende und einflußreiche Zunft der Pelzhändler die Kirche von San Giacomo begründet hat, schwärmen an diesem Sonntag wütend die Tauben aus, weil die Prozession der Kirchgänger unter ihren tropfenden Regenschirmen nicht aufhören will, über den weiten viereckigen Platz zu lärmen. Oben auf der Balustrade der Kirche stehen einige marmorne Heilige verdrossen im Regen, der auch über die verwitterten Fresken der Häuser wischt, die den vierschrötigen Kirchenbau fast liebevoll umarmen. Auf der Piazza del Duomo wiederum, wo vier Brüder einer der führenden Familien Udines, die Brüder Manin, anfangs des 18. Jahrhunderts für die Erneuerung des mittelalterlichen Doms sorgten und dabei soviel Unheil anrichteten, daß der besorgte Stadtsenat zuletzt eingreifen mußte, befindet sich hinter dem langgestreckten Hallenbau des Domes – dessen erster Bauherr übrigens Berthold von Andechs war – ein eher unscheinbarer Bau, nämlich das Oratorio della Purità, das den Ruhm für sich beanspruchen darf, vom alternden Tiepolo und seinem Sohn Domenico mit Fresken geschmückt worden zu sein.
Übrigens ist mit der Entstehung dieser Kapelle eine sonderbare Geschichte verbunden! Denn noch bis um die Mitte des 17. Jahrhunderts stand hier ein Theater, das von einer anderen bedeutenden Udineser Familie gegründet und unterstützt worden war, von den Mantica, und dessen Aufführungen in ganz Venetien so berühmt waren, daß sogar der große Goldoni gelegentlich von Venedig nach Udine eilte, um einige der sehenswertesten Vorstellungen mitzuerleben. Aber die fromme Denkungsart puritanischer Philister machte schließlich aus dem weltlichen Theater eine Art Erbauungsstätte für höhere Töchter, die hier mit den Mysterien der

sogenannten *»dottrina cristiana«* vertraut gemacht werden sollten. Die Idee zu dieser kuriosen Umwandlung eines Komödientheaters in ein weihrauchduftendes Bethaus hatte der seinerzeit berühmte und wohl auch berüchtigte Dominikanerpater Daniele Concina gehabt, der sein Leben lang wütend gegen den angeblich sittenverderbenden Einfluß des Theaters ankämpfte. Der Umbau selbst, den die dritte der großen Familien Udines, die Delfino, schließlich veranlaßte und auch bezahlte, begann dann 1757. Zwei Jahre später arbeitete der damals längst weltberühmte Tiepolo – der dreißig Jahre zuvor bereits das erzbischöfliche Schloß oben auf dem Stadthügel durch seine Kunst ausgezeichnet hatte – an der malerischen Ausgestaltung des nunmehrigen Oratorio della Purità, wo alsbald die glorreichen Tiraden und bezaubernden Verwandlungskunststücke der venezianischen Commedia dell'Arte durch den monotonen Sprechgesang einer Gesellschaft abgelöst wurden, die sich vom frommen Psalmieren mehr Erbauung oder Unterhaltung versprach als von der zweideutigen Schlüpfrigkeit literarischer Erzeugnisse.

Soll das nun heißen, daß man in Udine, nur weil man sich hier rein geographisch schon ein wenig von der leichten und gleichsam schwebenden Ungezwungenheit des Südens entfernt, keine bevorzugte Neigung zeigt für höchst diesseitige Verhältnisse und Vergnügungen? Ich weiß nicht so recht... und manchmal glaube ich tatsächlich, daß man in dieser Stadt ein wenig gravitätisch auftritt, etwas betont ernsthaft und seriös zu sein versucht, immer fleißig und tüchtig und strebsam, aber ohne diese luzide Lockerheit des Humors, die ein paar Meilen südlicher bereits die Anstrengungen des Lebens erträglicher macht.

Später an diesem Sonntag im März trieb mich der hartnäckige Regen in eine kleine Bar unterhalb des Schloßhügels. Der Engel, der oben auf dem Glockenturm der Schloßkirche thront, die auf den Fundamenten eines frühchristlichen Heiligtums aus dem 6. Jahrhundert ruht und lange Zeit einer der berühmtesten Zünfte und Laienbruderschaften Udines unterstellt war, nämlich der Confraternità di Santa Maria, dieser Engel stammt aus dem 18. Jahrhundert, ersetzt eine ältere Holzfigur aus dem 16. Jahrhundert, stellt den Erzengel Gabriel dar, bewegt sich auf Kugellagern und dreht sich daher

mit dem Wind und ist wohl nur noch eine entfernte Erinnerung an den gewaltigen Erzengel Michael, der vom ältesten friaulanischen Heiligtum Castelmonte aus einmal das ganze Friaul beherrscht hat und heute noch der Namenspatron und bevorzugte Schutzheilige dieser Region ist.
Und ein solcher Engel hat mit irdischen Vergnügungen naturgemäß nicht viel zu tun! Daran dachte ich auch diesmal wieder, als ich drinnen in der kleinen dunklen Bar auf eine höchst ernsthafte Versammlung von Veteranen und Mitgliedern eines der zahlreichen italienischen Kriegsvereine traf, die in diesem völlig unmilitärischen und gottlob auch erfrischend unheldenhaften Land südlich der Alpen heute mehr denn je gefragt sind und anscheinend immer noch an Bedeutung gewinnen, solange rechtsradikale und anarchistische Jugendgruppen mit ihren mörderischen Attentaten die überwiegende Mehrheit des italienischen Volkes zutiefst verunsichern.
Da saßen sie also am späten Vormittag vor ein paar Flaschen Wein, die martialischen Hüte der Bersaglieri und die dekorativen Hahnenfedern über den verwelkten Gesichtern, in die der Wein jetzt ein rasches belebendes Rot trieb, da saßen und tranken sie, seriöse ernsthafte Männer mit Verantwortung und den üblichen Sorgen, die man in einem so unruhigen Land wie Italien nun einmal hat, und sie redeten bedächtig über ihre Familien und über den zähen Geschäftsgang, über das Geld, das so gut wie nichts mehr taugte, und über den letzten Bauskandal im Zusammenhang mit dem zögernden Wiederaufbau der vom Erdbeben zerstörten Gemeinden rings um Udine. Ihre Gesichter waren ernst und verschlossen, ihre Bewegungen ein wenig schwerfällig, und ihre Sprache hatte etwas ungemein Friedvolles und zugleich auch fast Hilfloses, auch wenn sie über den nächsten Generalstreik oder über die zweifelhafte Politik des römischen Parlamentes sprachen. Es waren Bürger, denen Bersaglierihut und Hahnenfeder wie eine mißglückte Verkleidung schlecht zu Gesicht standen, friedfertige und besorgte Männer, die jeden Gedanken an einen ruhmreichen Krieg wahrscheinlich empört von sich weisen würden.
Vielleicht waren es ähnliche Charaktere, ähnlich friedfertige Bürger, auf die sich die weltliche Herrschaft der siebzehn Patriarchen, die hier in Udine regierten, stützen mußte? Und vielleicht war es gerade deshalb gar nicht so sehr erstaunlich,

daß diese kirchliche Herrschaft zuletzt nur noch recht fragwürdig war und kaum noch funktionierte und schließlich am 16. Juni 1420 mit der vollständigen Kapitulation Udines vor den venezianischen Truppen endete?
Denn Venedig hatte längst schon seine begehrliche Hand nach der fruchtbaren Landschaft im Osten seiner großen Lagune ausgestreckt, was wohl auch damit etwas zu tun gehabt haben wird, daß man die Berge und Hügel des Friaul als eine Art Puffer zwischen den gefährlichen Türken und den nicht minder gefährlichen und lästigen Uskoken aus Zengg einerseits und der sehr verletzlichen Markusstadt andererseits betrachtete. Und tatsächlich kam es in den folgenden Jahrzehnten auch immer wieder zu türkischen Invasionen, deren verheerende Wirkung nur noch vom schlimmsten Erdbeben übertroffen wurde, daß bis auf den heutigen Tag das Friaul jemals heimgesucht hat. Dieses Erdbeben vom Jahre 1511 verwüstete nämlich die ganze Region, zerstörte die Städte, die sich gerade erst mühsam von den Schäden dieser Türkeneinfälle in den siebziger und neunziger Jahren des 15. Jahrhunderts erholten, zerstörte natürlich auch Udine, das dadurch in seiner urbanen Entwicklung um ein rundes Jahrhundert zurückgeworfen wurde.
Solche Ereignisse prägen das Antlitz der Menschen und hinterlassen Spuren, die auch nach vielen Generationen noch nicht völlig verwischt sein können. Und ich empfand fast so etwas wie Mitleid mit den Veteranen in der kleinen Bar, die sich jetzt doch noch dazu aufgerafft hatten, einige dieser feurigen Landsknechtlieder zu singen, ohne die ein solcher Stammtisch vereinsamt und trostlos wirkt. Die Tonart freilich, die angeschlagen wurde, war trotz der kriegerischen Texte sehr zivil und behutsam. Und es war nur schwer vorstellbar, daß die Urahnen dieser zahmen Veteranen noch begehrt gewesen waren als die tapfersten und auch grausamsten Landsknechte auf so gut wie allen Schlachtfeldern Europas.

Stufen im Meer

Es begann damit, daß irgendwann in jenen aufregenden Tagen, als Aquileia den Fittichen der mythischen Adler entschlüpfte und unaufhaltsam zur römischen Weltstadt aufstieg, einige weitblickende und energische Männer Stufen in die Küste schlugen, damit man die Schiffe besser entladen konnte. Später errichtete man auch Lagerhallen und feste Steinhäuser für die Arbeiter und das Wachpersonal. Und bald entstanden im Umkreis dieser Stufen ins Meer auch die ersten Sommerhäuser und Landvillen.

Zugleich aber begann sich auch die Natur plötzlich zu verändern. Die Küste spaltete sich und zog sich zurück, Sandbänke und Schilfinseln wuchsen mit einem Mal aus dem Meer empor, und dort, wo die römischen Stufen ins Meer führten, war jetzt allmählich eine Insel entstanden. Aber man beließ ihr großzügig den Namen, den die ersten römischen Hafenanlagen verursacht hatten: Gradus! Und man baute nun einfach die Insel weiter aus, bis sich daraus eine Stadt entwickelte.

Es gibt wohl kaum eine andere Stadt, kaum eine andere Insel in allen diesen Lagunen, die sich erst verhältnismäßig spät zwischen dem Isonzo und dem Po als eine völlig eigenständige und unverwechselbare Landschaft im Widerschein des adriatischen Meeres und der friaulanischen und venezianischen Tiefebene gebildet hatten, der ein so gegensätzlicher und vielleicht auch so schwieriger Charakter im Verlauf der Zeit zugewachsen ist, wie das in Grado der Fall war. Das hört sich möglicherweise merkwürdig an und ist doch rasch erklärt.

Es hat vor allem einmal damit zu tun, daß gerade Grado im Winter, während der Südsturm das Meer in rauschenden Fontänen gegen die neuerrichteten Dämme treibt, diesen philosophischen Ausdruck klösterlicher Stille und Zurückgezogenheit annimmt, der für die anderen berühmten Laguneninseln wie Torcello und Murano zwar auch selbstverständlich ist, der aber hier doch eigenartig anmutet, wenn man sich den touristischen Tumult der Sommermonate vergegenwärtigt.

In dieser hitzegeschwängerten Zeit nämlich verändert sich Grado nicht nur zum vielbesuchten Museum einer erstaunlichen Vergangenheit – und ist darin also gleichfalls Torcello oder Murano ähnlich –, sondern es wird auch zum überfüllten und turbulenten Seebad, dessen Anfänge noch in der österreichischen Monarchie liegen und das jetzt mit dem Massenbetrieb von Iesolo oder Lignano zu konkurrenzieren versucht.

Dabei ist diese alte Inselstadt, die erst im Jahre 1929 durch einen Damm mit dem Festland verbunden wurde, allein schon von ihrer architektonischen Struktur her und mit ihrem rostbraunen und ockerfarbenen Winkelwerk der schmalen Gassen und geheimnisvollen Durchschlüpfe überhaupt nicht für diese alljährliche Touristeninvasion geeignet, so daß man in den vergangenen Jahren immer neue Strecken des alten Küstengeländes – das man freilich auch immer wieder von neuem aufschüttete und erweiterte – für die sogenannte touristische Erschließung verwenden mußte. Und das führte dann allerdings dazu, daß auch noch die letzten Überreste jenes berühmten Waldgürtels, der in antiker und teilweise noch in mittelalterlicher Zeit – und als es noch keine Lagunen zwischen dem Meer und dem Festland gab – von Ravenna bis nach Pola reichte und vor allem aus mächtigen Pinien bestand, daß also auch diese letzten Überreste immer weiter zurückgedrängt und sogar zerstört wurden. Dante zum Beispiel hat diesen dichten und romantischen Waldgürtel aus rauschenden Pinien, der wie eine dunkelgrüne Wand vor dem aquamarinfarbenen Meer stand, mit leidenschaftlichen Worten beschrieben. Und vorher hatten schon die spätrömischen Besitzer der Sommerhäuser und prachtvollen Landvillen, die sich in Grado niedergelassen hatten, von diesen berühmten Pinien profitiert, von denen es heute an der ganzen nördlichen Adriaküste nur noch winzige Überreste gibt, so etwa bei dem kleinen Dorf Belvedere, wo der Damm beginnt, der das friaulanische Festland mit Grado verbindet.

Aber warum spreche ich vom schwierigen und widersprüchlichen Charakter Grados? Schließlich hat auch eine andere alte Küstenstadt, nämlich Caorle, ihre vor wenigen Jahren noch unverwechselbare Eigenart den Erfordernissen des Massentourismus opfern müssen, und auch weltberühmte

Städte wie Venedig oder Ravenna verwandeln ihr geistiges Antlitz und ihr äußerliches Aussehen alljährlich im Frühjahr zur grellfarbenen Maske eines vielbesuchten Rummelplatzes. Man lebt heutzutage an dieser Adriaküste immerhin davon, daß man jeden Mummenschanz mitmacht und nicht nur die Natur, sondern auch den eigenen Charakter vermarktet.
Nun, Grado nimmt zweifellos auch hier eine Sonderstellung ein. Es ist zum Beispiel viel älter als Venedig. Und es besaß zu einem Zeitpunkt, als am *Canal Grande* äußerstenfalls einige ärmliche Schilfhütten standen, bereits den legendären Ruhm, neben Ostia oder Classe einer der großen Häfen des römischen Imperiums zu sein. Es verfügte damals schon über hervorragend ausgebaute und perfekt funktionierende Hafenanlagen – aus dem römischen *gradus* entwickelte sich ja auch folgerichtig der Name der Stadt, also Grado, wobei *gradus* hier im Sinne von *Landungstreppe* stand –, und es enthielt selbstverständlich auch alle diese luxuriösen und glanzvollen Höhepunkte der damaligen Kultur, die es frühzeitig mit Aquileia wetteifern ließ. Am bedeutsamsten aber scheint mir der Umstand zu sein, daß Grado eigentlich erst durch das Unglück der benachbarten Weltstadt Aquileia, deren Hafen und idyllischer Ferienort es einige Jahrhunderte lang gewesen war, zu dem erstaunlichen Rang emporstieg, den es dann fast ein halbes Jahrtausend lang halten konnte. Und wer sich heute gelegentlich an einem sonnigen Wintertag in den innersten Kern der sehenswerten Altstadt verirrt und von weit her das dumpfe Brausen des Meeres hört, während hier im Schatten der großartigen Basilika von Sant'Eufemia die Zeit plötzlich aufgehoben scheint, dem sind diese entscheidenden Augenblicke, in denen Weltreiche und Weltstädte unversehens zugrundegehen, auf unheimliche Weise vertraut. Er wird gewissermaßen zum verspäteten Augenzeugen der Geschichte.
Denn es brauchte praktisch nur ein einziges Jahrhundert, damit das gewaltige und reiche Aquileia seine beherrschende Position verlor und Grado, das zu jener Zeit allmählich seine insulare Existenz zwischen Meer und Lagune einzunehmen begonnen hatte, die begierig herbeigewünschte Nachfolge antreten konnte. Immerhin gehört es auch zu den Besonderheiten dieser besonderen Inselstadt, daß sie im Verlauf ihrer

Geschichte wenigstens dreimal ihre äußere Form verändert hat. Zuerst ein Hafen an der Mündung eines Flusses, dann plötzlich eine Insel weit draußen vor der Küste, umgeben von undurchdringlichen Sümpfen und heimtückischem Brackwasser, und schließlich seit 1929 wieder mit dem Festland durch einen Damm verbunden.
Übrigens scheint jetzt überhaupt eine Phase der endgültigen Rückkehr zum Festland angebrochen zu sein, denn durch die großen Bonifikationen und Entwässerungsarbeiten nach dem Zweiten Weltkrieg ist Grado auch im Osten mit der Küste wieder zusammengewachsen. Und es ist wahrscheinlich wohl nur eine Frage der Zeit, bis auch der letzte Rest der flachen Lagune, der heute noch zwischen der alten Stadt und dem Festland liegt, endgültig verlandet sein wird.
Es war also vor allem einmal dieses eine Jahrhundert zwischen 452 und 568, also zwischen dem Einbruch Attilas und dem Auftreten der Ostgoten unter Theoderich und dann natürlich der arianischen Langobarden, das Aquileia ganz entscheidend schwächte und Grados Position ganz entscheidend stärkte. Es hatte bereits mit den Invasionen der Westgoten unter Alarich begonnen – das war allerdings schon 402 und 408 –, aber die vernichtenden Schläge für Aquileia fielen dann doch durch Attila und durch die Langobarden, die über dieses Grenzland voll ungestümer Kraft hereinbrachen und die Einwohner Aquileias mit ihren Bischöfen und Reliquien aus der in Flammen stehenden Stadt vertrieben.
Wir kennen heute noch die wichtigsten Namen und Ereignisse aus dieser bewegten Zeit. Da waren vor allem die beiden Bischöfe Secundus und Nicetas, und dann natürlich der erste aquileianische Patriarch Paulinus I., die alle mit ihrer Gemeinde voll panischer Furcht aus der bedrohten und immer wieder von neuem verwüsteten und ausgeplünderten Stadt hinausflüchteten auf die Insel von Grado, die damals glücklicherweise bereits durch ihre natürliche Lage so gut wie unangreifbar geworden war. Denn wäre das alles ein paar Jahrhunderte vorher passiert, als das römische *gradus* noch eine ganz normale Küstenstadt war, dann hätten sich die Dinge aller Voraussetzung nach völlig anders entwickelt. So setzte wieder einmal dieses mysteriöse Phänomen des menschlichen Charakters ein! Denn in Grado – also auf der inzwischen abgesicherten Insel mitten in der Unzugänglich-

keit einer fast undurchdringlichen Wildnis aus Wasser, Sumpf und morastigem Boden – bemühte man sich zwar um die Flüchtlinge mit ihren kostbaren Reliquien, machte ihnen aber anscheinend doch den Hochmut des alteingesessenen und ungefährdeten Gönners deutlich und zögerte man schließlich nicht, mit Gottes Hilfe die irdische und im übrigen recht gewinnbringende weltliche Repräsentation dieses Gottes zu übernehmen.

Man verschweigt derlei Charakterlosigkeiten allzu gern – vielleicht weil sie im Rahmen großer Geschichte immer selbstverständlich sind –, und man vermeidet jedes kritische Wort über die wahren Ursachen so mancher Karriere nicht nur in weltlicher, sondern auch in religiöser oder geistlicher Hinsicht, was hier in Grado besonders ins Gewicht fällt. Die verzweifelte Not der Flüchtlinge aus Aquileia, die bis zu diesem entscheidenden und schrecklichen Jahrhundert Grado allerdings auch nur immer als tiefste Provinz, als Vorstadt, Sommerfrische und Hafen betrachtet hatten, die dramatischen Flammenzeichen am nördlichen Horizont, wo Aquileia jetzt in Schutt und Asche niedersank, dazu das wohltuende Gefühl eigener Sicherheit und wohl auch der unausrottbare Neid auf den unglücklicheren Nachbarn. Das alles – und wer weiß schon um alle diese tieferen psychologischen Beweggründe solcher Entwicklungen heute noch Bescheid – führte dazu, daß schließlich ein ebenso frommer wie machtbesessener Kirchenmann namens Elias, den die Kirchengeschichte heute natürlich als bedeutenden Patriarchen feiert, im Jahre 571 seine Heimatstadt als Sitz der *»sancta Aquileiensis ecclesia«* und zugleich auch als kirchliche Hauptstadt von ganz Venetien und Histrien proklamierte und den Patriarchentitel annahm. Außerdem taufte dieser Elias ebenso großzügig wie hintersinnig den alten römischen Namen seiner Heimatstadt in *Aquileia nova* um.

Freilich spielte bei alledem das zwar ferne, aber mächtige und einflußreiche Byzanz oder Konstantinopel eine gewisse Rolle, waren politische Momente wie das Auftreten der starken arianischen Langobarden ausschlaggebend, dieser früheren Söldner der oströmischen Armee unter deren Feldherrn Narses, die jetzt ihre furchteinflößende Herrschaft über fast ganz Italien anzutreten begannen und gegen die man von Byzanz aus mit allen diplomatischen und militärischen Mitteln agitierte, ohne allerdings sehr viel auszurichten. Entscheidend aber war wohl trotz allem der unbändige Ehrgeiz einer klerikalen Oligarchie, die nicht einsehen wollte, weshalb Grado immer nur als eine Art Flüchtlingslager für Aquileia dienen und aus dieser Position nicht auch einmal seine entscheidenden Vorteile ziehen sollte. Es war in einem gewissen Sinne ein recht verräterisches Spiel, das da getrieben wurde. Und es war der uralte Kampf um die Macht, denn der Gott, dem man auf so leidenschaftliche und egoistische Weise diente, thronte zwar irgendwo hinter den rauchgeschwärzten Wolken, aber seine Kraft war groß genug, daß man in seinem Namen nicht nur Ehre und nutzlosen Ruhm, sondern auch handfesten Gewinn einstreichen konnte.

Die Strafe für diese Charakterlosigkeit, sofern man das Streben nach politischer Macht und religiösem Einfluß wirklich als Charakterlosigkeit bezeichnen kann, folgte dann ohnedies verhältnismäßig rasch und war von einer beinahe grausamen Folgerichtigkeit. Und wer zu abergläubischer Geschichtsbetrachtung neigt, wird in den schrecklichen Sturmfluten des 9. und 10. Jahrhunderts, die fast die Hälfte der Insel verschlangen, ein Zeichen Gottes erkennen.

Dabei muß man sich auch noch die besondere ironische Situation zu vergegenwärtigen suchen, daß drüben auf dem Festland und noch hinter dem abgewirtschafteten und verfallenen Aquileia beispielsweise die Benediktinermönche der *Badia di San Michele Arcangelos* wohl nicht ohne grimmige Genugtuung auf das Elend draußen in der Lagune gestarrt haben werden, weil sie jetzt die Zeichen einer ausgleichenden Gerechtigkeit zu erkennen glaubten, an die der Mensch in seiner dumpfen Niedertracht immer gern glaubt. Dieses Kloster war bis ins 10. Jahrhundert hinein, als es von plündernden Magyaren vernichtet wurde, im ganzen Friaul berühmt, weil es ein weiterer Beweis für diese mythische Engelspur war, die der Erzengel Michael auf seinem legendären Flug über Europa bis hinauf nach Irland gezogen hatte. Der Wallfahrtsort Castelmonte oberhalb Cividales verdankt ja gleichfalls seine Existenz diesem religiösen Phänomen, das auf dem Gargano in Apulien begonnen hatte.

Hier in der Ebene waren es Langobarden, die das Kloster zum Erzengel Michael um die Mitte des 7. Jahrhunderts ziemlich genau an der Stelle gründeten, an der im Jahre 340 Kaiser

Konstantin II. von seinem Bruder Constans besiegt und getötet und seine Leiche in den Fluß Aussa geworfen worden war. Heute erhebt sich hier die romantische kleine Stadt Cervignano, die in der Zeit zwischen 1866 und 1915 eine der wichtigsten Grenzstädte an der alten österreichisch-italienischen Grenze war.
Draußen auf der Insel von Grado aber wütete das Meer, brachen immer neue Sturmfluten vernichtend über die zusammenbrechenden Häuser herein, schmolzen die Dämme unter dem gischtenden Wasser hinweg und flüchteten, wie das wohl üblich ist in schlimmer Zeit, zuerst einmal die angesehensten und vermögendsten Familien zurück aufs sichere Festland. Und weil Aquileia noch immer gefährdet schien – nun drangen die Magyaren bis weit nach Süden vor – und außerdem in diesen Jahrzehnten kaum viel mehr als eine wüste Ruinenstätte war – der große Patriarch Poppo würde erst später mit dem Wiederaufbau beginnen –, veränderte und entwickelte sich diese Rückwanderung aufs Festland zu einem Exodus von historischen Ausmaßen. Denn alle, die sich das leisten konnten, gingen jetzt nach Venedig, wechselten unter dem Zwang der äußeren Ereignisse ihre Existenz hinüber zum Rialto und zum Canal Grande, wo sie nicht nur Sicherheit vor dem Wüten der Elemente, sondern auch diesen ökonomischen Aufstieg erwarteten, der ihnen im untergehenden Grado kaum noch vorstellbar schien. Und obgleich man bereits seit dem 9. Jahrhundert einige besonders gefährdete Kirchen und Klöster verlegt hatte, resignierte dann anfangs des 12. Jahrhunderts auch der hohe Klerus und folgte fast fluchtartig dem Beispiel seines Patriarchen, der endgültig nach Venedig übergesiedelt war und am berühmten Canal Grande einen prunkvollen Palast bezog.
Was für eine Idee, daß nach dem langen Leidensweg des Evangelisten Markus, der in Aquileia seinen Anfang genommen hatte, nun auch die Nachkommen der ersten frühen Christen aus Aquileia in Venedig landeten!
Eine solche Entwicklung hätte auch eine größere und reichere Stadt, als es Grado trotz seiner strategischen Bedeutung war, vernichtend getroffen. Es besteht auch gar kein Anlaß, den mangelnden Mut oder die fehlende Opferbereitschaft dieser Dissidenten zu kritisieren, die nicht einsehen mochten, weshalb sie sich im Dienste Gottes von einer der wirbelnden

Sturmfluten verschlingen lassen sollten, die in jenem Zeitalter mit schauriger Regelmäßigkeit über die nördlichen Adriaküsten hinwegrollten. Und weil nur die Ärmsten der Armen zurückblieben, die Fischer und Hirten und halbwilden Nomaden, die zäh und naturvertraut genug waren, um auch im Dschungel der Lagunen zu überleben, begannen die festen Kunstbauten zu verfallen, die Kanäle zu versumpfen, begann wie drüben in Aquileia die Malaria Grado zu beherrschen, und spätestens seit dem 13. Jahrhundert geriet auch der einstmals berühmte und wichtige Hafen – der seit seinen römischen Tagen immer ein Welthafen gewesen war – so sehr in Vergessenheit, daß es erst einer ausgiebigen Plünderung durch die Seeleute einer englischen Flottille bedurfte, die während der Napoleonischen Kriege im Jahre 1810 durch irgendeinen verrückten Zufall an diese versumpfte und verlandete Lagune gerieten, daß dieses *Aquileia nova*, wie Grado immer noch hieß, wieder ins Gespräch kam. Zwei Jahre später besetzten es die Franzosen, und 1815 kam Grado wie das übrige östliche Friaul unter österreichische Herrschaft, was insofern von Bedeutung war, als zuerst die Offiziere der Grenztruppen, die in diesem Gebiet stationiert waren, die Vorteile der Schlammbäder und heißen Sandpackungen erkannten, die hier möglich waren, und dann auch die Beamten aus dem nahen Triest und Görz, bis es ganz allgemein üblich wurde, daß man nach Grado *zur Kur* ging. Jedenfalls wurde der alte römische Hafen bis unmittelbar vor dem Ersten Weltkrieg zu einem der beliebtesten Sommerbäder der österreichischen Monarchie.
Heute ist Grado eigentlich nur noch als touristisches Zentrum berühmt, obgleich es über einige ganz hervorragende Beispiele frühchristlicher Architektur verfügt, so etwa über die beiden Hauptkirchen, die noch unter dem ersten Patriarchen Elias in der zweiten Hälfte des 6. Jahrhunderts auf den Überresten älterer Anlagen errichtet worden waren und die diese erstaunliche ravennatische Tradition fortsetzten, die ihren Ursprung im byzantinischen Kirchenbau Kleinasiens hatte. Die Basilika, die ursprünglich der berühmten Patronin des Konzils von Chalkedon, der Märtyrerin Eufemia, gewidmet gewesen war, hat nicht nur eine ähnliche artifizielle Bedeutung wie der wesentlich berühmtere Dom von Aquileia, sondern besitzt in ihrem Domschatz auch noch eine

Reihe von frühchristlichen Kirchengeräten und Reliquiaren, die einstmals zu Aquileia gehörten und vor mehr als anderthalbtausend Jahren von den Flüchtlingen nach Grado gebracht worden waren. Darunter befinden sich auch Reliquien der sogenannten *fünf aquileianischen Blutzeugen* sowie das faszinierende Porträt eines jugendlichen bartlosen Christus. Ähnlich bedeutend ist auch die Kirche Santa Maria delle Grazie sowie eine uralte Basilika auf der heutigen *Piazza Vittoria*, deren Überreste man erst im Jahre 1905 eher zufällig entdeckte, als man die alten Befestigungsanlagen aus der venezianischen Zeit demolierte und dabei auf Fundamente römischer Gebäude und zugleich auch auf diese frühchristlichen Kirchenmauern stieß, die möglicherweise noch im 6. Jahrhundert zu einem arianischen Kultbau gehörten.

Die Kreise der Adler

Es war im Frühling des Jahres 186 vor Christus, daß eine größere Gruppe von schwerbewaffneten Galliern – vermutlich waren es mehr als tausend – über die Alpen bis in die heutigen Landschaften des Friaul vordrang und sich dann an den Ufern des Tagliamento, des Natisone und des Isonzo ansiedelte. Man weiß heute nicht mehr, ob dieser Vorstoß der Gallier nach Süden lediglich einem kolonisatorischen Zweck gedient hatte oder ob sich dahinter irgendwelche militanten Expansionsgelüste verbargen, was freilich wenig wahrscheinlich ist, weil die fruchtbaren Ebenen am Südrand der damls fast noch unüberwindlichen Berge den eingedrungenen Galliern eigentlich als willkommene Beute erschienen sein müssen. Außerdem scheint es beinahe als erwiesen, daß sich die Mehrheit dieser mehr oder minder friedlichen Eindringlinge mit einer Landnahme in den unzugänglichen Tälern und Hochebenen oben im Norden begnügten, in diesem Bereich der Alpen also, die heute als Karnische Alpen immer noch eine natürliche Grenze zwischen Mitteleuropa und dem beginnenden mediterranen Raum bilden. Und es mag als eine späte Genugtuung betrachtet werden, daß hier im nördlichen Friaul und vor allem in der Carnia viele keltische Namen und Begriffe an das legendäre Vordringen der Gallier erinnern, die vor mehr als zweitausend Jahren gleichsam der Anlaß waren für die nachfolgende Eroberung dieser Landschaft zuerst durch römische Legionäre und dann durch die römische Zivilisation.

Denn Rom, das sich zu jener Zeit gerade erst bis nach Altinum am Nordrand der großen venezianischen Lagune vorgearbeitet hatte – natürlich existierte Venedig damals noch längst nicht –, reagierte ebenso rasch wie unmißverständlich auf diese gallische Herausforderung und errichtete östlich von Altinum eine militärische Kolonie. Man suchte sich dafür einen geeigneten Schauplatz in der Ebene zwischen den beiden antiken Flüssen Alsa und Sontius aus, gerade nahe genug an der Küste gelegen, um auch als Hafen dienen zu können, und man sicherte diesen vorgeschobenen Posten

durch Befestigungsanlagen hinreichend ab, um sowohl gegen einen möglichen Ansturm der selbstbewußten keltischen Siedler aus Gallien als auch gegen eine mögliche Invasion aus Istrien gerüstet zu sein. Zwischen der Beschlußfassung des römischen Senats, gegen die eingedrungenen Gallier ein stark befestigtes Militärlager zu errichten, und der mit den üblichen mythischen Begleitumständen verbundenen Suche nach dem geeigneten Schauplatz dieser Festung liegen übrigens nur wenige Jahre, denn 183 vor Christus verabschiedete der Senat zu Rom das Gesetz zur Neugründung, und 181 vor Christus waren bereits die aus Rom herangebrachten gezähmten Adler in den blaßblauen friaulanischen Himmel entlassen worden, wo sie so lange ihre kunstvollen Kreise drehten, bis der verheißungsvolle Schatten ihrer weitgespannten Flügel auf den einen glückversprechenden Punkt nahe der Küste gefallen war, wo man diese Siedlung, diese Stadt namens Aquileia bedenkenlos errichten konnte.
Das ist eine hübsche Geschichte, die freilich nicht darüber hinwegtäuschen kann, daß die Anfänge Aquileias weniger auf irgendwelche mythischen Beweggründe als vielmehr auf eine recht handfeste Bedrohung römischer Interessen durch diese keltischen Kolonisatoren aus Gallien zurückgehen. Und wenn man ein wenig pathetisch zu formulieren beabsichtigt – was bei solchen historischen Zusammenhängen mitunter nützlich sein kann –, dann ergibt sich am Beispiel der Entstehung Aquileias tatsächlich der ebenso bemerkenswerte wie wenig beachtete Umstand, daß dieses Zentrum mediterraner Kultur, diese immerhin viertgrößte Stadt des römischen Italien und spätere Kapitale der frühchristlichen Bewegung in Europa eigentlich nur deshalb entstanden ist, weil der jahrelang befürchtete Zusammenprall zwischen keltischen Invasoren und römischen Neusiedlern unterblieben ist. Denn vermutlich wäre es für die zugewanderten Gallier sehr leicht gewesen, die ersten Erdwälle und behelfsmäßigen Befestigungsanlagen inmitten der Sumpflandschaft an der Küste zu überrennen und die provisorischen Unterkünfte der römischen Legionäre zu vernichten. Später einmal wird es zu diesen Auseinandersetzungen kommen, werden die Karner, wie sich diese keltischen Gallier dann nennen, von den Legionären des Augustus vernichtend geschlagen werden. Aber zu diesem Zeitpunkt wird Aquileia bereits der wich-

tigste Ausgangs- und Durchgangspunkt aller militärischen Unternehmen der Römer sein, wird es nicht nur ein Straßenknotenpunkt, sondern auch eine rasch aufblühende Händlerstadt sein, die für jeden halbbarbarischen Angreifer uneinnehmbar ist.
Die rasche Entwicklung der Stadt von ihren Anfängen im Jahre 181 vor Christus, wo sie noch nicht viel mehr als eine weitere römische Grenzfestung ist, bis zur wichtigsten und auch vermögendsten Hauptstadt einer römischen Region namens »*Venetia et Histria*« hat natürlich mehrere Ursachen. Zuerst einmal waren es die unsicheren Verhältnisse in den nördlichen und östlichen friaulanischen Landschaften, die einen permanenten Zuwachs von Legionären, die zugleich Siedler waren, erforderten. Dieser niemals unterbrochene Strom von Menschen, der nach diesem nordöstlichsten Punkt des Reiches flutete, bedingte aber wiederum den Ausbau neuer Straßen, die jetzt Aquileia zum Schnittpunkt aller Verkehrswege machten, über die ein nie versiegender Zufluß von Waren nach Süden ging, während die Soldaten und Händler, die Frauen und Kinder und natürlich auch die Verwaltungsbeamten und Arbeiter, die unvermeidlichen Priester mit ihren Dutzenden von Göttern nach Norden kamen. Zugleich auch baute man den Flußhafen aus, über den Aquileia mit der Lagune und darüber hinaus mit dem offenen Meer verbunden war. Und spätestens im Augenblick der Geburt Christi – zehn Jahre davor war noch König Herodes in Aquileia empfangen worden – war die Stadt ein Zentrum des internationalen Handels, die ihre Verbindungen jetzt bis nach den Küsten Nordafrikas und der Levante ausdehnte und auf ihre Art das venezianische Imperium um annähernd tausend Jahre vorwegnahm. Selbstverständlich kamen mit den exotischen Waren, die man hier handelte und verzollte und einlagerte, auch exotische Gottheiten in die alte Adlerstadt, gab es hier nicht nur einen karnischen Lichtgott, den man von den besiegten Kelten übernommen hatte, sondern schon sehr früh auch orientalische Geheimkulte und orgiastische Mysterien, und wahrscheinlich existierte hier am Nordrand der adriatischen Küste auch eine der ersten frühchristlichen Gemeinden Europas. Jedenfalls ist es eine historisch so gut wie erwiesene Tatsache, daß die erste frühchristliche Kirche nicht in Rom im Jahre 312, sondern in Aquileia um das

Jahr 307 entstand. Und ebenso selbstverständlich ist auch der Luxus der öffentlichen Bauten und städtischen Anlagen sowie das Vorrecht einer eigenen Münzprägung. Einige Kaiser verloren in Aquileia ihr Leben, Iulianus Apostata, dieser faszinierende und zwiespältige römische Kaiser, belagerte zum Beispiel die Stadt monatelang, bevor er sie erobern konnte. Einige Jahre vorher war sein Vorgänger Konstantin II. hier getötet worden. Und auch Attila oder die beiden ostgotischen Könige Odoaker und Theoderich haben in der Biographie dieser Stadt eine bedeutende Rolle gespielt.
Der wahre Ruhm Aquileias aber wurzelt in seiner Bedeutung als frühchristliches Zentrum. Denn beinahe hat es heute den Anschein, daß alle ökonomischen und strategischen Vorzüge dieser Stadt und nicht zuletzt auch der gefährliche Hochmut, der sich immer und überall in die politischen Händel und wirtschaftlichen Spekulationen einmischt, nur eine gesellschaftliche Voraussetzung waren für das Auftreten einer neuen Religion. Natürlich war Aquileia auch und vor allem eine lebenslustige und möglicherweise sogar frivole Stadt, ein Beispiel für römische Geselligkeit, geschmückt durch Thermen, Stadien, Theater, Paläste und alle diese kostbaren Anlagen, die im römischen Zeitalter für den Rang einer Weltstadt unerläßlich waren. Man betete zahlreiche Götter an, opferte allen nur vorstellbaren Kulten und beschäftigte sich auch mit Religionen, die ihren Ursprung jenseits der Grenzen des römischen Reiches hatten. Dabei war man immer tolerant genug, alle Glaubensbekenntnisse zu respektieren, denn bei aller politischen Unruhe und bei aller potentiellen Bedrohung der Stadt durch Bürgerkriege und Invasionen war es doch ein goldenes Zeitalter, das durch einen Reichtum gesegnet war, der alle oberflächlichen Probleme löst. Die Paläste wuchsen, die öffentlichen Gebäude nahmen an Umfang und Luxus zu, das Leben flutete farbenprächtig und verwirrend durch die reichgeschmückte Stadt am Rande der Lagune. Und eigentlich signalisierte dann erst das Christentum, das freilich Aquileias geistige und moralische Bedeutung gleichsam ins Unermeßliche steigerte, den allmählichen Niedergang der luxuriösen Weltstadt.
Das ist einer der Widersprüche, denen man im historischen Ablauf der Ereignisse immer wieder begegnet, denn tatsächlich war diese verhältnismäßig junge Großstadt nie pracht-

voller und einflußreicher, war ihr Ruhn nie größer und unbestrittener als in den Augenblicken, da aus Palästina eine neue Religion bis in das ehemalige Grenzland vordrang. Es gibt zwar eine Legende, die von einem Besuch des Apostels Petrus in Aquileia berichtet: Er soll hier im Beisein des Evangelisten Markus einen Heiligen namens Hermagoras zum ersten Bischof von Aquileia eingesetzt haben. Und sowohl in einem Fresko in der Krypta des Doms als auch in den ältesten aquileianischen Kirchenbüchern wird dieses immerhin bemerkenswerte Ereignis bildlich festgehalten. Aber einen einwandfreien historischen Nachweis dafür, daß Aquileia tatsächlich die erste Bischofsstadt Italiens gewesen ist, gibt es natürlich nicht. Trotzdem sollte man sich einige Gedanken machen über die abenteuerliche Existenz des Evangelisten Markus, der sich allem Anschein nach vor seiner ruhmreichen Tätigkeit im ägyptischen Alexandria einige Zeit an dieser Küste aufgehalten und hier auch ein zweites Evangelium niedergeschrieben haben soll. Das würde dann also bedeuten, daß Aquileia nicht nur in machtpolitischer und ökonomischer Hinsicht das berühmtere Beispiel von Venedig vorweggenommen hat, sondern daß es auch die geistige Inthronisation einer spektakulären Idee vorbereitete, denn schließlich würde man einige Jahrhunderte später den angeblichen Leichnam des Evangelisten an die nördliche Adriaküste zurückholen und auf seinen makaberen Überresten eine Art Staatsreligion für ein rasch wachsendes Imperium errichten. Die geographische Nachbarschaft vom Ausgangspunkt einer der nachhaltigsten politischen und religiösen Ideologien des Mittelalters zum Höhepunkt dieser Ideologie in den schlammigen Lagunen Venedigs hat etwas Ergreifendes an sich, denn immerhin mußte Aquileia allmählich zugrundegehen, mußte das volkreiche Altinum von der Landkarte verschwinden, damit Venedig schrittweise und mit zäher Beharrlichkeit die Nachfolge der älteren Städte antreten konnte.
Es gibt natürlich auch unzweifelhafte Beweise für die Bedeutung des frühchristlichen Aquileia, dessen erster historisch beglaubigter Bischof namens Theodorus, der um das Jahr 319 starb, verantwortlich war für die ersten christlichen Kultbauten. Die frühen Kirchengebäude waren bereits mit den umfangreichen Mosaiken geschmückt, deren künstlerische und spirituelle Schönheit heute noch ungebrochen ist. Gleichfalls

historisch dokumentiert ist auch die Anwesenheit der beiden berühmten Kirchenväter Ambrosius und Hieronymus in Aquileia sowie das legendäre Konzil von 381, das vor allem zur Bekämpfung und Verdammung des gefährlichen und von den Langobarden vertretenen Arianismus eingesetzt worden war. Und auch hier wieder erinnern uns diese Namen und Begriffe an die Bedeutung Aquileias als Schnittpunkt der geheimen Linien, die das Friaul mit den wichtigsten Schauplätzen des ganzen mediterranen Raumes verbunden haben, denn Hieronymus zum Beispiel ging von Aquileia nach Palästina, wo er als einer der berühmtesten und auch widersprüchlichsten Eremiten wirken sollte, während der Arianismus gewissermaßen aus Alexandria importiert worden war, was allein schon deshalb leicht vorstellbar ist, weil ja die Handelsbeziehungen mit den bedeutendsten Häfen in der Levante nahezu ein halbes Jahrhundert lang intakt waren. Im übrigen flossen aus den geistigen und religiösen Zentren Ägyptens, Kleinasiens und Palästinas immer neue und wichtigere Impulse der religiösen Macht Aquileia zu, so daß einer der seltsamsten Widersprüche in der Geschichte des Friaul Wirklichkeit wurde: Aquileia als Erzbistum – seit 369 – verwaltet fast ganz Venetien und Istrien, aber auch das westliche Illyrien, Noricum und Raetien, während Aquileia als luxuriöse Metropole unaufhaltsam seinen Glanz verlor. Daran ist allerdings auch der erste Einfall asiatischer Reiterhorden beteiligt, denn im Jahre 452 bricht Attila mit seinen Armeen in die Ebenen des nordöstlichen Italien ein und erobert praktisch im Handstreich die großen und volkreichen römischen Städte Aquileia, Heracleia, Concordia und Altinum, plündert und zerstört sie und zieht dann weiter nach Süden. Die Menschen aus den verwüsteten Städten aber flüchten in panischer Angst vor den hunnischen Barbaren hinein in die unzugänglichen Lagunen, wobei vor allem die Bevölkerung von Aquileia im alten römischen Hafen der Stadt, im heutigen Grado, einen verhältnismäßig sicheren Zufluchtsort findet. Diese verzweifelte Flucht wiederholt sich in den folgenden Jahrhunderten noch mehrmals, so etwa 458, als unweit der Stadt am Isonzo die blutige *Rabenschlacht* zwischen Theoderich und Odoaker stattfindet, oder 552, als die von den Byzantinern ins Land geholten Langobarden Aquileia zerstören, und schließlich auch 557, als der erste

Patriarch – Paulinus I. –, wiederum gezwungen war, mit der ganzen Geistlichkeit und den meisten der Bewohner nach Grado zu flüchten.
Und hier beginnt auch die tiefgreifende Trennung der alten römischen Region in ein Land- und in ein Seevenetien, wobei sich diese Trennung auch auf die zukünftige kirchliche Verwaltung auswirkt. Das langobardische Aquileia mit dem dahinterliegenden Festland untersteht für kurze Zeit in allen religiösen Fragen der byzantinischen Orthodoxie, während der in Grado residierende Patriarch eine eigene Politik vertritt. Und weil auch in den nächsten Jahrzehnten und Jahrhunderten die Einfälle östlicher Barbaren nicht aufhörten und das alte und immer wieder verwüstete Aquileia zu unsicher wurde für einen ständigen Aufenthalt des Patriarchates, begann mit dem aquileianischen Patriarchen Fortunatus, der im Jahre 628 in die Festung von Cormans flüchtete, der große Auszug aus der langsam versinkenden Stadt. Bereits um das Jahr 737 wurde Forum Iulii, das heutige Cividale, von den aquileianischen Patriarchen als ständiger Aufenthaltsort gewählt, während in Aquileia selbst die alten Prachtbauten verfielen, die Kanäle verschlammten und aus dem trügerischen Morast das gefährliche Sumpffieber kam. Jedenfalls war die Stadt schon Ende des 8. Jahrhunderts kaum viel mehr als ein berüchtigtes und gefürchtetes Piratennest, und spätestens im 9. Jahrhundert begann es wie Grado, das seine kurzlebige Bedeutung als weltliche und geistliche Metropole an Venedig abtreten mußte, buchstäblich aus dem Bewußtsein der Zeitgenossen zu verschwinden.
Geschichte ist immer abwechslungsreich, verwirrend und undurchsichtig. Die Biographie Aquileias freilich übertrifft alle Erwartungen. Denn schon anfangs des 11. Jahrhunderts, als das in Cividale residierende Patriarchat ein kleines Imperium verwaltet und seine Nordgrenze bis an die Drau ausweitet, gelingt es einem ehemaligen Hofkaplan des deutschen Kaisers Heinrich II., der im Jahre 1019 als Poppo zum Patriarchen ernannt wird, das völlig verwüstete und verkommene Aquileia innerhalb von wenigen Jahren aufzubauen. Dieser vielleicht genialste und ganz gewiß fähigste und hartnäckigste aller Patriarchen errichtet den Dom von Santa Maria – also die popponische Kirche, die wir heute kennen – auf den Grundmauern und damit auch auf den Mosaiken des

noch von Attila zerstörten alten Gotteshauses, und schon im Jahre 1031 befindet sich diese berühmte Basilika in jenem majestätischen und zugleich schwebenden und leuchtenden Zustand, der alle Besucher heute noch fasziniert. Dem Deutschen Poppo gelingt es aber auch, das Recht der Münzprägung zu erwirken und schließlich im Jahre 1027 durch ein eigens dafür eingerichtetes Konzil endlich auch wieder die Oberherrschaft Aquileias über Grado zu entscheiden und damit Aquileia als die älteste europäische Kirche nach Rom anzuerkennen. Und seit diesem Konzil, das Grado zur vollkommenen Bedeutungslosigkeit verurteilte, konnten die Patriarchen bis zum 6. Juli 1751 – als Papst Benedikt XIV. auf Drängen der Habsburger das Patriarchat endlich auflöste und an dessen Stelle die beiden Erzbistümer Udine für das venezianische und Görz für das österreichische Friaul einrichtete –, konnten die Patriarchen also das Recht für sich beanspruchen, innerhalb der katholischen Christenheit den ersten Rang nach dem Papst einzunehmen.
Die Bedeutung des deutschen Kirchenfürsten Poppo für das Patriarchat bestand aber nicht nur darin, daß er Aquileia wenigstens für kurze Zeit den Sümpfen entriß und es unter großem Aufwand reaktivierte, sondern sein Beispiel führte dazu, daß in den nächsten Jahrhunderten fast ausschließlich Vertreter des deutschen Hochadels den begehrten Patriarchenstuhl einnahmen. Erst im Jahre 1251 – dreizehn Jahre vorher hatte der deutsche Patriarch Berthold von Andechs die Residenz endgültig nach Udine verlegt – folgte der seit Jahrhunderten wieder erste italienische Patriarch. Und damit begann auch der unaufhaltsame Niedergang dieses nach dem Vatikanstaat mächtigsten und einflußreichsten Kirchenstaates Europas.
Die Stadt selbst aber verfiel nun endgültig, ging zuerst in venezianischen und dann in habsburgischen Besitz über und sank zu einem ärmlichen Bauerndorf herab, bedroht von Malaria und immer wiederkehrenden Überschwemmungen. Die antiken Prachtbauten stürzten in sich zusammen, die grüne Wildnis des wuchernden Dschungels kroch über die Trümmer, die von den Bauern verschleppt wurden, um als Baumaterial verwendet zu werden. Aquileia aber wurde vergessen und verschwand so sehr aus dem Gedächtnis der Menschen, daß es im 18. und mehr noch im 19. Jahrhundert

mühsamer archäologischer Forschungen bedurfte, um überhaupt einmal die genaue Lage der alten römischen Stadt wieder auszumachen. Zwar hatte der berühmte Humanist Cyriacus von Ancona, der als kunsthistorischer Berater eines türkischen Sultans Weltruhm erlangte und durch den die wissenschaftliche Inschriftenforschung zu einer der wichtigsten Geschichtsquellen wurde, bereits im 15. Jahrhundert verwischte römische Inschriften und zufällig gefundene Statuen aus Aquileia entziffert und wissenschaftlich bestimmt, was auf den desolaten Zustand der einstmals blühenden Stadt schließen läßt, und auch unter den sogenannten venezianischen Patriarchen sind noch im 17. und 18. Jahrhundert immer wieder Reste der römischen und frühchristlichen Stadt in die Paläste am Canal Grande verschleppt worden, aber insgesamt war Aquileia bis weit ins 19. Jahrhundert kaum mehr als eine flüchtige Legende, die tatsächlich im Schoß einer üppig wuchernden Natur verborgen lag. Die vielleicht berühmteste Sehenswürdigkeit der Stadt, das schöne Bodenmosaik im Inneren der popponischen Basilika, das noch aus der zwischen 307 und 313 erbauten ersten frühchristlichen Kirche stammt, ist überhaupt erst im Jahre 1909 entdeckt worden, nachdem die Österreicher 1896 mit den ersten Grabungen begonnen hatten. Und die ebenso schönen wie berühmten Mosaiken in der altchristlichen Basilika von Monastero wurden sogar erst 1950 freigelegt, wobei es bemerkenswert erscheint, daß hier noch bis zur Jahrhundertwende ein gewisser Baron von Ritter seine berühmten Weine einlagerte, die noch knapp vor dem ersten Weltkrieg in alle Provinzen der alten Monarchie versandt worden sind, obgleich man schon 1895 im Kellerraum zufällig auf farbige Bodenmosaiken gestoßen war. Übrigens vertreten einige Forscher die interessante Theorie, daß es sich bei diesem Sakralbau von Monastero ursprünglich gar nicht um eine christliche Kirche, sondern um eine jüdische Synagoge gehandelt habe, die erst später von den Christen übernommen und verändert worden sei.

Sonnensegel in der Lagune

Wie soll man ein Paradies beschreiben, das es schon längst nicht mehr gibt? Oder das nur noch in einigen wenigen Fragmenten existiert? Und wie ist die Unvernunft der Menschen zu schildern, die gedankenlos eine der schönsten Landschaften nicht nur des Friaul, sondern der ganzen nördlichen Adria zerstört haben und jetzt auch noch stolz sind auf ihr einfältiges Werk? Ist wirklich nur mehr verzweifelte Resignation angebracht? Oder nützt es jetzt, nachdem das planvolle Vernichtungswerk im Interesse des sogenannten Fortschritts so gut wie abgeschlossen ist, tatsächlich noch etwas, wenigstens einige der Ursachen dieses Wahnsinns aufzuzählen, der uns umbringt?

Der Wind wehte seit Stunden schon geräuschvoll vom Meer herein. Es war an diesem Morgen ein steifer Südost, der noch die letzten Ausläufer einer gewaltigen Bora mit sich schleppte, die tief unten im Süden die kroatischen Küstengewässer verwüstete, während sich hier im Inneren der großen Lagune von Marano nur das erdbraune Riedgras in den Marschen seufzend bewegte und das Wasser, das der Wind in die Kanäle drückte, kleine unruhige Wellen schlug. Am Pier des winzigen Hafens von Marano schaukelten einige Fischerboote, die gerade erst vom nächtlichen Fang heimgekehrt waren. Die Besatzungen, darunter erstaunlicherweise auch eine junge Frau, kauerten in ihrem verschmierten Ölzeug mitten im Gewirr der großen Netze und waren geduldig damit beschäftigt, die wenigen Fische aus dem Maschenwerk zu holen, während ihnen der Wind sandgraue Staubwolken über das aufgewühlte Wasser des Hauptkanals ins Gesicht wehte. Dunkle Wolken segelten mit unglaublicher Geschwindigkeit unter der verschleierten Sonne vorbei, schmelzender Dunst drückte auf die Erde, und draußen am offenen Meer, schon jenseits der Lagune, stand eine Wasserwand, die sich in langen Schüben scheinbar landeinwärts bewegte.

Es wäre ein Bild von bukolischer Schönheit gewesen, ungeachtet der heftigen Leidenschaft, mit der sich die Natur in diesen frühen Morgenstunden gebärdete, und ich war lange draußen am äußersten Rand des Festlandes gewesen, war den flachen Ufern der dunklen Kanäle gefolgt und bis zu den letzten Bauernhäusern vorgedrungen, die sich wie Maulwurfshügel ins wehende Schilfgras duckten, umspült vom wirbelnden Wasser des glanzlosen und stumpffarbenen Meeres. Es wäre wahrscheinlich ein Beweis gewesen für die verletzliche Schönheit dieser lagunaren Landschaft mit ihren verwischten Konturen und verschwimmenden Horizonten, während drüben im Südwesten die dünne und trotzdem martialische Silhouette von Lignano wie eine bösartige *Fata Morgana* aufstand.

Aber da waren diese schwarzen öltriefenden Fischernetze in den Booten, da waren die ölverschmierten Hände und Gesichter der Fischer, da war der penetrante Geruch nach Petroleum, da waren die wenigen mageren Fischleiber und die dürftigen Tintenfische und Seezungen, deren kalte glatte Haut aus dem Maschenwerk der Netze fiel, als wären sie gerade erst in ein Ölbad getaucht worden. Ich stand lange am Ufer, ohne vorerst das Ungeheuerliche dieses Vorganges zu begreifen. Ich sah nur die gebeugten Rücken der arbeitenden Fischer, die raschen geübten Bewegungen der verschmierten Hände, bis ich plötzlich an einem der jüngeren Fischer diese Gummihandschuhe entdeckte, mit denen er sich wie mit zwei fremdartigen und obskuren Apparaten durch das schwarze und ölverschmierte Bündel der Netze wühlte. Dazu der unverkennbare Geruch! Dazu die erbitterte Schweigsamkeit der Fischer! Und ich begriff endlich, daß ich wieder einmal zum hilflosen Augenzeugen wurde für die unaufhaltsame und wahnwitzige Zerstörung der Adria. Denn allem Anschein nach waren die Fischerboote in der vergangenen Nacht in einen dieser riesigen Ölteppiche geraten, die aus den Kesseln der großen Schiffe fließen, wenn sie draußen im offenen Meer nachts und gegen alle Verbote gereinigt werden, was seit Jahren schon zu den tragischen und anscheinend wohl auch unvermeidbaren Selbstverständlichkeiten aller sieben Weltmeere gehört. Und wahrscheinlich hatte der stetig blasende Südostwind dann auch diesen Ölteppich bis dicht unter die Küste getrieben, wo die Fischer aus der Lagune von Marano seit Generationen schon ihre Fanggründe haben.

Jetzt kauerten sie wie verzweifelte Lemuren im schwärzlichen Knäuel ihrer Netze. Und auch die Fische wirkten wie

Fremdkörper, waren mit dieser dünnen Ölspur überzogen, die sie seltsam unwirklich oder wie maskierte Ungeheuer aussehen ließ. Es war ein herzzerreißender Anblick. Und nachdenklich fragte ich mich, in welchen Kochtöpfen dieser Fang landen würde und wie lange es braucht, bis die vom Öl völlig verschmutzten und durchtränkten Netze wieder gesäubert wären. Und wann dieser dunkle und lebensgefährliche Ölteppich sich aufgelöst haben würde.

Später fuhr ich hinüber in die Gegend von Aussa, fuhr durchs wogende Grün der Wiesen, in das der Wind eigenartige Figuren zauberte, und manchmal schlich lautlos hinter einem dieser Wiesenränder ein schwarzgelber Schornstein vorüber, krochen diese fast unsichtbaren Kähne und kleinen Schlepper und Lastkähne, die geduldig dem weitverzweigten Netz der Kanäle folgen, durchs farbige und buntgemusterte Gelände, das von Birkenschonungen und Pappelalleen eingezäunt war. Dazwischen freilich die plumpen Vierecke der Industrie, Geruch nach chemischen Produkten und Abfall, dazwischen auch die gezielten Zerstörungen einer größenwahnsinnig gewordenen Infrastruktur, die aus der Verzauberung der einsamen Lagunenlandschaft eine dieser unvermeidlichen Industriezonen gemacht hat, die zuerst die alten Gutshöfe und kleinen Bauernhäuser und dann die unversehrte Natur mit fast genießerischer Genauigkeit zerstören, bis schließlich nur noch Fabrikhallen, breite Straßen, Gleisanlagen, Kanäle und einige wenige verfallende Bauernhäuser diesen Alptraum vervollständigen, der über manchen Abschnitten der norditalienischen Küste lastet. Manchmal freilich blitzt auch jetzt noch ein Schimmer der alten Schönheit auf, leuchtet das wehende Gras wie eine Verheißung unter dem stöhnenden und wühlenden Wind, dehnt sich das Wasser in der Lagune wie ein zerfließender Spiegel und streichen Vögel mit kreischendem Geschrei über die blühende Wildnis dieser mit dem Meer verschmelzenden Küsten, die von den gefräßigen Industrien noch nicht erreicht worden sind.
Es hat etwas Bedrückendes und Widersprüchliches, daß die alten bäuerlichen Landschaften des Friaul gerade hier im Süden, wo sie zwischen den beiden Flüssen Tagliamento und Isonzo wie ein mythischer Mund ins Meer fassen, allen diesen Verwüstungen und Veränderungen nahezu hilflos ausgesetzt

sind, diesen schreckenerregenden und grotesken Zerstörungen, die in der Carnia oder auch in den orientalischen Hügeln hinter Udine und Cividale und selbst in den großen Tiefebenen bei Pordenone in dieser geballten Form noch nicht vorstellbar sind. Mich erinnert die lagunare Landschaft des Friaul seit Jahren schon an einen lebenden Leichnam, der nur noch ein trauriges Schattendasein führen darf. Die amphibische Natur wird vom Meer her und natürlich auch vom Land aus völlig verändert und vernichtet. Denn die gebieterische Forderung nach industriellem Wachstum kennt kein Erbarmen und ist von dieser intellektuellen Unvernunft, die den uralten Ablauf der Jahreszeiten und die Verletzlichkeit der Natur schon längst nicht mehr respektiert.
Drüben auf der langgestreckten Landzunge von Lignano, die wie die Schere eines mächtigen Krebses ins Wasser der Lagune schneidet und dabei doch erst in den letzten tausend Jahren entstanden ist, nachdem das unaufhörliche Geschiebe des Tagliamento und der unablässig wehende Wind diese gelbbraunen und hellgelben Sanddünen aufschütteten, die heute ein natürliches Bollwerk gegen die nagende Gewalt des Meeres bilden, drüben in Lignano hat diese Methode einer intellektuellen Unvernunft, die von ökonomischen Vorstellungen besessen ist, einen der traurigen Höhepunkte menschlicher Unzulänglichkeit erreicht. Es ist das eine Entwicklung, die inzwischen längst schon alle mediterranen Küsten Europas von Spanien bis Griechenland auf eine buchstäblich mörderische Weise heimgesucht hat. Und ich weiß natürlich nur zu gut, daß es allen Ernstes ein gefährliches Sakrileg bedeutet, auch nur ein einziges mißliebiges Wort gegen gewisse touristische Verhaltensweisen einer überwältigenden Mehrheit zu sagen, die vollkommen freiwillig von der skrupellosen Gewinnsucht einer Minderheit abhängig ist. Denn selbstverständlich haben sich seit ungefähr anderthalb Jahrzehnten alljährlich Hunderttausende und sogar Millionen anscheinend mit großer Genugtuung darauf eingelassen, in der lärmerfüllten und qualvollen Enge eines großstädtischen Slums die zweifelhaften Vorteile dieses von Jahr zu Jahr stärker verschmutzten Meeres namens Adria zu genießen. Diese Massen konsumieren nämlich nur ein trügerisches Abbild dessen, was sie sich in ihren Träumen tatsächlich erhoffen, ohne daß ihnen dann die abscheuliche Wirklichkeit

Widerwillen oder Furcht einflößte. Und für acht oder zehn Wochen lang nisten sie sich geduldig in Betonwaben ein, gehorchen sie bereitwillig einer fast militärischen Reglementierung, wandern sie zu festgesetzten Zeiten wie dressierte Ameisen an den überfüllten Strand und wieder zurück in ihre überfüllten Massenquartiere und füllen sie bis zur physischen und psychischen Erschöpfung die nächtlichen Amüsierbetriebe, ohne daß ihnen auch nur einmal der ernüchternde Gedanke käme, auf welche groteske Weise sie das raffiniert ausgebeutete Material sind, das eine gigantische Industrie am Leben erhält.

Dagegen wäre nun freilich noch nichts einzuwenden, denn wenn sich hunderttausend Menschen damit abfinden, zur gleichen Zeit in einer schmutzigen Brühe zu baden und das erstaunliche Zerrbild einer der besten Küchen der Welt ohne Schwierigkeiten oder ästhetische Ängste zu verdauen, dann ist das wahrscheinlich die einzige Art von sogenanntem Glück, die heutzutage als permanenter Wunschtraum die sonnenhungrigen Massen beseelt. Aber vielleicht sollte man in diesem Zusammenhang einmal an eine längstvergessene Zeit erinnern, als noch vor fünfzehn oder achtzehn Jahren diese langgestreckte Sandzunge von Lignano wirklich ein idyllisches Paradies war! Vielleicht sollte man einmal wie beiläufig davon erzählen, daß damals die durchsichtige Klarheit des Wassers und die Unberührtheit der amphibischen Wildnis noch von dieser selbstverständlichen Sauberkeit und Reinheit waren, die heute auch von den waghalsigsten Vertretern einer hemmungslos gewordenen Werbeindustrie nicht mehr annonciert werden können!

Denn was hier in Lignano und damit an allen diesen bemitleidenswerten mittelmeerländischen Küsten Europas geschieht, ist buchstäblich eine massenmörderische Bewegung unter anderem auch derjenigen fragwürdigen Idealisten, die sich in ihrer Heimat erbittert gegen den angeblichen Vogelmord der Italiener und leidenschaftlich für einen umfassenden Umweltschutz aussprechen und zur gleichen Zeit nicht einen einzigen Gedanken daran verschwenden, daß die weitgehend willkürliche Vergewaltigung einer der schönsten und ehemals naturbelassensten Küsten durch einen Massentourismus, der jedes vernünftige Maß längst schon überschritten hat, schließlich nur dadurch ermöglicht worden ist, daß sich auch

Vogelschützer und Umweltfreunde gedankenlos mit dieser zerstörerischen Monotonie der Yachthäfen und Betonwüsten einverstanden erklärt und sich in dieser Monotonie mit bemerkenswerter Anpassungsfähigkeit zurechtgefunden haben. Es hat jedenfalls für meinen Geschmack etwas Aberwitziges an sich, wenn heute die Verursacher eines wahrhaft gnadenlosen Zerstörungswerkes ängstlich aufs Meer hinausstarren, wo riesige Tanker und Containerschiffe ihre heimtückischen Spuren hinterlassen. Denn die Vernichtung der ökologischen Ordnung hat genau an diesem Tag begonnen, als die ersten Zementwerke und chemischen Industrien auch an dieser entlegenen und einsamen Küste errichtet werden mußten, um dem wie rasend sich entwickelnden Bedarf zu genügen, der erst durch die Massentransporte der Touristen geweckt worden ist. Und jedes neue Hotel, jede neue Bungalowsiedlung, jeder neue Nachtklub, jeder neue Yachthafen und jedes neue Restaurant, jede neue Bierhalle und jede neue Straße, also mit anderen Worten *jede neue Vernichtung* einer ebenso verletzlichen wie hilflosen Natur, die angeblich für die Bedürfnisse des Massentourismus unternommen worden ist, führte schließlich zu einer der vollkommensten und grausamsten Vernichtungsorgien, die von denjenigen, die sie mehr oder minder unbewußt verursacht haben, noch immer nicht in ihrer ganzen erbarmungswürdigen Abscheulichkeit begriffen wird.
Und wahrscheinlich hat es auch gar keinen Zweck mehr, heute noch daran zu erinnern, wie diese langgestreckte Sandbank von Lignano und das gleichnamige Fischerdorf vor fünfzehn oder achtzehn Jahren ausgesehen haben, weil es keinen Zweck hat, gegen den latenten menschlichen Selbstvernichtungstrieb irgend etwas zu unternehmen. Mich persönlich erstaunt nur die Geduld oder auch die fast schon an absichtsvolle Blindheit grenzende Nachsicht der Tierschützer, deren wütendes Geschrei gegen den sogenannten Vogelmord – der übrigens eine uralte Selbstverständlichkeit fast aller mediterranen Völker ist – pünktlich an dem Tag verstummt, da sie hochbeglückt in die touristischen Anlagen beispielsweise von Lignano einziehen. Wissen sie allen Ernstes nicht, daß es hier vor anderthalb Jahrzehnten eines der faszinierendsten Vogelparadiese Europas gegeben hat?
Wie soll man also ein Paradies beschreiben, das es nicht

einmal mehr auf Ansichtskarten gibt? Und dessen Fragmente, so weit sie noch existieren, natürlich schon zu Bauland umgewidmet sind? Und wie ist die Unvernunft der Menschen zu schildern, die jenseits der Alpen oder auch in Italien selbst mit hartnäckiger und sogar bewundernswerter Energie für die Unversehrtheit ihrer Umwelt kämpfen, die aber gedankenlos eine der schönsten Landschaften nicht nur des Friaul, sondern der ganzen nördlichen Adria zerstört haben? Ist tatsächlich nur mehr verzweifelte Resignation angebracht? Oder nützt es jetzt, nachdem das planvolle Vernichtungswerk im Interesse des sogenannten Fortschritts so gut wie abgeschlossen ist, vielleicht doch noch etwas, wenigstens einige der Ursachen dieses Wahnsinns aufzuzählen, der uns umbringt? Und zu sagen, daß es ein methodischer Wahnsinn ist, an dem wir uns alle beteiligen?

Aber die Idylle ist noch nicht völlig ausgestorben, so überraschend sich das auch anhören mag. Und manchmal, selten genug, entdeckt man sie auch heute noch am Rand der verfilzten und gelegentlich auch weltabgeschiedenen Lagune von Marano und Grado, die in der Tat wie das zahnlose Maul eines urweltlichen Fisches, den vor Zeiten einmal ein gewaltiger Sturm an Land geschwemmt haben muß, das binnenländische und bäuerliche Friaul mit dem offenen Meer verbindet. Ich fand eines Tages eher zufällig einen dieser einsamen Bauernhöfe, die halbversteckt mitten in den Sümpfen und im dichten Schilf der Lagune liegen, winzige Oasen einer altüberlieferten Ordnung, die in den Massenquartieren der Touristen keine Gültigkeit mehr haben.

Es war ein sehr alter Bauernhof, der provisorisch und wohl nur für sonntägliche Feste oder private Feiern wie Hochzeitsessen und Kindertaufen in einen dieser friaulanischen Gasthöfe umgewandelt worden ist, wie sie seit altersher von den Alpen bis ans Meer eine Ahnung davon geben, was Gastfreundschaft in dieser Region wirklich bedeuten kann. Im Garten unter den wuchernden Weinreben, die gemeinsam mit einigen Birken und Weiden eine schwankende Insel mitten im Brackwasser bildeten, waren an diesem Tag alle Holztische dicht besetzt. Dunkler, fast blauroter oder violetter Landwein schäumte in den bauchigen Krügen, der Duft nach gebratenem Fisch und heißer Polenta wehte verführerisch übers bräunlichfarbene Wasser der Lagune hinaus. Und der

Lärm der fröhlichen Gäste vermischte sich mit dem unheimlichen Flüstern, das aus den Kanälen aufstieg, die wie Adern durch die Ebene glitten, die sich hinter der Lagune bis weit nach Norden dehnte. Am Horizont und doch fast zum Greifen nahe erhob sich das leichenfahle Mauerwerk einer uralten Wallfahrtskirche, deren mythischer Mittelpunkt eine geheimnisvolle byzantinische Madonna ist, die vor vielen Jahrhunderten einmal vom offenen Meer hereingetrieben kam. Und im Westen stand als derber plumper Schatten der altersgraue Vierkant eines Gutshofes, der noch in der österreichischen Ära, als durch diese undurchdringliche Wildnis aus Wasser, Schilf und morastigem Land die Grenze zwischen Italien und Österreich verlief, eines der agrarischen Zentren dieser Küste war. Von hier aus wurden die schweren würzigen Weine, deren Geschmack berühmt war, in alle Provinzen der alten Monarchie verschickt.
Ich verbrachte einen langen traumhaften Nachmittag auf dieser verborgenen Insel am Rand der Lagune. Die dicke weichselfarbene Nadel des Campanile von Aquileia stand feierlich und unnahbar im Norden. Die Hochhäuser von Grado tanzten wie eine trügerische Spiegelung irgendwo im Süden übers glatte Wasser der Lagune. Und im Südwesten, schon weit hinter Marano mit seinen verwehten Erinnerungen an das mächtige Kastell der aquileianischen Patriarchen, das immer wieder von den Venezianern berannt worden war, bis sie es 1420 endgültig eroberten und natürlich zerstörten, fern im Südwesten zerfloß die Barbarei von Lignano im erhitzten Dunst, der in dichten Schwaden das Labyrinth der Kanäle, dürftigen Weideflächen und Sandbänke bedeckte. Das Elend der neuen Industriezonen von Aussa war in diesen Augenblicken verschwunden, denn die Natur lieferte jetzt ein grandioses Schauspiel. Von Jugoslawien herüber und auch über das riesige Amphitheater der friaulanischen Ebenen bis hinauf zu den Karnischen und Julischen Alpen und bis hinüber nach Pordenone rasten lautlos schwere schwarze Wolkenbänder aufeinander los, verschlangen sich ineinander und türmten sich zu einer wuchtigen Pyramide auf, die mit ihren schwefelfarbenen Rändern rasch nach Süden trieb. Zugleich aber fiel auf die Lagune und das dahinterliegende hellgrüne bis türkisfarbene Meer das gleißende Licht der Sonne, die sich immer einige Herzschläge lang vor den

drohenden Gewitterwolken über den seidigen Himmel bewegte. Im Norden, im Nordwesten und auch drüben über den kreidefarbenen Abhängen des Doberdò-Plateaus verglühten die ersten schmalen Blitze. Und dicht hinter Aquileia wütete keuchend ein Sturm.
Aber ich spürte hier unterm wilden Wein nur den schweren warmen Atem der Sonne auf meinen Schultern, sah nur die glatte und regungslose Scheibe des Wassers in der Lagune, die der losheulende Sturm noch nicht erreicht hatte, ich sah nur den plötzlich unter den schräg einfallenden Sonnenstrahlen aufleuchtenden Bug dieser geheimnisvollen Wallfahrtskirche von Barbana, die vielleicht wirklich, wie das eine Legende behauptet, vom Patriarchen Elias gegründet worden ist. Und ich war glücklich wie jemand, der nach langer Irrfahrt endlich in seine Heimat zurückgefunden hat.
Dann rauschte der Regen mit sanfter Gewalt in die Sümpfe. Und das junge Weinlaub im Garten zitterte unter den ersten Stößen des Gewittersturms.

Görz oder Das geteilte Himmelreich

Der Blick von der Görzer Burg hinunter auf die rostbraunen Dächer der alten Stadt und hinaus ins schimmernde Land sei, so wird behauptet, einer der erhebendsten Augenblicke, die man in diesem nordöstlichen Winkel Italiens erleben kann. Vom schluchzenden Sterben, das sich immer genau dort abgespielt hat, wo heute der bewundernde Blick der Burgbesucher hinfällt, wird in diesem Zusammenhang nicht gesprochen.

Man hat das wahrscheinlich in allen Nachfolgestaaten der Monarchie, in allen diesen mehr oder minder willkürlich amputierten und manchmal kaum noch lebensfähigen Ländern, die wie Sterne aus dem verblassenden Himmel eines ehrwürdigen Reiches stürzten, längst schon wieder vergessen, daß in Görz einmal österreichische Grafen saßen, die nicht nur ein kleines Imperium regierten und die unsichtbare Grenze des deutschen Sprachraumes weit nach Süden drückten, sondern auch einige Generationen lang mit den bedeutendsten Herrscherhäusern Europas nahezu gleichrangig verschwägert waren. Und daß dieses Görz, dessen altes Stadtbild heute noch mit seinem verwischten Schönbrunnergelb und sanften Altrosa beinahe kaiserlich und königlich und damit altösterreichisch anmutet, etwas von einem zersplitterten Spiegelbild besitzt, darin sich die Geschichte sowohl der Stadt als auch des untergegangenen Reiches wie eine phantastische Erscheinung hinter einem Gespinst aus Traum und Wirklichkeit verbirgt. Man kann sich heutzutage freilich nur noch schwer vorstellen, daß von der Görzer Burg einmal Kuriere unterwegs waren mit wichtigen Botschaften und strengen Anordnungen für ganz Istrien und Tirol, für die friaulanischen Bezirke und das im Norden angrenzende Kärnten, für Padua und Krain, wo überall das Wappen der Grafen aufgestellt war oder zumindest respektvolle Anerkennung fand, während zugleich und damit lange vor allen neuzeitlichen kulturpolitischen Auseinandersetzungen damals schon dieser zähe und verlustreiche und anscheinend stets aktuelle Machtkampf zwischen kirchlicher und weltlicher Ordnung ausgetragen wurde, seinerzeit repräsentiert von den einflußreichen aquileianischen Patriarchen und den ebenso halsstarrigen wie ehrgeizigen Grafen von Görz. Und vergessen hat man wohl auch, daß noch um die Mitte des 18. Jahrhunderts und nach der Auflösung des nur mehr nominell wirksamen Patriarchates von Aquileia ein Erzbistum für das venezianische Friaul errichtet wurde, das seinen Sitz in Udine hatte, während ein anderes Erzbistum, das dem österreichischen Friaul präsidierte, hier in Görz entstand.

Immer schon war das Eigenartige und Unvermutete in dieser friaulanischen Landschaft beheimatet, die sich hinter Cividale zu den sogenannten orientalischen Hügeln aufbuckelt und vom Norden in erstarrten Falten auf die fetten Ackerböden und morastigen Lagunen fällt, immer schon war hier alles anders, war hier alles ungewöhnlicher als anderswo, gab es hier die düsterste Schlucht und die rätselhaftesten Höhlenheiligtümer, den seltsamsten Erzengel und die merkwürdigsten Dialekte, darunter keltische, langobardische und altrussische Einschübe, immer auch lag hier im Gewöhnlichen das Exotische und im völlig Normalen das Sensationelle verborgen. In Udine zum Beispiel installierte 1888 ein gewisser Arturo Malignani, gebürtiger Udineser und genialer Erfinder, die erste elektrische Straßenbeleuchtung Italiens und damit die dritte in ganz Europa. In Mortegliano errichteten die ehrgeizigen Bürger dieser kleinen Bauerngemeinde 1959 eigenhändig den höchsten Campanile der Halbinsel. Und im mauernbewehrten Venzone schlummerten bis zum schrecklichen Erdbeben vom Mai 1976 die einzigen Mumien des ganzen Alpenbereiches ihrer fragwürdigen Auferstehung entgegen, während in einer verschwiegenen Mauernische der alten Befestigungsanlagen von Gradisca ein wenig bekanntes Denkmal an Leonardo da Vinci erinnert, der hier für einen der immer wieder entflammten Kriege zwischen Venedig und Österreich, die dann meistens rund um Görz ausgetragen worden sind, den ersten Minenwerfer des Abendlandes konstruierte.

Überhaupt der Krieg! Er scheint an den weißsandigen Ufern des Isonzo und zwischen den erdbraunen und grasfarbenen Hügeln des östlichen Friaul auf eine fast schon selbstverständliche Weise ansässig gewesen zu sein, denn seit den ersten Anfängen der Görzer Geschichte, als zuerst römische Legionäre und später byzantinische Abteilungen sich völlig hilflos zeigten gegenüber dem Einbruch awarischer, langobardischer und hunnischer Stämme, war hier fast immer irgendein heftiges Scharmützel, irgendeine blutige Auseinandersetzung, irgendein mörderischer Krieg zu verzeichnen gewesen. Und ich persönlich habe manchmal, wenn ich einen der rotbraunen oder purpurfarbenen Weine von diesen orientalischen Hügeln des Friaul trinke, das beklemmende Gefühl, meinen Mund in dickliches Blut zu tauchen, das seit bald zweitausend Jahren unaufhörlich der Erde entquillt.

Dabei begann das Schicksal von Görz in dem Augenblick anschaulich und überschaubar zu werden, als am 18. April des Jahres 1001 der deutsche Kaiser Otto III. einige Ländereien und wehrhafte Häuser nebst Knechten und Tieren und allem beweglichen Hab und Gut in der Gegend des Wippach- und Isonzotales sorgfältig aufteilte zwischen den einflußreichen Patriarchen von Aquileia und einem Grafen namens Werihen, der über halb Istrien und Friaul herrschte und ihm, dem frommen Kaiser, anscheinend treu ergeben war. Solche Schenkungen stellten in diesen Jahrhunderten keine Seltenheit dar und waren selbstverständlich immer politisch motiviert. Im vorliegenden Fall ging es um die Absicherung der dürftig geschützten südöstlichen Flanke des Reiches und darüber hinaus auch um die Solidierung und Vertiefung des unmittelbaren Einflusses Otto III., dem es natürlich angenehm um die Ohren wehte, wenn die Priester und Patriarchen im Dom zu Aquileia seinetwegen eifrig ihr frommes Repertoire bemühten, der aber natürlich auch klug genug war, sich nicht nur oder nicht nur ausschließlich auf die Kirche zu stützen. Mit seiner Schenkung an den Grafen Werihen verpflichtete er sich immerhin die weltliche Macht in diesem Raum, und wenngleich der Kaiser nicht ahnen konnte, daß er mit seinem doppelten Geschenk den Grundstein legte für zahllose spätere Verwicklungen und Auseinandersetzungen zwischen der Kirche von Aquileia und den Görzer Grafen, so war seine Politik doch nichts anderes als ein Ausdruck dieser instinktiven Vorsicht und Schlauheit, ohne die ein Potentat damals wie heute kaum überleben könnte.

Die Namen, die in den nächsten paar Generationen und Jahrhunderten rund um Görz auftauchten, verraten dann freilich schon den eigenartigen und eigenwilligen Trend, der aus dem vergleichsweise armseligen gräflichen Geschlecht der

Werihenschen Gründerzeit über viele Umwege und Sterbefälle und Zuheiraten und glückliche Geburten eine stattliche Dynastie machte, die vom Görzer Burghügel und später auch vom Schloß Bruck bei Lienz aus die angeblich infame und machtbesessene Politik der Patriarchen bekämpfte, sich in andere stattliche Dynastien durch Heirat hineindrängte, zu kaiserlicher Ratgeberschaft avancierte, den spektakulären Rang eines Reichsfürsten erlangte und sich schließlich mit jeden land- und geldgierigen Nachbarn um jeden einzelnen Acker stritt, über den bald die Schatten der osmanischen Janitscharen fallen würden. Es war, ungefähr und kurz gesagt, eine Karriere, die sich sehen lassen konnte.

Da verheiratete sich ein Eppensteiner aus Kärnten namens Marquard mit einer Tochter des Grafen Werihen, da tauchte ein gewisser Aribo auf, ein Abkömmling der Pfalzgrafen von Bayern, der sich mit einer Erbtochter der Grafen aus dem Lurngau und Pustertal vermählte, da drängte sich vielfältiges deutsches oder eigentlich alpenländisches Blut in eine Landschaft, die slawisch und mediterran und sogar byzantinisch gewesen war, und während man von den Bürgern des ärmlichen Dorfes und der nachmaligen Kleinstadt Görz nicht viel mehr in Erfahrung bringen kann, als daß sie ihr Leben oder wenigstens ihre Arbeitskraft für die Herrschaft oben auf der Burg eingesetzt hatten, erlangte diese Herrschaft, die sich seit dem Jahre 1122 auch in ihrem Namen zu Görz bekannte, europäisches Ansehen.

Aber trotz dieses Ansehens fröstelt es einen, wenn man heute an einem windstillen Vorfrühlingstag durch die weitläufige Burg wandert und sich noch einmal diese alten Geschichten vorzustellen versucht, in denen so viele Jahre eine durch Geburt und Adelspatent bevorzugte Oligarchie dem in alle Ewigkeit benachteiligten Volk das erbärmliche Leben und den schäbigen Tod vorgeschrieben hat. Denn während man sich Stammbaum und Grundbesitz dieser mächtigen Familie ausrechnet und darüber nachdenkt, wie die Görzer Grafen ihren Appetit nach immer mehr Land und immer mehr Untertanen und immer größeren Einfluß gestillt haben mögen, fällt einem unwillkürlich auf, daß über Stammbaum und Grundbesitz oder gar über den Einfluß des ordinären Volkes so gut wie kaum etwas in Erfahrung zu bringen ist. War es gemischtsprachig? Oder vornehmlich deutsch mit geringen slowenischen Dialektkenntnissen? Oder kam das Slawische, das Deutsche erst viel später und mußte sich dann gegen das alte Friaulanische behaupten, das manches langobardische Wort und manchen rätselhaften rätoromanischen Ausdruck enthielt? Und waren die kleinen Bauern, Viehhirten und Händler genauso von der magischen Kunst einiger Schreiber abhängig wie die notorisch analphabetischen Burgherren? Predigten die Priester immer nur in lateinischer Manier? Oder war vom nordadriatischen Raum etwas von diesem dickköpfigen Freiheitswillen heraufgeweht, den die glagolitisch predigenden Inselpriester auf ihren salzverkrusteten Felsen sich nicht ausreden ließen?

Es sind nutzlose Fragen, die man hinter den dicken Mauern der Görzer Burg stellt. Der Krieg, der sich hier aus gutem Grund sein schmutziges Nest eingerichtet hatte, war ein brüderlicher Gleichmacher bei den ohnmächtigen Untertanen, die nie lange gefragt wurden, welche Art des Sterbens sie bevorzugten. Und einen Anlaß für den Krieg gab es in der Görzer Gegend, gab es in dieser trügerisch schönen und anmutigen Landschaft ja nahezu immer.

Es hätte gar keinen Sinn, jedes einzelne Jahr gesondert herauszustreichen, da sich die starken Patriarchen von Aquileia und später auch noch von Cormons und Cividale aus mit den Grafen und nachmaligen Reichsfürsten von Görz um jeden Hügel, um jeden verwilderten Weinberg und um jedes gesetzliche Kauderwelsch, das die Beziehung der bevorzugten Klasse zu den Unterprivilegierten regelte, verbissen und manchmal auch tollwütig schlugen, denn wie anders als tollwütig sollte man das bezeichnen, wenn im strengen Winter des Jahres 1340 ein Patriarch namens Bertrand waffengegürtet unter den Mauern der Festung Görz, die er belagerte, eine sonderbare Weihnachtsmesse abhielt. Am irritierenden Hochmut einer solchen Religionsauffassung ändert auch die Tradition nichts, die man heute noch in Görz pflegt, indem man im Dom einmal jährlich, nämlich während der Christmette, die Gläubigen mit dem Schwert segnet!

Krieg also! Immer wieder Krieg! Und dazwischen die üblen Spitzfindigkeiten der Diplomatie, die nicht selten aus gegenseitiger Verleumdung bestand, nur weil es den Görzer Grafen unzumutbar erschien, vom aquileianischen Patriarchat auch in weltlicher Hinsicht abhängig zu sein. Oder weil die Kirche nicht davon ablassen wollte, ihren Einfluß auch aufs politische Geschäft auszuüben. Weil beide Partner oder Gegner unaufhörlich die besseren Christen sein wollten und sich nicht darum kümmerten, wieviel Bauernschädel zum Zwecke dieser Beweisführung eingeschlagen werden mußten. Wer heute in den verhältnismäßig stillen Straßen der Stadt von friedlicher Zurückgezogenheit und stiller Beschaulichkeit träumt, der vergißt völlig, daß es seit dem Jahr tausend hier immer nur herrschaftliche Wutanfälle und klerikalen Militarismus und einander abwechselnde Obrigkeiten gegeben hat, denen vor allem die Unbesiegbarkeit der Burg und die Unantastbarkeit irgendwelcher Privilegien wichtig gewesen war, bis schließlich aus dem Knochenschutt und dem Menschenblut diese melancholische Resignation entstand, die heute Görz zu einer vermeintlich ruhigen Stadt macht.

Im Jahre 1500, und zwar am 12. April, also fast auf den Tag genau 499 Jahre nach dieser ominösen kaiserlichen Schenkung, stirbt auf dem Schloß Bruck bei Lienz der letzte Görzer Graf. Er stirbt ohne legitime Erben, was den habsburgischen Kaiser Maximilian I. sogleich veranlaßt, die verwaisten Ländereien der Grafschaft zu besetzen. Es existierten natürlich seit Jahrzehnten schon Verträge, die eine solche Okkupation juridisch durchaus rechtfertigten. Aber der entscheidende Anlaß für diesen raschen und auch ein wenig rücksichtslosen Schritt nach Süden, den Habsburg da unternahm und der Teile des östlichen Friaul und vor allem Görz selbst bis 1918 endgültig an Österreich band, dürfte wohl die politische Situation jener Jahre gewesen sein. Denn da drängte vom Südosten herauf, von den zerklüfteten adriatischen Küsten, der Islam mit zunehmender Stärke gegen das damals noch verhältnismäßig schwache Geflecht der österreichischen Grenzbefestigungen, die von den Türken immer wieder überrannt wurden, bis die legendäre Militärgrenze errichtet werden konnte. Und da rückte Venedig fordernd gegen dieses Gebiet an, das es vehement für sich beanspruchte, so daß Görz sehr rasch den fragwürdigen Ruhm für sich beanspruchen durfte, einer dieser kleinen Pufferstaaten zu sein, auf deren unschuldigen Rücken man seine handfesten Geschäfte austrägt. Der Blutzoll, den die Bevölkerung damals zahlen mußte, war auch dementsprechend hoch.

Eine erste unmittelbare Folge dieses maximilianischen Hand-

streichs von Görz war der Krieg von 1508, den Venedig vorerst erfolgreich abschloß, indem es das halbe Friaul und fast ganz Istrien eroberte. Zugleich veränderte sich auch das Antlitz oder eigentlich die Sprache der Gesellschaft, von der man bis gegen Ende des 15. Jahrhunderts, also bis zum Augenblick des Auftretens des letzten Ritters Maximilian hier im Bereich zwischen Cividale, Cormons und Görz nicht genau sagen konnte, welche Nation sie später einmal für sich reklamieren würde. Die Bauern redeten einen sonderbaren und nahezu unverständlichen Dialekt, nämlich das Friaulanische. Die Händler und Fuhrleute – für die das wohlhabende Cividale und dann auch das wirtschaftlich aufstrebende Görz wichtige Stützpunkte waren für ihre Handelsbeziehungen und auf ihrem Weg hinauf nach Norden – mußten selbstverständlich der deutschen Sprache mächtig sein, wenn sie Erfolg haben wollten. Die Aristokratie und einige wenige Großbürger betrachteten sich überhaupt als Deutsche, sofern man damals an einer nationalistischen Fixierung interessiert war, während die ersten Irredentisten jener Zeit ein venezianisch gefärbtes Italienisch redeten und venezianisch dachten.
Das alles änderte sich nun, entwickelte sich nun zu neuen Verhältnissen, aus denen dann allmählich die gegenwärtige Situation entstehen sollte. Am 26. März 1508 drangen jedenfalls die venezianischen Truppen, die von der nahe gelegenen starken Festung Gradisca aus operierten, erstmals in Görz ein, erstürmten den Burghügel und eroberten unter ihrem Kapitän Bartolomeo D'Alviano die bis dahin unbesiegbar gewesene Festung der alten Görzer Grafen. Der habsburgische Burghauptmann Andreas von Liechtenstein, beeindruckt von einem dreitägigen Bombardement durch die schwere venezianische Artillerie, mußte bedingungslos kapitulieren. Und wenn Venedig sich auch nur für die nächsten vierzehn Monate in Görz halten konnte und dann sowohl die begehrte Stadt als auch die Schlüsselfestung Gradisca und schließlich sogar Aquileia den Habsburgern überlassen mußte – rund hundert Jahre später, zwischen 1615 und 1617, kam es zum nächsten Krieg, den die räuberischen Uskoken aus dem nordadriatischen Zengg verursacht hatten und der die Venezianer wieder in den Besitz von Gradisca bringen sollte –, wenn also dieses erste venezianische Intermezzo nur sehr kurz war, so war doch erstmals diese besondere Form einer

Italianità in das Bewußtsein der Menschen eingesickert, eine Form, die venezianisch geprägt war und zugleich schon den Keim eines künftigen italienischen Nationalbewußtseins in sich barg.
Daran hatten übrigens auch jene Jesuiten paradoxerweise ihren Anteil, die von der Republik Venedig ausgewiesen und von den Habsburgern mit offenen Armen aufgenommen worden waren, denn diese Jesuiten bevorzugten an den Schulen, an denen sie im österreichischen Friaul als Lehrer tätig waren, eindeutig das Italienische, predigten und lehrten die habsburgischen Untertanen sozusagen eine italienische oder venezianische Wahrheit und betätigten sich insgesamt als fromme Propagandisten einer anti-österreichischen Idee. Erst mit Maria Theresia, die den Jesuitenorden aufhob, änderte sich dieses eigenartige System. Aber da war es natürlich längst schon zu spät. Und als die neuen Schulgesetze von 1867 den sogenannten muttersprachlichen Unterricht an den Volksschulen des österreichischen Friaul garantierten, da redeten hier die jüngsten Untertanen der Monarchie fast ausschließlich italienisch, und zwar dieses unverwechselbare Italienisch der alten *terra ferma* Venedigs.
Denn Görz, das dann im 20. Jahrhundert nicht umsonst mehrfach mit der goldenen Ehrenmedaille Italiens ausgezeichnet werden sollte, ohne eigentlich jemals eine gewachsene italienische Stadt gewesen zu sein, weil es zu viele Niederlagen und zu viele Verwüstungen hatte hinnehmen und zu viele Leichenhaufen hatte aufnehmen müssen und von mehreren Nationen immer für sich beansprucht worden war, dieses Görz entwickelte sich seit dem 16. und dann vor allem seit dem 18. Jahrhundert zu einer relativ blühenden Bürger- und Handelsstadt, deren wesentliche Impulse freilich nicht nur aus Wien, sondern in einem sehr starken Maße auch aus Venedig kamen. Und es ist auch gar kein Zufall, daß dieses Görz, über dem heute längst schon wieder der geflügelte Löwe von San Marco als ehrwürdiges aber nicht ganz zutreffendes Symbol thront, von der Literatur kaum gewürdigt wird. In Kriegshandbüchern und anderen Militärwerken stößt man zwar immer wieder auf den Namen dieser Stadt, und auch in den politischen und leidenschaftlich nationalistischen Pamphleten der letzten hundertfünfzig Jahre taucht der Name regelmäßig auf, aber so gut wie alle bekannten oder

wichtigen Reisehandbücher unseres Jahrhunderts übersehen die Stadt, oder begnügen sich mit kurzen Hinweisen auf ihre tragische Rolle als permanenter Kriegsschauplatz oder als politisches Streitobjekt. Und selbst die wenigen Geschichten und Anekdoten, die mit Görz irgend etwas zu tun haben – wie das Kloster Castagnavizza, wo der unglückliche Bourbonenkönig Karl X., der 1830 vor der Juli-Revolution aus Paris nach Görz geflüchtet und dann dort 1836 an der Cholera gestorben war, oder auch wie etwa diese Legende von einer habgierigen Frau namens Bianca, die einen ahnungslosen Kurier des aquileianischen Patriarchen in ihr Haus lockte und dann von ihren Rüden zerfleischen ließ, um an sein Gold heranzukommen –, selbst diese wenigen literarischen Ansatzpunkte also sind von einem grimmig melancholischen Zuschnitt, der in erstaunlichem Gegensatz steht zur ruhigen Anmut der Landschaft, die geduldig von Generation zu Generation alle Wunden vernarben läßt, die ihr von den Menschen geschlagen worden sind.
Wenn man sich freilich näher mit dieser Landschaft rund um Görz beschäftigt, wenn man vorsichtig eindringt in diese scheinbar abseitige Welt der sanften Hügel und verborgenen Täler, auf deren Böden einige der berühmtesten Weine Italiens wachsen, dann entdeckt man gleichsam schrittweise die wahre Tragödie dieser Region. Denn überall verwittern noch die teils pompösen und teils nur mehr lächerlichen Zeugnisse aus irgendeinem der längst verlorenen Kriege, die hier geführt worden sind, überall kriechen Schützengräben und Unterstände durchs verwilderte Gestrüpp, verrosten Kanonen auf den Dächern langsam verfallender Gutshöfe, erzählen efeuüberwachsene Inschriften vom nutzlosen Heldentod der Generationen, die für irgendeine fragwürdige Entscheidung auf die friaulanischen Schlachtfelder rund um Görz getrieben wurden. Und daneben erheben sich die protzigen Mahnmale, diese absurden Wegweiser für verfaulendes Menschenfleisch und bleichende Knochenbündel, träumen die marmorverkleideten Kultstätten, die von den unvernünftigen Hinterbliebenen für die schuldlosen Opfer errichtet wurden, im seidigen Abendglanz einer untergehenden Epoche.
Manchmal wünschte man sich heute für Görz diese alten Zeiten zurück, da es zwar seine politische Unabhängigkeit

verloren hatte, aber dafür noch sein weitreichendes Hinterland besaß, aus dem es seine ökonomische Kraft und auch seine Sicherheit zum Überleben bezog. Heute zerschneidet die Grenze nach Jugoslawien mehr als nur eine Stadt, mehr als nur verwandtschaftliche Bindungen und wirtschaftliche Zusammenhänge. Und was der Italiener Guido Piovene vor bald zwanzig Jahren einmal sagte, daß nämlich hier die bedrükkende Trennung zwischen Volksgruppen spürbar sei, die einst in patriarchalischer Tradition zusammenlebten, hat auch heute noch nichts von seiner bitteren Wahrheit verloren. Draußen vor der stillen Stadt liegen noch die alten Schlösser und früher einmal prachtvollen Gutshöfe, von denen aus dieses schöne Land nach jeder Katastrophe und nach jedem Krieg wieder neu bestellt und zivilisiert worden ist. Aber die Schlösser und Gutshöfe wachsen unaufhaltsam in die Erde zurück. Die einstmals berühmten Hügel und Berge von Görz, der Monte Santo, der San Gabriele, der San Marco und der San Daniele, liegen seit einem halben Menschenalter schon jenseits der Grenze. Es ist eine eigenartige trostlose Form des Untergangs, die hier überall spürbar ist. Auf dem Burgberg, den die Revolutionäre von 1797 zuerst als Kaserne und dann als Gefängnis benützten, wachsen unaufhaltsam die Schatten. Und im Dom Ilario e Taziano, der den ersten aquileianischen Märtyrern von Görz geweiht ist, schwelt ein unheimliches Feuer, das nicht nur an die Einschläge der italienischen und österreichischen Granaten aus dem ersten Weltkrieg erinnert, sondern wohl auch kommendes Unheil prophezeit. Denn in Görz, in dieser schönen und traurigen Stadt am Schnittpunkt menschlicher Unvernunft, hat der Friede noch nie länger gedauert, als man braucht, um einen Baum anzupflanzen und ihn dann zur Größe eines Kindes heranwachsen zu sehen.

Alle Wege führen nach Triest

Gott helfe mir, aber eine vernünftige Antwort auf die Frage nach den Ursachen des stillen Ruhmes, der Triest dazu verurteilt, die eigenartigste und in einem gewissen Sinne auch widersprüchlichste Stadt an den nördlichen Adriaküsten zu sein, würde mir außerordentlich schwerfallen! Ist denn Triest überhaupt berühmt? Oder wenigstens so respektabel wie seine bedeutungsvollen Nachbarn Aquileia und Cividale? Oder so schicksalshaft wie Görz, so ruhmbedeckt und martialisch gekennzeichnet durch die kaum abgeheilten Narben unvernünftiger Kriege und willkürlicher Teilungen? Und sind die vermeintlichen Widersprüche Triests nicht ein Beweis für die gesunde Alltäglichkeit, die dem etwas sensiblen und verspielten mediterranen Charakter dieser Stadt eine solide Basis schenkt, kräftig und vielleicht sogar derb genug, um manche spielerische Verrücktheit gerade noch auf dem Boden der Wirklichkeit zu belassen?
Joseph Ressel konnte wahrscheinlich nur hier seine Schiffsschraube an einem kleinen Kutter namens ›Civetta‹ anbringen und am 1. Juli 1829 ins Hafenbecken auszulaufen versuchen. Und nur hier war es dann beinahe selbstverständlich, daß ihn besorgte k. u. k. Polizisten entsetzt daran hinderten, weil sie um die Sicherheit der ankernden Segelschiffe fürchteten, so daß er aufs offene Meer hinaus mußte. Der ein ganzes Zeitalter entlarvende Stil von Miramare, diese ebenso hochmütige wie schwülstige Handschrift eines wenig beschäftigten österreichischen Erzherzogs und nachmaligen Kaisers von Mexiko, wäre in jeder anderen mittelmeerländischen Umgebung ein Paradoxon allererster Ordnung, ein Alptraum an perverser Lächerlichkeit und unzumutbarer Platitüde. Und doch ist es hier ohne weiteres vorstellbar, daß linksradikale Studenten einer Universität, deren faschistoide Architektur unübersehbar ist, gemeinsam mit konservativen Bauern und nationalliberalen Kleinbürgern friedlich durch die überladenen Säle wandern oder im Schatten verschnörkelter Türmchen und Mäuerchen über ihren Skripten sitzen, aus denen sie zu erfahren hoffen, wie man die Welt, die sie in diesem Augenblick noch glücklich genießen, unwiderruflich

zerstören kann. Miramare ist zweifellos eine orgiastische Selbstdarstellung von Kitsch und schlechtem Geschmack. Aber zugleich ist es ein hinreißend schönes und idyllisches Refugium für eine wohlgeordnete und in sich selbst ruhende Bürgerlichkeit, die sogar manchen Sympathisanten der berüchtigten ›Brigate Rosse‹ und manchen militanten Neofaschisten zum harmlosen Kleinbürger macht, der in der Sonne von zivilen Verhältnissen träumt.

Und diese Neigung zum wohltuend Banalen oder zur nützlichen Vernunft selbst in extremen Situationen wird auch im früher einmal verrufenen Stadtviertel rund um die Via Canavale spürbar, wo die schmalbrüstige Architektur der dunklen und herabgewohnten Hinterhöfe eine gemütvolle und anheimelnde Gesinnung verrät, die alljährlich immer mehr Touristen in dieses verschnörkelte Gassengewirr treibt, das sich zwischen den ehemaligen Salinen Triests – der kurze ›Canale Grande‹ erinnert noch daran – und der volkstümlichen Piazza Venezia erstreckt. Wer immer noch nach Widersprüchen forscht, weil er sie als Beweis braucht für die rustikale Natur dieser Stadt zwischen graugeflecktem Karst und aquamarinfarbenem Meer, dem sei das erstaunliche Nebeneinander von Kultur und Merkantilismus, von rabiater Hitzköpfigkeit und ökonomischem Biedersinn auf einem so altehrwürdigen Boden in Erinnerung gebracht, der zwar seit den Tagen der Römer besiedelt worden ist, der aber erst durch neuerrichtete Stadtviertel, die Città Teresiana oder Città Giuseppina oder auch Città Franceschina heißen und mit diesen Namen schon ihre österreichische Herkunft verraten, diese urbane Welthaltigkeit erreichte, die Triest trotz aller Rückschläge und Niederlagen und politischen Absonderlichkeiten immer noch zu einer adriatischen Hauptstadt macht, in die nicht nur Italiener, sondern auch Österreicher und Jugoslawen manche sehnsuchtsvolle Hoffnung setzen.

Gott helfe mir, sage ich allen Ernstes und kehre von jedem Aufenthalt in dieser palimpsestischen Stadt verunsichert und verwirrt zurück, weil in Triest tatsächlich eine Handschrift die andere überdeckt, ein Zeitalter rätselhaft über dem vorhergegangenen liegt und das römische Tergeste neben dem slowenischen Trst und dem deutschen Triest mitten im italienischen Trieste steckt, ganz zu schweigen von den griechischen Familien und armenischen Abkömmlingen, von

den jüdischen Minderheiten und den verstockten Protestanten, von den gerissenen Levantinern und leidenschaftlichen Albanern oder von diesen erstaunlichen Mythen, in denen Dante ausgerechnet hier einen Eingang zur Hölle findet und die fluchbeladenen Argonauten von ihren Verfolgern genarrt werden, ganz zu schweigen aber auch von den versteckten und vergessenen Friedhöfen oben auf den windüberschwemmten Hügeln von Prosecco und Opicina, in denen die Knochen der Opfer von 1915 wieder zu Erde werden, und von den geschwärzten Bronzetafeln des unrühmlichen Sieges von 1918, als ob Triest eine Stadt der Triumphe und nicht der melancholischen Niederlagen wäre.
Ich kehre immer wieder düpiert und übertölpelt zurück aus Aquiliana und Miramare, den fahlen Widerschein österreichischer Pseudo-Gotik im Aug' und den penetranten Geruch nach Pestilenz und moderner Technologie im Gedächtnis, ich sehe Fertigteilwaben wie Betongeschwüre aus den traurigen Ginsterhügeln wachsen und Autobusse mit jugoslawischen Kennzeichen die Hafenmolen verbarrikadieren, ich sehe wildwucherndes Wachstum und stillen Niedergang und begreife nicht, welche Seite des janusköpfigen Anlitzes die richtige ist, die überzeugende und in die Zukunft weisende. An den dunklen Ruinen des römischen Theaters, die wie ein furchteinflößender Krater inmitten von Wohnhäusern und Verwaltungsgebäuden stehen, rollt der Verkehr vorüber, auf dem Hügel von San Giusto denunziert eine heroische Allegorie die tragischen und manchmal auch nur grotesken Erinnerungen an eine Zeit, als hier im Schatten der allzu oft und allzu eifrig restaurierten Kathedrale Österreicher und Venezianer um das vermeintliche Glück einer Bevölkerung stritten, die oft selbst nicht mehr wußte, wohin sie eigentlich gehörte und wem sie sich anvertrauen sollte und die einmal diesen und dann wieder jenem Eroberer skeptisch die Stadttore öffnete. Und wohl nicht zufällig hat man sich hier zwar den frommen Justus als Stadtpatron angeeignet, aber einem anderen heiliggesprochenen Märtyrer die Ehre erwiesen, die Waffe, die ihn zu Tode gequält hatte – eine Hellebarde –, ins städtische Wappen aufzunehmen, getreu diesem verlockenden byzantinischen Motto, daß doppelt genäht besser hält.
Aber man muß nicht charakterlos sein, wenn man von der schmerzhaften Begabung der Janusköpfigkeit heimgesucht

wird! Und vielleicht hat das wirklich etwas damit zu tun, daß hier immer Grenzland gewesen ist und die Provisorien einer Randlage als dauerhafte Lösung betrachtet werden mußten. Denn hier begann das rätselhafte und unheimliche Illyrien, mit dem die Römer nur mühsam zurechtkamen. Und hier beginnt die mediterrane Welt, an die sich nicht nur das habsburgische Kaiserreich erst gewöhnen mußte. Die Menschen treten in diesem adriatischen Wetterwinkel irritiert ins harte Licht des Südens und haben noch die nebelverhangene Natur des Nordens im Blut, denn oben, schon dicht unterm Himmel, stehen die gezackten Abbrüche der karstigen Hügel wie Wundränder über dem verschwimmenden Meer, vereinigen sich Nordwind und Schneesturm inmitten einer Geographie, die eigentlich erst einen dicken Breitengrad nördlicher anfangen dürfte, während unten in der weitgeschwungenen Bucht bereits diese genießerische Leichtlebigkeit des Südens wirkt, die aus dieser zutiefst mitteleuropäischen oder sogar alpinen Stadt eine südliche Hafenstadt macht. Ich wiederhole mit Nachdruck, was ich bei anderer Gelegenheit schon sagte: Immer liegt Spannung zwischen diesem Oben und Unten, immer ist hier eine Grenze spürbar. Auch wenn dieses große gelassene Amphitheater, das diese Stadt nun einmal ist, sich vielarmig und vielfarbig über die Bucht verästelt, so geht doch ein Strich, eine Wunde, eine Ahnung von Widerspruch und Widerspenstigkeit quer durch die Stadt. Die Spuren der Römer und Venezianer, Habsburger und Slawen haben nichts mit befreiender Internationalität zu tun, sondern krallen sich an Erinnerungen fest, beschäftigen sich mit wehmütigen oder bombastischen Träumen. Triest ist eine Stadt zwischen den Welten, ist kontinental und mediterran, hat den Atem des Meeres auf seinen Dächern und duckt sich unter der Bora, die wie ein Sturzbach von den Hügeln herunterfällt.

Triest hat im Grunde nicht sehr viel mit Udine zu tun, kaum etwas mit Cividale, nichts mit Görz. Es besitzt einen anderen Charakter, verfügt über eine andere Physiognomie und hat zum Teil auch ganz andere historische Erinnerungen als diese drei friaulanischen Städte. Es war auch nie dem Friaul zugeordnet, weder dem italienischen noch dem österreichischen, sondern beanspruchte hochmütig und ein wenig zerstreut für sich selbst immer einen eigenen Status. Es begab sich auch nie völlig freiwillig in die Umarmung Venedigs, in

diese habgierige und eigennützige Umschlingung, in der es zu ersticken drohte. Und es war auch keine anhängliche und treue Stadt wie Görz, das zwar von den Italienern mit goldenen Ehrenzeichen überhäuft worden ist, das aber bis in seinen jammervollen Untergang österreichisch war. Triest lehnt sozusagen mit seinem Rücken an nördlichen Gebirgen und starrt seit Jahrhunderten erwartungsvoll nach Süden. Die friaulanischen Städte hingegen – auch das zertrümmerte Venzone oder das verwüstete Gemona – waren sich tausend Jahre und länger ihrer Mittlerfunktion durchaus bewußt. Triest wollte immer eine Königin der Adria sein und brachte es nur zu zweifelhaftem bürgerlichen Ansehen. Das bescheidene Udine hingegen mutet heute noch fürstlich an, und in Cividale weht durch schmale verträumte Gassen der Atem großer Geschichte. Vor hundert Jahren wurden Schienen und Straßen ehrgeizig nach Triest ausgerichtet, und schon im 18. Jahrhundert errichtete man an den Pässen, über die der Handel von Norden nach Süden rollte, die unsinnigsten Zollschranken, nur damit die Fuhrleute nicht nach Venedig, sondern nach Triest kamen, auch wenn die Straßenverhältnisse nach Südosten wesentlich schwieriger waren. Und während sich die kleinen friaulanischen Gemeinden mühsam zwischen den Fronten behaupten oder abwechselnd mit Österreichern und Venezianern paktieren mußten, um überhaupt überleben zu können, regnete es auf Triest habsburgische Privilegien, wurde zugunsten Triests bereits im 18. Jahrhundert ein wöchentlicher Fuhrverkehr von Wien über den Semmering und weiter nach Laibach und in das damals noch junge Küstenland eingerichtet, wo man in den folgenden Generationen eifersüchtig darauf bedacht war, die ehemalige Kapitale der ganzen Adria, also Venedig, endlich zu überbieten.
Seit ich mich mit dieser Stadt beschäftige, seit mehr als zwanzig Jahren also, fallen mir immer wieder neue Geschichten und Namen ein, wahre Begebenheiten und gut erfundene Anekdoten, Lügen und Verleumdungen, heroische Legenden und ergreifende Biographien, Vermutungen und Hintergründe, aus denen sich tausend verschiedene Wahrheiten ablesen lassen. Miramare mit seiner kleinbürgerlichen erzherzoglichen Pracht und das neuentstandene Aquiliana draußen bei Muggia mit seinen Öltanks und seinem technologischen Labyrinth, aus dem wie aus einer zukünftigen Unterwelt das

bleihaltige Blut unseres Zeitalters sprudelt. Der oft erwähnte Felsen von Duino mit der vagen Erinnerung an die österreichischen Herren von Wallsee und an ein uraltes lombardisches Geschlecht namens Torre e Tasso, aus dem dann die ersten europäischen Posthalter Thurn und Taxis geworden sind, die übrigens auch im schönen verschwiegenen Görz ansässig waren. Dafür lohnte hier in Duino ein gewisser Rainer Maria Rilke die Aufmerksamkeiten, die man ihm entgegenbrachte, mit der Niederschrift einiger schwerverständlicher Texte, die er dann Jahre später in Paris abschließen sollte. Es waren die berühmten »Duineser Elegien«, dieses parfümierte Glaubensbekenntnis törichter Backfische und resignierender älterer Herren. Und mir fällt es immer ein wenig schwer – auch damals schon, als ich selber noch mit gespannter Aufmerksamkeit diese überspannten Elegien studierte –, ausgerechnet an dieser steilen Felsenküste, gegen die ein stahlfarbenes Meer hämmert, solche ätherische und verschmockte Schönheit mir vorzustellen, wo doch in Aurisina und Sistiana, in San Croce und Prosecco und überall an dieser zerklüfteten Küste und auf diesen dürftigen Anhöhen die lautlose Auseinandersetzung stattfindet zwischen Slowenen und Italienern, zwischen zwei Volksgruppen, die ganz andere Dinge im Kopf haben als die mythischen Metaphern eines österreichischen Poeten.

Aber waren es nicht gerade immer die Poeten – die slowenischen wie die österreichischen und natürlich die italienischen –, die das Wesen dieser Stadt und ihrer Umgebung am eindrucksvollsten begriffen haben? Stuparich, Slapater, Umberto Saba und Theodor Däubler, der 1876 in Triest geboren wurde, aber auch Ireneo della Croce, Gavardo und Carli, dann Domenico Rossetti, dieser gottbegnadete Träumer von Freiheit und Unabhängigkeit, und Pasquale Besenghi, der in Griechenland gleichsam stellvertretend für seine geknechtete Heimatstadt gegen die Türken kämpfte, und schließlich Italo Svevo, dessen bürgerlicher Name Ettore Schmitz lautete und der wie kein anderer Schriftsteller und Bürger diese zwiespältige Stadt repräsentiert, denn er war nicht nur einer der großen europäischen Romanschriftsteller des 20. Jahrhunderts, sondern er leitete auch eine Fabrik für seefeste Farben, und seine Vorfahren kamen aus Deutschland und der *terra ferma* Venedigs!

Auf dem längst aufgelassenen Friedhof gegenüber der Kathedrale von San Giusto, zwischen Akazienbüschen, Zypressen und verwitterten römischen Sarkophagen, zwischen Urnen, Amphoren und Statuen, befindet sich in einem kleinen Tempel dieses halbvergessenen Lapidariums ein leerer Steinsarg, der an den Deutschen Winckelmann erinnern soll, der für sein Heimatland die griechische Antike wiederentdeckte und der im Juni 1768 im zweiten Stockwerk eines Triestiner Gasthofes von einem Dieb und Zuhälter ermordet worden ist. Und in diesem Zusammenhang fällt einem Scipio Slapater ein, der einmal geschrieben hatte: »Wo anders ist denn das Leben ein solch furchtbares Aufeinanderstoßen entgegengesetzter Kräfte, ein Auf und Ab sehnsuchtsvoller Träume und grimmiger Kämpfe? Das alles ist Triest. Es besteht ganz und gar aus tragischem Geschehen. Und man muß auf seinen inneren Frieden verzichten, um dieser Stadt Ausdruck zu verleihen.«
Die Geschichte Triests, so weit sie sich durch die Aufzählung bloßer Fakten dokumentieren läßt, ist ein Beweis für dieses tragische Lebensgefühl, das alle Triestiner geprägt hat. Sie beginnt wahrscheinlich auf dem Hügel von San Giusto, der den römischen Legionären wichtig und beherrschend genug erschien, um ihn von der alten Grenze her, die am Fluß Timavo verlaufen ist, zu besetzen. Zwar gab es hier vorher schon eine kleine karnische Siedlung aus der Keltenzeit und lebten bereits ums Jahr 128 vor Christus römische Bürger im Schatten dieses Hügels, aber erst im Jahre 104 erscheint erstmals der Name Tergeste, das in den ersten paar Jahrzehnten seiner historisch nachweisbaren Existenz immer wieder überfallen und geplündert wird, weil vor allem die unruhigen Histrer aus dem benachbarten Istrien über diese imaginäre Grenze vorstoßen, die von den Römern gezogen worden ist. Und wer die These von der Wiederholbarkeit aller Geschichte vertritt, mag in diesen bitteren Anfängen schon die ganze Tragik der künftigen Stadt erkennen, die sich unaufhörlich an neue Herren und geänderte Gesetze gewöhnen muß.
Im römischen Zeitalter ändert sich das von dem Augenblick an, als im Jahre 45 vor Christus Cäsar die Ansiedlung – die damals noch nicht einmal den halben Ginsterhügel von San Giusto umfaßt – zur römischen Kolonie erhebt und die Reichsgrenze endgültig vom Timavo hinunter bis nach Capo-

distria vorrückt. Aber erst unter Augustus, der die illyrische Gefahr beseitigt, wird Tergeste auch militärisch befestigt und damit in jenen Festungsgürtel aufgenommen, den die Römer zur Sicherung ihrer nordöstlichen Region Venetia et Histria gegründet haben, dieser frühesten Vorläuferin der Provinz Julisch-Venetien. Und zur Zeit Kaiser Trajans schließlich zählt Tergeste annähernd zwölftausend Einwohner, ohne daß der befestigte Hügel vorerst noch sonderlich bedeutungsvoll gewesen wäre, denn da waren immer noch das mächtige Aquileia und das volkreiche Altinum, beide Städte luxuriöser, einflußreicher und natürlich auch politisch wichtiger.
Die nächsten bedeutsamen Ereignisse fanden dann während der Völkerwanderung statt, als hier zuerst die Ostgoten und dann die Byzantiner herrschten. Ein erster historisch beglaubigter Bischof namens Frugifer datiert erst aus dem frühen 6. Jahrhundert, obgleich im Altar der Kathedrale eine Urne mit den angeblichen Reliquien des heiligen Giusto oder Justus eingemauert ist, was also auf einen Bischof verweist, der rund dreihundert Jahre vorher gelebt hat. Andererseits muß man berücksichtigen, daß alle Nachrichten über die Kirche von Triest nur bis in die Mitte des 5. Jahrhunderts zurückreichen, in die Zeit also nach dem verheerenden Hunneneinfall.
Aber auch später, als Rom, Byzanz, Hunnen und übrigens auch die Langobarden schon längst wieder aus der Stadt verschwunden waren und neue Herrschaftsformen und Herrschaftsstrukturen regierten, als bereits die Bischöfe die Gewalt über Stadt und Territorium ausübten oder Venedig sich des Hafens zu bemächtigen begann oder im Jahre 1382 ein österreichischer Herzog aus der Steiermark, Leopold III., Stadt und Hinterland erwarb und damit für die nächsten Jahrzehnte die Situation scheinbar ordnete... aber auch später war der Triestiner Golf, war die dunkle Küste nicht nur ein Dreh- und Angelpunkt des Handels, sondern zugleich auch ein Bollwerk gegen irgendeinen eingebildeten oder tatsächlichen Feind, der slawisch sein konnte oder venezianisch oder deutsch. Und einmal waren es die berüchtigten Uskoken aus Zengg, dann wieder türkische Vorausabteilungen, die an Triest vorbei in die friaulanischen Länder einfielen, und immer blieb von allen Eroberern und Feinden ein Bruchteil haften, manchmal nur Gefangene oder Sklaven, manchmal aber auch freiwillige Neusiedler, denen es hier

gefiel und die sich einer der zahlreichen Minderheiten anschlossen, die es seit ältesten Tagen in Triest stets gegeben hat. Und als dann im fruchtbaren habsburgischen Zeitalter, also vom frühen 18. Jahrhundert an, die Stadt aufblühte und aus den mehrsprachigen Zuzüglern und verarmten Kleinbürgern allmählich wohlhabende Bürger und Geschäftsleute und stolze Patrizier wurden, da blühte zugleich auch wieder einmal die Opposition auf und wuchs und schwoll zur mächtigen Bewegung an, und wieder standen sich in Triest die feindlichen Lager gegenüber, die von Österreich geförderten Slowenen, die verhaßten Deutschen und die nationalbewußten Italiener. Und was unruhig, bedrohlich fast zweitausend Jahre vorher angefangen hatte, entwickelte sich jetzt zum latenten Kampf, der erst damit aufhören sollte, daß die überquellenden Warenlager nach zwei verrückten Kriegen zusammenschmolzen und der Hafen allmählich verödete. Und es war der Triestiner Stuparich, der einmal resignierend sagte, daß Triest jetzt einem Schwerkranken gleiche, der an Anämie leidet, sich aber mit Schminke und Zierat herrichtet, um ein rosiges und gesundes Aussehen vorzutäuschen.

Das vergessene Land

Es geht ein Totentanz lustig durchs grüne Feld

Lautlos fällt der warme Sommerregen auf die dunkelroten und grünen Landschaften Inneristriens, und während ein paar Stunden später die krachenden Kanonenschläge eines heftigen Gewitters den schwefelfarbenen Himmel zwischen Motovun und Pazin zerreißen, vervielfachen die Zikaden in den vergessenen Ruinen von Dvograd ihr irritierendes Geschrei. Eine riesige schwarze Schlange windet sich aus dem aschfarbenen Gemäuer, das einmal eine ebenso berühmte wie reiche Kirche war, und verschwindet hangabwärts in den Spalten einer verfallenen Stadtmauer, aus der jetzt wilde Feigenbäume wachsen. Einige Kilometer weiter nordöstlich in der ehemaligen Friedhofskirche von Beram, von deren Wänden ein farbenprächtiger Totentanz herabglüht, bewegt der heiße Sommersturm – den die Touristen draußen an der Küste kaum noch wahrnehmen – eine kleine Totenglocke, deren schepperndes Geläut die Skelette, die höfischen Figuren und auch die liebevoll gemalten Heiligen des Meisters Vinzenc aus Kastav auf ihrem unvermeidlichen letzten Weg begleitet. Die schwerverständlichen Sprüche der alten Leute aus Beram, in denen sich heute noch österreichische und venezianische Sprachbrocken mit dem einheimischen kroatischen Dialekt vermischen, berichten vom unvermeidlichen Aberglauben, demnach der Tod bald wieder zuschlägt, wenn sich die kleine Glocke der ehemaligen Friedhofskirche im Wind bewegt. Und daß die Fresken in dieser abseitigen Kirche inzwischen berühmt genug geworden sind, um zumindest in der internationalen Fachliteratur ausführlich erwähnt zu werden, kümmert diese Alten, die in ihrer Jugend noch von österreichischen Landgendarmen und später von den Sonderkommandos der italienischen Faschisten gnadenlos gejagt worden sind, nicht im mindesten. Drüben in Graĉiĉśe, wo früher einmal einige halbaristokratische Bauernfamilien so stolz und stark und auch so hochmütig waren, daß sie in ihren kleinen fürstlichen Palästen auf die venezianischen und habsburgischen Verordnungen und Drohungen keine Rücksicht zu nehmen brauchten, überschüttet der

Regen jetzt die uralten Leichenwagen, in denen sich die reichen Hofbesitzer bis ins vorige Jahrhundert auf den kostbar geschmückten Gottesacker hinausführen ließen, mit einem Trommelfeuer dicker süßer Tropfen. Und an der Ostküste in Labin – dem römischen Labona – rumort es in der Tiefe unter der alten Bergbaustadt, knistert es im Gebälk der Stollen, von denen einige noch aus der Zeit der Venezianer stammen, brechen Sprünge an den leeren Palästen auf, die wie altersdunkle Maulwurfshügel auf dem Berg sitzen, der irgendwann einmal in den nächsten Jahren vollends einstürzen wird. In Pazin aber, im Herzen Istriens und im Schatten des alten ottonischen und späteren habsburgischen Kastells, das seine Rolle als Zwingburg elfhundert Jahre lang perfekt beherrschte und in dessen Gefängnissen die Italiener noch vor einem halben Menschenalter ihre widerspenstigen Gefangenen mit mediterranem Einfallsreichtum zu Tode quälten, in diesem Pazin verschwindet gurgelnd und schäumend das schmutzigbraune Wasser eines unheimlichen Flusses in der Tiefe einer Schlucht, die sich hier tatsächlich wie ein Höllentor auftut und alles zu verschlingen droht, was in ihren gefährlichen Sog gerät. Das Wasser des Flusses dringt jedenfalls erst nach einer langen unterirdischen Wanderung drüben an der Westküste wieder an die Oberfläche und mündet dann in den berühmten Limski-Fjord. Natürlich war Dante auf seiner langen Wanderschaft durch die nordadriatischen Küstenländer auch in dieser Schlucht und erhoffte sich hartnäckig die Inspiration für seine dramatische Beschreibung der Hölle. Vom Elend des einfachen Volkes freilich und von der himmelschreienden Ungerechtigkeit, die ganz alltäglich war und seit damals eigentlich nie aufgehört hat, die Menschen in verschiedene Klassen zu unterteilen, berichtete er nichts.
Draußen an der Küste die maßlos überfüllten Strände! Und hier im lindgrünen und blutroten istrianischen Landesinneren, das wie eine zerschundene Ochsenhaut an den großen Steinkreuzen hängt, die als fromme Wegzeichen quer übers Land stehen, die fast menschenleere Wildnis einer Landschaft, in der seit altersher zuviel gestorben wird. Und vielleicht ist es dieser herbe Geruch nach Tod und Verwesung, nach Armut und Angst, der die Touristen abschreckt, aus ihren bequemen Quartieren an der Küste aufzubrechen und ins Landesinnere vorzudringen? Vielleicht sind es aber

Aquileia: Säulen am Forum

Görz: Blick auf die Kathedrale

Hafen in der Lagune von Marano

Pula (Istrien): Kolosseum

auch nur die mehlfarbenen Staubwolken, die heute noch über so viele Landstraßen und zerfurchten Karrenwegen Inneristriens stehen? So kommt es wahrscheinlich dazu, daß vom Millionenheer, das alljährlich über die goldene Halbinsel hereinbricht, nur eine Handvoll Eingeweihter eine ungefähre Ahnung hat, was sich hinter der grünen Wildnis, die als wuchernder Zaun die Küste vom Hinterland trennt, tatsächlich an Besonderem und vielleicht Einmaligem verbirgt.

Dvograd zum Beispiel liegt nur knapp zwanzig Kilometer landeinwärts von Rovinj mit seinen verwachsenen Steinbrüchen, aus denen sich die Venezianer das Baumaterial für ihren Dogenpalast geholt haben. Und es erinnert an einen kunstvoll errichteten und zugleich verwunschenen Märchenhügel längst gewesener Geschichten, wie es in dieser schmalen Talsenke kauert, die sich als üppig überwachsene Schlucht bis zum Limski-Fjord mit seinen Austernbänken erstreckt. Und während oben auf der Hochebene manchmal die Autos der Touristen auf der asphaltierten Straße das südliche Istrien durchqueren, rasch unterwegs zwischen Rovinj und Opatija, schmilzt unten in den Ruinen von Dvograd die Sonne zu flüssigem Feuer und wächst Macchia gefräßig über die zernarbten und verwitterten Überreste der uralten Stadt, die seit den Tagen der Illyrer und Römer besiedelt gewesen ist. Denn was heute als völlig vergessener und allmählich auch schon zugewachsener Ruinenhügel in dieser langgestreckten Schlucht fast unauffindbar geworden ist, war noch im frühen Mittelalter unter den beiden Namen Moncastello und Parentino hochberühmt, entwickelte sich unaufhaltsam weiter und erhielt im späten Mittelalter als Stadt den bezeichnenden Namen Duecastelli, der sich auf die beiden Festungen bezog, welche die Hügelstadt beherrschten. Die mächtigen Patriarchen von Aquileia besaßen in diesem Duecastelli selbstverständlich nicht nur einen ihrer wichtigsten, sondern zugleich auch südlichsten Stützpunkt, und auch die Venezianer wußten die Bedeutung dieser stark befestigten Handelsstadt durchaus zu schätzen. Aber als dann anfangs des 17. Jahrhunderts die Überfälle der räuberischen Uskoken aus Zengg, die von der nordkroatischen Küste aus ihre einträglichen Piratenzüge bis ins Landesinnere von Istrien und damit auf die venezianische *terra ferma* ausdehnten, unerträglich wurden, und im Jahre 1630 auch die Pest, die zuvor ganz Istrien heimgesucht hatte, ausgerechnet im reichen Duecastelli nicht zu besänftigen war, verließen die letzten überlebenden Einwohner fluchtartig die Schlucht und siedelten sich oben auf der Hochebene an, wo sie das kleine Dorf Kanfanar gründeten. Und weil es brave fromme Katholiken waren, schleppten sie die kostbarste der Kirchenkanzeln hinauf nach Kanfanar und bauten rund um sie herum eine neue Kirche.

Die alte Stadt aber, umgeben von mächtigen Mauern und berühmt durch ihre kostbar ausgestatteten Kirchen, die zum Teil aus frühchristlichen Basiliken hervorgegangen sind, weithin bekannt auch durch eine einflußreiche Benediktinerabtei, die noch im 10. Jahrhundert gegründet worden war, diese unglückliche und von ihren Bewohnern verlassene Stadt fiel wie von Geisterhand berührt in einen jahrhundertelangen Schlaf. Die Häuser verfielen, die berühmten Kirchen stürzten ein, die ehemals leuchtenden Farben der Fresken erloschen unter der sengenden Sonne, und bald vergaß man in Istrien, daß es hier einmal eine große und blühende Gemeinde gegeben hatte. Heute hält nur noch eine kleine verwahrloste Friedhofskirche inmitten einiger frischaufgeworfener Grabhügel so etwas wie eine Verbindung mit dem Leben aufrecht, was immerhin seltsam anmutet, denn die gelegentlichen Leichenbegängnisse, bei denen ein Dutzend schwarzgekleideter Frauen und die unvermeidlichen Totengräber für ein paar Viertelstunden wie lebende Gespenster auftreten, sind ein schauerliches Echo auf die erloschene Existenz von Duecastelli oder Dvograd.

Aber während dieses unbekannte Dvograd vielleicht wirklich kaum viel mehr als ein halbverwischtes Spiegelbild großer istrianischer und damit auch venezianischer Vergangenheit ist, aus der sich freilich unschwer neben allen kunsthistorischen Attraktionen eine bittere und feindselige Wirklichkeit herauslesen läßt, kann man in Pazin, das die geographische und in mancher Hinsicht fraglos auch die ideologische Mitte Istriens darstellt, eine tausendjährige Leidensgeschichte des istrianischen Volkes im Umkreis von einigen wenigen uralten Häusern, die heute noch gegen alle Vernunft bewohnt sind, erschreckend genau nachvollziehen. Wohl nicht zufällig hat nach Dante in unserem Jahrhundert der berühmte kroatische Dichter Vladimir Nazor menschliches Martyrium und nutzlose Opferbereitschaft im düsteren Kastell von Pazin angesiedelt, als er seinen erschütternden Roman »Blutige Tage« schrieb, und hat sich schließlich auch Jules Verne zu einem heute längst schon wieder vergessenen Roman inspirieren lassen, als er dieses Kastell und seine dramatische Umgebung auf einer seiner Reisen zufällig entdeckte. Denn das römische Castrum Pisini, das die Venezianer und später natürlich auch die Italiener Pisino genannt haben und dessen deutscher Name – nämlich Mitterburg oder Mittenburg – heute wie so vieles andere spurlos verschollen ist, war immer schon ein bevorzugter Schauplatz für diese erbärmlichen Tragödien, die den völlig rechtlosen, sorgfältig ausgebeuteten und nach Belieben gepeinigten istrianischen Bauern zugemutet worden sind. Allein schon die historische Biographie dieser uralten Stadt, ablesbar am wuchtigen Kastell und an den gleichermaßen romantischen wie trostlosen Häusern zu Füßen der Burg, die zum überwiegenden Teil noch aus dem 15. Jahrhundert stammen, demonstriert ein gesellschaftspolitisches Rollenspiel, das man sich in dieser Form heute kaum noch vorstellen mag. Es begann mit einer Schenkungsurkunde des frommen deutschen Kaisers Otto II. im Jahre 983, in welcher das Kastell in den Besitz der Bischöfe von Parenzo übertragen wurde, was nichts anderes bedeutete, als daß die Patriarchen von Aquileia ihre Hand auf dieses wehrhafte Castrum Pisini legten. Rund dreihundert Jahre später gründet ein österreichischer Graf namens Meinhard von Schwarzenburg die Grafschaft von Pazin, die damals bereits aus einleuchtenden geographischen Gründen Mittenburg genannt wird. Dann übernehmen die österreichischen Grafen von Görz diesen beträchtlichen Besitz, an dem freilich vor allem die mächtigen Mauern der Burg und die kostenlose Arbeitskraft der Leibeigenen besonders interessant gewesen sein mögen, und vererben ihn den Habsburgern, die ihn wiederum als Feudalgut verschiedenen prominenten österreichischen Familien verleihen, von denen die letzte und wohl auch bedeutendste – im Jahre 1766 – die Familie Montecuccoli war.

Das alles gehört genau so zu dieser istrianischen Stadtbiographie wie die Tatsache, daß dieses verarmte und verwahrloste Mittenburg oder Mitterburg zwischen 1825 und 1861 immerhin der Sitz der österreichischen Verwaltung für ganz Istrien war, und daß ausgerechnet hier 1899 die verhaßten Österreicher unter dem Druck des immer wieder entflammten

Nationalitätenstreites, bei dem man die bodenständigen kroatischen Bauern gegen die zugewanderte italienische Beamtenschaft ausspielte, das erste kroatische Gymnasium Istriens eröffneten. Aber auch der verzweifelte Bauernaufstand von 1571, als ungefähr zweitausend Familien, deren tatsächliche Lebensumstände auch durch die sorgfältig zusammengetragenen Schaustücke im Museum der Burg nicht einmal annähernd verdeutlicht werden können, sich gegen die weltliche und kirchliche Herrschaft erhoben ... auch dieser Aufstand also, der zu den blutigsten, grausamsten und verlustreichsten proletarischen Revolutionen der ganzen nördlichen Adria zählte, ist heute längst schon wieder in Vergessenheit geraten. Dabei übernahmen damals gerade die halbverhungerten und hoffnungslos analphabetischen kroatischen Priester die Rolle der wütenden Agitatoren, tatkräftig unterstützt von den Bauern aus Graĉiĉşe, die ihren merkwürdigen Bauernadel noch auf das spätrömische und aquileianische Zeitalter zurückdatierten. Es war ein Aufstand, bei dem es nicht nur um vordergründige soziale Probleme ging, sondern auch erstmals in Istrien um eine gewaltsame Klärung der nationalen Frage, was künftig natürlich sowohl von den Venezianern als auch von den Habsburgern aus guten Gründen hartnäckig ignoriert wurde. Den vorläufigen Abschluß dieses unaufhörlichen Totentanzes bildeten dann die politisch motivierten Grausamkeiten der italienischen Okkupatoren, die 1918 die Herrschaft der Österreicher ablösten und die allein im Kastell von Pazin mehr als dreihundert kroatische Nationalisten in sogenannter Schutzhaft hielten. Die Leichen derjenigen Opfer, die diese Schutzhaft nicht überlebten, wurden ausnahmslos in der von Dante leidenschaftlich beschriebenen Schlucht heimlich verscharrt. Und schließlich sollte man auch die nicht minder blutigen Vergeltungsmaßnahmen der kommunistischen Partisanen keinesfalls verschweigen, die nach 1945 drastisch beweisen konnten, was sie in einer mehr als tausendjährigen Fremdherrschaft an Barbarei und Sadismus gelernt hatten.

Man steht am Rand der Schlucht, in deren steinigem Bauch diese kleine unglückliche Stadt wie geschmolzenes Wachs liegt, sepiabraun, weichselfarben und ocker, die vielen Jahre der Unzumutbarkeit wie eine Handvoll Staub und das Blut der schuldlosen Opfer längst eingetrocknet und durch salbungsvolle lateinische Litaneien, martialische österreichische Flüche und italienische Hysterie hinweggewischt, man steht am Rand der Schlucht und blickt erstaunt auf eine Altstadt, deren wurmzerfressenes Holz und deren abenteuerlich anmutende Architektur die elenden Geschichten verbergen, die eigentlich bis auf den heutigen Tag nicht aufgehört haben. Denn natürlich gibt es hier in einer Pfarrkirche, die aus der Mitte des 13. Jahrhunderts stammt, sehenswerte gotische Wandmalereien und glagolitische Handschriften, natürlich werden Kunstliebhaber rasch begreifen, daß allein schon das schreckliche Kastell, dessen älteste Teile im 9. Jahrhundert entstanden sind, unbedingt einen Abstecher von der Küste ins Landesinnere lohnt, weil es tatsächlich die besterhaltene mittelalterliche Burg der ganzen istrianischen Halbinsel bis hinauf nach Triest und Duino ist, und natürlich mag es reizvoll oder vielleicht sogar faszinierend sein, durch eine bei aller scheinbaren Lebendigkeit letztlich doch abgestorbene Welt zu wandern, die bis auf die hölzernen Nägel im fünfhundertjährigen Dachsparren und bis aufs rostrote Mauerwerk und bis auf die marmorverkleideten venezianischen Ziehbrunnen in den dunklen Hinterhöfen noch wahrheitsgetreu ein historisch ungemein reizvolles Zeitalter widerspiegelt. Aber die ganze Wahrheit über das sogenannte einfache Leben in diesem istrianischen Herzstück ist das alles freilich nicht! Die Wahrheit verbirgt sich auf den überfüllten langobardischen, byzantinischen und kroatischen Friedhöfen, klammert sich an die blutrote, zinnoberrote und himbeerfarbene Erde, aus der das scharfe Grün des Weinlaubs und das saftige Gelb des Ginsters hervorbricht, die Wahrheit liegt auf den archaischen Gerätschaften der Bauern – für die auch im sozialistisch fortschrittlichen Jugoslawien der Traktor gelegentlich ein unerfüllbarer Traum sein kann – und im erbärmlichen Einkommensverhältnis, das die Ströme vergossenen Blutes bis auf den heutigen Tag nur groschenweise honoriert. Manchmal, wenn man den braunroten und seltsam erdig schmeckenden, herben Landwein trinkt, hat man das beklemmende Gefühl, etwas vom Blutschweiß und der Todesfurcht dieser Menschen hier gekostet zu haben. Und wohl nicht zufällig erinnert man sich im nahen Motovun, das wie so viele andere istrianische Bauernstände buchstäblich wie ein Adlerhorst auf der Spitze eines steil abfallenden Hügels thront,

auch jetzt noch an einen Mann namens *Veli Jože*, was soviel wie *Riesiger Josef* bedeutet, der ein simpler Bauernknecht gewesen sein muß, bis er sich einmal seiner enormen Körperkräfte bewußt wurde und den Wehrturm von Motovun verzweifelt in seine gewaltigen Arme nahm und so lange schüttelte, bis der Turm rissig und windschief wurde. Und das ist er auch heute noch. Später dann wurde dieser Rebell, der sich vergeblich gegen die fremde Vorherrschaft und Ausbeutung in seiner Heimat aufgelehnt hatte, in einer nahen Schlucht in zwei Eisenringe gehängt, die man jetzt noch sehen kann, und langsam zu Tode gefoltert.
Es ist daher wahrscheinlich nur folgerichtig, wenn man – nach den Ruinen von Dvograd und der lautlosen Erschütterung durch die vielen Erinnerungen in der Altstadt von Pazin – die im grünen Dschungel Inneristriens abseits gelegene Kirche Sveti Maria na Ŝkrinilah unweit von Beram aufsucht, um etwas über dieses Volk zu erfahren, das seit so vielen Jahrhunderten unauffällig und scheinbar verstummt in einer merkwürdigen Anonymität verharrt, die freilich immer auch ein Schutz gewesen sein mag gegen alle feindlichen Einflüsse, die von den offenen Küsten gekommen sind. Und gerade weil dieses namenlose istrianische Volk in seinen weithin unbekannten Fresken und Totentänzen sich am eindringlichsten artikuliert hat und diese farbigen Bildinhalte seit dem späten Mittelalter bis hinauf nach dem slowenisch-istrianischen Hrastovlje quer durch das Innere Istriens eine suggestive Erzählspur hinterlassen haben, die alles über die naive und doch ergreifende Vorstellungskraft der Menschen in diesem Land berichtet, ist die kleine Kirche von Sveti Maria na Ŝkrinilah einer der faszinierenden Höhepunkte dieser auch heute noch vielfach vergessenen europäischen Kulturlandschaft.
Sveti Maria na Ŝkrinilah heißt nichts anderes als *Maria in den Felsen* und führt angeblich auf eine mythische Marienerscheinung vor mehr als einem Jahrtausend zurück. Der schmale, langgestreckte und geduckte Kirchenbau – noch von den Österreichern anfangs dieses Jahrhunderts restauriert – liegt auf einer kleinen Anhöhe gegenüber dem uralten Dorf Beram mit seiner überraschend geräumigen Pfarrkirche aus der Mitte des 15. Jahrhunderts und dem Geburtshaus Vladimir Gortans, der einer der legendärsten kroatischen Widerstandskämpfer in der Zeit der italienischen Besetzung anfangs

der zwanziger Jahre war und 1929 unweit von hier auch erschossen wurde. Solche Geschichten verdeutlichen schon den bizarren und tragischen Hintergrund, vor dem die inzwischen allmählich bekannt werdenden Fresken in der bescheidenen Muttergotteskirche zu verstehen sind, denn als ein gewisser Vinzenz aus dem früher einmal bedeutenden Kastav oberhalb von Fiume (Rijeka) 1474 den keineswegs ungewöhnlichen Auftrag übernahm, die mitunter schwerverständlichen Inhalte der Bibel auf eine Weise zu illustrieren, daß sie auch von den istrianischen Analphabeten verstanden werden konnten, da bediente sich dieser Maler aus Kastav ganz einfach der abenteuerlichen und gewalttätigen Wirklichkeit seiner Heimat, um die allegorischen Bildinhalte allgemein begreifbar zu machen. Sein Sündenfall, sein erschütternder Totentanz, seine Darstellungen aus dem Heiligen- und Marienleben spielen daher auch in den istrianischen Bauerndörfern und auf den Zwingburgen Inneristriens. Sie handeln ausnahmslos von seinen Zeitgenossen und natürlich von der genießerischen Gerechtigkeit eines umherwandernden Todes, der in zahlreichen fröhlich beschwingten Skeletten auftritt und vom Papst bis zum König und auch den verhaßten fremden Soldaten oder den mit seinem Weinfaß hervorragend dargestellten Gastwirt alle fürsorglich heimsucht. Ein Akt utopischer Gerechtigkeit wird hier beschrieben, denn nur der von vielen Herren bevormundete und geschundene Bauer fehlt in dieser farbig und kompositorisch ungemein ausdrucksstarken Aufzählung, was man unschwer als Reverenz fürs ewig anonyme und unterdrückte Volk betrachten kann.
Im übrigen wird man fast als sicher annehmen dürfen, daß auch dieser großartige Totentanz und diese Fresken von Beram – motiviert durch die Kriege und Epidemien jener Zeit – wie fast alle anderen Wandbilder Istriens von einem dieser Bauernpriester in Auftrag gegeben worden sind, die mit Nöten und Sehnsüchten des Volkes vertraut waren und die auch seine wortgewaltigen Anführer waren bei zahlreichen lokalen Bauernaufständen. So versteht man vielleicht angesichts der farbigen Leuchtspur an den Kirchenwänden von Beram und anderswo diesen langen und grausamen Leidensweg einer tatsächlich einmal schweigenden Mehrheit, die sich Totentänze aufzeichnen ließ, um darin das Treiben einer verrückt gewordenen Welt entdecken zu können.

Die Steine von Pula

Immer wenn früher einmal in einer patriotischen altösterreichischen oder italienischen Familie von dieser Stadt die Rede war, hieß es *»der wichtige Hafen, die strategische Lage, die feschen Offiziere«*, und es flossen die Legenden, die man sich in den bürgerlichen Häusern des alten Österreich und des alten Italien beinahe emphatisch erzählte, wie zäher Leim über eine häßliche Wirklichkeit hinweg, die durch slowenischen und dalmatinischen Dienstbotentratsch hüben wie drüben der Adria gleichsam als trüber Bodensatz dieses ganzen Patriotismus liegenblieb. Denn worüber in den gutbürgerlichen Familien Wiens und Roms nie gesprochen wurde, das stieg wie ein übles Gerücht aus der Tiefe der Dienstbotenzimmer und Hausmeisterwohnungen empor, wo man so seltsame Angehörige hatte (Gatten, Brüder und Väter), die in Pola nicht nur dienten und schufteten, sondern gelegentlich auch streikten und meuterten oder die, wenn sie einmal einen kurzen Heimaturlaub zugesprochen erhielten, eigenartige Geschichten erzählten, die mit den schönen Bildern, die man sich offiziell von Pola machte, nichts zu tun hatten. Es muß ein ganzes Zeitalter lang buchstäblich so gewesen sein, als hätte es da unten an der Südküste Istriens zwei Städte mit dem gleichen Namen gegeben, die aber beide nicht die mindeste Ähnlichkeit miteinander aufwiesen. Ein ganzes Zeitalter lang, das bis in die niederdrückenden Jahre der italienischen Okkupation andauerte, schaute man sozusagen aus den verschiedenen Etagen und auch aus den verschiedenen Provinzen mit sehr unterschiedlichen Gefühlen auf diese alte Hafenstadt, die kurioserweise als Hafen ziemlich jung und als Stadt uralt war. Während zuerst in den altösterreichischen und später auch in den italienischen Zeitungen der Name Polas immer mit einem triumphalen heroischen Unterton gedruckt wurde, zuckten die Istrianer, denen diese janusköpfige Stadt eigentlich immer gehört hatte, nur wortlos die Achseln und versahen schweigend ihren Dienst auf den Kriegsschiffen und in den Bastionen und auf den Werften, die eine Ewigkeit lang fremden Eroberern gehörten. Denn sie

besaßen keine Zeitungen, in denen ihre Meinung oder auch nur das dumpfe Gefühl der Niederlage, von dem sie wie von einer Krankheit befallen waren, veröffentlicht werden konnte.
Manchmal wurde in Wien oder später auch in Rom eine Statistik veröffentlicht, in der hartnäckig und vielleicht sogar mit einem drohenden Unterton behauptet wurde, daß Pola selbstverständlich eine *deutsche* oder eine *italienische* Stadt sei, weil die Mehrheit der Bevölkerung sich der deutschen oder der italienischen Sache annehme. Die Tatsache, daß die Männer auf den Schiffen und in den Bastionen und auf den Werften kroatisch oder slowenisch redeten und daß es neben der allmächtigen Beamtenschaft und dem Offiziersklüngel eine überwältigende Mehrheit gab, die einen ganz eigenartigen und dabei unmißverständlich bodenständigen istrianischen Dialekt sprach, der weder mit dem Italienischen noch mit dem Deutschen sehr viel zu tun hatte, diese Tatsache übersah man großzügig. Man redete offiziell von einem kulturellen Sendungsbewußtsein und von strategischen Notwendigkeiten und daß im Schatten der römischen Ruinen jetzt ein neues Zeitalter beginnen würde, und die Österreicher haben dann auch ein paar Jahrzehnte lang alle Anstrengungen unternommen, um aus der verarmten und auch verwahrlosten Stadt wenigstens ein militärisches Zentrum zu machen, aber im Grunde änderte sich in dieser südlichsten Stadt Istriens, auf die einmal der spröde Glanz römischer Machtentfaltung gefallen war, absolut nichts. Das Meer schmolz hinter den dunklen Föhren. Kleine Fjorde lagen wie kobaltblaue Tropfen in den tiefeingeschnittenen Granitbuchten. Und manchmal hing zwischen zwei staubigen Zypressen ein sehr ferner und sehr blauer Himmel und glühte wie von innen heraus.
Über Pola aber flog ein Jahrhundert voll Musik hinweg! Zuerst waren es die einschmeichelnden österreichischen Militärmusiken, die alle so erstaunlich zivil waren und bei denen man häufig das Gefühl hatte, daß die Panzerkreuzer im Hafen und die Geschütztürme auf den graugefleckten Felsen oberhalb der Stadt nur Versatzstücke für einen Ballsaal wären, später spielten die Italiener unter den schattigen Plantagen und im Widerschein der längst schon verfallenden römischen Arena auf eine so sonderbare Weise auf, daß man glauben

mochte, der Triumphmarsch aus Aida hätte jeden zweiten Abend Premiere. Es war eine Art der musikalischen Kolonialisierung, die anscheinend nur aus gefühlvollen Walzern und pathetischen Märschen bestand und die doch – wenigstens vorübergehend – ihren tödlichen Zweck erreichte. Denn wenn es nach den ungeduldigen Patrioten in Wien und in Rom gegangen wäre, dann hätte Pola nur die eine Aufgabe gehabt, den unstillbaren Hunger nach Heldenruhm beider Nationen zumindest ansatzweise zu befriedigen. Man war in Pola zu dem ausschließlichen Zweck stationiert, um Heldentaten zu vollbringen. Und man verließ Pola nur, wenn eine begründete Chance bestand, die Ehre des Vaterlandes hochzuhalten. Das Vordringen eines italienischen Unterseebootes bis in den Hafen oder martialische österreichische Flottenparaden lösten jeweils Begeisterungsstürme aus, und das unverständliche Gemurmel in den Zwischendecks und Hausmeisterwohnungen und Dienstbotenzimmern nahm man ohnedies nicht zur Kenntnis.
Aber hat man es jemals zur Kenntnis genommen? Und sich auch nur einmal in der mehr als zweitausendjährigen Geschichte dieser unglücklichen Stadt ernsthaft gefragt, wem sie eigentlich gehörten und nach welchem bodenständigen Recht die Mehrheit der Menschen, die hier lebten, zu verfahren hätten? War man auch nur ein einziges Mal in Wien, Rom, Venedig, Aquileia oder jetzt sogar in Belgrad damit einverstanden, den Bewohnern dieser Stadt so etwas wie eine geistige, ideelle Autonomie zu gewähren?
Wem gehört also Pola – oder Pula, wie es heute heißt – allein schon im Zusammenhang mit seiner historischen Entwicklung? Welche uralten und wie selbstverständlich gewachsenen Rechte und Pflichten lassen sich aus dieser Entwicklung wirklich erklären? Die geschichtlichen Details sind im Handumdrehen aufgezählt, sofern man auch heute noch die naive Auffassung vertritt, daß eine Stadt, eine Landschaft selbstverständlich dessen Eigentum sei, der lange genug darin gesiedelt habe!
Es begann mit einer illyrischen Wallburg irgendwann im fünften vorchristlichen Jahrhundert, wobei man den Standort dieser Wallburg ganz genau bestimmen kann: Sie befand sich auf dem zentralen Stadthügel, auf dem jetzt noch die Überreste eines venezianischen Kastells stehen, das wiederum auf

römischen Fundamenten errichtet worden ist. Und nur ein paar Kilometer außerhalb der Stadt – und zwar in der Nähe des Dorfes Valtura – existierte eine illyrische Gemeinde, die von den Römern *»Nesactium«* genannt und von ihnen bereits 177 vor Christus zerstört und später unter Kaiser Augustus wieder erbaut wurde, bis schließlich irgendwann im 6. und 7. Jahrhundert und nach den vernichtenden Einfällen der Slawen und Awaren dieses *»Nesactium«* endgültig vom Erdboden verschwand. Im übrigen gibt es auch eine Legende, die ernsthaft behauptet, daß Pola lange vor den Römern und Illyrern gegründet worden sein soll, und zwar von den unglücklichen Argonauten, die nach ihrem dramatischen Abenteuer in Kolchis im Verlauf ihrer langen Flucht sich auch an dieser Küste aufgehalten haben. Diese Legende beruft sich wahrscheinlich auf die Anwesenheit griechischer Siedler in Istrien. Historisch einwandfrei nachgewiesen ist die Gründung einer römischen Ansiedlung namens *Colonia Iulia Polentia Herculanea* in der Zeit zwischen 44 und 31 vor Christus, wobei diese Kolonie bereits zur Zeit des Kaisers Augustus munizipale Rechte und den Namen *Pietas Iulia* erhielt, aus dem dann im Verlauf der Zeit Pola wurde. Und nachdem Pola als administratives Zentrum für das ganze römische Istrien einen gewissen Wert besaß, wurde es auch durch eine Reihe von monumentalen und repräsentativen Bauten ausgezeichnet, die heute noch beeindrucken. In diesem Zusammenhang muß man allerdings erwähnen, daß die kolossale Arena von Pola wahrscheinlich nur deshalb so außerordentlich ausgestattet wurde, weil Kaiser Vespasian seiner Geliebten – sie hieß Cenida und stammte aus Istrien, möglicherweise sogar aus Pola – gefällig sein wollte und den ursprünglich wesentlich bescheideneren und rustikaleren Bau vergrößern ließ. Auf diese Weise wurde an diesem ungewöhnlichen Amphitheater rund hundert Jahre lang gearbeitet, denn der Grundstein dazu war im Jahre 30 vor Christus gelegt worden, während erst im Jahre 72 nach Christus die endgültige Fertigstellung gefeiert werden konnte.

Es begann also wie jede andere abwechslungsreiche Biographie: legendäre Zusammenhänge mit den Argonauten, die verwischten Spuren griechischer Siedler, natürlich Illyrer, natürlich Römer, dann – nach einem ostgotischen Intermezzo – im Jahre 544 die Landung des berühmten byzantinischen

Feldherrn Belisar, der von Pola aus ganz Istrien erobert und es dem Exarchat von Ravenna unterstellt, wobei Pola zum Bischofssitz und zum Zentrum der byzantinischen Zivil- und Militärverwaltung Istriens avanciert. Die nächsten Herren sind die Franken und einige lokale Feudalherren, es fluten Slawen und Awaren über das Land, und das ganze 12. Jahrhundert ist gekennzeichnet von ebenso wütenden wie blutigen Kämpfen der beiden Familien Sergio und Gionatassi, die beide durch einen permanenten Bürgerkrieg die Vorherrschaft in der Stadt erringen wollen. Dieser Wahnsinn endet mit der Vertreibung der Sergio, bringt aber auch den Gionatassi kein Glück, denn Pola kommt 1230 in den Besitz des Patriarchen von Aquileia, wird dabei immer häufiger und immer heftiger von den Venezianern angegriffen und auch weidlich ausgeplündert, bis man sich sozusagen freiwillig unter den Schutz des übermächtigen Venedig stellt. Im 16. und 17. Jahrhundert fielen dann Malaria und Pest über die ohnedies schon verwüstete und verzweifelt arme Stadt her, an deren große Vergangenheit nur noch diese römischen Ruinen erinnern, die freilich längst den in solchen Dingen ungemein praktischen Venezianern als kostenloser und wertvoller Steinbruch dienten. Denn die prachtvollen Marmorsitze aus dem Amphitheater waren zum Beispiel bald nach der Einnahme der Stadt durch die Venezianer nach Venedig gebracht worden, und auch in den folgenden Jahrhunderten haben die Venezianer alles Brauchbare in ihre Stadt geschleppt. Es existierte einige Jahre lang sogar der merkwürdige Plan, das ganze römische Amphitheater abzureißen und in der Lagunenstadt wieder aufzubauen, und es war nur der Initiative eines venezianischen Senators namens Emo zu verdanken, daß dieser Plan wieder aufgegeben wurde. Heute erinnert eine Gedenktafel am Amphitheater an dieses kuriose Zwischenspiel, das im Jahre 1583 stattgefunden hatte. Die Säulen eines anderen römischen Theaters allerdings – es war das *Theatrum Iuliae* – verwendete man beim Bau der Bibliothek von San Marco und der weltberühmten Kirche Santa Maria della Salute. Auch eine ehemals byzantinische Basilika aus dem 6. Jahrhundert wurde von den Venezianern gründlich demoliert. Die wertvollsten Überreste davon sind dann beim Bau von San Marco verwendet worden. Aber auch mit anderen berühmten Bauwerken ihrer Stadt haben die Leute von Pola kein Glück gehabt. Den sehenswerten Tempel des Augustus, der heute neben dem mehr als sechshundertjährigen Rathaus steht, verwandelten die frommen Byzantiner in eine Kirche, die ebenso zynischen wie lebenslustigen Venezianer in ein Theater, und die nüchternen Österreicher machten daraus schließlich einen Getreidespeicher. Selbst eine der größten römischen Nekropolen des ganzen nördlichen Adriaraumes, die sich vor dem alten Pola befand und die noch von Dante, dessen Reiselust beträchtlich gewesen sein muß, aufgesucht und dann im 9. Gesang seiner ›Göttlichen Komödie‹ beschrieben worden ist, wurde von den gründlichen Venezianern ausgeplündert. Die schönsten und wertvollsten Sarkophage stehen heute nämlich in den venezianischen Museen.

Wahrscheinlich hat man in Pola, wo man ebenso apathisch wie ohnmächtig die jahrhundertelange Ausbeutung durch Venedig ertragen hatte, den Anbruch der österreichischen Ära mit einem gewissen Optimismus begrüßt. Und tatsächlich haben die Österreicher die verwahrloste und hoffnungslos unterentwickelte Stadt zumindest militärisch aufgewertet, indem sie hier 1848 einen Stützpunkt der Marine einrichteten und 1866 Pola zum Haupthafen der Kriegsmarine machten. Sogar die in allen nationalen Fragen ungemein empfindsamen Jugoslawen geben heute umumwunden zu, daß Polas Entwicklung als moderne Hafenstadt erst mit den Österreichern eingesetzt habe, eine Entwicklung, die freilich nach dem Ersten Weltkrieg, als Italien sich ganz Istriens und damit auch Polas bemächtigte, wieder stagnierte.

Heute wirkt Pola wie eine große Bühne, über die ein melancholischer Vorhang zur Hälfte heruntergefallen ist und auf der nur noch das indifferente Licht eines langsam verlöschenden Zeitalters die Kulissen ungenügend beleuchtet. Einige römische Sarkophage und Säulen denunzieren in ihrer malerischen Unordnung die glatte Ordnung, in die man den kolossalen Bau der römischen Arena gezwungen hat. Und nicht nur die Tatsache, daß dieses Amphitheater und Wahrzeichen der Stadt jetzt als Freiluftbühne für utopische Filme und folkloristische Veranstaltungen dient, verrät die allzu glatte Zweckmäßigkeit, die man allen diesen Überresten aus einer großen Epoche beharrlich aufzwingt. In den leergefegten Gassen der Altstadt hinter der Porta Herculea und dem

Triumphbogen der Sergier wölben sich zwar noch die kleinen romantischen Balkone und Balustraden mit ihren sorgfältig gearbeiteten schmiedeeisernen Gittern und den roten Explosionen dekorativer Blumen über die versunkene Pracht eines Zeitalters, das inzwischen nicht einmal mehr als Hintergrund für bürgerliche Idylle nützlich sein kann, aber auf manchen Plätzen und in manchen Augenblicken muten alle herabgewohnten Paläste und altersgrauen Säulen und schattigen Durchschlüpfe und Gassenfluchten und verwinkelten Treppen immer noch wie theatralische Dekorationen an, die an die schauerlichen Auftritte jener maßlos miteinander verfeindeten Familien Gionatassi und Sergio erinnern, die vor rund achthundert Jahren auf eine Weise um die Vorherrschaft in der Stadt gekämpft haben, daß man fast zwangsläufig an das Verona Shakespeares erinnert wird. Diese Schauplätze, die freilich im Gegensatz zum berühmteren und dem internationalen Reisepublikum zugänglicheren Verona verborgen bleiben, entziehen sich auch hartnäckig den Einflüssen einer sogenannten fortschrittlichen Entwicklung, die zumeist vom Hafen und den Kasernen und anderen militärischen Verwaltungsbauten ausgeht. Denn das vor allem ist das tragische Schicksal dieser Stadt, daß sie sich nicht selbst darstellen kann, nicht authentisch sein darf, nicht mediterran und sinnlich auf diese besondere Weise, in der das jahrtausendealte kulturelle und mythische Erbe durchschimmern könnte. Denn es ist für die unerläßliche Selbstdarstellung dieser jetzt allmählich in Melancholie versinkenden Stadt wahrscheinlich zu wenig, daß heute im jugoslawischen Pula nur die Erinnerung an den 28. Oktober 1918 ebenso feierlich wie ideologisch aufwendig begangen wird, an diesem Tag, da hier ein erster Nationalrat die politische Herrschaft in der österreichischen Stadt übernahm und sie gleichsam mit anderthalbtausendjähriger Verspätung wieder zu slawisieren versuchte, während auf den österreichisch-ungarischen Kriegsschiffen jugoslawische Marinekomitees organisiert wurden. Dieses nationale Zwischenspiel, das bei einem glücklicheren Ausgang vielleicht das wortlose und resignierende Achselzucken der seit ewigen Zeiten ansässigen Kroaten beendet hätte, endete wenige Wochen später, als am 15. November 1918 italienische Truppen lärmend und selbstbewußt von der Hafenstadt Besitz ergriffen. Und mancher Patriot, der schon

von einer Angliederung ans Königreich der Südslawen geträumt hatte, erinnerte sich jetzt wieder an die lange bittere Kadenz der venezianischen Besetzung, die aus dem einstmals blühenden römischen *Pietas Iulia* eine farblose und rechtlose Kolonie gemacht hatte.
Pula heute: Das vermittelt den ein wenig törichten und zugleich auch fröstelnden Eindruck, als ob alles einen Schritt hinter der Wirklichkeit stünde. An den Rändern wächst die Stadt zwar üppig empor, verändert sie ihr Aussehen durch riesige Wohnanlagen, wie sie jetzt überall in Europa zu monotonen Schlafstädten zusammenwachsen, und auf dem nahen Militärflugplatz landen pünktlich Chartermaschinen aus Wien und München und Amsterdam, und auch die unvermeidlichen Touristenhotels und Campingplätze bis hinunter nach Medulin und Premantura signalisieren Fortschritt und pulsierendes Leben, aber die doppelbödige Wahrheit dieser Stadt schlummert wohl immer noch in den römischen Steinen und in den venezianischen Mauern und in den österreichischen Überresten, und immer noch wehen Fetzen dieser längst verwehten und verdorbenen Musik, die von fremden Eroberern so hartnäckig gespielt worden ist, über die alten Gassen und Plätze, die noch nach einer uralten Ordnung ausgerichtet sind. Denn die Struktur der vorgeschichtlichen Siedlung – waren es nun diese unglücklichen Argonauten, waren es erste griechische Siedler oder vielleicht doch nur die illyrischen Ureinwohner? – blieb in dem späteren römischen und mittelalterlichen und selbst noch im neuzeitlichen Grundriß der alten Stadtteile erhalten. Die Römer hatten das bereits bestehende System der vorgeschichtlichen Befestigungsanlagen nur zu erneuern und zu erweitern brauchen. Die kleine Anhöhe, auf der sich das Zentrum der antiken Siedlung befand, bildete dabei eine abgesonderte und natürlich befestigte Einheit. Im Mittelalter wiederum brauchten nur die Stadtmauern verstärkt zu werden. Zugleich wurden einzelne römische Tempel in christliche Kirchen umgebaut. Und im 13. Jahrhundert schließlich wurde auf dem Stadthügel von den Venezianern auf den Ruinen römischer Kultanlagen ein Kastell errichtet. Innerhalb gewisser Grenzen war also die Entwicklung sozusagen vorgezeichnet. Das vorgeschichtliche, das römische und byzantinische, das venezianische und zuletzt auch das öster-

reichische Pola bildeten ein intaktes Kontinuum, das erst in den letzten Jahren entscheidend durchbrochen wurde.
Jetzt verbringen die jungen Männer, die auf den jugoslawischen Kriegsschiffen ihre Militärdienstzeit ableisten, manchmal an den langen Sommerabenden mit diesem trügerischen Zwielicht der untergehenden Sonne, die sanft erlöschend auf die alten honigfarbenen Mauern fällt, ihre kärgliche Freizeit im Kreis ihrer besorgten Familien, die aus allen Teilen des Landes kommen und mit prüfenden Blicken die jungen schmalen Körper und die eckigen und fremdgewordenen Gesichter betrachten. Manchmal begegnet man einem dieser jungen Matrosen am Morgen in den weitläufigen Hallen des Rivierahotels, das seit den Österreichern schon seine seltsame Funktion erfüllt. Junge Frauen sitzen mit leeren Augen am Frühstückstisch neben diesen Matrosen, die in ihren strahlenden Uniformen wie Fremdkörper wirken. Die Mauern des Hotels knistern. Von draußen dringen Verschubgeräusche herein. Irgendwann zerreißt das Aufheulen einer Schiffssirene die fast atemlose Stille. War es vor fünfzig, vor hundert Jahren anders? In den kleinen Wirtshäusern am Rand der verwinkelten Altstadt starren die Familien erstaunt auf ihre herangewachsenen und plötzlich erwachsen gewordenen Söhne. Hier im massiven und immer ein wenig leer und unheimlich anmutenden Hotel tropft die Zeit herausfordernd in die verzweifelte Intimität dieser Liebespaare, deren Hilflosigkeit etwas Rührendes hat. Man vergißt in solchen Augenblicken, daß Pula eigentlich eine Militärstadt ist, daß unter dem grünen Dach der Platanen, Akazien und Mittelmeereichen das Blauweiß der Matrosen und das Olivgrau der Infanteristen vorherrscht. Alte Geschichten, deren bittersüßer Inhalt in jeder anderen Umgebung möglicherweise unerträglich wäre, wirken hier völlig glaubwürdig und normal. Sogar das kreischende Stakkato der Schwalben rund um die pompöse Arena, wo sich immer wieder Ansätze eines Fremdenverkehrs bilden, fügt sich beinahe nahtlos in diese schwer zu beschreibende Atmosphäre ein, die wie eine farblose Wolke über der Stadt liegt. Pola oder Pula ... alles was einem hier einfällt an historischen Materialien oder an Beweismaterial für die Gegenwart: es müßte eigentlich mit den Worten beginnen »*Es war einmal*« ...

Zerbrach ein Stern im Tschitschenboden

Was erzählt man in verwöhnter Zeit über eine abseits gelegene und nur schwer zugängliche Landschaft, deren Boden gerade dürftig genug ist für etwas Wein und ein paar Obstbäume? Und über deren Vergangenheit es so gut wie keine brauchbaren Aufzeichnungen gibt. Welchen Bericht liefert man über die Menschen, die in dieser Landschaft leben? Genügt die Auskunft, daß es anspruchslose Bauern sind, Viehhirten, Jäger und ... nein, keine Fischer, weil nirgends ein Meer einen Streifen dieser Landschaft zur Küste macht! Und daß es Ruinen in diesem fernen vergessenen Land gibt, die von vergangenem Reichtum und verflossener Schönheit zeugen und jetzt allmählich wieder zurücksinken in die graue Erde, über die eine grüne Macchia kriecht.
Genügt diese zögernde Auskunft wirklich? Und entspricht sie auch der ganzen Wahrheit?
Ich weiß nicht, ob die Namen, die ich nun des besseren Verständnisses wegen aufzählen muß, überhaupt ein Echo auslösen! Hrastovlje zum Beispiel mit seiner wehrhaften Dreifaltigkeitskirche, deren unglaubliche Bedeutung für die Kunstgeschichte irgendwann nach dem Zweiten Weltkrieg zufällig entdeckt worden ist. Oder ein kleines Bauerndorf namens Kubed, das unterm schräg hereinfallenden Licht der Sonne wie ein verwunschener Burghügel am westlichen Eingang zum Tschitschenboden liegt. Dann die illyrische Gründung Buzet mit den mythischen Friedhöfen noch aus langobardischer und byzantinischer Zeit, dieses prachtvolle römische und später aquileianische und natürlich venezianische Piquentum mit den leeren mittelalterlichen Gassen, in denen nur noch die kunstvoll gearbeiteten Wappen an den altersgrauen Hauswänden daran erinnern, daß hier einmal Menschen gelebt haben müssen, dieses merkwürdige Buzet, das beinahe nur noch ein Traum auf einem grünen Wacholderhügel ist, windumweht und von der Sonne gepeinigt, während tief unten im Tal und viele Zeitalter entfernt von den illyrischen und römischen Erinnerungen der dünne Verkehr sich in alle Himmelsrichtungen zerstreut, hinunter nach

Pazin und Pula und hinüber an die Ostküste bis nach Labin und auch tiefer hinein ins scheinbar undurchdringliche Dikkicht des Tschitschenbodens, der alles lautlos aufnimmt und alles spurlos verschwinden läßt: die neue nutzlose Autostraße, die bald hinter Buzet zum schmalen Asphaltband und schließlich unwiderruflich zum zerfurchten Saumweg über die grauen Berge wird, die wenig benutzten Schienen der Eisenbahnlinie hinunter zum Fjord von Rakalj, die plötzlich hinter den letzten Ruinen ehemaliger Paläste und venezianischer Gutshöfe zwischen den wilden Thymianfeldern und Salbeibüschen verschwindet, die von der unermüdlichen Sonne verfärbten Wolken, die hinter dem breiten Buckel des Ućka und in der Tiefe des Kvarner wie eine Fata Morgana entstanden sind. Namen, Erinnerungen, Träume, alles verschwindet und löst sich auf und verdirbt in der grünen Einsamkeit der Ćićarija, durch die vor vielen Generationen einmal die kürzeste Landverbindung zwischen der nördlichen Adriaküste und Aquileia und später auch Venedig gegangen ist; freilich nur im Sommer, denn die Winter waren erbarmungslos und begruben die Pässe, von denen die Bora herunterflog mit ihrer eiskalten Wut, unter meterhohem Schnee. Und auch hier Namen, die niemand mehr kennt, Vranje, Veprinac und Kastav, Dörfer, Städte, die alle noch in einer besonderen Weise zu Istrien gehören und seine historische Wahrheit bezeugen, auch wenn heute der scharfe Wind dieser Küsten und Hochebenen durch die leeren Fenster und zerbrochenen Torbögen bläst und niemand mehr etwas vom Geheimnis dieser vergessenen Städte in Erfahrung bringen kann.

Ich weiß nicht, wann dieses graue Istrien, das wie eine längst ausgeblutete und nur schlecht verheilte Narbe einer alten Wunde zwischen den beiden blauen Flächen des Kvarner und des Triestiner Golfes hängt, wieder von den Menschen entdeckt worden ist und ob es tatsächlich entdeckt worden ist, nachdem es seit dem Mittelalter oder seit den schrecklichen Tagen einer gottgewollten und gottesfürchtigen Ausbeutung durch venezianische und habsburgische Landverweser zurückgefallen war in die düstere Anonymität des Elends. Ich weiß auch nicht, was für eine besondere Art der Entdekkung das gewesen sein soll. Und ob es gut war, daß immer wieder Menschen in den Tschitschenboden vorgedrungen

sind. Waren es vielleicht die Sonderkommandos der italienischen und später der deutschen Besatzung, die sich mühsam nach Buzet durchfragen mußten, bevor sie dort dann innerhalb von wenigen Monaten siebenhundert brave und heimattreue Männer füsilierten? Oder hat diese zweite Entdeckung des Tschitschenbodens vielleicht doch etwas mit dem erbarmungswürdigen Aufstand der proletarischen Bergleute von Labin zu tun, die am 2. März 1921 hier im Osten der zerrissenen Küste Istriens ihre ebenso verrückte wie hoffnungslose Rebellion versuchten und eine glorreiche anarchistische Republik der arbeitenden Menschen ausriefen – zum Ruhme der Menschen und zur Ehre der Freiheit natürlich –, bis ein paar Wochen später unter den Schüssen italienischer Bataillone auch der letzte größenwahnsinnige Proletenheld endgültig verstummte? Aber Labin ist weit, liegt hinter vielen Schluchten und Hügeln und schaut von seinem dunklen Burghügel schon auf die blasse Haut der Adria hinunter. Und auch die Toten von Buzet liegen längst schon tief unter der Erde und können sich höchstens rühmen, neben den langobardischen, byzantinischen und altkroatischen Friedhöfen jetzt auch ihre eigene sorgfältig ausgesuchte und kommunistisch eingesegnete Seligkeit zu haben. Nicht einmal die Entdeckung der Fresken in der uralten Dreifaltigkeitskirche von Hrastovlje kann etwas mit der Wiederauffindung des Tschitschenbodens zu tun haben, denn wer kommt schon nach Hrastovlje, wer wandert wirklich über die vielen Kurven und durch die grünverwachsenen Schluchten des Ljudski Park und wer findet dann noch den düsteren Hügel tief unten im Tal, den schon die Türken wütend berannten und doch nicht so endgültig zerstören konnten, daß auch die schönen Bilder des Meisters Johannes de Castua oder Magister Ivan aus Kastav zerstört worden wären?
Vielleicht ist der Tschitschenboden nur eine hartnäckige Einbildung von mir? Es gibt ihn möglicherweise nicht, hat ihn nie gegeben, weil es keine echten Legenden mehr gibt auf dieser sonderbaren Welt?
Ich weiß nur, daß es legitim ist, etwas über Kastav zu erzählen, damit die unheimliche und längst erloschene Welt, von der ich zögernd erzählen möchte, wieder ins rechte Licht gerückt werden kann. Denn in Kastav hat fast alles angefangen, der glorreiche Farbenrausch des Meisters Vinzenz, der

aus der alten Marienkirche von Beram unten im Süden der Halbinsel ein Bilderbuch des unermüdlich aufspielenden Todes gemacht hat, aber auch der dicke selbstbewußte Pinselstrich des ebenso frommen wie zynischen Magisters mit dem schönen lateinischen Namen, der in Wahrheit ein simpler Kroate war und nichts von Totentänzen hielt, auch wenn sie ihm aufgetragen wurden und der irgendwann im 12. Jahrhundert seine höchstpersönliche Vorstellung von einem solchen Totentanz auch nach Hrastovlje brachte, wo er dann freilich daneben und zugleich die Entstehung der Welt in Bildern an die Kirchenwände warf, die bis heute nichts von ihrer magischen Verzauberung eingebüßt haben. In Kastav haben die alteingesessenen kroatischen Bürger den verhaßten und seiner Habgier wegen tausendfach verfluchten Steuereintreiber und Stadtkapitän Morelli, der einer dieser blutsaugerischen Venezianer gewesen sein muß, die mit der Herrlichkeit des Lebens Schindluder trieben, in der tiefsten Zisterne der Stadt erbarmungslos ertränkt, woran heute noch eine Steintafel auf der Kapetanova erinnert. Und wer will, mag den verrosteten Deckel über der Zisterne öffnen und schaudernd in die Tiefe starren, wo lehmfarbenes Regenwasser schwimmt. In Kastav, das wie ein unbezwingbarer Adlerhorst auf den lächerlichen Tumult der Piratenschiffe aus Zengg und auch auf die verwehte Heiligkeit dieses palästinensischen Hauses der Jungfrau Maria herabblickte, das lange Zeit auf den tiefer gelegenen Hügeln im Süden stand, bevor es die Engel hinüber auf die andere Seite der Adria und nach Loreto schleppten, wo es heute noch für ökonomische Geschäftigkeit und einträglichen Gewinn sorgt, in Kastav, wo man immer auf biedere Weise fromm war, was die Jesuiten zu spüren bekamen, als sie ihre prachtvolle Kirche nicht fertigstellen konnten, in Kastav also hat das Volk anfangs des 16. Jahrhunderts ein städtisches Statut ausarbeiten und aufschreiben lassen, was noch nichts Ungewöhnliches wäre, wenn dieses Statut nicht in der Sprache des Volkes abgefaßt worden wäre, ein mundartliches Statut sozusagen, was einzigartig geblieben ist bis auf den heutigen Tag. Und von Kastav mit seinen Festungsmauern und Wehrtürmen führte viele Jahrhunderte lang die große Landstraße hinüber nach Veprinac, wo sich heute die kommunistische Schickeria Jugoslawiens den kapitalistischen Blick auf den Kvarner etwas kosten läßt, und weiter an den

westlichen Abhängen des Berges Ućka vorbei, wo einmal die gefürsteten Herren von Duino und später die unvermeidlichen Habsburger die Bauern und Viehhirten fast nach Belieben tyrannisiert haben, und man muß sich jetzt vorstellen, wie seit dem 12. Jahrhundert die hochbegabten Volkskünstler aus Kastav unterwegs auf dieser Landstraße, wie sie hoch über dem Kvarner durch die rauschenden Nadelwälder schritten und weiter im Schatten des Ućka wanderten, immer weiter nach Westen und hinein in die verhaßte aquileianische, habsburgische und venezianische Oberhoheit, weil sie sich Auftrag und Honorar erhofften für ihre naive Kunst, die freilich unvergänglich war. Denn während diese fahrenden Malergesellen auf der uralten Landstraße quer durch Istrien wanderten, hinterließen sie eine Spur, die unsterblich werden sollte.
Kastav also. Damit hat es wahrscheinlich angefangen. Und mit den atemberaubenden Blicken auf die blaue Unendlichkeit des Meeres, auf der sich dünne verwegene Silhouetten abzeichnen, Striche und Spuren in einer verletzlichen Haut, die den Duft fremder Horizonte mit sich trägt, griechisches Rosenwasser und levantinischen Weihrauch und arabische Narkotika und vor allem die unvergeßlichen Erinnerungen an die unglücklichen Helden aus der Argonautensage, die durch Istrien irrten, immer auf der Suche nach den vermeintlichen Quellen der Donau und nach einem lebensrettenden Ausgang aus diesem Labyrinth der roten Schluchten und spurlos versickernden Flüsse, bis sie schließlich aufatmend und schon wieder zu neuem Unheil fähig eine schimmernde Lorbeerküste erreichten, an der heute in den überfüllten Hotels die Mythen und Träume des Anfangs vergessen werden. Kastav also. Davon mußte erzählt werden! Und dann kommt die Unübersichtlichkeit des Tschitschenbodens, durch den immer noch in Andeutung und als historisches Relikt die uralte historische Landstraße läuft, kommt die grüne und erbarmungswürdige Wildnis im Schatten grauer elefantenhaften Hügel, die Schutz bedeuten vor der neuzeitlichen Völkerwanderung des Tourismus. Denn ahnten die kunstbeflissenen und auf die Vergangenheit der Völker neugierigen Dilettanten unter den modernen Nomaden etwas von der Herkunft des seltsamen Namens, wüßten sie näheren Bescheid über Abstammung und Schicksal der Menschen in diesem Hoch-

tal, über das der Thymian fließt und der Salbei seinen scharfen Geruch ausschüttet und hinter dessen wildem Wacholder sich heute noch festungsartige Gutshöfe und im Verfall beeindruckende palastähnliche Landhäuser und Kirchen wie wahre Gottesschiffe aus istrianischem Marmor verbergen und wo in den Torlaibungen ganz erstaunliche Jahreszahlen stehen, dann wären die schmalen Saumpfade, die staubigen Karrenwege quer über die Hügel bald vom Lärm der Autokarawanen erfüllt. In einigen Jahren, wenn das moderne Straßenbauprogramm für Inneristrien abgeschlossen sein wird, wird dieser Alptraum ohnedies in Erfüllung gegangen sein. Gegen den sogenannten Fortschritt hilft kein Zauber. Er schluckt die Flüche und demütigt die Liebhaber. Und die neue Autostraße reicht jetzt schon über Buzet hinaus und fast bis zum Ućka, durch den sich ein Tunnel frißt, der einmal Opatija mit Koper und Triest verbinden wird.

Aber trotzdem weiß fast niemand etwas von der ethnischen Entstehungsgeschichte der Menschen dieser Ćićarija, in deren Namen alle Wahrheiten enthalten sind. Es waren einmal walachische Pferdeknechte, geübt im sattellosen Umgang auf scharfen Ritten über die endlosen Ebenen am Donaubogen, bevor der Strom sich zur Mündung verästelt. Und sie waren nützlich jeder Herrschaft, so lange diese sie einigermaßen wie menschliche Kreaturen behandelte. Oder wenigstens so, wie sie selber mit ihren Pferden umgingen. Doch irgendwann in der Türkenzeit, die in Rumänien bekanntlich etwas länger dauerte als an den Küsten der nördlichen Adria, veränderten sich die Verhältnisse und wurden unerträglich genug, daß die Ćići oder Ćirebirci, wie sie sich heute noch nennen, allmählich auswanderten nach Norden. Es waren fromme und abergläubische Christenmenschen. Und Christus gab ihnen dem Vernehmen nach ein Zeichen, dem sie natürlich blindlings folgten.

Das ist die eine Geschichte, die man sich im Tschitschenboden erzählt. Sie hört sich durchaus überzeugend an ... bis auf die verhängnisvolle Tatsache, daß die Türken trotzdem gekommen sind, weil sie den Flüchtlingen hartnäckig auf der Spur blieben und schließlich über deren neue Heimat hinweg auch in die reichen venezianischen Provinzen weiter im Westen vorgedrungen sind. Aber einmal abgesehen davon gibt es in der Nachbarschaft einige Parallelen, so etwa die

zugewanderten Montenegriner und Albaner in der Nähe von Pula oder einige griechische Familien in den kleinen Hafenstädten draußen an der Küste.
Und doch gibt es auch noch eine andere Erklärung für die Besiedlung und Namensgebung des Tschitschenbodens durch rumänische Zuwanderer. Denn die Urahnen der heutigen Bewohner sind möglicherweise nicht nur als ehrbare Pilger- und Flüchtlingsschar, die in Frieden mit ihren frommen Bräuchen leben wollte, in den innersten Winkel Istriens gekommen, sondern haben sich wahrscheinlich schon viel früher bis in dieses Hochtal hinterm Ućka verirrt, und zwar als walachische Wanderhirten, die oft jahrelang mit ihren Schafherden unterwegs gewesen waren. Sie kamen und blieben, weil sie vielleicht gerade hier die vollkommene Freiheit eigenen Landbesitzes entdeckt hatten. Oder weil die Almwiesen zwischen den Bergen und Hügeln damals noch besonders grün und besonders üppig waren. Ich weiß es nicht. Ich weiß nur, daß solche Seßhaftigkeit rumänischer Wanderhirten nichts Besonderes darstellt, weil vom Katherinenkloster auf dem Sinai bis zu den kahlgeschorenen Gebirgen des Peloponnes und den düsteren Hochebenen in Anatolien walachische Hirten aus irgendeinem unerklärlichen Grund immer wieder einmal im Verlauf ihrer rätselhaften Geschichte plötzlich seßhaft geworden sind.
Aber hört sich das alles heutzutage nicht wie ein Ammenmärchen an, das man sich am knisternden Feuer erzählt, während draußen die Wölfe gegen den Wintersturm anheulen? Jetzt im trügerischen Sommer, der vorzeitig unter Schleierwolken und dunstverhüllten Horizonten verdirbt, zählen nur noch die greifbaren Fakten. Überreif sind die Früchte, die mit all ihrer nutzlosen Süße ins verbrannte Gestrüpp tropfen. Dicke gelbe Wespen schwärmen hungrig durch die verkrüppelten Birnbäume. In den altersdunklen Nischen der grauen Felswände, die wie eine kompakte Mauer das Hochtal gegen Norden abschirmen, glüht ein letztes Mal in diesem Jahr eine südliche Sonne. Schon verkriechen sich die Vipern ins zerbröckelnde Geröll. Schon wächst das Gras auf den Stufen, die zu einer verborgenen Kirche hinführen, die niemand mehr benützt. Und durch die leeren Glockentürme fließt der Himmel. Auf den wenigen windgeschützten Feldern verfärben riesige Sonnenblumen noch einmal die Landschaft. Bald

wird durch die großen verlassenen Steinhäuser, die wie tragische Kadaver neben der Landstraße kauern, der trostlose Herbstregen wandern. Und auf den Friedhöfen, die hinterm wilden Wacholder und hinter der flammenden Wolfsmilch mit ihren eingesunkenen Grabhügeln und verwitterten Kreuzen eine Idylle vortäuschen, die es auf dem Tschitschenboden nie gegeben hat, hacken die Grabschaufler nur noch für die letzten übriggebliebenen Alten ein Loch in die steinige Erde. Denn es gibt zwar keine Statistik, die genaue Auskunft geben könnte über die ständige Abwanderung der Jugend, und auch die Pfarrbücher haben nicht mehr diese lebenswichtige Bedeutung wie früher einmal, als noch alles seinen geordneten Zuschnitt und seine selbstverständliche Armut hatte, aber was heute an den kunstvoll gemauerten Zisternen und im Schatten der wenigen bewirtschafteten Bauernhöfe oder draußen in der Wildnis des Karstes sich schwerfällig rührt, ist alt und verbraucht und wartet fast gleichmütig auf den unvermeidlichen Tod. Der Tschitschenboden ist keine Landschaft für die Zukunft. Und die Zahl der Häuser, die leerstehen, wächst ständig.
Im letzten Krieg soll es hier zu grauenhaften Zwischenfällen gekommen sein! Oder nein... das hört sich zweifelnd an, mißtrauisch und ungläubig. Aber allein in Buzet wurde fast die ganze männliche Bevölkerung erbarmungslos ausgerottet. Und war das Elend nicht immer schon ein treuer Gast in den istrianischen Bauernhäusern? Und haben die armseligen Bauern und Viehhirten im schrecklichen Dreieck zwischen Hrastovlje, Motovun und Veprinac nicht seit der Erschaffung Adams um ihr Leben gekämpft? Das kunstbegeisterte Publikum, das heute zögernd die farbenprächtigen Fresken in der Marienkirche von Beram und seltener noch die großartige Entstehung der Welt auf dem Gewölbe der uralten Dreifaltigkeitskirche von Hrastovlje aufsucht, blickt überrascht in Gesichter, die ihm unheimlich vertraut anmuten. Es sind Bauerngesichter, die sich die Meister aus Kastav als Vorbild genommen haben, während sie das unausrottbare Unheil der Welt auf die Kirchenwände zauberten. Es sind Bauerngesichter, aus denen eine Wahrheit spricht, die über jede Kunst und auch über jedes Zeitalter hinausgeht. Und da ist dann tatsächlich kein Unterschied mehr feststellbar zwischen diesen auf so einfache Weise dargestellten Gesichtern aus dem späten

Mittelalter und den zerfurchten und wettergegerbten und mißtrauischen Gesichtern von heute. Denn was als Kunstwerk in den Kirchen und in einigen versteckten und immer noch unbekannten Klöstern im Innersten Istriens der Nachwelt erhalten geblieben ist, erzählt im Grunde immer dieselbe Geschichte. Den unaufhörlichen Roman schwerer Arbeit und maßloser Not. Die Ballade vom selbstverständlichen Sterben. Und ein vielfach verstümmeltes und kaum noch hörbares Gedicht vom Glauben an einen Gott, den diejenigen seiner ärmsten Geschöpfe, die in seinem Namen zuerst ausgebeutet und dann gedemütigt worden sind, schon längst nicht mehr verstehen.
Ich weiß nicht, ob es vernünftig ist, allzuviel über den Tschitschenboden zu erzählen. Ich weiß nicht, ob man eine Landschaft, die langsam abstirbt, noch einmal mit diesen habgierigen Worten zum künstlichen Leben erwecken soll, mit denen man üppige Küsten, wohlgestaltete Städte und den Überfluß der Welt beschreibt. Ich weiß nicht, ob irgend etwas alle die schönen Lügen rechtfertigt, mit denen man dem Tod seine letzte Zuflucht verleidet. Vor langer Zeit einmal zerbrach ein Stern im Tschitschenboden. Aber jetzt erst begreifen die Menschen allmählich, daß unter seinen Trümmern vielleicht das Paradies begraben wurde.

Kathedralen am Meer

Immer noch duftet es manchmal nach Salbei und Thymian, weht gelegentlich der Ginster gelb und gierig über die rotentflammte Erde, stehen die unvermeidlichen Erinnerungen an eine absurde Geschichte mitunter wie bittere Träume auf, denen man nur zögernd begegnen will, und wachsen die bildhaften Vergleiche wie das Bittergras aus diesem vielfach gefleckten Schild, das Istrien heißt. Die Grundfarben sind noch gelb und grau und rot, wie seit Jahrtausenden hängt sechs Monate lang im Jahr der Nebel unzerreißbar über dem alten Dreieck, das ins adriatische Wasser eintaucht wie eines dieser mythischen Ungeheuer, die in längst vergangenen Zeiten die Phantasie der Menschen beschäftigt hat. Es ist immer noch ein schönes Land, das hier fast übergangslos aus den dunklen Wäldern des Nordens ins gleißende Licht einer mediterranen Welt tritt, die sich auch heute noch ihres irritierenden Zaubers bewußt sein darf, auch wenn längst schon die schillernde Schleimspur des Öls vor den felsigen Küsten liegt und die tausendjährigen Städte mit ihren rostbraunen Kathedralen und honigfarbenen Patrizierhäusern im Abfall ersticken, den eine unaufhörlich produzierende Fremdenverkehrsindustrie gnadenlos auftürmt.

Es ist freilich auch immer noch ein böses Land, das wie ein immerzu von neuem erschlagener Leichnam, aus dessen Wunden kein Blut mehr fließt, unter der hellen Sonne liegt, die trügerisch das Elend bedeckt, an das man sich auf diesem buckligen und narbenbedeckten Schild gewöhnen muß. Denn Istrien lebt vom Widerspruch und widerspricht sich selbst seit seinen historischen Anfängen, die aus aberwitzigem Aberglauben und aus mythischem Irrtum bestanden, als hier die unglücklichen Argonauten den Himmel nach einem Zeichen und die Flüsse nach einer vernünftigen Geographie absuchten und bis zum schieren Wahnsinn davon überzeugt waren, daß sie ausgerechnet in diesem dunklen roten Land den Quellnyhmphen des Ister – also der Donau – begegnen müßten.

Dieses Land ist voll von solchen Geschichten, in denen ein

knöcherner Tod durch die Erinnerungen der Menschen tanzt, voll von Geschichten, mit denen man die Friedhöfe füllt und die geduldigen Mythen erzeugt. Illyrer und Kelten, Griechen und Römer, Slawen und Venezianer, Albaner, Türken, Rumänen und Deutsche haben den gelben Ginster blutrot und die violetten Salbeibüschel himbeerfarben werden lassen, und es hat keine Scheußlichkeit und keine Niedertracht gegeben, die in diesem schönen goldenen Dreieck nicht unter die Menschen flog wie der beißende Nordsturm, der die dünne Erde von den fahlfarbenen Felsen reißt.
Aber das sonderbare Schicksal dieser Halbinsel ist vor allem und zuerst einmal an ihren Küsten begreifbar, die herausfordernd oder auch auf törichte Weise einladend ins Meer ragen, über das die fremden Eroberer fast immer gekommen sind. Und so, wie die unaufhörlich nagenden Wellen ihre Spur um abbröckelndes Gestein hinterlassen haben, so hinterließen die verschiedenen Völker ihre Spuren in der dunklen Landschaft Istriens. Das beginnt mit prähistorischen Nekropolen und illyrischen Wallburgen und hört jetzt allmählich mit den Betonskeletten der Hotels auf, die wie riesige Warzen die ockerfarbenen Ufer bedecken. Dieser unaufhaltsame Niedergang einer Entwicklung, die immerhin einige Jahrtausende lang angedauert hat, dieses zynische Ende einer uralten Kultur, dessen Zynismus darin besteht, daß die burgunderfarbenen Rotalgen und die immer größeren Quecksilbermengen im eingetrübten Wasser und die mächtigen Ströme von Abwässern und Chemikalien ausschließlich durch die menschliche Intelligenz und durch den menschlichen Forschungsdrang zustande gekommen sind... dieser unaufhaltsame Niedergang also ist nicht nur charakteristisch für Istrien, sondern für den ganzen Mittelmeerraum, weil er ja alle mediterranen Küsten und Landschaften mit der gleichen heftigen Wut befallen hat und das Mittelmeer mit allen seinen Buchten und Nebenmeeren zu einer übelriechenden und bald auch schon lebensgefährlichen Kloake gemacht hat.
Nein, was auf diesem Nebenschauplatz der mittelmeerländischen Geschichte und der einstmals überquellenden mediterranen Kultur tatsächlich ins Gewicht fällt, ist das verwirrende Netz von Zeichen und Linien, das diese Küste buchstäblich zum großen historischen Atlas erhebt. Eine so kleine und im Grunde auch heute noch so nebensächliche Stadt wie Novi-

grad zum Beispiel, das auf einer winzigen Halbinsel oberhalb einer tiefeingeschnittenen Bucht liegt, ist vielleicht ein guter Beweis für diese ein wenig selbstgerechte Behauptung. Denn Novigrad, das bis zu seiner fragwürdigen Entdeckung durch den Fremdenverkehr lediglich vom bescheidenen Ertrag seiner unbedeutenden Fischereiflotte und einer Trikotagenfabrik existieren mußte, war in römischer Zeit als *Emona* (wie das nördlich gelegene Laibach) und während eines langen byzantinischen Zwischenspiels als *Neapolis* bekannt, war über anderthalbtausend Jahre hinweg ein wichtiges Bistum – erst die Österreicher hoben es 1831 auf – und besitzt natürlich wie alle diese alten und organisch gewachsenen istrianischen Küstenstädte eine schöne Basilika, die einem heute weitgehend vergessenen Heiligen namens Pelagius gewidmet ist und mit ihren Grundmauern und der bemerkenswerten spätromanischen Krypta bis ins 8. Jahrhundert zurückreicht.
Aber das alles sind Dinge und Eigenschaften, die heutzutage so gut wie keine Bedeutung mehr haben, denn jetzt zählt nur noch die touristische Infrastruktur, auch wenn sie um den Preis eines langsamen und qualvollen Sterbens der Landschaft errungen wird. Niemand fährt nach Novigrad, um das mittelalterliche Stadtbild mit seinen engen und winkeligen Gassen und den kleinen altertümlichen Läden und den malerischen Straßenbildern ausführlich zu betrachten oder um sich in einem Haus namens *Urizzi* im gut eingerichteten Lapidarium mit einer sehenswerten Sammlung antiker und mittelalterlicher Bruchstücke erstaunt und ergriffen umzusehen. Das sind Zeugnisse aus einem anderen Zeitalter, kaum geeeignet für ein Publikum, das die nahtlose Bräune und die abendliche Tanzunterhaltung bevorzugt.
Dabei gibt es eine ganze Reihe solch versteckter Kostbarkeiten und Überraschungen entlang der istrianischen Küste. Und auch Poreĉ, das heute längst schon seine ursprüngliche Bedeutung als Hauptstadt Istriens und wichtiger Sitz des istrianischen Landtages während der österreichischen Ära (seit 1861) eingebüßt hat und nur noch als eine gesichtslose Dependance des allgemeinen istrianischen Fremdenverkehrs dient, bestätigt durch seine abwechslungsreiche und farbige Geschichte die ehemals weitreichende historische und kulturelle Situation Istriens. Denn selbstverständlich war auch der Raum von Poreĉ bereits in vorgeschichtlicher Zeit besiedelt,

und schon im zweiten vorchristlichen Jahrhundert stand hier ein römisches Castrum, das sich sehr rasch zu einer wichtigen Kolonie unter dem Namen *Colonia Iulia Parentium* entwikkelte. Nach dem Untergang des Weströmischen Reiches wurde die wichtige Hafenstadt ostgotisch und später byzantinisch und kam im Jahre 778 unter die Herrschaft der Franken. Im 12. Jahrhundert entstand dann hier eine der ersten autonomen Gemeindeverwaltungen der ganzen Adria, was freilich nicht verhindern konnte, daß man sich 1232 mehr oder minder freiwillig für die Herrschaft des Patriarchates von Aquileia und 1267 für Venedig entschied. In den folgenden Jahrhunderten verwüsteten und entvölkerten zweimal die Pest und einmal eine genuesische Flotte die reiche und aufblühende Stadt in einem solchen Ausmaß, daß man spätestens in der zweiten Hälfte des 17. Jahrhunderts das Flüchtlingselend der Türkenzeit ausnützen und darauf bedacht sein mußte, Griechen und Albaner sowie Flüchtlinge aus dem südlichen Dalmatien nach Parenzo – wie die Stadt jetzt in der venezianischen Ära hieß – zu bekommen, um den enormen Bevölkerungsverlust wieder ausgleichen zu können.
Natürlich gibt es auch hier eine dieser prachtvollen und feierlichen Kathedralen, die anderswo als im provinziellen und immer ein wenig benachteiligten Istrien zu den attraktivsten Sehenswürdigkeiten eines kulturpolitisch selbstbewußten und künstlerisch interessierten Publikums zählen würden. Aber verfügt Istrien über ein solches Publikum? Jetzt, nachdem es zumindest an seinen Küsten zum Zentrum eines preisgünstigen und fast industriell gehandhabten Massen- und Sozialtourismus geworden ist und man ganze Reisegruppen in die neuerrichteten Spielcasinos und zu den fragwürdigen Angeboten an Nuditäten schleppt, Leute also, die an sakralen Schaustücken und an Beispielen einer ungebrochenen Volkskunsttradition kaum interessiert sind!
Die *Basilika Eufrasiana* von Poreĉ ist jedenfalls nicht nur ein hervorragendes Beispiel byzantinischer Kirchenbaukunst im nördlichen Adriaraum, sondern zweifellos auch eine der bedeutendsten sakralen Sehenswürdigkeiten ganz Istriens. Selbstverständlich existiert auch hier eine abenteuerliche Legende, die in der Zeit der ebenso schrecklichen wie törichten Christenverfolgung durch Diokletian spielt, als nämlich ein vermögender Patrizier namens Maurus – der dann später fast

zwangsläufig den Märtyrertod starb – zum Christentum übertrat und sein ganzes Vermögen in den Dienst der neuen Religion stellte. Dieser Maurus richtete in seinem Haus zuerst einmal eine kleine Kapelle ein, wo sich die ersten Christen Istriens zu geheimen Zusammenkünften und Exerzitien trafen und auf die Veränderung und Bekehrung einer schlimmen Welt durch Gott warteten, nicht anders also wie in all den Jahrhunderten zuvor und danach, ohne daß sich an den barbarischen Verhältnissen tatsächlich jemals etwas geändert hätte. Dieser früheste christliche Kultbau im spätrömischen *Colonia Iulia Parentium* mußte unauffällig und wahrscheinlich vorzüglich getarnt gewesen sein, aber eine Vorstellung von der reichen künstlerischen Ausstattung dieses kleinen Oratoriums geben zumindest die Mosaikböden, die aus der zweiten Hälfte des 3. Jahrhunderts erhalten geblieben sind. Über diese sogenannte *Maurische Kapelle* wurde dann nach dem berühmten Edikt von Mailand, in welchem Konstantin der Große den christlichen Glauben zur Staatsreligion erhob, im Jahre 313 die erste öffentliche und frei zugängliche Kirche ganz Istriens errichtet, die rund zweihundert Jahre später zur Basilika umgebaut wurde, wie wir sie heute noch kennen und die vor allem an das Martyrium des inzwischen heiliggesprochenen Maurus, dessen Gebeine in der Krypta aufbewahrt werden, erinnern sollte. Trotzdem trägt die Kirche nicht seinen Namen, sondern den des Bischofs und Bauherrn Eufrasius, der für den grundlegenden Umbau anfangs des 6. Jahrhunderts verantwortlich war. Heute verbirgt sich diese bemerkenswerte, aber immer noch weitgehend unbekannte Basilika mit ihren faszinierenden Mosaiken, die nicht nur aus der gleichen Epoche wie die großartigen Kunstwerke von Ravenna stammen, sondern ihnen auch an Schönheit und Ausdruckskraft ebenbürtig sind, inmitten der Altstadt von Poreĉ, umrahmt von schmalbrüstigen und herabgewohnten Häusern und über eine enge Seitengasse erreichbar, so daß es im Grunde gar nicht erstaunlich ist, wenn auch diese istrianische Kostbarkeit nur sporadisch von Touristen aufgesucht wird.

Die Kathedralen von Istrien – Piran, Koper und Rovinj wären gleichfalls noch zu erwähnen – verlieren jetzt allmählich ihre uralte fromme Funktion. Denn auf dem meerumspülten istrianischen Schild, das an seinen Küsten unwiderruflich vom Massentourismus erobert worden ist, erheben sich zwar immer noch die Trümmer vieler Kulturen, nisten die Erinnerungen an einige untergegangene Völker und Mythen und wandert die Blutspur des Lebens durch eine Landschaft, die erfüllt ist von den Hinterlassenschaften unglaublicher Geschichten, aber alle diese Biographien und Legenden werden heute beinahe ausschließlich nur noch auf ihre Brauchbarkeit für die herrschende Ideologie geprüft. Und diese Ideologie ist von der Vorzeigbarkeit katholischer Kathedralen naturgemäß nicht sonderlich überzeugt oder gar begeistert.

Gelbes, graues und rotes Istrien, nebelverhülltes Dreieck, das mit seinen alten traurigen Geschichten tief in die Adria hineinstößt und zugleich auch im schäumenden Wasser allmählich versinkt. Denn tatsächlich sinken die Küsten Istriens langsam ins Adriatische Meer ab, was etwa an der Basilika von Poreĉ ziemlich genau erkennbar ist, wo bisher zweimal die Notwendigkeit gegeben war, das Niveau zu heben. So kann man heute noch durch eine Falltür Spuren eines alten Mosaiks erkennen, das älter ist als alle anderen Teile der Kirche.

Was für eine Vorstellung, sich einzubilden, daß irgendwann einmal in ferner Zukunft diese Küste endgültig ins Meer abrutschen wird! Und daß also auch Koper, Piran, Izola oder Portoroẑ mit einem letzten verzweifelten Seufzer in diesen Fluten versinken werden, die dann freilich längst schon verwüstet und verschmutzt und von jedem biologischen Leben entleert sein werden! Heute sind alle diese Städte, die neben Pula und der Küste von Opatija die Hauptlast des istrianischen Fremdenverkehrs zu tragen haben, noch überschaubare Gemeinwesen mit einer Geschichte, die manchmal voll von Absonderlichkeiten und Überraschungen ist. So gibt es etwa in Koper ausgerechnet im Geburtshaus eines der bedeutendsten venezianischen Maler – nämlich Carpaccios – einen Nachtklub mit Nackttänzerinnen. Übrigens können wir auch hier eine ähnliche Entwicklung wie im uralten Poreĉ feststellen, die sich allein schon an den verschiedenen Namen ablesen läßt: das griechische Egida – es ist immerhin erstaunlich, wie wenig bekannt die Tatsache zu sein scheint, daß gerade im nördlichen Adriabogen eine ganze Reihe von griechischen Gründungen das bis dahin barbarische und gleichsam geschichtslose Leben ins Licht der Geschichte rückten –, später dann das römische Capris, wovon die modernen Jugoslawen den Namen Koper ableiteten, und schließlich das byzantinische Iustinopolis, was bis in die Zeit der patriarchalischen Herrschaft andauerte, denn in Aquileia wollte man sich mit dem byzantinischen Namen nicht zufriedengeben und taufte die Stadt im Jahre 1232 in Caput Istrie – also sozusagen geographisch bezogen – um. Der italienische Name Capodistria rührt daher. Erwähnenswert ist vielleicht auch, daß neben Illyrern und Griechen, Römern und Langobarden und Franken auch die Grafen von Kärnten mehr als zweihundert Jahre lang über dieses damalige Iustinopolis herrschten und erst von den aquileianischen Patriarchen abgelöst wurden, die ihrerseits die Stadt an die Venezianer verloren. Manchmal fragt man sich allen Ernstes, was für einen Charakter oder was für eine verwirrte Seele solche Städte eigentlich haben müssen, wenn sie im Verlauf ihrer Geschichte immer wieder die Herrschaft wechseln mußten und eigentlich nie in den Genuß einer gewissen Selbständigkeit gekommen sind. Natürlich verfügt auch Koper über einen legendären Stadtheiligen, dessen Sarkophag in der schönen dreischiffigen Kathedrale hinter einem kostbar ausgestattenen schmiedeeisernen Geländer aufgestellt ist. Dieser Heilige heißt Nazarius und war wahrscheinlich der Sohn eines römischen Offiziers und einer christlichen Mutter, die ihn völlig im Sinne des neuen Glaubens erzogen hat, was zuletzt dahin führte, daß man ihn gemeinsam mit einem seiner Schüler namens Celsus – denn dieser Nazarius von Koper oder eigentlich Capris hat sich natürlich missionarisch betätigt – in Mailand hinrichtete. Irgendwann im 4. Jahrhundert fand dann der heilige Ambrosius die Gebeine des Märtyrers und brachte sie nach Capris.

Portoroẑ und Piran, das Heimatdorf des genialen italienischen Komponisten und Virtuosen Tartini, liegen fast schon im Schatten des mächtig ausholenden und ungestüm seine ökonomische Macht demonstrierenden Koper, dessen gut ausgebauter Hafen sogar dem größeren Triest Sorgen bereitet. Salinen und Austernbänke täuschen hier noch so etwas wie eine heile mediterrane Welt vor, und im landeinwärts gelegenen Buje, das sich mit seinem mittelalterlich anmutenden Stadtkern auf einem einsamen und die Landschaft rundum beherrschenden Hügel erhebt, existieren sogar noch an einem Pfeiler die alten Maßeinheiten, die vor einigen Jahrhunderten in ganz Istrien Gültigkeit hatten und am ehesten noch mit dem berühmten Ellbogenmaß von Dubrovnik zu vergleichen sind. Aber solche Idyllen täuschen und haben nur mehr wenig mit der istrianischen Wirklichkeit von heute zu tun, die von einem rasanten industriellen Wachstum und einer ebenso hektischen wie bedenkenlosen Fremdenverkehrspolitik bestimmt wird. Es sind nicht mehr die alten mittelmeerländischen Bilder und Träume, die an diesen allmählich im Meer versinkenden Küsten dominieren, nicht mehr diese farbigen und betörenden Metaphern einer untergehenden Welt, sondern der Rauch und der Lärm einer Schwerindustrie, die das Meer und die Erde erobert hat, um existieren zu können. Die ehemals berühmten Austern aus dem Limski-Fjord oder von Portoroẑ schmecken nicht mehr nach Tang und Salz und Natur, sondern auch schon nach Chemie, und über der rotbraun gefleckten Steilküste Istriens steht bei Nordwind die Rauchfahne von Koper. Ein Zeitalter geht langsam zugrunde. Die Rotalgen und Ölteppiche draußen auf dem offenen Meer sind nur ein erstes warnendes Zeichen für die große Veränderung, die aus der alten Argonautenküste ein sogenanntes Ferienparadies gemacht hat.

Idrija oder
Auf der Suche nach der verlorenen Zeit

Nach jedem neuerlichen Regen im nassen Frühsommer und Spätherbst, nach jeder langanhaltenden Regennacht, in der gurgelnd und schmatzend das graue oder auch nur farblose Wasser aus dem verhängten Himmel fällt und diese unübersichtliche Welt da unten im Süden und im Schatten der granitfarbenen und kalkbleichen slowenischen Berge seufzend zu ertrinken droht, erhebt sich am anderen Tag – und nachdem der Regen endlich aufgehört hat, wie verrückt ins Geäst der Bäume und in die triefenden Büsche zu schlagen – unter dem lautlos wehenden Nebel eine Art von unheimlichem Leben, das diese seltsame Waldlandschaft, die wie eine große grüne Woge nach Süden schlägt, mit ungeheuerer Bewegung und Farbe erfüllt. Denn von den Steilabstürzen des mythischen Triglav hinüber zur mittelalterlichen Architektur von Skofja Loka, dem ehemaligen Bischoflack im Hinterland der legendären österreichischen Militärgrenze, bis hinunter nach Idrija, dieser vielbegehrten Kolonialstadt der Patriarchen aus Aquileia und der Venezianer und natürlich auch der habsburgischen Österreicher, wo seit annähernd einem Jahrtausend zuerst Silber und dann auch Quecksilbererde fragwürdige Träume von Reichtum und Macht verursacht haben, bis nach Idrija also erstreckt sich eines der letzten großen europäischen Waldgebiete im Übergang zur mediterranen Welt. Und es bewegt sich dabei nach einem eigenen Rhythmus und jenseits so gut wie aller gewohnten Verhaltensweisen zwischen nachdenklicher Melancholie und zögernder Poesie, deren vielfach verborgene Schönheiten manchmal an eines dieser bunten Gemälde erinnern, die von den naiven Bauernmalern Jugoslawiens heute noch produziert werden.

Es ist eine Bewegung, die an das machtvolle Dahingleiten der Wellen im Meer erinnert. Täler schieben sich mit zäher Beharrlichkeit durch die dunkelgrüne Unendlichkeit, zerschneiden geduldig den feuchten Waldsaum, aus dessen moosigem Boden jetzt das Wasser hervorquillt, das Nacht für Nacht in die verfilzte Haut dieser völlig unübersichtlichen

Landschaft rauscht. Und durch die Täler, die immer wieder in ihren merkwürdigen Verschlingungen und Verästelungen etwas vom letzten Geheimnis aller Dinge und Gedanken zu enthalten scheinen, drängt sich das Wasser, das aus dem morastigen Boden sickert und mit unbezähmbarer Gewalt über die Abhänge schießt und zwischen den Wurzeln und Büschen hervortritt, zur schäumenden und wirbelnden Wildheit zusammen und ergießt sich in andere, darunterliegende Täler, aus denen dann das dumpfe Rauschen der Flüsse aufsteigt, die mit wütender Schnelligkeit dem Meer entgegenstreben und sich dabei durch die letzten Barrieren der Alpen fressen, die wie wulstige und vielfach von Narben bedeckte altersgraue Buckel durch dieses immergrüne und unübersichtliche Labyrinth der großen Wälder waten. Alle bedeutende Geschichte ertrinkt in einem solchen Ozean aus Wald und Einsamkeit, über alle erstaunlichen oder bemerkenswerten Geschichten, die von den Menschen und ihren Schicksalen handeln, die hier noch wie vor vielen Zeitaltern der Natur angepaßt sein müssen, stülpt sich dieses undurchdringliche Laubdach, schließt sich der Nadelwald als ein zweiter und grün entflammter Himmel, wachsen die Büsche wild und abweisend quer durch das Unterholz, schießen dornenbewehrte Barrikaden und brechen Erdlawinen rotbraun und schieferfarben und giftgrün aus den zerrissenen Abhängen und wölben sich immer neue Wogenkämme aus dichtbewaldeten Höhenrücken der unsichtbaren blauen Flut der Adria entgegen.

Diese schöne und verwirrende Welt zwischen der hochalpinen Landschaft der Julischen Alpen und dem allmählichen Übergang zum südländischen Karst, auf den gebräuchlichen Landkarten kaum mehr als handtellergroß, enthält tatsächlich noch eines der letzten Geheimnisse, das die Menschen bis auf den heutigen Tag nicht entzaubern konnten.

Was für Erinnerungen sind übriggeblieben aus alter Zeit? Und welche Sehenswürdigkeiten haben wirklich überlebt? Es gibt viele Definitionen für das slowenische Volk und seine Geschichte, aber wenn man genau nachforscht und nach der Herkunft der einzelnen – und mitunter recht widersprüchlichen – Erklärungen fragt, dann begreift man rasch, daß es so gut wie keine authentischen Nachrichten über diese große grüne Wildnis gibt, die wie ein altersloses Niemandsland

zwischen allen Grenzen liegt. Hat das vielleicht etwas damit zu tun, daß man auf einer kleinen Lichtung mitten im Wald völlig unvermutet auf zwei alte überwachsene italienische Grenzsteine stößt? Oder daß man auf der ehemaligen Burg von Idrija, wo jetzt ein provisorisches und auch schon wieder halbverstaubtes Museum eingerichtet ist und einige Jugendliche sich mit Eifer an schrillen schaurigen Musikstücken üben, die eingemauerten und natürlich längst vergessenen Gedenksteine an österreichische Verwalter und Bergingenieure findet? Alles gespensterhafte Erinnerungen an ein entferntes Jahrhundert, über das noch ein kaiserlicher Doppeladler flügelrauschend hinwegflog. Und wem gehört dieses Land eigentlich, wenn man davon ausgehen kann, daß es eine unzerstörbare Kontinuität der Gedanken und Gefühle auch heute noch gibt? Und wovon leben die Menschen in dieser weltabgeschiedenen Dürftigkeit aus quellendem Grün und geheimnisvoll schmatzender Feuchtigkeit?
Man sagt, daß die Slowenen fleißig und fromm wären, katholisch aus abergläubischer Furcht vor den Heimsuchungen irgendeiner übermächtigen Obrigkeit, die den Hagel über die kärglichen Weizenfelder und die Erdmuren in die armen Dörfer schickt, und arbeitsam aus der bitteren Notwendigkeit, einem mageren Boden das Recht aufs Überleben abzuzwingen. Diese Menschen sind seit altersher berühmt für ihren ebenso geduldigen wie kunstfertigen Umgang mit den Bienen, sie wühlen sich geschickt durch die flüsternde Wildnis ihrer Wälder, sie sind bedürfnislos und fast asketisch, und in ihren schönsten Legenden und Mythen existieren Gottheiten, die sich nur sehr schwer in irgendeine zeitgenössische Ideologie einbinden lassen, wobei es vollkommen gleichgültig ist, ob ein Kaiser namens Franz Joseph oder ein Präsident namens Tito von einer fernen Hauptstadt aus regiert.
Aber warum irritieren mich dann vergessene Grenzsteine und halbverwischte Inschriften, warum stoßen so viele Familien im benachbarten Friaul und auch in Kärnten auf slowenische Wurzeln, wenn sie nach ihrer Herkunft und nach ihren Vorfahren forschen? Vom österreichischen Krainburg über das österreichische Heidenschaft – das zugleich auch immer schon Ajdovśčina geheißen hat, wie Krainburg auch mit dem slowenischen Namen Kranj aufwarten kann – bis zum österreichischen Karfreit und zum österreichischen Tolmein – und

die italienischen Namen Caporetto und Tolmino sind noch nicht ganz vergessen –; über allen diesen Grenzpunkten dieses riesigen Waldgebietes also weht ein imaginärer Vorhang aus trostloser Reminiszenz und ungelösten Fragen und läßt diese kleine innerslowenische Welt wie hinter verfärbtem Glas sichtbar werden. Und wenn man noch ein paar Generationen zurückdenkt, stehen plötzlich österreichische und venezianische Namen und Begriffe auf, diktieren die Statthalter und Gouverneure und Militärkommandanten von Wiens und Venedigs Gnaden das Leben in dieser Waldeinsamkeit und beherrschen österreichische und italienische Geschlechter von ihren verfallenen Burgen und Schlössern aus das armselige Leben in einem armseligen Land. Vielleicht ist auch das ein Grund dafür, daß es hier mehr Partisanendenkmäler als anderswo gibt? Merkwürdig bleibt es trotzdem, daß einem die alten Leute, die man mitten in den Wäldern zwischen dem langgezogenen See von Wohein und dem ehemaligen Bischoflack nach dem richtigen Weg fragt, wie selbstverständlich die alten österreichischen Namen der Dörfer und kleinen Städte nennen. Diese Namen, auf manchen Landkarten immer noch vorhanden, sterben anscheinend nur langsam in der Erinnerung des Volkes.

Einige Geschichten und Anekdoten, aus denen sich eine Geschichte zumindest im fragwürdigen Sinne touristischer Attraktionen rekonstruieren ließe, sind an den verfließenden Rändern dieser grünen Unendlichkeit angesiedelt, so etwa im weltberühmten Postojna, dem einstigen österreichischen Adelsberg, wo zwar nicht die interessanteste, aber zweifellos die berühmteste Tropfsteinhöhle Sloweniens und wohl auch ganz Europas liegt. Im April des Jahres 1818 entdeckte hier ein Mann namens Lukas Cieć, nachdem er dem Fluß Pivka gefolgt war, der scheinbar spurlos in der Erde versickerte. diese gewaltige Welt unterhalb der bewohnten Erde, was wohl gleichbedeutend gewesen sein mag mit dem Beginn der Entwicklung des lebenswichtigen Fremdenverkehrs in dieser Region, denn heute, da rund fünf Kilometer in dieser gigantischen Höhle – die eigentlich ein ganzes System aus Höhlen und Gängen ist – für die Öffentlichkeit zugänglich gemacht worden sind, erheben sich am Eingang zur Adelsberger Grotte längst schon mächtige Hotels und Restaurants und eine Kette von Souvenirläden, und eine winzige Eisenbahn befördert täglich die Massen der Besucher ins Erdinnere. Ein britischer Besucher hat vor Jahren eine solche Exkursion einmal recht anschaulich beschrieben: »Die großen Eingangslöcher in das Innere des Berges sind wie Tore zur Hölle. Aber die unbekümmert und erregt plaudernde Menschenmenge läßt keinerlei Beklemmung aufkommen. Die Tore werden geöffnet, die Eintrittskarten kontrolliert, und dann steht man in einer Art von schlechtbeleuchtetem Bahnhof. Ein offener Miniaturzug wartet schon, um in den Höllenschlund einzufahren, der jedes Jahr mehr als eine halbe Million Menschen verschlingt, in angenehmes Gruseln versetzt und dann wieder ausspuckt. Das Züglein dringt in den engen, aus dem Felsen herausgemeißelten Tunnel ein, rasselt durch eine Halle hoch über dem unterirdisch verlaufenden Fluß Pivka dahin und fährt in den nächsten Stollen ein. Wogen kalter feuchter Luft brechen über den Besucher herein, und wo die kleine Bahn durchkommt, wird automatisch die Beleuchtung eingeschaltet. Auf einmal befindet man sich in einem unterirdischen Ballsaal, der mit Kerzen ausgeleuchtet zu sein scheint. Glühlampen blinken kurz wie strahlende Früchte zwischen der spröden Schönheit der breit wie Blattwerk sich ausfächernden Stalaktiten. Bogenlampen strahlen in unerreichbaren Nischen und Höhlungen auf und enthüllen tief im Leib der Erde eine Landschaft rosaschimmernder Dolmen. Lichtbündel huschen über dreifarbige Pilzgewächse, die in Wirklichkeit aus massivem Stein sind, tiefer und tiefer geht es in den Fels hinein, es wird kühler und feuchter, und ohne fremde Hilfe hätte man längst die Orientierung verloren.«

Diese bizarren und abenteuerlichen Schönheiten einer unterirdischen Natur locken jährlich immer mehr Besucher an, von denen wahrscheinlich nur die wenigsten wissen, daß es im näheren Umkreis an die dreitausend solcher Karsthöhlen und Grotten gibt. Und wenig bekannt dürfte auch sein, daß die unbarmherzige Barbarei während des letzten großen Krieges sogar bis in die Tiefe der Erde geführt worden ist. Die deutsche Besatzungsarmee hatte hier in Postojna ein riesiges Treibstofflager errichtet, das einige tollkühne Partisanen, nachdem sie einen unbekannten Einstieg in die Höhle entdeckt hatten, in die Luft sprengten. Und auch zahlreiche Fälle von Folterungen und Gefangenenmißhandlung im Inneren der großen Höhle sind bekannt. Aber niemand redet heute

mehr darüber, weil solche Geschichten dem Fremdenverkehr natürlich äußerst abträglich sind.
Einige Kilometer von Postojna entfernt existiert freilich noch eine andere Sehenswürdigkeit, deren blutige grausame Biographie heute schon alt genug ist und genügend historische Patina angesetzt hat, um als interessante Attraktion verkauft zu werden. Es handelt sich um *Predjamski grad*, also um das legendäre Schloß von Predjama, das kunstvoll in eine der vielen Höhlen hineingebaut worden ist, die es in diesem Gebiet gibt. Ein tiefer Abgrund, der vor dem Eingang zur Höhle und damit vor dem Schloß selbst fast senkrecht in die Tiefe abfällt, macht diese Festung praktisch auch heute noch zum unneinehmbaren Bollwerk. Predjama, dessen Anlagen mindestens bis in die Anfänge des 13. Jahrhunderts zurückreichen und in dessen tiefer Höhle man auch Spuren einer prähistorischen Siedlung fand, kam im Jahre 1378 in habsburgischen Besitz und war dann in der zweiten Hälfte des 15. Jahrhunderts das Lehen eines in mehrfacher Hinsicht bemerkenswerten Ritters namens Erasmus Lueger, der vor allem dadurch berühmt oder eigentlich berüchtigt wurde, daß er die schwerbeladenen Handelskarawanen der Kaufleute, die von Triest und auch Venedig in die habsburgischen Länder unterwegs waren, mit schöner Regelmäßigkeit überfiel und gründlich ausplünderte. Nach einer anderen Darstellung soll dieser Erasmus Lueger freilich deshalb am kaiserlichen Hof in Ungnade gefallen sein, weil er einen Hofmarschall namens Pappenheim im Streit erstochen habe. Jedenfalls belagerte auf Befehl des Kaisers der Triester Stadthauptmann das Höhlenschloß nahezu ein Jahr lang, und erst durch den Verrat eines Kammerdieners war es möglich, den Raubritter unschädlich zu machen. Denn dieser Kammerdiener gab durch Lichtsignale bekannt, wo der Ritter allabendlich seine Notdurft verrichtete, und die Belagerer brauchten nur ihre schweren Wurfmaschinen genau einzustellen, um Erasmus Lueger zu töten. Es ist das zweifellos eine der kuriosesten Geschichten, die man sich heute noch schmunzelnd erzählt, ohne daß man deshalb ihren historischen Wahrheitsgehalt bezweifeln sollte. Das Schloß selbst ging dann Ende des 16. Jahrhunderts ins Eigentum der österreichischen Familie Kobenzl über, wurde völlig renoviert – sein heutiges Aussehen stammt aus dem Jahre 1580 –, bis es dann nach manchen Umwegen in den

Besitz der Windischgraetz gelangte, die es bis zum Ende des Zweiten Weltkrieges besaßen. Und ein Fürst Weriand von Windischgraetz entdeckte 1846 auch einen Geheimgang, der aus früheren Zeiten stammte und vollkommen vergessen worden war. Dieser Geheimgang, der im frühen 17. Jahrhundert von Dieben benützt worden war, leistete dann während des Abwehrkampfes der Partisanen noch nützliche Dienste.

Eine andere verhältnismäßig wenig bekannte Attraktion dieser Waldlandschaft, die allmählich in den berühmten Karst übergeht, ist der See von Zerknisko, der im Frühling bis zu zehn Kilometer lang wird und dabei eine Tiefe von mehr als zwei Metern erreicht und natürlich im Sommer wie alle anderen Karstseen wieder verschwindet, und zwar mit den zahlreichen Fischen, die ihn einige Monate lang bevölkern. Bemerkenswert aber ist dieser *Zerknisko Jezero* dadurch, daß in regelmäßigen Abständen alle paar Jahrzehnte eine Armee von klappernden Skeletten rund um den See reitet, begleitet von zahllosen Vögeln, die gleichfalls weder Federn noch Fleisch an den Knochen haben. So wenigstens erzählen es allen Ernstes die Einheimischen, und sie versichern überzeugend, daß nach jedem dieser gespenstischen Umritte die Welt von Krieg und anderen Katastrophen heimgesucht worden sei. Jedenfalls war es im Frühjahr des Jahres 1939 zum letzten Mal, daß die Skelette mit ihren kahlen apokalyptischen Begleitern schaurig um den seltsamen See galoppierten.

Slowenien oder eigentlich dieses unergründliche und abgeschiedene Waldland, in dem die Zeit wie aufgehoben anmutet, scheint überhaupt eine Heimstatt für sonderbare Geschichten und lärmende Gespenster zu sein, denn sowohl der Triglav – was immerhin der *»Dreiköpfige«* heißt – als auch andere Hügel und Berge sind von Legenden umrankt. Die berühmteste ist dabei zweifellos die Sage vom weißen Gamsbock mit den goldenen Hörnern, vom *Zlatorog*, der immer wieder von habgierigen Jägern und Wilderern verfolgt wird, die sich seiner wertvollen Goldhörner bemächtigen wollen. Und einmal soll es einem besonders wagemutigen Jäger auch gelungen sein, den Gamsbock durch einen gutgezielten Schuß zu verwunden. Aber aus der Wunde sprang statt des Blutes eine rote Blume hervor, die das Tier sofort fraß. Und es war auf der Stelle geheilt. Möglicherweise war diese Blume eine rote Gartennelke, denn diese ist nämlich das Wahrzeichen Sloweniens. Und damit hält man bei der vielleicht seltsamsten Frage: Was ist das eigentlich für ein Land, das keine eigene Geschichte im Sinne einer historischen Entwicklung und keine politische Souveränität im Sinne einer Eigenstaatlichkeit aufzuweisen hatte? Und das doch wie selbstverständlich aus dem Machtbereich anderer und größerer Nationen – das aquileianische Patriarchat spielt dabei eine Rolle, aber auch Venedig und das habsburgische Österreich – wie ein Phönix auferstand!

Der britische Globetrotter und Reiseschriftsteller Cuddon schrieb einmal kurz vor seinem Tod: »Den Reisenden mag die Ähnlichkeit der slowenischen Landschaft mit Österreich und der Schweiz verblüfft haben. Die bewaldeten Berge mit schneebedeckten Gipfeln – die Täler voll Blumen, mit kleinen Seen und grasbewachsenen Hängen, auf welchen die Herden weiden –, das Heu, das sorgfältig zum Trocknen auf lange, überdachte Gestelle gelegt oder auf Pfähle gehängt ist ... und dann auch die Wegekreuze, die schmiedeeisernen Wirtshausschilder, die Berghütten aus Holz, die ordentlichen sauberen Dörfer mit freistehenden Taubenschlägen, aus ihrer Mitte aufragend der knollige Zwiebelturm der Kirche ... sogar die Bevölkerung unterscheidet sich von den übrigen Jugoslawen, viele sind blond und könnten auch aus Deutschland stammen. Oder man glaubt sich nach Tirol versetzt, und dieser Eindruck verstärkt sich noch, wenn man bemerkt, daß viele Slowenen sehr gut deutsch sprechen. Aber ihr Temperament ist anders als das der Deutschen.«

Nun, richtig ist jedenfalls, daß die Slawen – also die Ahnen der Slowenen – im 6. Jahrhundert auch in dieses riesige Waldgebiet, das den Übergang der hochalpinen Landschaft zum mediterranen Karst ausmacht, vorgedrungen sind. Das Erstaunliche daran aber ist vielleicht, daß Slowenien selbst in seiner ganzen Geschichte nie ein unabhängiger Staat war. Denn spätestens seit dem 10. Jahrhundert und dann in ununterbrochener Reihenfolge bis zum Ende des Ersten Weltkrieges – während des Zweiten Weltkrieges okkupierten sowohl Italien als auch das sogenannte Dritte Reich große Teile Sloweniens – gehörte es seinen fremden Nachbarn an, Italienern und Österreichern, Bischöfen und Patriarchen und Herzögen, und sogar in der napoleonischen Ära zwischen

1809 und 1815, als in Idrija ein starkes Truppenkontingent einquartiert war, gab es keine Unabhängigkeit im eigentlichen Sinne des Wortes. Cuddon schrieb in diesem Zusammenhang: »Wenigstens tausend Jahre lang waren die Slowenen von fremden Nationen beherrscht. Man könnte annehmen, durch eine solche Vergangenheit müsse ein Volk unterwürfig und verschlagen werden und schließlich untergehen. Nicht so die Slowenen. Sie blieben eine geschlossene kleine Volksgruppe, die ihre Eigenart und Entschlußkraft wahrte. Sie mißachteten die politischen Grenzen und hielten ihre geistige und kulturelle Überlieferung lebendig. Dadurch überlebte auch das Bewußtsein ihrer Eigenart, das sich immer als stärker erwiesen hat als alle politischen und militärischen Kräfte, denen Slowenien so lange Zeit als Spielball gedient hatte.«

Requiem auf die Nutzlosigkeit des Krieges

Wenn man in Redipuglia, das an der alten Reichsstraße liegt, die früher einmal die wichtigste Verbindung war zwischen dem venezianischen Udine und dem österreichischen Triest, das Militärmuseum aufsucht, wird man je nach Temperament und Charakter wahrscheinlich schon am Eingang zum Hauptsaal ein Gefühl entweder des bitteren Zynismus oder der selbstgerechten Zufriedenheit nicht unterdrücken können. Denn es ist zwar eines dieser ebenso billigen wie heroischen Museen, wie sie überall in Europa an die großen Schlachten der letzten Kriege erinnern, angeräumt mit sorgfältig gesäuberten und beschrifteten Bruchstücken einer erbärmlichen Zivilisation, die sich auf das Töten spezialisiert und dabei einen verlogenen Humanismus predigt, aber es atmet doch auch diesen Hauch ärarischer Genauigkeit, der Leben und Sterben gleichermaßen umfängt und wohl nur diejenigen irritiert, die unbeirrt an den Sieg der Vernunft glauben. Und auch hier in Redipuglia und schon in Sichtweite des blutbesudelten Hügels von Doberdò und der uralten griechischen Gründung Monfalcone ändert die protzenhafte Architektur, die an das faschistische Zeitalter erinnert, nichts an der Dürftigkeit der üblichen Ausstellungsstücke, die vor allem den Triumph jener 3. italienischen Armee dokumentieren sollen, die in zwölf verlustreichen Isonzoschlachten den Anspruch Italiens auf die früheren venezianischen Landschaften des Friaul verfochten hatte.

Das eigentliche Ereignis dieser ständigen Ausstellung aber sind die beiden großen Tafeln, die am Eingang zum sogenannten Hauptsaal – der eigentlich wie das Klassenzimmer in einer ländlichen Schule aussieht – eine genaue buchhalterische Rechnung aufmachen über den bemerkenswerten Preis, den eine Handvoll vergoldeter Blechstücke gekostet hat: so und so viele Tote für ein paar Dutzend Orden! Und weil man auch im sanguinischen Italien längst schon die Penibilität preußischer Disziplin und Ordnung schätzen gelernt hat, unterscheidet man sehr genau zwischen namentlich bekannten Gefallenen und denjenigen anonymen Schlachtopfern, deren

Gesichter bis zur Unkenntlichkeit zerfetzt und deren Leiber bis zum verschmierten Brei zermalmt worden sind, so daß man auch mit dem besten patriotischen Willen nicht mehr imstande war, sie zu identifizieren. Und man braucht gar kein idealistischer Pazifist zu sein, um diese selbstgefällige Rechnung, auf der natürlich auch die Zahl der wesentlich bescheideneren Bronzemedaillen angeführt wird, die an die verzweifelten und demoralisierten Soldaten verliehen worden sind, nur noch mit diesem grimmigen Ekel zu betrachten, der verstärkt wird, wenn man durchs Fenster blickt und auf der gegenüberliegenden Seite der Straße fast zwangsläufig die zahllosen Marmorstufen sieht, die einen Hügel bedecken, der sich über den längst vermoderten Knochen von angeblich hunderttausend Toten wölbt.
Draußen unter der wärmenden Frühjahrssonne spielen italienische Kinder eifrig den Krieg, der ihnen hier beigebracht wird und den sie sich in ihrer dumpfen Unschuld noch vergleichsweise harmlos vorstellen. Sie erschießen einander lachend oder stechen aufeinander voll ungestümer Fröhlichkeit ein, sie attackieren sich gegenseitig noch mit dieser schönen natürlichen Wildheit, die uns Menschen im Blut zu liegen scheint, wenn wir mittun dürfen beim altgewohnten Kriegsspiel, das immer noch unsere abergläubische Furcht vor dem elenden Heldentod besiegt. Reisegesellschaften aus ganz Italien, aber auch einzelne Gruppen aus Österreich und Jugoslawien sowie ein paar beifällig nickende deutsche Touristen bewegen sich fachmännisch über die Marmorstufen des Heldenfriedhofes hinauf – der doch weit eher an einen gut ausgerüsteten und klinisch sauberen Schlachthof erinnert – und inspizieren mit der üblichen angestrengten Aufmerksamkeit selbstzufriedener Besucher, denen das Überleben vorläufig noch erlaubt wird, die riesige Anlage eines der größten Kriegerfriedhöfe Italiens. Der Marmor leuchtet friedlich in der Sonne. Die drei Kerzen, die bei solchem Anlaß anscheinend unentbehrlich sind, stehen als schlichte Beweise unseres Christentums am obersten Rand dieses gigantischen Gottesackers, dessen Inhalte freilich eine Religion hartnäckig Lügen strafen, die uns seit bald zweitausend Jahren erzählt, auf welche Weise man seine Feinde lieben sollte. Natürlich ducken sich olivfarbene Haubitzen und Werfer herausfordernd ins sorgfältig gepflegte Gelände, natürlich umkreisen

die unvermeidlichen Zypressen aufmerksam und dabei ebenso attraktiv wie melancholisch diese friaulanische Sehenswürdigkeit, und natürlich kann man vom Sonnenbad bis zum Sandwich alle Annehmlichkeiten eines solchen vielbesuchten Schauplatzes genießen.
Karl Kraus und seine verzweifelte Beschreibung jener legendären Schlachtfeldbesichtigung von Verdun fallen einem ein. Aber dagegen steht fast zwangsläufig der italienische Dichter und leidenschaftliche Patriot d'Annunzio, dessen engagiertes und zugleich auch ein wenig schwülstiges Pathos selbstverständlich im Museum verherrlicht wird.
Das Friaul freilich ist übersät von solchen makabren Schauplätzen, auch wenn sie nicht immer von so erdrückendem Pomp sind wie hier in Redipuglia. Denn eine Landschaft, die seit mehr als zweitausend Jahren immer ein Grenzland war, in deren fruchtbaren Ebenen und an deren Flußläufen erbittert gekämpft wurde und die gleichsam als natürliches Aufmarschfeld für alle Völker und Rassen dienten, die in diesem europäischen Wetterwinkel miteinander und gegeneinander um den Besitz der nördlichen Adriaküsten kämpften, eine solche Landschaft stellt eine fast schon selbstverständliche Herausforderung dar für Feldherrn, Generäle und natürlich auch für die Buchhalter, die nicht nur die Leichen bestatten, sondern sie auch gewissenhaft katalogisieren dürfen, um auch noch die geringfügigste Verlustrechnung oder die billigste gewinnbringende Kalkulation aufstellen zu können. Und wer durchs Friaul fährt und diese Umwege nicht scheut, die notwendig sind, damit man die verborgenen und schamhaft verschwiegenen Friedhöfe entdeckt, in denen die unschuldigen Schlachtopfer liegen und die wie Abfallgruben die Landschaft bedecken, der wird die Geschichte der letzten zwanzig Jahrhunderte plötzlich mit anderen Augen betrachten. Und er wird vielleicht begreifen, daß jede kulturhistorisch bemerkenswerte Attraktion und jede von Touristen belagerte alte Festung und jeder architektonisch reizvolle Marktplatz und jedes berühmte Museum einen ungeheuerlichen Preis gekostet hat, der heute noch an den schlichten Holz- und Steinkreuzen oder an den martialischen Denkmälern abzulesen ist, die wie eine erstarrte Blutspur dieses schöne Amphitheater südlich der Alpen durchziehen.
Man kann dabei völlig wahllos vorgehen und diese besondere

Art der Geschichtsbetrachtung durchaus dem Zufall überlassen. Denn immerhin ist Redipuglia nur ein Ausstellungsstück in diesem riesigen Beinhaus, das buchstäblich das ganze Land umfaßt. Und wenn heutzutage gewisse Unregelmäßigkeiten aufgedeckt werden, die von einer größenwahnsinnig gewordenen Bürokratie im Zusammenhang mit dem Erdbeben von 1976 begangen worden sind und wahrscheinlich immer noch begangen werden, so ist das nur eine weitere Fortsetzung in dieser langen Kette von Unregelmäßigkeiten, die auf dem Rücken des Volkes gegen das Volk stattfinden. Es macht dabei keinen besonderen Unterschied aus, ob sich eine langobardische oder napoleonische Intendantur damit beschäftigt, nach ausgeklügelter Methode das besiegte Friaul auszubeuten, oder ob sich Roms gegenwärtige Bürokraten wieder einmal als unfähig zeigen, dem Land in einem seiner schwierigsten Augenblicke rasch und umfassend zu helfen. Das Friaul teilte noch in jedem Zeitalter und unter jeder Herrschaft das Schicksal anderer benachteiligter Regionen, was hier allerdings insofern erstaunt, als gerade diese Landschaft auch heute wieder und immer noch ein riesiges Exerziergelände und ein gewaltiger Aufmarschplatz ist für Infanteristen und Flieger, für Panzer und Fallschirmjäger, für Pioniere und alle anderen möglichen Hilfskräfte. In diesem Zusammenhang erscheint es nur als eine makabere Folgerichtigkeit, daß auf einem so blutgetränkten Boden wie dem des Doberdò-Plateaus schon wieder militärische Befestigungen errichtet worden sind oder daß auch bei Redipuglia – wo die jungen Soldaten ihr Schicksal eindringlich vor Augen haben – einige dieser anscheinend unvermeidlichen Kasernen stehen, die das ganze Land nach einem sorgfältig erarbeiteten Muster überziehen.

Dieser Militarismus, der seltsam anmutet bei einem so zivilen Volk wie den Italienern, hat hier freilich eine besondere Tradition. Und wer will, kann diese Tradition bis in jene mythischen Tage zurückdatieren, da die verfolgten Argonauten mit ihrem geraubten kostbaren *»Goldenen Vlies«* bei Timavo das offene Meer zu gewinnen versuchten und in ihrer Nachfolge griechische Kolonisten eine erste Ansiedlung auf dem Boden des heutigen Monfalcone begründeten, eine Tradition, die in den folgenden Jahrtausenden immer dafür sorgte, daß irgendwo auf diesem schönen und dabei doch so verzweifelt armen friaulanischen Boden erbittert und verlustreich gekämpft wurde. Namen wie Malborghetto und Osoppo, Gradisca und Camporfomido, Doberdò und Redipuglia haben für jeden lernbegierigen und ehrgeizigen Offiziersaspiranten und für jeden Militärhistoriker einen verlockenden Klang. Einige der blutigsten Schlachten und abscheulichsten Kommandounternehmen vergangener Zeiten haben in diesem Raum stattgefunden, darunter die berüchtigte Rabenschlacht zwischen den Ostgoten unter Theoderich und Odoaker im Raum von Monfalcone oder die legendäre Zerstörung Aquileias zuerst durch die Westgoten, dann durch die Langobarden und schließlich durch die Hunnen, denen sich allerdings noch Awaren und Magyaren anschließen sollten, bis zuletzt im 14. und vor allem im 15. Jahrhundert die Osmanen sowie Piraten von den kroatischen Küsten auch noch die letzten Trümmer zerstörten. Einer der berühmtesten Feldprediger der habsburgischen Türkenkriege, Marco d'Aviano, stammt aus dem westlichen Friaul, und die Kampfkraft der Friaulaner selbst war bereits in früheren Zeiten so berühmt und hochgeschätzt, daß sie sogar in alten deutschen Landsknechtsliedern besungen wurde. Mangart, Canin und Peralba, Cavallo und Predil sind nicht nur bekannte friaulanische Grenzberge, sondern waren auch Namen, die während des Ersten Weltkrieges eine besonders tragische Bedeutung besaßen und immer wieder in den Militärberichten der Italiener und Österreicher erschienen. Der Isonzofluß und die alte österreichische Stadt Görz wurden im Verlauf von zwölf Schlachten weltberühmt, nach Gradisca wird heute noch ein erbitterter Krieg bezeichnet, der zwischen Habsburg und Venedig tobte und in dessen Verlauf Leonardo da Vinci den ersten brauchbaren Minenwerfer der Kriegsgeschichte konstruierte, und Campoformido steht für einen der vielen Waffenstillstände in napoleonischer Zeit, die doch keinen dauerhaften Frieden gebracht haben. Im alten österreichischen Malborgeth entdeckten die ruhmsüchtigen Habsburger einen neuen und attraktiven Schauplatz für ihre Heldenverehrung, während die Italiener auf dem gleichermaßen berüchtigten und blutüberschwemmten Monte Santo bei Görz und auch auf dem Monte Sabatino oder auf dem Doberdò-Plateau ihre irritierende Neigung zum nutzlosen Heldentum befriedigen konnten. Görz, die unglückliche zweigeteilte Stadt, ist seit ihren historischen Anfängen öfter

und härter umkämpft worden als irgendeine andere vergleichbare Stadt im östlichen Norditalien, und mit Palmanova verfügt das Friaul über die größte und berühmteste Festung, die das mächtige Venedig jemals auf dem europäischen Festland besessen hat. Und es mutet fast wie Ironie an, daß gerade dieses Palmanova nie in eine ernsthafte Belagerung verwickelt worden ist. Dafür wurde der ehemalige Grenzort Pontebba/Pontafel im Ersten Weltkrieg innerhalb von wenigen Stunden dem Erdboden gleichgemacht, während beispielsweise der idyllische Marktflecken von Osoppo genau 67 Jahre vorher ein trauriges Symbol für diese militaristische Tradition war, und selbst so eng benachbarte Städte wie Gemona und Venzone oder Cividale und Udine waren lange Jahrzehnte ihrer Geschichte mit bürgerkriegsähnlichen Verhältnissen konfrontiert.
Aber auch die ruhmreiche und vor allem für die religiöse Entwicklung des Friaul so bemerkenswerte Geschichte Aquileias hat von ihren allerersten Anfängen an, als zuerst die angeblich glückverheißenden Adler über die Ebene kreisten und dann die ersten römischen Legionäre sich ansiedelten, unaufhörlich mit dem Krieg zu tun gehabt. Und selbst ein so unscheinbares, halbvergessenes und unbekanntes Bauerndorf wie Zuglio, das die Nachfolge des römisch-karnischen *Forum Carnicum* angetreten hatte und immerhin einmal der Sitz eines Bischofs gewesen war, ist in diese folgenschweren Raufhändel verwickelt gewesen, die schließlich seinen unaufhaltsamen Abstieg zur vollkommenen Bedeutungslosigkeit verursachten. Einige hochberühmte und einige unbekannte Schauplätze liefern das traurige Zeugnis für diesen immerwährenden Wahnsinn – ich erwähne nur die sogenannte *Riesenhöhle* bei Opicina oberhalb von Triest, wo noch 1945 Tausende deutscher Soldaten von Partisanen umgebracht wurden –, und selbstverständlich werden sie alle von Heldenfriedhöfen und imposanten Mahnmalen dekoriert, die vom nördlichen Arta bis zu den einsamen österreichischen Begräbnisstätten reichen, die im Triestiner Karst liegen. Und man braucht erst gar nicht sonderlich abergläubisch zu sein, um in dieser Summierung von Krieg und Elend so etwas wie eine schicksalhafte Bedeutung zu erkennen, die freilich den Menschen in diesem Raum außer Unglück und Unsicherheit nichts eingebracht hat.

Pula (Istrien): Altstadtfassade

Pieve de Cadore: Geburtshaus Tizians

Am Misurinasee (Cortina d'Ampezzo)

Verona: Piazza dell'Erbe

Pula (Istrien): Altstadtfassade

Pieve de Cadore: Geburtshaus Tizians

Am Misurinasee (Cortina d'Ampezzo)

Verona: Piazza dell'Erbe

Denn dieses Land, das seiner natürlichen Schönheit wegen zu den ergreifendsten und auch bezauberndsten Beispielen europäischer Idyllen zählt, weil es auf eine sanfte und zugleich überzeugende Weise den Übergang schafft von der Sprödigkeit hochalpiner Regionen zur mediterranen Farbigkeit und Sinnlichkeit und dabei zwei und – wenn man das slowenische Element miteinbezieht – sogar drei Kulturen miteinander verbindet, dieses Land hat nicht nur alle kriegerischen Katastrophen und Verbrechen seit den Tagen, da die ersten tausend oder zwölfhundert keltischen Männer aus Gallien hier eingewandert sind, über sich ergehen lassen müssen, sondern es ist auch ungeachtet seiner Schönheit und teilweisen Fruchtbarkeit verzweifelt arm. Der ganze Nordwesten des Friaul und sein gebirgiger unzugänglicher Nordosten, aber auch die lagunaren Landschaften im Süden oder das Grenzgebiet der orientalischen Hügel im Osten oder die schmalen Täler hinauf nach Norden waren durch Jahrhunderte ein Reservoir für diese immerwährende Auswanderung, die ganze Landstriche, die irgendeiner dieser verrückten Kriege vielleicht gerade noch verschont hatte, gnadenlos entvölkerte. Man spricht zwar immer bewundernd davon, daß es friaulanische Maurer und Handwerker gewesen wären, die an allen großen europäischen und asiatischen Eisenbahn- und Straßenbauten der vergangenen hundert Jahre mitgearbeitet hätten – darunter an der transsibirischen Eisenbahn und an den großen Verkehrsvorhaben in Persien –, man erwähnt voll Stolz den unermüdlichen Fleiß und die erstaunliche Genügsamkeit dieser Menschen, die sich gegen eine aufrührerische Natur und gegen die erbärmliche Unvernunft ihrer Nachbarn zur Wehr setzen mußten, aber man spricht kaum einmal – und wenn, dann hinter vorgehaltener Hand – über das traditionelle Elend etwa in der Carnia, das schon Generationen von Friaulanern in die belgischen und französischen Kohlengruben oder nach Brasilien und Kanada und zuletzt auch in die Bundesrepublik Deutschland getrieben hat.

Das alles sind Beispiele für ein kummervolles Schicksal, das man allzugern übersieht, wenn von der kulturhistorischen Bedeutung des Friaul die Rede ist oder wenn Scharen zufriedener Besucher das doppelbödige Heldenmonument von Redipuglia besuchen und sich an der adretten Ordnung erfreuen, die dort zwischen den makellos instandgehaltenen Kanonen und den gepflegten Gräbern herrscht und eine friedliche Stimmung vortäuscht, an der nur das Blut stört, das in Strömen durch dieses unglückliche Land geflossen ist.

Jenseits der großen Mauer fühlte sich auch der italienische Schriftsteller Guido Piovene, als er im Verlauf seiner berühmtgewordenen Rundreise durch Italien ins Friaul kam. Und er zitierte den symbolträchtigen Ausspruch eines Freundes, der in einfachen Worten eine ganz entscheidende Wahrheit über dieses Land enthält: »Östlich des Monticano sieht man zum erstenmal das Pferd, auch eines allein, an eine Deichselstange gespannt. Vorher war das Pferd immer an zwei Deichselstangen gespannt. Dieser Brauch findet sich, vom Friaul aus ununterbrochen, bis in die Mongolei hinein.«

Gelassen steigt das Meer an Land

Cortina oder
Das Meer grenzt immer noch an die Alpen

Was ist eigentlich »landschaftliche Schönheit«? Woraus besteht das, was seit einigen Jahrtausenden so viele Worte und so viele Metaphern provoziert? Oder was hat es mit dieser vielgerühmten Faszination durch Landschaft wirklich auf sich? Wenn taubengrauer Nebel sich wie auf einem impressionistischen Gemälde um einen gewaltigen Monolith aus rötlichem Kalkstein windet? Oder eine Bergkette aus nacktem Stein, deren einzelne Felsengipfel an knochige Schwurfinger erinnern, sich im lindgrünen Wasser eines Almsees spiegelt? Und Tannenwälder, Latschengrün und dunkles Flechtenmoos wie eine bizarre Halskrause einen geierköpfigen Berg umschließen? Oder der Himmel nur noch ein Fahnentuch aus schimmernder Seide ist, blau oder aquamarin, bis ihn und damit auch die pittoresken Bergfassaden aus Kalkstein eine untergehende Sonne himbeerfarben bis zinnoberrot entflammt?

Ich weiß nicht, ob das alles mit dem Begriff Schönheit allein schon erklärt werden kann! Oder ob die Faszination durch eine der eigenartigsten Gebirgslandschaften Europas, der alljährlich immer mehr Menschen erliegen, nicht auch etwas mit dem geheimen Ruhm zu tun hat, den sich die verschiedenen Berggipfel und Gebirgsmassive in den Dolomiten seit mehr als einem Jahrhundert dadurch erworben haben, daß die Geschichte ihrer erstmaligen Bezwingung nur noch durch das Abenteuer eines beinahe mythischen Krieges übertroffen wurde, der vor vielen Jahren in dieser Region tobte. Doch wie dem auch sein mag, Namen wie Monte Cristallo, Col di Lana, Le Tofana, Marmarole oder Drei Zinnen üben einen eigenartigen Reiz selbst auf diejenigen Menschen aus, denen solche Versatzstücke hochalpiner Landschaft für gewöhnlich nur ängstliches Mißtrauen einflößen.

Und doch hat das alles vorerst einmal nur am Rande mit unserer Geschichte zu tun! Diese Geschichte beginnt vielmehr in einem kleinen Provinzmuseum, und zwar in dessen weitläufigem Dachgeschoß, wo zahlreiche Versteinerungen großer zweischaliger Seetiere als ein stummer Beweis ausgestellt sind, daß tatsächlich einmal das Meer bis an die Alpen reichte. Das Museum, von dem ich hier spreche, befindet sich übrigens in Cortina d'Ampezzo, und einige der Versteinerungen, die wie moderne Skulpturen aussehen, sind von beträchtlicher Größe. Sie lebten vor rund 190 Millionen Jahren im seichten Meerwasser, das diese Region einmal bedeckte. Zugleich aber signalisieren sie auch so etwas wie den Beginn geschichtlicher Existenz für eine Landschaft, die heute als ein selbstverständlicher Bestandteil und darüber hinaus sogar als elitäres Angebot des italienischen Fremdenverkehrs gilt, die aber bis in die Mitte des vorigen Jahrhunderts äußerstenfalls als Grenzregion und Eldorado des Tabak- und Salzschmuggels von einiger Bedeutung war. Und das bringt uns auf einen der merkwürdigsten Seitensprünge venezianischer Politik.

Aber was hat Cortina d'Ampezzo, was hat diese Landschaft namens Cadore, die wie eine Festung aus hochaufragenden Bergen und dunkelgrünen Wäldern im äußersten Norden der ehemaligen venezianischen »terra ferma« und damit schon innerhalb der Dolomiten liegt, mit der lagunaren Markusrepublik tatsächlich zu schaffen? Und was mußte geschehen, damit dieses unzugängliche Berg- und Grenzland, durch das vor zweitausend Jahren schon einer der wichtigsten römischen Alpenübergänge führte, überhaupt eine Rolle spielen konnte im historischen Ablauf dieser legendären »terra ferma«, also des venezianischen Festlandes?

Nun, Venedig war immer schon ein überaus kompliziertes Gebilde, und zwar sowohl in physischer als auch in psychischer Hinsicht. Und auch Venedigs Vergangenheit war überraschend oft von Widersprüchen geprägt, die mit rationellen Mitteln allein kaum zu erklären sind. Natürlich hatte es gute und einleuchtende Gründe dafür gegeben, daß man sich vom Canal Grande aus bereits anfangs des 15. Jahrhunderts um diese entlegene Hinterlassenschaft der Patriarchen von Aquileia gekümmert hatte, die sich ihrerseits als Erben der expansionsfreudigen Baiern betrachtet hatten, Gründe, die ich noch erwähnen werde und die in jenem Zeitalter eines scheinbar unaufhaltsamen venezianischen Aufstiegs zum europäischen Wirtschaftsimperium ganz gewiß nicht von irgendwelchen landschaftlichen Schönheiten abhängig waren. Und doch gab Venedig dann fast leichten Herzens dieses Cadore wieder aus der Hand!

Es war im sogenannten Frieden von Noyon im August des Jahres 1516, dem noch der entscheidende Vertrag von Brüssel im gleichen Jahr folgen sollte, daß dieses Herzstück der italienischen Dolomiten für lange Zeit in deutsche Hände fiel. Und eine ganze Reihe von fragwürdigen Feldzügen, Belagerungen und fruchtlosen Scharmützeln, von ebenso skurrilen diplomatischen Floskeln wie raffinierten politischen Intrigen praktisch damit abgeschlossen wurde, daß diese seit den Tagen der Römer zwar bekannte, jedoch häufig vergessene und immer unterschätzte Landschaft des Cadore vorübergehend politisch attraktiv wurde. Unter den Akteuren, die dafür verantwortlich waren, befanden sich der habsburgische Kaiser Maximilian – der einmal allen Ernstes damit spekuliert hatte, den Stuhl Petri in Rom zu übernehmen – und die Republik Venedig, also die beiden klassischen Erbfeinde des frühen 16. Jahrhunderts. Und obgleich man kaum annehmen kann, daß selbst ein so leidenschaftlicher Bergfreund wie Maximilian I. von der bizarren Schönheit der Gebirgslandschaft rund um Cortina d'Ampezzo hinreichend beeindruckt gewesen wäre, um dafür einen Krieg gegen Venedig zu entfesseln, so brachte ihn dieser Vertrag von Brüssel doch in den Besitz der ganzen Region.
Dabei war das alles mehr auf einen Zufall zurückzuführen, denn das auslösende Moment für diesen Krieg und die daraus resultierenden und entscheidenden militärischen Auseinandersetzungen lagen anderswo, befanden sich weiter östlich, und zwar im einstigen Stammland der Patriarchen von Aquileia und der österreichischen Grafen von Görz, also im Friaul und im Raum von Görz und Gradisca. Ebenso hatten die politischen Ziele dieser Auseinandersetzung zwischen Habsburg und Venedig so gut wie nichts mit dem Cadore zu tun, das ja nicht einmal ein Nebenkriegsschauplatz war.
Dieses Cadore gruppiert sich in der Hauptsache um das mächtige Gebirgsmassiv der Marmarole an der Grenze zum nordwestlichen Friaul, also der Carnia, und gegen das heutige Österreich. Das geistige und politische Zentrum der ganzen Region war anfangs des 16. Jahrhunderts noch Pieve di Cadore, das von Rätern und Euganeern gegründet worden war, im späten Mittelalter zum Zentrum einer politisch wie ökonomisch weitgehend unabhängigen und fast republikanischen Gemeinschaft namens »Magnifica Comunità di Cado-

re« wurde und im übrigen auch den Ruhm für sich beanspruchen darf, der Geburtsort eines gewissen Tiziano Vecellio zu sein, der 1477 hier in einem heute noch existierenden Haus geboren wurde und als Tizian zu den bedeutendsten und genialsten Persönlichkeiten der europäischen Kunstgeschichte zählt.
Trotzdem trat jetzt nach dem Vertrag von Brüssel, der drei Jahre vor Maximilians Tod einen der verlustreichsten Kriege beendete, die der Habsburger jemals geführt hatte, Cortina d'Ampezzo, traten aber auch andere bis dahin unbedeutende Ortschaften aus der Anonymität ihrer Geschichtslosigkeit erstmals ins Licht der Öffentlichkeit. Und wenn man sich auch unter dem Cadore und vor allem unter Cortina d'Ampezzo in jener Zeit nicht mehr viel vorstellen darf als eine Ansammlung einiger weitverstreuter und armseliger Bauernhöfe, die wie primitives Kinderspielzeug am Fuß der Marmarole und zwischen den Bergriesen des Monte Cristallo und der felsigen Tofana lagen, so hätte doch damals schon die strategische Lage der ganzen Region für jeden weitblickenden Politiker unverkennbar sein müssen. Denn schon die Römer hatten durch dieses Gebiet, das sie freilich nie völlig befrieden konnten, einen ihrer wichtigsten Alpenübergänge geführt. Und einige Jahrhunderte später würden die Baiern zumindest im unmittelbar angrenzenden Norden des Cadore mit Innichen einen ersten wichtigen Stützpunkt errichten, der die Ausgangsbasis war für die endgültige Christianisierung dieses damals noch weitgehend slawisierten Raumes zwischen Brenner und Kärnten.
Es bleibt in jedem Fall erstaunlich, daß Venedig sich von dieser reichgegliederten Gebirgslandschaft im Norden seiner »terra ferma« ohne besondere Trauer trennte. Immerhin hatte es rund hundert Jahre lang aus dieser Gegend, die als natürliche Barriere zwischen dem deutschen und italienischen Sprachraum liegt, nicht nur das kostbare Bauholz für seine Galeeren und Barkassen geholt – und zwar aus der Gegend von Pieve di Cadore –, sondern auch aus dem alten Bergbaudorf Caprile mitten in den Großen Dolomiten das für seine Waffenerzeugung lebenswichtige Bleierz in seine Arsenale importiert, wo es dann verhüttet wurde. Und vor Venedig waren es bereits die Patriarchen von Aquileia gewesen, die aus dieser labyrinthisch anmutenden Unzugänglich-

keit aus Wald, Felsen, Schluchten, rauschenden Wildbächen und Hochalmen ihren Gewinn gezogen hatten, der unter anderem wohl auch darin bestanden haben mochte, daß die uralten Römerstraßen hinauf nach Norden gesichert und die riesigen Holzbestände aus den unendlichen Waldgebieten gleichsam italienisch blieben. Aber vielleicht war den Venezianern, die anfangs des 16. Jahrhunderts ihre Kontinentalpolitik längst schon den Erfordernissen des gewinnbringenden Levantehandels untergeordnet hatten und denen die weiten und fruchtbaren friaulanischen Ebenen und auch die befestigten Häfen Dalmatiens als Aufmarschgebiet gegen den zu erwartenden osmanischen Einfall naturgemäß wichtiger waren als eine Handvoll armseliger Gebirgsdörfer, vielleicht war den Venezianern also dieses zu allem Überfluß ziemlich verarmte Cadore ohnedies suspekt geworden. Und vielleicht waren sie sogar ganz froh darüber, daß ihre Nordgrenze nähergerückt und damit überschaubar geworden war. Jedenfalls wurden Pieve di Cadore, Cortina d'Ampezzo und damit auch das Cadore selbst vorerst einmal habsburgisch.
Heute sind alle diese geschichtlichen Abläufe, soweit sie nicht die unmittelbare Vergangenheit betreffen, vollkommen gegenstandslos geworden. Heute erinnern nur noch die überwachsenen Ruinen altösterreichischer Festungswerke an der alten Sprachgrenze in der Gegend von Landro nördlich von Cortina an diese unmittelbare Vergangenheit, wobei es wenig bekannt sein dürfte, daß hier einmal aus sogenannten militärischen Gründen ein ganzes Dorf – Landro oder Höhlenstein – von den Österreichern gesprengt werden mußte, um freies Schußfeld zu erhalten. Auch das alte italienische Zollhaus südlich von Cortina sowie verwitterte und vergessene Gedenksteine an Straßenkreuzungen im Gebiet des Misurinasees erinnern noch an diese Grenze, die freilich immer ein wenig imaginär und willkürlich gewesen sein muß, weil das venezianische und damit mediterrane Element unabhängig von allen politischen Konstellationen stets bis zu dieser unsichtbaren Sprachbarriere reichte, die heute noch nördlich von Cortina d'Ampezzo, dem See von Misurina und dem Kreuzbergpaß verläuft und in verwaltungstechnischer Hinsicht die fast völlig italianisierte Provinz Belluno vom rein deutschsprachigen nordöstlichen Südtirol trennt.
Der Aufstieg des Cadore vom unterentwickelten und ver-

nachlässigten Notstandsgebiet, dessen verarmte Bevölkerung sich mehrere Generationen lang in die Emigration flüchtete, zum heutigen soliden Wohlstand begann anfangs des 19. Jahrhunderts und hatte mit landschaftlicher Schönheit und auch mit der schwer erfaßbaren Faszination zu tun, die gerade diese seltsam geformten und unverwechselbaren Kalksteingebirge und dramatisch gegliederten Felsen auf erlebnishungrige Menschen ausgeübt hatten. Es war freilich mehr als nur oberflächliche Lust am Abenteuer, die die ersten Naturschwärmer und dann bald auch die ersten Touristen im weitläufigen Sinne des Wortes in diese Gegend brachte, Touristen, die mit den heutigen Besuchern Cortinas und des ganzen Cadore allerdings nur wenig gemeinsam hatten. Auf der Piazzale delle Guide auf dem Corso Italia von Cortina d'Ampezzo befindet sich ein Denkmal, das diese Anfänge vielleicht am besten charakterisiert. Das Denkmal besteht aus einer Bronzebüste und einem roh behauenen Dolomitenfelsblock und wird von den meisten Besuchern Cortinas übersehen. Es ist einem Mann gewidmet, der für die touristische und damit ökonomische Erschließung dieser Bergwelt unendlich viel mehr getan hat, als das die meisten kommunalen Politiker und übergeordneten Behörden je imstande gewesen wären.
Dieser Mann hieß Angelo Dibona, wurde 1879 in Cortina geboren – war also nach den damaligen politischen Gegebenheiten österreichischer Untertan – und starb im Jahre 1956. Dibona war einer der besten Alpinisten seiner Zeit, ein Pionier nicht nur im schwer zugänglichen Fels der Dolomiten, wo er zahlreiche Erstbesteigungen unternahm, sondern auch für die touristische Erschließung seiner Heimat. Einige seiner zahllosen Erstbesteigungen sind heute längst schon Legende, so etwa die erstmalige Bezwingung der Einser-Nordwand im August 1910 oder, ebenfalls 1910, die Durchsteigung der Westwand des Pordoi. Er eröffnete dadurch sowohl den Romantikern unter den Alpinisten als auch den nüchternen Bergsportlern zahlreiche neue Möglichkeiten und setzte durch seine Initiative die ersten Impulse für eine allmählich beginnende Konjunktur des Fremdenverkehrs. Auch der für die alpinistische Tradition und den wohlbegründeten Ruf Cortinas so wichtige Umstand, daß man hier im Jahre 1956 die Olympischen Winterspiele abhalten konnte, geht nicht zuletzt auf die erstaunlichen Leistungen Angelo

Dibonas zurück, der zwar nicht als Erster, wohl aber als Erster erfolgreich die Wunderwelt der Dolomiten für die Allgemeinheit entdeckt und erschlossen hat.
Heute, da man längst schon die wichtigsten Voraussetzungen für einen gewinnbringenden Fremdenverkehr erkannt hat – und diese Voraussetzungen sind zumindest von ihren natürlichen Gegebenheiten her in und rund um Cortina in überwältigender Fülle vorhanden –, heute weiß man freilich auch nur allzu gut, wie rasch das weitverbreitete und ebenso kostbare wie kostspielige Image von heiler Welt und hochalpiner Schönheit zerstört werden kann. Die alpinistische Legende jedenfalls, die zum Ruhme Cortinas und des ganzen Cadore und damit zu einem unwahrscheinlichen wirtschaftlichen Aufschwung geführt hatte, begann mit den Namen so berühmter Bergführer und Alpinisten wie Paul Grohmann, Dimai oder Lacedelli, hatte mit diesen Bergen zu tun, die wie kunstvoll erarbeitete und raffiniert arrangierte Kulissen rund um Cortina stehen und deren Mythos stark genug war, über alle politischen und historischen Zerwürfnisse hinaus Menschen aus verschiedenen Nationen zu faszinieren. Die Zeit des Niedergangs, der inzwischen auch von den fanatischen Anhängern einer illusionistischen Naturideologie eingestanden werden muß, begann dann allerdings in jenem Augenblick, als im Jahre 1915 auf einigen der berühmtesten und wohl auch schönsten Berge Europas ein hochalpiner Krieg die Menschen zu absurden Handlungen verführte, deren Folgen unabsehbar sein sollten. Denn wer – wie das so häufig geschieht – immer noch vom »Goldenen Buch des Alpinismus« schwärmt, dessen Seiten angeblich erfüllt sind vom Ruhm der Berge und einer landschaftlichen Idylle, die so unzerstörbar sei wie die Sehnsucht der Menschen nach der Reinheit und Klarheit der Natur, der vergißt völlig, daß den kühnen Bergsteigern und Bezwingern dieser höchsten und gefährlichsten Gipfel in den Dolomiten spätestens seit 1915/16 die Mineure, Sappeure und Ingenieure folgten, die sich wie Wühlmäuse durch diese Bergwelt gruben und so die Voraussetzungen schufen für eine ebenso planvolle wie verhängnisvolle Veränderung einer intakten Natur. Und daß am Ende dieser Entwicklung die weitgehende Zerstörung eines der letzten großen Landschaftsräume Europas steht, dessen Schönheit einmal unbestritten war.

Es begann zum Beispiel westlich von Cortina am Lagazuoi damit, daß der italienische Generalstab im Winter 1916/17 einen Aufstieg im Inneren des Berges plante, um die Österreicher, die das Gipfelplateau beherrschten, durch gewaltige Sprengungen aus ihren Stellungen zu vertreiben. Und tatsächlich waren die italienischen Pioniere nach sechs Monaten schwerster Arbeit und nachdem sie einen elfhundert Meter langen und schneckenförmigen Haupttunnel mit mehreren Verzweigungen im Inneren des Lagazuoi vorangetrieben hatten, endlich soweit, daß sie am 20. Juli 1917 gegen Mitternacht eine mit dreiunddreißig Tonnen Sprengstoff gefüllte Sprengkammer zünden konnten. Der militärische Erfolg dieses Unternehmens war freilich fragwürdig, denn die österreichischen Soldaten hatten sich unmittelbar vor der Explosion aus ihrer exponierten Stellung zurückgezogen. Aber ein halbes Jahrhundert später wurde in Cortina eine Gesellschaft gegründet, die diesen Sprengtunnel wieder freilegte und ihn zur touristischen Sehenswürdigkeit ausstattete. Und am berühmten Monte Cristallo, der im Ersten Weltkrieg seiner strategischen Bedeutung wegen Schauplatz blutiger Kämpfe war, kann man heute rund acht Kilometer lang auf erstaunlich gut abgesicherten Wanderwegen und ausgebauten Bergpfaden an den Unterständen und Stellungen der italienischen Alpini entlangwandern, wobei man von der Galleria del Cecchino, also vom Tunnel des Heckenschützen, bis zu den ehemaligen Gefechtsständen der italienischen Artillerie und gut ausgebauten Kasematten das ganze Arsenal militärischer Technologie bestaunen darf. Und zugleich Überlegungen anstellen kann, daß alle diese fraglos bewundernswerten technischen Leistungen im Hochgebirge nur der letzte entscheidende Anstoß dafür waren, aus den Erfahrungen des Krieges eine touristische Architektur zu entwickeln, die heute das ganze Gebiet rund um Cortina radikal verändert hat. Denn durch zahllose Seilbahnen, Autostraßen, hotelähnliche Schutzhütten und bequeme Wanderwege selbst quer durch den nackten Fels, die mitunter fast schon wie Rennstraßen anmuten, ist diese Region tatsächlich auf eine Weise verändert und entstellt worden, die zumindest für die Landschaft lebensgefährlich geworden ist.

Vor mehr als zwanzig Jahren schon beklagte zum Beispiel der italienische Schriftsteller Guido Piovene den sogenannten

Fortschritt im Alpinismus und die damit zusammenhängende Krise nicht nur des Alpinismus, sondern auch des Ampezzaner Fremdenverkehrs. Er schrieb damals: »Sicher ist diese Krise des Alpinismus in der ganzen Welt verbreitet, aber in Italien und seiner bürgerlichen Schicht drückt sie sich wohl am deutlichsten aus. Noch augenfälliger macht der Fremdenverkehr den Wandel der Lebensformen. Cortina ist fast eine Stadt geworden, und dies so sehr, daß man den Bau weiterer Hochhäuser verboten hat, denn andernfalls wären hier Wolkenkratzer entstanden.«

Und an anderer Stelle formulierte Piovene noch deutlicher: »Der geruhsame Sommerfrischler im Stil des 19. Jahrhunderts, der sich lange an einem Ort aufhielt, stirbt aus. Dagegen steht der Massentourismus in Blüte, von dem heute die Hotels leben, ebenso wie von dem hastigen Durchgangsbetrieb der großen Reisegesellschaften, die im Gesellschaftsautobus ankommen und schon am nächsten Tag weiterreisen.«

Die Folgen dieser Entwicklung, die ein so guter Kenner der Situation wie Piovene bereits in den fünfziger Jahren ausführlich beschrieben hatte, sind heute unübersehbar! Die Anfahrtsstraßen nach Cortina sind zu wahren Schlachtfeldern des motorisierten Verkehrs geworden, romantische Hochalmen haben sich in Mülldeponien verwandelt und die Gebirgsbäche neben den neuerrichteten Straßen schwemmen bei jedem Regenfall die Ölrückstände der Autos talwärts, Bergseen ersticken langsam an Überdüngung, verursacht durch immer neue Hotels und Restaurants, deren Abwässer sich manchmal ganz legal und häufiger noch illegal mit dem smaragd- bis türkisfarbenen Wasser vermischen, und die vor wenigen Jahrzehnten noch zutiefst beeindruckende Landschaft etwa rund um den Misurinasee mit der strengen und im besten Sinne klassischen Schönheit einer unvergleichlichen Gebirgskulisse erstickt von Jahr zu Jahr immer mehr unter einer sich wie rasend vermehrenden Produktion an Fertigteilbauweisen, Stahlbeton und Plastik. Leere Bierdosen, Tonnen von Verpackungsmaterial jeder Art, chemisch verseuchte Abwässer auch noch in zweitausend Metern Höhe und die giftigen Abgase unzähliger Autos bis über die Baumgrenze hinaus vervollständigen dieses Inferno einer überperfektionierten Fremdenverkehrsindustrie, der zuerst die in Jahrhunderten gewachsene bäuerliche Struktur dieser Landschaft und dann die Natur selbst zum Opfer gefallen sind. Und deren Ende noch nicht abzusehen ist. Weder in Cortina, das sich die glatte Fassade einer internationalen Hotelstadt angeeignet hat, noch in den berühmten Bergen rundum, deren Schönheit sich heute hinter Starkstromleitungen, Kabinenseilbahnen, Sessellifts, überfüllten Autostraßen und umsatzstarken Restaurants oder Erfrischungsständen beinahe schamhaft verbirgt.

Trotzdem gibt es natürlich immer noch diese Augenblicke der Wahrheit, in denen das fahle Licht des Himmels über den Hochkaren und die machtvolle Bewegung des Südwinds in den riesigen Wäldern, aber auch das leuchtende Grün taufrischer Wiesen oder das schwärzliche Maul einer zerklüfteten Schlucht ein nahezu absolutes Naturverständnis ermöglichen. Man braucht dazu viellcicht nur die hoffnungslos überfüllten berühmten Dolomitenstraßen zu verlassen, deren architektonische Künstlichkeit zwar atemberaubend ist, die aber immer noch wie schlecht verheilte Narben das Gebiet rund um Cortina bedecken. Schon in Pieve oder im Val Pettorina, das mit seinen »Serrai di Sottuguda« eine furchteinflößende Vorstellung von der wühlenden Kraft des Wassers gibt, das sich hier im Lauf der Jahrtausende seinen Weg durch die Kalksteinwände gebahnt und dabei einen Canyon gebildet hat, der von hohen Felswänden eingeschlossen wird, aber auch in der malerischen Beengtheit halbvergessener Gebirgsdörfer begegnet man noch diesem Zustand landschaftlicher Ursprünglichkeit, den diese Region vor ihrem touristischen Sündenfall überall besessen hat. Und wenn in Cortina oder in San Vito di Cadore oder auch entlang der Alpenstraßen allein schon die Hotelarchitektur diese nivellierende Gesichtslosigkeit verrät, die anscheinend für alle internationalen Fremdenverkehrsorte charakteristisch sein muß, so beginnt jenseits dieser Zone und gleichsam hinter den Bergen wieder das altvertraute Bild der grauen Steinhäuser und buntmalten hölzernen Fensterläden, der blühenden Blumen bis unters Dach und der murmelnden Dorfbrunnen.

Vielleicht ist das alles nur noch eine falsche Idylle, hat es nur noch mit diesen gefährlichen Klischees zu tun, die aus dem tödlich verletzten Instinkt großstädtischer und konsumorientierter Menschen entstanden sind? Vielleicht lebt es sich heute schon zu unbequem und zu mühsam hinter diesen alten Steinmauern, die wie Monumente einer verlorenen Zeit in einsamen Talkesseln oder in der Beengtheit schmalbrüstiger Hochgebirgstäler stehen? Und vielleicht ist der Preis, den das überreizte Gefühl eines von der industriellen Zivilisation übersättigten Europäers für seine gelegentliche Rückkehr zur Natur fordert, tatsächlich viel zu hoch für diejenigen, die in den alten grauen Steinhäusern und hinter den buntbemalten hölzernen Läden leben müssen?

Eine vernünftige Alternative zu dieser Diskrepanz gibt es möglicherweise im oberen Piavetal zwischen Pieve und Lozzo di Cadore, wo immer schon auf die Solidität einer vernünftigen Kleinindustrie gebaut wurde und die Faszination eines grandiosen Gebirgspanoramas nur ein landschaftlicher Akzent auf die Vernunft und den Fleiß der Menschen war. Die Venezianer holten sich hier das Bauholz für ihre Schiffe. Später bezogen die rasch wachsenden norditalienischen Industriestädte einen Teil ihres Fleischbedarfs in Form von erstklassigem Schlachtvieh aus der Gegend von Pieve di Cadore. Und um das Jahr 1870 begann ein unternehmungslustiger Wanderhändler aus Calalzo, einem kleinen Dorf halbwegs zwischen Pieve und Lozzo di Cadore, mit einem ziemlich ungewöhnlichen Unternehmen, und zwar mit der Produktion von Brillen und dem dazugehörenden optischen Fachmaterial. Sein Name war Angelo Frescura, und heute verdanken mehr als hundertfünfzig Brillenfabriken und Tausende von Menschen in diesem Raum ihre wohlfundierte Existenz seiner vorausplanenden Tatkraft.

Pieve selbst, der Hauptort dieses Gebietes und vom Mittelalter bis ins frühe 16. Jahrhundert das politische Zentrum der legendären »Magnifica Comunità di Cadore«, einer lokalen Vereinigung aller benachbarten Gemeinden und Dörfer auf weitgehend demokratischer Basis, Pieve ist heute vor allem das Ziel der Kunstfreunde, die das Geburtshaus Tizians besichtigen wollen. Dieser besinnliche Rundgang durch die Heimatstadt des Malers, der zugleich auch so etwas wie die vorübergehende Heimkehr in ein anderes Zeitalter ist, beginnt auf der leicht ansteigenden und weitflächigen Piazza Tiziano, dem Mittelpunkt der kleinen Stadt. Hier überrascht das aus dem Jahre 1447 stammende Rathaus, das wie aus einem einzigen gewaltigen Steinblock herausgehauen wirkt und heute noch den stolzen Namen »Palazzo della Magnifica Comunità di Cadore« trägt. In der schlichten Pfarrkirche von Pieve befindet sich in einer Seitenkapelle übrigens ein Gemälde ›Madonna zwischen Heiligen‹, das Tizian kurz nach 1560 für die Hauskapelle seiner eigenen Familie gemalt hatte. Sein Geburtshaus, die größte Attraktion der Kleinstadt, ist mehrfach restauriert worden, enthält ein kleines Museum, dessen besondere Sehenswürdigkeit zweifellos das Original eines Adelsbriefes ist, mit dem Kaiser Karl V. den Maler in den Adelsstand erhoben hatte. Und hinter dem uralten Geburtshaus erhebt sich ein kleines schloßähnliches Gebäude, dessen Hausfront mit einem Fresko geschmückt ist. Nach der lokalen Überlieferung soll Tizian noch im Kindesalter dieses Fresko gemalt haben, was freilich angesichts der mittelmäßigen Qualität der Arbeit eher unwahrscheinlich anmutet.

Von Pieve führt die Straße dann weiter nach Norden bis Campolongo, wo sie auf die uralte Römerstraße stößt, die bereits vor zweitausend Jahren den Kreuzbergpaß überquerte und deren abenteuerlichen Spuren heute noch die moderne Paßstraße folgt, die das Cadore in seinem nördlichsten Teil erschließt. Spätestens hier hat die Landschaft der hochaufragenden Berge und rauschenden Wälder ihre natürliche Ursprünglichkeit zurückgewonnen. Etwas vom Mythos der Natur wird wieder spürbar, und die Welt der Hotels, Souvenirläden und überfüllten Straßen, der Mülldeponien auf Hochalmen und der reibungslos funktionierenden Seilbahnen, die immer neue Menschenmassen auch noch auf die höchsten Berggipfel bringen, diese sonderbare Welt unserer überzüchteten Zivilisation ist hier kaum viel mehr als eine irritierende Erinnerung.

Im Schatten der Sieben Gemeinden

Die meisten Italiener haben eine gewisse Neigung zum Aberglauben, ohne die sie wahrscheinlich gar nicht glücklich wären! Und wenn ich jetzt nicht voreilig behaupte, daß alle Italiener hoffnungslos abergläubisch sind, dann nur deshalb, weil es auch hier ein Nord-Süd-Gefälle gibt und etwa ein Neapolitaner oder Kalabrese seinen Aberglauben leidenschaftlich mystifiziert und dämonisiert, während der aufgeklärte Norditaliener sozusagen achselzuckend abergläubisch ist, das heißt, er empfindet zwar die gleiche bange Furcht in seinem Herzen wie sein süditalienischer Leidensgenosse, aber er sucht wenigstens nach einer rationellen Erklärung für sein Unbehagen.

Ein gutes Beispiel für diesen Zwiespalt ist das Verhältnis des venezianischen Flachlandbewohners zu den Bergen, die seinen nördlichen Horizont begrenzen. Er dämonisiert sie nicht. Er fröstelt nur, wenn er sie erblickt. Und an schönen Herbsttagen ist er sogar bereit, gemeinsam mit seiner Familie über abenteuerlich angelegte und hervorragend ausgebaute Panoramastraßen bis in diese Regionen knapp unter der Baumgrenze vorzudringen, die ihm immer ein wenig unheimlich vorkommen, weil sie seinen an landschaftliche Weite und an sanft verschwimmende Konturen gewöhnten Verstand und wohl mehr noch sein Unterbewußtsein daran erinnern, daß es jenseits dieser alpinen Regionen eine andere, düstere und gleichsam unheilverkündende Welt gibt, aus der im Verlauf der Geschichte noch nie etwas sonderlich Gutes gekommen ist. Schließlich hat der Norditaliener die Horden großgewachsener, blondhaariger und rauflustiger Barbaren nicht vergessen, die viele Jahrhunderte lang mit bestürzender Regelmäßigkeit aus diesen Bergen im Norden hervorgebrochen sind und immer wieder von neuem die großen fruchtbaren Ebenen und anmutigen Hügel, die seine Heimat sind, überschwemmt und seine Städte bedroht und sein Leben in Gefahr gebracht haben.

Warum erzähle ich das? Nun, weil ich nach einer vernünftigen Erklärung suche für das abstrakte und zugleich auch

abergläubische Verhältnis, das der Venezianer zu diesen Bergen hat, deren Konturen sich aus manchem schlechten Grund unverlierbar in seinem Gedächtnis eingeprägt haben. Und ich meine hier sowohl den Bewohner der terra ferma als auch den Urvenezianer, der hartnäckig seine im Schlamm der Lagune versinkenden Holzpfähle liebt, auf denen er seit einigen Generationen schon gelassen seinen eigenen Untergang beobachtet und der ein recht sonderbarer Mensch ist, schwankend zwischen wacher, beinahe zynischer Intelligenz und furchtsamem Mißtrauen, stets geneigt, das Schlimmste zu befürchten, wenn sich in diesen Bergen etwas Ungewöhnliches tut oder rührt, die dort oben im Norden, wo sie sich halbkreisförmig in die Ebene vordrängen, eine ganz eigenartige Grenze bilden. Denn hausen dahinter nicht immer noch die Geister jener gefährlichen Kimbern, mit denen schon die Römer ihre liebe Mühe hatten? Und existieren da oben dicht unterm Himmel und nahe der unangenehmen Frostgrenze, die jeder Italiener aus tiefstem Herzen verabscheut, nicht höchst seltsame Geschöpfe, die sich untereinander in einer völlig unverständlichen Sprache unterhalten und merkwürdige Gepflogenheiten haben, obgleich sie allem Anschein nach harmlos und brave Italiener sind?
Das alles sind Annahmen, denen man gelegentlich auch heute noch begegnet, wenn man im flachen Venetien unterwegs ist, Annahmen, die sich zwar unvernünftig anhören, die aber wie so viele Halbwahrheiten und Gerüchte auf dieser Welt durchaus einen wahren Kern haben, wenn man der ganzen Sache erst einmal auf den Grund geht.
Man wird es vielleicht schon erraten haben: Ich spreche von den Lessinischen Bergen und dem Altopiano d'Asiago, von diesem Hochplateau also, das sich wie ein gewaltiger Halbmond in die Ebenen Venetiens hineindrängt und seinen Schatten – wenn natürlich auch nur in einem übertragenen Sinn – mitunter bis zum Canal Grande und auf die blassen Lagunen wirft, die freilich alles andere als ein strahlendes und makelloses Gewässer sind, darin sich Gebirge tatsächlich spiegeln können. Und hier, auf dem langgestreckten und zugleich eigenartig gekrümmten Rücken dieses Halbmondes, dessen Krümmung von den südlichen Ausläufern der legendären Dolomiten bis ans Ostufer des Gardasees reicht, gibt es diese Sieben Gemeinden, aber auch diese Dreizehn Gemein-

den und damit also insgesamt diese Zwanzig Gemeinden, die den meisten ausländischen und vielen italienischen Besuchern Venetiens zwar völlig unbekannt, den mißtrauischen Venezianern aber seit einigen Jahrhunderten schon ein Anlaß sind für ein fröstelndes Unbehagen, das man entweder als Aberglauben oder als die Frucht bitterer Erfahrungen bezeichnen könnte. Obgleich diese rätselhaften Gemeinden gerade das Gegenteil von Furcht und Unbehagen bewirken sollten, weil ihnen ursprünglich die Funktion eines soliden Bollwerkes gegen mögliche Feinde Venedigs aus dem Norden übertragen worden war. Und weil die Magie, die man in den beiden Zahlen ›Sieben‹ und ›Dreizehn‹ erkennen kann, auf recht handfesten politischen Überlegungen beruhte.
Trotzdem gibt es natürlich immer Gründe für jede Art von irrationaler Furcht! Man kann nämlich das alles auch andersherum sehen, und man überlege sich wirklich einmal die beiden magischen Zahlen, die in dieser verwirrenden Aufzählung der Berggemeinden im Norden enthalten sind und die wohl jeden abergläubischen Menschen auch anderswo als gerade in Venedig nachdenklich machen. Außerdem sind hier auf verhältnismäßig wenigen Quadratkilometern mehr Heldendenkmäler, Kriegsmuseen, militärische Weihe- und Erinnerungsstätten und Heldenfriedhöfe untergebracht als sonstwo in Italien, was immerhin etwas heißen will. Und schließlich hat man unten in der terra ferma nicht vergessen, daß einige dieser Gemeinden sich auch heute noch sozusagen durch Sprache und Kult recht grimmig von der mediterranen Weichheit unterscheiden, der man selber huldigt, selbst wenn das alles nur auf alter Gewohnheit basiert und vielfach kaum viel mehr als fremdenverkehrsorientierte Folklore ist. Und skeptisch argumentiert man, daß gewisse rauhe Bräuche nicht nur durch das rauhere Klima in den Lessinischen Bergen und auf dem Altopiano d'Asiago begründet sein können. Oder daß ein paar Dörfer ihre unheimliche Existenz hartnäckig dadurch dokumentieren, indem sie mit einem gewissen Stolz die überlieferten mittelalterlichen Namen aus den Schubladen ihrer Geschichte hervorholen und sie wie ein exotisches Wappen den frustrierten Venezianern anbieten, Namen, die an diese unruhigen Zeiten erinnern, als Venedig den Höhepunkt seiner Macht vielleicht schon überschritten und mit der allmählichen Talfahrt begonnen hatte, an deren vorläufigem

Ende das unaufhaltsame Nagen des Meeres an den uralten und fast nutzlos gewordenen Fundamenten steht.
Im übrigen müssen Dorf- und Stadtnamen wie Ljetzan/Lätzen oder Glietzen oder auch Schledum für die in nationalen Belangen überaus empfindlichen Italiener in der Tat ein wenig sonderbar klingen, und es kann einen nationalbewußten Venezianer, für den der Piave immer noch der heilige Fluß des Vaterlandes ist, kein großer Trost sein, daß zum Beispiel ohnedies nur mehr neugierige Linguisten von Verona als »Bearn« sprechen. Denn genau das ist der noch aus den Zeiten des Nibelungenliedes stammende deutsche Name der Stadt Romeos und Julias. Womit wir wieder beim Sagenkreis rund um Dietrich von Bern angelangt wären, der in allen diesen Hinweisen auf die zwanzig ehemals deutschen Gemeinden eine nahezu mythische Rolle spielt.
Aber was hat das alles wirklich zu bedeuten? Verbirgt sich hinter diesen Sieben, Dreizehn und damit Zwanzig Gemeinden, von denen hier die Rede ist, eine Art Konterrevolution gegen die große venezianische Verheißung, also gegen einen Lebensstil, der schließlich einen der schönsten und zugleich kunstvollsten Augenblicke in der Geschichte unserer abendländischen Zivilisation ermöglichte? Liegen diese geheimnisvollen Gemeinden etwa schon außerhalb der historischen Grenzen Venedigs, sind es möglicherweise Bruchstücke von einem anderen Stern, fremdartig, gefährlich und einem echten Venezianer unzumutbar, der auch heute noch seinen orientalischen und mediterranen Träumen nachhängt, diesen schmerzlichen Schimären verflossener Macht, in denen Ruhm und Reichtum noch einen ursächlichen Zusammenhang bedeuteten? Oder schmerzt die Menschen in der großen Ebene einfach die Erinnerung an die blutigen Demütigungen, die man während des Ersten Weltkrieges dort oben zwischen den Hügeln und Bergen hatte hinnehmen müssen?
Die Erklärung für das alles ist überraschend einfach und rührt zugleich an einige seltsame Aspekte menschlichen Tuns. Denn als die Markusrepublik sich ihre berühmte terra ferma organisierte – was immer man darunter auch verstehen mag: Raub, Erpressung, intrigante Diplomatie, Kriege... jede Schurkerei trifft hier zweifellos zu, jeder gemeine Zweck heiligt hier absolut die Mittel –, als Venedig sein Imperium aufbaute und auch auf Norditalien ausdehnte und sich dabei

nicht nur alter römischer Tugenden, sondern auch wohlerprobter römischer List und Zweideutigkeit entsann, als also immer neue Ländereien, Weingärten, Obstkulturen, Wälder, Städte und Dörfer erobert und erworben und so diese zusammenhängenden Landverbindungen erreicht wurden, die Venedig endgültig zur europäischen Großmacht werden ließen, da gab es an den Grenzen dieser terra ferma mindestens zwei psychologische Schwachstellen. Die eine war ziemlich real, hatte mit der Türkengefahr zu tun und lag im friaulanischen Osten. Erinnern wir uns doch daran, daß man in der Festung Palma – im späteren Palmanova – sogar freigelassene Galeerensträflinge ansiedelte, um gegen osmanische und gelegentlich auch habsburgische Angriffe besser gerüstet zu sein...

Die andere Schwachstelle war mehr spiritueller Natur, eher ein Ausdruck latenten Unbehagens als eigentlich ein aktuelles Gefahrenmoment, eher ein Produkt gewisser Erinnerungen und leidvoller Erfahrungen als tatsächlich ein militärisches Problem. Sie befand sich entlang des gekrümmten Rückens, im Schatten der Flanken und Höhen dieses Halbmondes, der lange Zeit Venedigs nächstgelegene Nordgrenze war. Da gab es genügend Pässe, Schluchten und andere Übergänge, durch die das gefährliche Volk der Deutschen hereinbrechen konnte in die wehrlose Niederung. Da mußte etwas getan werden, das diese Schwachstelle abdichtete. Und da mußte das, was getan werden mußte, rasch und gründlich erledigt werden. Und während man die großen fruchtbaren Ebenen und die anmutigen Hügel, die wie ein Geschenk Gottes gleichsam vor der Haustür lagen, in dieser besonderen Art zu schmücken begann, die einzigartig in der Welt geblieben ist und eine Kultur entstehen ließ, deren späterer Widerschein auch im 20. Jahrhundert das Land südlich der Alpen verzaubert, währenddem also organisierten die schlauen Politiker Venedigs, die stets auch vortreffliche Psychologen waren, eine raffinierte Strategie der Abwehr.

Denn hatte nicht schon das mächtige Rom germanische Hilfstruppen gegen die unberechenbaren Barbaren aus dem Norden aufgestellt? Und galten diese bärenstarken Männer jenseits der Alpen nicht immer noch als die tapfersten Soldaten, die man sich wünschen konnte? Und wäre es nicht geradezu genial, den deutschen Teufel, der so viele Jahrhun-

derte als ein drohendes Gespenst hinter diesen nördlichen Bergen lauerte, mit dem deutschen Beelzebub auszutreiben oder wenigstens abzuschrecken?
Vielleicht formuliere ich jetzt das alles ein wenig zu drastisch! Aber wie sonst soll man diese Politik interpretieren, die da plötzlich Bauern aus Tirol und Bayern als militante Kolonisten ins Land holte, ihnen gewisse Rechte und einen Hauch von Autonomie schenkte und dafür eine Loyalität erwartete, die jeden ungebetenen Besucher venezianischen Territoriums in die Flucht schlagen sollte? Daß es deutschstämmige Kolonisten waren, die nun als Grenzwächter der venezianischen terra ferma fungierten, erhöhte nur noch den Reiz der ganzen Angelegenheit. Und daß es die entlegenen Lessinischen Berge und das damals noch weitgehend unzugängliche Hochplateau von Asiago waren, in denen man die schlagkräftigen, mutigen und auch tüchtigen Bauern aus Tirol und Bayern ansiedelte, war zu allem Überfluß auch noch ein wirtschaftspolitischer Schachzug allererster Ordnung, denn nunmehr war nicht nur die gebirgige Region, zu deren Füßen man seine luxuriösen Landhäuser, Villen und Schlösser errichtete, militärisch gegen überraschende Überfälle weitgehend abgesichert, sondern man verfügte endlich auch über ein gut organisiertes Hinterland, dessen rustikale Produkte und Leistungen in der überstilisierten und hochgezüchteten Kultur unten in der Ebene hochwillkommen waren.
Ein Rest von Mißtrauen blieb selbstverständlich seit den frühen Anfängen dieser tirolerischen und bayerischen Landnahme erhalten. Und hat sich in abstrakter Form bis auf unser Zeitalter herübergerettet, wo man zwar die schweren Rotweine genießt, die an den Südabhängen der Lessinischen Berge gezogen werden, und auch die schneesichere Hochebene von Asiago zum Wintersport aufsucht, wo aber der echte Venezianer doch nie ganz heimisch werden kann. Vielleicht ist ihm die Luft da oben schon zu dünn, sind die Bäume zu hoch und zu dicht oder ist ihm der Himmel zu nah? Ich weiß es nicht. Ich kann nur sagen, daß ich einiges Verständnis dafür aufbringe, weil hier auf dem Dach Venetiens in mehr als nur in einer historisch begründeten Hinsicht vollkommen andere Verhältnisse herrschen als unten in der Ebene.
Nehmen wir zum Beispiel das Gebiet der sogenannten Sieben Gemeinden auf dem Altopiano d'Asiago! Die Straße steigt

vom Flachland in einer atemberaubenden Folge von Spitzkehren und schmalen Kurven steil bergan, klettert buchstäblich über die beinahe senkrecht abfallenden Felswände hinauf, und es gehört dann zweifellos zu den schönsten Augenblicken, die man in dieser Region erleben kann, wenn man ganz oben am südlichen Rand des Hochplateaus steht und weit über Venetiens grün und rostbraun gefleckte Gärten hinausblickt. Und ich glaube gern, daß früher einmal, als noch keine Abgase und kein Industriequalm Venetiens sanfte Landschaften unter einem ständigen Dunstschleier gefangenhielten, von hier heroben sogar die blaue Schraffur der Adria sichtbar war.
Dann freilich erkennt man auch den unvermeidlichen militärischen Aspekt dieser bis zu anderthalbtausend Metern ansteigenden Hochebene, der ja überhaupt erst die zivile Existenz dieser Sieben Gemeinden ermöglicht hatte. Und jetzt begreift man plötzlich, daß diese Hochebene tatsächlich wie ein riesiges Naturkastell zwischen Etsch und Brenta liegt und die beiden wichtigen Durchzugs- und Einfallstäler nach Süden beherrscht und im übrigen kaum bezwingbar ist. Im Ersten Weltkrieg, als die Grenze zwischen Österreich und Italien in einer gezackten Linie dem nördlichen und nordwestlichen Rand des Hochplateaus folgte und damit identisch war mit der historischen Nordgrenze Venedigs gegen die alte Markgrafschaft Tirol, hat dieser leidige militärische Aspekt hüben wie drüben zahllose Opfer gefordert. Namen wie Monte Grappa oder Monte Verena, Pasubio oder Primolano sagen zwar der zeitgenössischen Generation nicht mehr sehr viel, waren aber damals drei schreckliche Jahre lang ein Inbegriff für die Barbarei des Krieges und für nutzlos vergossenes Blut.
Aber ich sollte wohl besser von der gegenwärtigen Situation erzählen, von den Verhältnissen, die sich allein in den beiden letzten Jahrzehnten wie fast überall in den touristischen Zentren Italiens auch hier grundlegend verändert haben. Ich habe da meine persönlichen Erinnerungen, denn noch anfangs der sechziger Jahre, als ich einmal von Bassano del Grappa, dieser romantisch gelegenen Heimatstadt einer der großen Künstlerfamilien Venetiens, nämlich der da Ponte oder Bassano, hinauf nach Asiago gefahren war, gab es nur ziemlich primitive Landstraßen, über denen mächtige Staub-

wolken standen, wenn sich selten genug ein Fahrzeug auf diesen alten Karrenwegen fortbewegte. Und oben auf der Hochebene, die mich immer an eine nach Süden geöffnete Auster erinnert, deren nördliche Schalen wie mit einem Messer geöffnet und aufgestülpt wirken, gab es zwischen dem sanften Halbdunkel mächtiger Nadelwälder und dem flirrenden Licht auf den großen leeren Almböden noch diese verführerische Einsamkeit, die man sich heute kaum noch vorstellen kann. Und die im übrigen nichts mit Romantik oder mit dieser falschen Naturverbundenheit zu tun hat, die heute wieder modisch geworden ist. Denn seit man auch den Altopiano d'Asiago für den Wintersport und damit für den Fremdenverkehr entdeckt hat, italianisierte, veränderte und modernisierte man nahezu die ganze Hochebene auf eine so radikale Weise, daß einem schmerzhaft bewußt wird, mit welcher Gleichgültigkeit die Italiener den letzten naturbelassenen Reservaten ihres Landes gegenüberstehen. Und ihre architektonische Begabung, ihr Geschmack ändern nichts an der Zerstörung dieser Landschaft.

Und doch kann man sich auch jetzt noch jenseits der Hotelbezirke, Seilbahnen, Skilifte und künstlich gewachsenen Dörfern, die mit ihren Appartementhäusern wie gigantische Bienenstöcke aussehen, mitunter in eine Zone verhältnismäßiger Unberührtheit flüchten, wo am frühen Morgen Nebelschwaden in gespenstischen Formationen und Verformungen zwischen hochaufragenden Tannen hängen und der Nachtfrost die grünen Almwiesen schon Ende September weiß überzuckert. In diesen entlegenen Gebieten begegnet man dann auch noch manchmal einigen Waldarbeitern oder Jägern, in deren eigenartigem Dialekt sich immer noch Brocken eines mittelalterlichen Deutsch erhalten haben, für das sich anfangs unseres Jahrhunderts zuerst nur die Sprachwissenschaftler interessierten und das heute wieder in einigen Volksschulen dieser ursprünglich deutschstämmigen Gemeinden zwischen dem nördlichen Asiago und Giazza oder Bolca weiter unten im Süden und damit schon auf dem Gebiet der Dreizehn Gemeinden regulär unterrichtet wird.

Ist man hier heroben dem Himmel wirklich näher? Ist es ein bajuwarischer, ein tirolerischer Himmel? Und kann der flüchtige Besucher tatsächlich gravierende Unterschiede feststellen zwischen diesen Hochebenen und Hochtälern einer-

seits, die ja noch kein Hochgebirge etwa im Sinne der angrenzenden Dolomiten ausmachen, und den unmittelbar daran anschließenden Weingärten, Obstkulturen und Maisfeldern Venetiens andererseits, die mit ihren Landhäusern und Schlössern gleichsam eine venezianische Hochkultur repräsentieren?
Nun, was mich stets nachhaltig beeindruckt, wenn ich in diesem Teil der venezianischen Landschaft unterwegs bin, ist die Andersartigkeit oder eigentlich der völlig verschiedene Stil des Lebens, der Kultur, ja meinetwegen der Trink- und Eßgewohnheiten bereits entlang der Strecke Schio, Thiene, Marostica und Bassano del Grappa, einer Strecke also, die direkt am Fuße des Altopiano d'Asiago liegt und doch schon einer absolut andersgearteten Welt angehört. Es sind nur ein paar hundert Meter Höhenunterschied, es ist eine Entfernung, die man ohne weiteres mit einem kräftigen Steinwurf überbrücken kann: Und doch stoßen hier auch heute noch zwei Kulturkreise aufeinander, die trotz aller Italianisierung und Modernisierung der Hochebenen und trotz des langsamen Verfalles und auch der notgedrungenen Anpassung dieser alten venezianischen Kultur an die adrette Gesichtslosigkeit heutiger Verhältnisse immer noch grundverschieden sind. Und wenn man an diesem südlichen Rand des Hochplateaus steht, also etwa an der Straße, die von Asiago hinunter nach Schio und weiter nach Vicenza führt, und man sich knapp achthundert, neunhundert Meter oberhalb venezianischer Zivilisation gerade noch unterm Eindruck typisch nördlicher und vielleicht sogar altdeutscher Lebensäußerungen befindet, spätestens dann ahnt man, daß es im Bereich dieser historischen Nordgrenze Venedigs noch eine zweite, unsichtbare Grenze gegeben haben muß. Und der abergläubische Blick, den der Venezianer auf diese Hochebenen wirft, wird einem endlich verständlich.
Auf der anderen Seite dieses tiefeingeschnittenen Grabens, der sich später zu einem Tal verbreitert und bei Schio, dem alten Schledum der Kärntner und Baiern, die Ebene erreicht und das mich unwillkürlich an eine hübsch dekorierte Auslage erinnert, in der einige der schönsten Exponate des großen venezianischen Museums in malerischen Posen über die Landschaft verstreut sind, auf dieser anderen Seite also beginnt das Gebiet der Dreizehn Gemeinden. Hier liegt auch

das industriell geschäftige Valdagno, wo bereits in der ersten Hälfte des 19. Jahrhunderts die italienische Textilindustrie mit zwölf klapprigen Webstühlen ihren Anfang nahm und wo heute noch durch Privatinitiative so etwas wie ein privates Wirtschaftsimperium existiert. Der Name Marzotto steht hier nämlich nicht nur für eines der solidesten Industrieunternehmen ganz Italiens, sondern auch für eine so erfreuliche Sache wie die Jollyhotels, die wohl jeder Italienreisende vor allem im Süden des Landes schon einmal kennengelernt hat, und schließlich auch für einen der begehrtesten Literaturpreise südlich der Alpen.
Aber auch die Quellen von Recoaro, berühmt für ihre Tafelwasser, befinden sich in diesem Raum, sowie die Steingruben von Bolca, wo man Versteinerungen fand, die ein Alter von rund fünfzig Millionen Jahren haben. Eine Familie Cerato etwa hat hier in den letzten zweihundert Jahren über hunderttausend solcher Versteinerungen von Fischen, Insekten, Muscheln und Schnecken präpariert und damit eine der größten historischen Mineraliensammlungen der Welt begründet. Und auch heute noch sind die Steingruben von Bolca das Ziel vieler interessierter Dilettanten und Archäologen, da immer wieder neue aufsehenerregende Funde aus der Vorgeschichte unserer Erde gemacht werden. Übrigens kann man solche Versteinerungen an Ort und Stelle auch kaufen, wobei sich der Preis der einzelnen Stücke natürlich nach dem Alter und der Schönheit dieser seit vielen Millionen Jahren in der Erde schlummernden und steinumschlossenen Tiere und Insekten richtet.
Zwischen den beiden gewaltigen Hochebenen der nördlichen Sieben Gemeinden und der südwestlich davon gelegenen Dreizehn Gemeinden aber, also zwischen dem Altopiano d'Asiago und den Lessinischen Bergen, die ja beide gewissermaßen antivenezianisch sind und deren kulturelle und politische Entwicklung nur am Rande etwas mit Venedig zu tun gehabt hat, liegt dieses Tal von Schio, beginnt diese in vieler Hinsicht erstaunliche Ebene, die ich eine der kostbarsten Schatzkammern Europas nennen möchte. Ich weiß wohl, daß man sich vor solchen dramatischen Behauptungen hüten muß, aber was hier im Schatten der Sieben Gemeinden an kultureller und auch an politischer Erinnerung immer noch weiterwirkt, braucht keinen Vergleich zu scheuen. Und das

Bemerkenswerteste daran ist, daß es sich dabei eigentlich um ein altes Grenzland handelt, das stets mit unsicheren Verhältnissen, mit militärischen und politischen Veränderungen zu rechnen gehabt hatte, und das trotzdem seiner Rolle als kulturelle Schaubühne Venedigs perfekt gerecht geworden ist.

Denn hier dominieren bereits einige der bedeutendsten und genialsten Figuren der italienischen Kulturgeschichte, wobei es im Grunde völlig gleichgültig ist, ob es sich um so politische Namen wie die der Skaliger, Visconti und Maltraversi handelt, also um diese einflußreichen Familien, die im Stil antiker Tyrannen ihre Provinzen und Städte regierten und dabei immer auch als großzügige Mäzene fungierten, oder um Begriffe aus der Kunstgeschichte wie Giovanni Miazzi, da Ponte, Palladio, Veronese, Giorgione, Fasolo oder Zelotti. Das Resultat ist in jedem Fall erstaunlich. Und selbst wenn man – wie ich das einmal getan habe – durch die Dunkelheit eines frühen Herbst- oder Wintermorgens diese Strecke im Schatten der Sieben Gemeinden abfährt und sich durch diese Blöcke schwärzlicher Luft vorantastet, die aber doch schon gewisse Konturen erkennen lassen oder die sogar unterm gleißenden Licht der aufgeblendeten Autoscheinwerfer in zahllose hellerleuchtete Fassaden, Marktplätze, Türme, Wehrmauern, Zinnen, Statuen und andere plastisch hervortretende Ausschnitte zerfallen, selbst dann taucht man mit einem Gefühl der Atemlosigkeit in diese Zauberwelt ein, die natürlich nur ein Teil der großen venezianischen Verheißung ist.

Da liegt zum Beispiel die kleine mittelalterliche Stadt Marostica hinter ihren zinnengeschmückten Mauern aus dem 14. Jahrhundert, überragt und bewacht von den beiden reizvollen Burganlagen des Castello Inferiore und des Castello Superiore, die wie versteinerte Seesterne aus dem wilden Weinlaub terrassenförmig angelegter Rieden wachsen, während auf dem großen Marktplatz genau in der Mitte der Stadt, den schöne Arkaden und Bürgerhäuser aus der Renaissance schmücken, ein riesiges Schachmuster aus zweifarbigen Marmorplatten daran erinnert, daß vor vielen, vielen Jahren einmal ein Burgherr von Marostica die Bewerber um die Hand seiner Tochter zum Schachspiel antreten ließ, also ein Schachturnier veranstaltete, dessen begehrter Hauptpreis ein

venezianisches Edelfräulein war. Und ein paar Kilometer weiter bricht die imposante und weiträumige Anlage der schloßähnlichen Villa von Porto Colleoni in der Stadt Thiene aus der allmählich schmelzenden Dunkelheit, einer durch ihre Ecktürme, Zinnen und bizarren Kamine tatsächlich märchenhaft anmutenden Villa, die in der zweiten Hälfte des 15. Jahrhunderts aus einem wehrhaften Kastell entstand, das schon einige hundert Jahre die Landschaft beherrscht hatte und dessen Grundmauern römischen Ursprungs waren.
Aber was bedeuten hier Jahrhunderte und Zeitalter, hier, wo die gewaltige Strömung venezianischen Selbstbewußtseins sich nur zögernd an den Südabhängen der Hochebene von Asiago bricht und wo man ein Jahrtausend lang Burgen, Schlösser und Landhäuser vor allem als Zeugnis für die Präsenz und Überlegenheit der venezianischen Kultur betrachtete, die aus mediterranen und orientalischen Quellen gespeist wurde! Eine ähnliche Erfahrung macht man auch noch im uralten Schio, wo die Silhouetten von San Pietro und San Francesco die Nacht endgültig zerreißen. Das alles aber wird zum Abenteuer des Geistes und zugleich zu einer Ouvertüre, die auf das überwältigende Spektakel Venetiens vorbereitet. Und uns eine erste Ahnung liefert von einem kulturellen Reichtum, wie es in dieser Fülle und in dieser kunstvollen Form auf der ganzen Welt kein zweites Mal gibt.

Die Trommeln von Custoza

Eigentlich ist es durch nichts gerechtfertigt, wenn ich hier von Custoza in einem Tonfall rede, als handelte es sich dabei um ein aristokratisches oder sonstwie bedeutendes Dorf. Denn im Grunde ist gerade diese Gemeinde von den Italienern recht stiefmütterlich behandelt worden, als es um die Verteilung der Trophäen und Ehrenzeichen ging, die an eine fast zwanzigjährige Abfolge von Aufständen, Kriegen und blutigen Schlachten erinnern sollten, die in dieser sanft hügeligen, gartenähnlichen Ebene südlich des Gardasees stattgefunden haben und aus denen Italien schließlich zu seiner eigenen Überraschung als leidgeprüfter Sieger hervorgegangen ist. Und wenn ich mir vorstelle, daß einmal ein nachdenklicher und vielleicht sogar von Skrupeln geplagter Autor sich eines Tages aufmachen wird, um eine längst fällige Biographie der europäischen Schlachtfelder zu schreiben, dann bin ich davon überzeugt, daß er diese stille und schöne Landschaft der Weingärten, Maisfelder und Obstkulturen mit ihren berühmten Kriegsschauplätzen zwischen Solferino und San Martino della Battaglia eindrucksvoll darstellen, aber Custoza nur mit ein paar belanglosen Bemerkungen abfertigen wird.
Warum ich mir nichts anderes erwarte? Nun, das ist verhältnismäßig einfach zu erklären. Schließlich sind die Italiener zwischen diesen sanften Hügeln zweimal empfindlich besiegt worden, und sie denken gar nicht daran, diesen Umstand durch besondere architektonische Leistungen auch noch hervorzuheben. Und die Österreicher, die mehrere Generationen lang Custoza als Symbol ihrer militärischen Tüchtigkeit betrachteten, haben heute andere Sorgen. Sie sind für Wallfahrten an die Schauplätze ihrer zweifelhaften Triumphe nicht mehr so recht empfänglich. Die gelegentlichen Besucher jedenfalls, die einen Ausflug über die »Straße des Weißweines«, die Custoza mit den Ausläufern der Valpolicella verbindet, zu einer Reminiszenz ans kriegslüsterne 19. Jahrhundert benützen wollen, haben ohnedies nur auf einem abgeflachten Hügel oberhalb Custozas Gelegenheit, ihren patriotischen Empfindungen nachzuhängen. Denn dort, umgeben von den

unvermeidlichen Weingärten dieser Landschaft, erhebt sich eines der pompösen Monumente, die überall zwischen Mailand und Venedig an die Gefallenen der italienischen Befreiungskriege erinnern sollen.
Das ist freilich eine recht fragwürdige Hinterlassenschaft, die in der Hauptsache darin besteht, daß man einige gewaltige Stücke Veroneser Marmors zu einer Art Leuchtturm zusammenfügte, rundherum Zypressen anpflanzte und weißen Kies aufstreute und das alles recht pietätvoll als »heilige Zone des Schweigens« deklarierte. Und zwar pünktlich von acht Uhr abends bis acht Uhr morgens, wenn also auch der letzte Weinbauer und der schläfrigste Landarbeiter mit Traktor und landwirtschaftlichem Gerät lärmend in die Weinfelder und Obstkulturen von Custoza einfällt. Dann nämlich wird diese nächtliche Zone des Schweigens zum ganz gewöhnlichen Bestandteil eines Bauernalltages, wie er für die fruchtbaren Ebenen und Hügel im Hinterland von Venedig charakteristisch ist. Und nur einige völlig verrostete Schilder mit den Namen gefallener italienischer Soldaten – genaugenommen sind es Piemonteser, Lombarden, Sarden und Ligurer – erinnern an diese kostspieligen Duelle zwischen Kaisern und Königen, die wie immer in der Geschichte das Volk zu spüren bekam.
Ein paar Kilometer von Custoza entfernt, in Solferino und vor allem in San Martino della Battaglia, hat man dieses seltsame Schauspiel klassizistisch anmutender Heldenehrung allerdings schon weit aufwendiger inszeniert, und zwar mit Museen, Monumenten, pittoresken Denkmälern und Allegorien und den unvermeidlichen Kriegspanoramen, was natürlich seine historischen Gründe hat. Aber davon möchte ich später erzählen. Vorerst bleibe ich einmal in Custoza, und während ich mich über meine eigene Hartnäckigkeit wundere, sammle ich unverdrossen Beweise dafür, daß dieses Dorf völlig zu Unrecht hinter seinen berühmteren Nachbargemeinden Valeggio, Villafranca, Solferino und San Martino zurückstehen muß.
Da wäre einmal dieses Schloß, das ich bisher noch nicht erwähnt habe und das wie eine prachtvolle venezianische Galeone über den südlichen der beiden Hügelkämme dahinfliegt, auf denen das Dorf liegt. Eine wie mit dem Lineal in die Landschaft gesetzte Allee aus prachtvollen Zypressen führt

von der Ebene zur Anlage hinauf, die in breiter Front und mit unzähligen Fenstern, die herausfordernd in der Sonne funkeln, die Ebene beherrscht. Es muß ein schöner Anblick gewesen sein, als früher einmal die Auffahrt zum Schloß noch durch diese Allee führte, die heute kaum viel mehr als eine nutzlose Dekoration ist. Denn die Fahrstraße, die schon vor Jahrzehnten angelegt wurde, windet sich mit zahlreichen Kurven und Engstellen um das Schloß herum, senkt sich ins dahinterliegende Tal, steigt neuerlich hügelaufwärts und verläuft mitten durch eine fast unübersehbare Flut grüner mannshoher Rebstöcke weiter nach Norden. Das Schloß aber, das sich in Privatbesitz befindet, thront mit seinen Balustraden, kühn geschwungenen Gesimsen und anmutigen Bögen wie ein Schleier aus verwischten Farben und gebrochenem Licht über der Landschaft.

Im Hintergrund erhebt sich dann der Heldenturm von Custoza, der freilich im Vergleich zur architektonischen Schwerelosigkeit und breit gefächerten Anmut der Schloßanlage beinahe plump wirkt. In einer Talsenke hinter diesem zweiten Hügel liegt schließlich noch ein kleiner Teich, umstanden von hängenden Weiden, deren schön gebogene Äste auf eine Weise ins dunkle Wasser hineintauchen, als verneigen sie sich vor der verschwiegenen Trauer dieses Denkmals. Oben am Rand der Anhöhe befindet sich eine Trattoria, in deren weitläufigem Garten ich einmal einen nachdenklichen Nachmittag damit zubrachte, mir die Widersprüche und Eigenarten dieser Gegend zu notieren. Das Sonnenlicht tropfte durchs dichte Laubdach der Bäume, der braunrote Bauernwein schimmerte in den Gläsern, ein Duft nach Gewürzen und gebratenem Fleisch wehte verführerisch vom Gasthof herüber, und die Stille war so nachhaltig, daß selbst das entfernte Geräusch eines Traktors unwirklich schien.

Aber die Idylle war ein Trugschluß! Und ich ertappte mich bei Überlegungen, die ich erschrocken als Verunglimpfung empfunden hätte, wenn ich einer dieser unverbesserlichen Patrioten wäre, die ihre Vaterlandsliebe von der Zahl der getöteten Feinde und gewonnener Schlachten abhängig machen. Denn was hatte ich auszusetzen an dieser Landschaft, die wie ein riesiger und sorgfältig gepflegter Garten vor mit lag? Und war ich nicht tagelang von einem Gefühl tiefer Zufriedenheit erfüllt gewesen, während ich durch diese

fruchtbare Gartenlandschaft wanderte? Ich notierte fast widerstrebend einige Punkte, deren Wahrheitsgehalt mir zwar anfechtbar erschien, die ich aber trotzdem mir selber gegenüber nicht verschweigen konnte. Es war wie ein Kaleidoskop von Gedanken, ungeordnet und widersprüchlich, und es tauchten so irritierende Fragen auf wie die über die qualitativen Unterschiede der Museen von Solferino und San Martino oder über die Nutzlosigkeit von Gedenktafeln, die fast immer viel zu hoch an irgendwelchen alten Hausmauern angebracht sind und deren Schrift außerdem zu verwischt ist, als daß man sie noch mühelos entziffern könnte. Ich grübelte über die erstaunliche Tatsache nach, daß jedes einzelne Dorf hier im Vorfeld des ehemaligen österreichischen Festungsgürtels zwischen Peschiera, Mantua und Verona sein eigenes Kastell oder wenigstens ein Schloß besitzt, daß es also so etwas wie eine Strategie der Festungsbauten geben mußte, der gegenüber die bedürfnislose Dauerhaftigkeit der alten Bauernhäuser stand, deren grobschlächtige und doch so vernünftige Architektur etwas von der Zeitlosigkeit verrät, die den Bauernstand meines Erachtens überall auszeichnet. Denn ist es nicht verwunderlich, daß solche Bauernhäuser auch dann noch überleben, wenn Burgen, Schlösser und Festungswerke, die einmal für eine halbe Ewigkeit errichtet worden waren, nur noch funktionslose Ruinen sind?
Es waren viele Gedanken, die mich an diesem Nachmittag beschäftigten. Gedanken über die Scheinheiligkeit der Überlebenden, wenn es um eine Institution wie die des Roten Kreuzes geht, die auf diesen Schlachtfeldern entstanden ist. Oder auch über die unverwechselbare Form der Weingärten, die jetzt im späten September ihrer Vollendung entgegenreifen, wenn das dunkle, manchmal schon violett getönte Blau der Trauben allmählich das ermattete Grün und beginnende Rostbraun des Weinlaubes überwältigt. Und erinnern diese Weingärten nicht an die Dünung eines Ozeans? Und bilden sich nicht grünbelaubte Halbmonde, die im sanften Anstieg die Hügel überwinden, die Dörfer umrahmen, die sonnigen Mulden bedecken und sogar über die Böschungen hinabklettern, zwischen denen der Mincio gemächlich südwärts fließt? Und ich war auch verwirrt genug, daß ich mir sogar über die Eigenart des Nebels Gedanken machte, der hier im Süden des Gardasees je nach der Jahreszeit in den verschiedensten und

mitunter abenteuerlichsten Formen die Ebene bedeckt. Einer der schönsten Augenblicke, an die ich mich in diesem Zusammenhang erinnere, ist immer der, wenn sich am Vormittag der Nebel oder der dünne Dunst gerade so weit hebt, daß sich das Sonnenlicht darin brechen kann. Denn dann spiegelt sich in diesem Gespinst aus Tau und erwärmter Luft, das wie leicht getrübtes und verfärbtes Glas aussieht, der dampfende Feuerball der Sonne. Aber ist Custoza wirklich der richtige Schauplatz für solche Überlegungen? Immerhin stützt sich der historische Ruhm dieser Landschaft auf den primitiven Umstand, daß sich hier zwanzig Jahre lang Menschen verschiedener Nationen mit dieser disziplinierten Gleichgültigkeit gegenseitig umgebracht haben, die im Denken und Handeln des 19. Jahrhunderts begründet lag. Auf einigen wenigen Quadratkilometern drängen sich hier nämlich mehr Dörfer, deren Namen Generationen von gelangweilten Schülern in Frankreich, Italien und Österreich auswendiglernen mußten, als irgendwo sonst auf diesem von Schlachtfeldern ohnehin übersäten Kontinent. Da wäre Goito am Westufer des Mincio, da liegen die beiden hartumkämpften Dörfer Volta und Cavriana, die in jedem einzelnen der Feldzüge, in denen es unter anderem auch um die Existenz einer italienischen Nation ging, eine tragische Rolle spielten, da drängt sich Solferino, dessen Name heute noch sowohl für die Ohnmacht als auch für den Triumph menschlicher Zivilisation von grundsätzlicher Bedeutung ist, um einen steilen und dichtbewaldeten Burghügel, dessen Besitz oder Verlust vor rund hundertzwanzig Jahren noch eine Frage war, die drei Völker leidenschaftlich bewegt hatte, da dehnt sich in vielen Wellen und Formationen die Ebene von San Martino, wo es kaum einen Acker oder Weingarten gibt, der nicht blutgetränkt wäre, da kann die uralte Brückenfestung der Skaliger und Visconto von Valeggio am Mincio den zweifelhaften Ruhm für sich beanspruchen, einen jugendlichen Kaiser namens Franz Joseph ratlos und völlig verzweifelt aus ihren Mauern entlassen zu haben, nachdem er den Untergang seiner Armee nicht verhindern hatte können, und da ist endlich Villafranca, diese schöne und für das alte Venetien so charakteristische Landstadt mit ihren romantischen Gutshöfen und dem zinnengeschmückten Kastell, dieses Villafranca, wo jene legendäre Begegnung zwischen dem französischen und dem

österreichischen Kaiser stattfand, deren Resultat ein Waffenstillstand war, der für annähernd vierzigtausend Gefallene zu spät kam. Und da ist schließlich auch Custoza, das 1848 und 1866 zwei dieser nutzlosen österreichischen Siege erlebte, die den Untergang der alten Monarchie weder verhindert noch wesentlich hinausgezögert hatten.
Ich bin einmal im Spätherbst von San Martino hinüber nach Custoza gefahren. Es war knapp vor Sonnenuntergang, und das Licht der Sonne, die langsam im Westen versank, lag wie ein honigfarbener Schimmer über dem Land. Es war ein warmes Licht, ein intensives Leuchten, wie ich es in dieser Stärke nur selten erlebt habe. Die Dörfer mit ihren efeuüberwachsenen Burgen und mächtigen Glockentürmen hoben sich scharf akzentuiert vom Hintergrund der Landschaft ab. Und auf den rostroten Ziegeldächern lag plötzlich der allmählich verlöschende Glanz eines Zeitalters, das dadurch geprägt war, daß sich die Diplomaten immer allzu rasch auf die Durchschlagskraft ihrer Kanonen verließen. Und einen Augenblick lang war ich tatsächlich geneigt, das dunkle Rot der Ziegeldächer in diesen Dörfern für geronnenes Blut zu halten.
Aber schließlich ist es ja kein Wunder, wenn man auf diesen alten Schlachtfeldern, auf denen einige der tiefgreifendsten politischen Veränderungen des 19. Jahrhunderts vorbereitet wurden, zu solchen fragwürdigen Vergleichen verleitet wird. Manchmal überlegte ich mir schon, ob nicht die bloße Existenz von Feldmarschällen und Generälen wie Radetzky oder Benedek, von französischen und piemontesischen Armeeführern wie Baraguay und Mac Mahon oder Canrobert und Niel so etwas wie einen Fluch hinterlassen hat, der heute noch dieses traumverlorene Land an den Ufern des Mincio und Chiese lähmt. Denn wie sonst sollte ich mir den merkwürdigen Umstand erklären, daß fast ausschließlich Militärschriftsteller und ehrgeizige Historiker sich dieser Region annehmen, während in den Büchern der Reiseschriftsteller und Poeten, die sich gelegentlich auch in die Gegend von Custoza und Solferino verirren, nur nebensächliche und zudem lustlos formulierte Anmerkungen zu finden sind? Erdrückt die Nähe von Verona und Mantua das Interesse der Zivilisten an dieser ländlichen Region? Oder ist es wirklich so, daß die ständige Anwesenheit mehrerer Armeen, Feldherrn

und Kaiser durch rund zwanzig Jahre jedem vernünftigen Autor die Lust an der Beschreibung sanfter Hügelkämme und stiller Bauerndörfer inmitten einer Flut von Weingärten und Obstkulturen nimmt?
Ich persönlich habe freilich mit diesen prächtig herausgeputzten und kühn blickenden Männern, die mir auf den eindrucksvoll kolorierten Schlachtbildern und vergilbten Fotografien in den Museen von San Martino und Solferino entgegentreten und die mich mit ihren durchbohrenden Blicken unter buschigen Augenbrauen messen, mit diesen strengen Blicken aus mitleidlosen Augen, die ganze Armeen in eine so panische Furcht versetzten, daß sie bei vierzig Grad Hitze oder bei strömendem Regen wie verrückt in den Tod rannten ... also ich habe mit solchen Helden nie sehr viel anfangen können. Im sogenannten »heiligen Bezirk« von San Martino della Battaglia zum Beispiel, der seit einigen Jahrzehnten schon das Ruhmbedürfnis und ein wenig wohl auch die Sehnsucht nach nationaler Authentizität der Italiener befriedigt, verunsichern mich allein schon die kitschigen wie gespensterhaften Allegorien, die die Wände des Kuppelsaales bedecken, über den sich dann später der gewaltige Turm von San Martino erhebt. Spätestens im ersten Schauraum des nahezu unvermeidlichen Kriegsmuseums, das in einem langgestreck ten und von alten Kanonen bewachten Gebäude untergebracht ist, überfällt mich jedesmal ein Gefühl der Ratlosigkeit angesichts einer so penetranten Unvernunft, die Hunderttausende von jungen hoffnungsvollen Menschen auf diese Schlachtfelder trieb, wo sie dann in der Regel nichts anderes erwartete als ein schmutziger Tod. Ich finde es auch geschmacklos, daß man immer noch mit diesem tausendfachen Sterben seine Geschäfte macht, riesige Monumente und Museen errichtet und durch genau kalkulierte Eintrittsgebühren die Investitionen wieder hereinzubringen versucht.
Mich irritiert das alles deshalb so sehr, weil mir in dieser ganzen martialischen Zurschaustellung unleugbarer historischer Fakten der Hinweis auf einen Mann fehlt, der am 24. Juni 1859 mitten in dieser paradiesischen Landschaft, die an jenem Tag freilich unversehens in ein Inferno verwandelt wurde, das entscheidende Erlebnis seiner bis zu diesem Augenblick bieder und durchschnittlich verlaufenden Existenz hatte. Sein Name war Henri Dunant, er war Schweizer,

er war ein Kaufmann, der in Geschäften unterwegs gewesen war und sich jetzt in einem kleinen Dorfgasthaus westlich des Mincio einquartiert hatte, weil ihm die Weiterreise quer durch die flächenmäßig unübersichtliche Front der beiden Armeen, die hier im Süden des Gardasees nach dem unerfindlichen Willen ihrer Generäle ebenso planlos wie verwirrt aufeinander losmarschierten, doch zu gefährlich erschien. Dabei sah weder Dunant noch die militärische Führung der Österreicher und der alliierten Piemonteser und Franzosen Zeitpunkt und Schauplatz des Zusammenpralls der beiden gigantischen Menschenhaufen voraus, der am Morgen des 24. Juni 1859 mit scheinbar harmlosen Plänkeleien und Einzelgefechten begann und dann plötzlich in breiter Front zu einer noch verhältnismäßig ungeordneten und für beide Generalstäbe auch unübersichtlichen Schlacht entbrannte, bis schließlich dieses entsetzliche Massaker von Solferino ausbrach, das heute noch die Militaristen aller Länder fasziniert.
Was war eigentlich geschehen? Der Schweizer Kaufmann Henri Dunant, der am frühen Morgen des 24. Juni durch vereinzelten Gefechtslärm aufgewacht war und sich eher neugierig auf den Weg machte, um die völlig verworrene Lage zu erkunden, begriff wohl kaum, daß sich wieder einmal eine Schlacht allein deshalb anbahnte und selbstständig machte, weil auf vergleichsweise engem Raum zu viele Menschen in Bewegung waren. 138 000 Franzosen und Piemonteser marschierten ostwärts, 129 000 Österreicher gingen fächerförmig in westlicher Richtung vor, und man könnte fast sagen, daß da jede Armee auf der Suche nach dem Feind war, ohne daß irgendjemand genau gewußt hätte, was sich in Wahrheit abspielte. Auch die Befehlshaber beider Armeen waren bis in die Nachmittagsstunden dieses verhängnisvollen Tages der Meinung gewesen, daß sie ihre Truppen korrekt nach dem Exerzierreglement in Marsch gesetzt hätten. Der britische Publizist Edward Crankshaw beschreibt in seinem Buch über den »Niedergang des Hauses Habsburg« die Präliminarien dieser wahrscheinlich größten und blutigsten Schlacht des 19. Jahrhunderts: »Solferino begann quasi mit einer Reihe von Einzelgefechten. Am Ende des Tages standen auf einer Front von etwa 22 Kilometern 270 000 Mann, 40 000 Pferde und 700 Geschütze im Kampf – das erstemal, daß sich eine Schlacht

über ein so weites Gebiet erstreckte –, und dennoch hatte sich wie durch ein Wunder ein gewisser Zusammenhang entwikkelt. Aber das genügte nicht. Anfangs gab es überhaupt keine Koordination. Gegen acht Uhr morgens stießen die Franzosen und Piemonteser, die durch das Morgengrauen in den Sonnenaufgang marschiert und viel zu weit auseinandergerissen waren, um sich gegenseitig zu unterstützen, erst auf ein österreichisches Korps und dann auf ein zweites. Als sie aufeinandertrafen, waren die Franzosen bereits fünf Stunden marschiert, während der größte Teil der Österreicher gerade erst gefrühstückt hatte und sich auf einen weiteren Tag des vorsichtigen Vortastens vorbereitete. Napoleon war von den beiden Befehlshabern der erste, dem klar wurde, daß er in eine richtige Schlacht gestolpert war«.

Ich bin kein Militärschriftsteller! Und ich denke auch nicht im mindesten daran, mit blutigen Einzelheiten aufzuwarten, die man ohnedies seit rund hundert Jahren in jedem besseren französischen, italienischen oder österreichischen Schulbuch nachlesen kann. Mich interessiert hier vor allem die Figur des Henri Dunant, dessen Denkmal man in dieser an Monumenten und Denkmälern so reichen Gegend zwischen Custoza und San Martino allerdings vergeblich suchen wird.

Dunant geriet sozusagen als unbeteiligter Beobachter in diese Schlacht, die im Grunde niemand beabsichtigt hatte und deren mörderischer Ausgang von niemandem vorhergesehen worden war. Denn was in den patriotischen Geschichtsbüchern aller daran beteiligter Nationen auch heute noch schamhaft verschwiegen wird, ist die Tatsache, daß dieser »Tag von Solferina« mehr als vierzigtausend Menschenleben gekostet hatte, von denen die meisten nicht während der Schlacht selbst gefallen sind, sondern erst in den darauffolgenden Tagen und Nächten erbärmlich krepierten, als Tausende von Verwundeten an ihren unversorgten Wunden starben oder in der Gluthitze des Sommers verdursteten. Der Sommer 1859, der gerade erst begonnen hatte, war nämlich der heißeste Sommer des Jahrhunderts. Temperaturen um vierzig Grad waren in diesen Tagen und Wochen nichts Ungewöhnliches. Und es gibt Berichte über verbrannte und ausgedorrte Felder und verdurstete Bauernkinder in der ganzen Lombardei und auch in Venetien, erschütternde Berichte, die eine vage Vorstellung von den Qualen vermit-

teln, denen sowohl die Zivilbevölkerung als auch die hilflosen Verwundeten beider Armeen nach der Schlacht von Solferino ausgesetzt waren. In den Reihen der französischen Armee wütete zum Beispiel die Malaria, und nach vorsichtigen Schätzungen sollen rund fünfzigtausend Soldaten von dieser heimtückischen Krankheit befallen gewesen sein, ohne daß ihnen geholfen werden konnte. Aber auch bei den Österreichern war es um die medizinische Versorgung der Armee miserabel bestellt.
Am Abend des 24. Juni, als der österreichische General Benedek unter Tränen den Rückzug befahl und der neunundzwanzigjährige Kaiser Franz Joseph unter dem Eindruck der Niederlage, die eine militärische Katastrophe war, möglicherweise schon seinen berühmt gewordenen Brief an seine Frau Elisabeth formulierte, worin er jenen »fürchterlichen Abend« beklagte, »denn da war eine Konfusion von Blessierten, Flüchtlingen, Wagen und Pferden...«, der zugleich auch das Ende seiner hochfliegenden Träume für die norditalienischen Provinzen bedeutete, am Abend dieses schrecklichen Tages, als ein ungewöhnlich heftiges Gewitter mit Hagelschlag und sintflutartigem Regen das riesige Schlachtfeld in ein Meer aus Schlamm, Kot und Blut verwandelte, an diesem Abend also begann die große Vision Henri Dunants von einer besseren Welt. Es war die Geburtsstunde des Roten Kreuzes. Dunant selbst verschob spontan seine Weiterreise und kümmerte sich in den nächsten Tagen um die hilflosen Verwundeten, die auf einer Fläche von einigen Hundert Quadratkilometern verstreut lagen und um die sich außer dem Schweizer Kaufmann und den mitleidigen Bauern aus den umliegenden Dörfern niemand kümmerte.
Jahre später schrieb Dunant ein Buch über seine Eindrücke von Solferino, das in der ganzen zivilisierten Welt ein ungeheures Echo auslöste und die noch junge Institution des Roten Kreuzes entscheidend festigte. Auf den ehemaligen Schlachtfeldern selbst hat man anscheinend darauf vergessen, dem Begründer des Roten Kreuzes die gebührende Reverenz zu erweisen. Lediglich auf dem Burghügel von Solferino enthüllte man vor einigen Jahren ein Denkmal, das der Institution des Roten Kreuzes gewidmet ist. Bezeichnenderweise liegt diese Gedenkstätte im Gegensatz zu den kriegerischen Monumenten rundum so abseits und... fast möchte

ich sagen: so gut versteckt, daß es schon einige Mühe braucht, um sie ausfindig zu machen. Und im kleinen Dorf Volta, das westlich des Mincio auf dem Weg nach Solferino liegt, erinnert eine kaum leserliche Gedenktafel an die Anwesenheit Dunants am Vorabend der Schlacht.

Aber warum immer nur Solferino und San Martino della Battaglia? Elf Jahre vorher hatte in Custoza für den legendären österreichischen Feldmarschall Radetzky, der wie ein strenger Patriarch die norditalienischen Provinzen beherrschte, die Stunde seines größten militärischen Triumphes geschlagen. Und 1866, als die Katastrophe von Königgrätz den Untergang der alten Monarchie wieder ein wenig beschleunigte, errangen die österreichischen Soldaten hier auf den Hügeln von Custoza noch einmal einen dieser nutzlosen Siege, die dem Selbstbewußtsein der habsburgischen Untertanen schmeichelten, aber am Verlauf der Entwicklung auch nichts mehr änderten. Die gewaltigen Festungswerke von Peschiera, Verona, Mantua und Legnago, die noch von den genialsten Festungsbaumeistern der Venezianer errichtet worden waren, begannen jetzt ihren Dornröschenschlaf, der bis auf den heutigen Tag anhält.

Aber hat es überhaupt einen Sinn, diese alten Geschichten, die vor mehr als einem Jahrhundert schon im Augenblick ihrer Entstehung nicht mehr aktuell waren, noch einmal zu erzählen? Schwer liegt die Sonne auf den Weingärten, deren fruchtbare Farbigkeit mit jedem Tag zunimmt, den der sonnige Herbst voranschreitet. Müßte ich nicht auch von der Rivalität jener beiden berühmten Geschlechter erzählen, der Mailänder Visconti und der Veroneser Skaliger, die den Mincio beim idyllischen Dorf Valeggio mit ihren Festungsbauwerken auf eine Weise markierten, als bauten sie für die Ewigkeit? Und doch ist alles, was davon übrigblieb, nur noch eine Handvoll romantischer Ruinen, rostrotes Ziegelwerk und die verschwimmenden Konturen einer alten Burg, die wie ein Geisterschiff aus dem morgendlichen Nebel auftaucht, der die Landschaft umhüllt. Höre ich verwehten Trommelschlag? Und den gedämpften Ton ferner Trompeten? Und welche Armee, welche Schlacht wird da angekündigt? Catull und Vergil kommen aus dieser Gegend, der eine aus Sirmione, das wie eine Nadel in den verschmutzten Gardasee hineinstößt, der andere aus dem ewig feuchten und

von Sümpfen umgebenen Mantua. Und in Mantua war es auch, daß einer der populärsten Helden der europäischen Freiheitskriege, nämlich Andreas Hofer, unter den Kugeln eines französischen Exekutionskommandos starb.
Was für ein Widerspruch! Immer spielt der Tod in dieser üppigen Landschaft eine Rolle, immer verbirgt sich hinter der Fruchtbarkeit dieser Erde der süße Geruch des Blutes und reichen die Wurzeln des Lebens bis hinab zu den Knochen der Toten. Schaudernd denke ich daran, daß der Wein, der auf diesen Hügeln reift, seine herbe Kraft und seinen unverwechselbaren Geschmack aus einem der großen Friedhöfe der europäischen Geschichte bezieht.

Romeo und Julia in Verona

Wer von Verona spricht, denkt selbstverständlich zuerst einmal an die berühmte Liebesgeschichte zwischen Romeo und Julia. Aber fast niemand erinnert sich mehr daran, daß es – wenn wir diese klassische Tragödie aus dem frühen 14. Jahrhundert als historische Wahrheit akzeptieren wollen – rund acht Jahrhunderte vorher hier an den Ufern der Etsch schon eine andere Liebestragödie gegeben hat, die an Dramatik und Leidenschaft die Biographie der beiden unglücklichen Veroneser Bürgerkinder weit in den Schatten stellt und die wohl deshalb nur nicht die Herzen aller Romantiker und Liebenden erobert hat, weil sie keinen so überzeugenden Chronisten wie Shakespeare fand. Und weil ihr dieser süße Schmelz der Jugend fehlt, dieser Zauber der Unschuld, der bei Romeo und Julia so sehr das Gefühl anspricht.

Dieses andere Drama spielte zur Zeit der beginnenden Langobardenherrschaft. Damals kam Alboin, der ebenso skrupellose wie erfolgreiche erste König der Langobarden, auf die verrückte Idee, seine Brautwerbung als infamen Schurkenstreich zu inszenieren. Er tötete nämlich kurzerhand den Vater seiner zukünftigen Frau Rosamund, der sich hartnäckig gegen eine Verbindung seiner Tochter mit Alboin gewehrt hatte, und ließ aus dem Schädel des Ermordeten einen Trinkbecher anfertigen. Eines Tages zwang er dann anläßlich eines dieser üppigen Festbankette, auf die auch die Barbaren schon nicht verzichten wollten, seine unglückliche Frau, aus dem Schädel ihres Vaters zu trinken. Hier beginnt diese unglaublich anmutende Geschichte insofern interessant zu werden, als es da auch noch einen gewissen Helmich gab, einen Freund und Vertrauten des Langobardenkönigs, der allerdings leidenschaftlich in Rosamund verliebt war. Als nun die gedemütigte Königin dem makabren Befehl oder Wunsch ihres Mannes gehorchte – der darin möglicherweise eine Art Liebesbeweis sah – und tatsächlich aus dem Schädel ihres Vaters trank, da trat Helmich gleichsam als grimmiger Rächer aus den Kulissen und gab dem düsteren Schauspiel eine unerwartete Wendung.

Es gibt nun natürlich verschiedene Versionen über den Ablauf der Ereignisse, wobei ich persönlich geneigt bin, mir lebhaft vorzustellen, wie die Königin eine raffinierte Strategie der Rache entwickelte und mit den alterprobten Mitteln ihres Geschlechtes den hoffnungslos verliebten Helmich dazu brachte, daß er eines Nachts ins Schlafgemach seines Herrschers schlich und dort dem ahnungslosen Alboin das Schwert in die Brust stieß.
Dieser historisch verbürgte Königsmord von Verona aus dem Jahre 572 brachte freilich den beiden Verschwörern, die ich nicht gerade als ideales Liebespaar bezeichnen möchte, kein besonderes Glück. Denn nachdem Rosamund und Helmich unmittelbar nach dem Tod des Königs ins damals noch byzantinische Ravenna geflohen waren, verliebte sich die Witwe, über deren Charakter ich mir kein Urteil erlaube, in den Exarchen der Stadt und plante nun die Beseitigung ihres bisherigen Geliebten, der ihr aus verständlichen Gründen lästig zu werden begann. Sie vergiftete einfach seinen Wein. Aber Helmich, dem zweifellos unser Mitgefühl gebührt, durchschaute die Absichten Rosamunds und zwang sie, mit ihm gemeinsam den vergifteten Becher zu leeren.
Ich erzähle diese Geschichte freilich nur zögernd, weil sie den fatalen Eindruck erweckt, Verona bestehe hauptsächlich aus der Erinnerung an Liebestragödien und politischen Schandtaten. Dieser Eindruck könnte dadurch verstärkt werden, daß es auch noch eine ganze Reihe anderer Verbrechen sozusagen im Veroneser Stil gibt, die man einem wißbegierigen Publikum natürlich nicht vorenthalten darf, obgleich ich sie eher als Unglücksfälle bezeichnen möchte, wie sie im menschlichen Leben und vor allem in der Politik nun einmal vorkommen.
Mit dem wahren Charakter der pfirsichfarbenen Stadt – es war ein Schriftsteller, der dieses poetische Adjektiv im Zusammenhang mit dem Veroneser Marmor verwendet hatte – muß das alles nicht unbedingt etwas zu tun haben. Auch wenn Ludwig von Burgund hier geblendet – und da war er immerhin schon deutscher Kaiser – und König Berengar ermordet wurde, auch wenn mitunter einmal ein Bischof eher zufällig ins Schwert seines ungeduldigen Fürsten fiel oder an einem einzigen Tag, es war der 12. Februar 1278, genau 166 Bürger aus dem nahen Sirmione in der Arena des Amphitheaters verbrannt wurden, weil man ihnen Ketzerei nachsagte.

Trotzdem behaupte ich, daß in Verona nicht mehr und auch nicht grausamer oder lustvoller gemordet wurde als anderswo in Italien, wobei man auch noch das Alter und die geographische Lage dieser Stadt bedenken muß. Denn schließlich stand hier bereits im ersten vorchristlichen Jahrhundert eine römische Stadt, die den Platz einer von Euganeern und Rätern gegründeten älteren Siedlung einnahm und rasch als Straßenknotenpunkt für das römische Oberitalien zum wichtigsten Verwaltungs- und Handelszentrum südlich der Alpen wurde. Eine so offene, verkehrsmäßig einladende Situation aber öffnet naturgemäß vielen zweifelhaften Überraschungen Tür und Tor, mit denen man erst einmal fertig werden muß, bevor man sich reinen Gewissens dem Urteil der Geschichte stellen kann. Ich erwähne da nur den Ostgoten Theoderich, dessen Hände nicht gerade moralisch sauber waren, als er Verona neben Ravenna zur zweiten Hauptstadt seines Reiches machte – erinnern wir uns doch an diese eher berüchtigten deutschen Heldensagen, in denen Mord und Totschlag so überzeugend geschildert werden, daß sich jeder Zehnjährige heute noch atemlos ein Schwert wünscht: Da tritt dieser Theoderich als Dietrich von Bern in Erscheinung, wobei mit Bern nichts anderes als Verona gemeint ist, ich nenne die merkwürdigen Langobarden, die trotz des Unfalls, der ihrem ersten König widerfuhr, fast zweihundert Jahre lang leichten Herzens Verona unsicher machten, und ich denke auch an die kuriose Familie Skaliger, die mehr als hundert Jahre über Verona herrschte und deren Tagewerk unter anderem darin bestand, daß sie ihre beachtlichen Neurosen durch Verwandtenmord und permanente Verrücktheit abreagierten. Und die trotzdem – wie Theoderich, wie die Langobarden – der schönen Stadt an der Etsch durchaus zum Ruhme gereichte!
Aber lassen wir das alles vorerst einmal! Und selbstverständlich eile auch ich immer, wenn ich wieder einmal in Verona angekommen und in einem altertümlichen und verwinkelten Hotel aus der Gründerzeit neben der größten Kirche der Stadt, Sant'Anastasia, abgestiegen bin, unverzüglich zum Balkon der Julia. Das gehört schließlich zu den romantischen Pflichten eines jeden Touristen in Verona, auch wenn man vielleicht ein wenig enttäuscht ist, nachdem man die näheren Umstände dieser angeblich schönsten Liebesromanze der Weltliteratur kennengelernt hat.

Verona ist übrigens, wenn ich das richtig beobachtet habe, nahezu ein klassischer Schauplatz für Balkone, schönverzierte Erker und Balustraden jeder Art. Ein galanter Schriftsteller aus dem benachbarten Vicenza scheint bereits vor längerer Zeit gleichfalls diese Beobachtung gemacht und gebührend literarisch ausgenützt zu haben, als er unter dem Titel ›Giulette e Romeo‹ eine rührselige Romanze schrieb, die dem damaligen Zeitgeschmack durchaus entsprach. Sein Name war Luigi da Porto, und die Fabel seiner Geschichte, die er – sofern er nicht wirklich von den hübschen Balkonen hingerissen war – aus unerfindlichen Gründen in Verona angesiedelt hatte, worüber sich die Stadtväter von Vicenza heute noch ärgern, kennen wir vor allem aus Shakespeares unsterblichem Schauspiel. Denn Shakespeare bediente sich mit britischer Gelassenheit des literarischen Vorwurfes und folgte ihm in allen wesentlichen Details, was fraglos ein Gewinn für die Weltliteratur war. Und ein wenig wohl auch für Verona.
Natürlich haben später auch noch andere Autoren diese Version Luigi da Portos übernommen, darunter ein gewisser Bandello, aber darüber zerbricht sich heute niemand von den zahllosen Besuchern mehr den Kopf, die in der Hauptsache dieses unglücklichen Liebespaares wegen in die Stadt an der Etsch eilen.
Der weltberühmte Balkon befindet sich in einem ziemlich düsteren, schmalen und ärmlichen Hinterhof, nur ein paar Schritte von der weitläufigen Piazza dell'Erbe entfernt, auf der es nach meiner Meinung tatsächlich eine weibliche Statue gibt, für die man bedenkenlos mehr als nur platonische Gefühle empfinden könnte... aber darauf komme ich noch zu sprechen!
Der Balkon also! Wenn man durch die mächtige Toreinfahrt in den Hinterhof eintritt, kann man sich ein wenig verwirrt zwischen dem Besuch eines Schönheitssalons und eines Geschäftes für Numismatik entscheiden, bevor man sich nachdenklich der Betrachtung dieses früher einmal marmorverkleideten und heute weitgehend verwitterten Balkons widmet. Ich habe mich oft gefragt, wie dieser für die Abhaltung lebhafter Liebesszenen völlig ungeeignete Balkon das Gewicht zweier zärtlich bewegter Menschen ausgehalten hat. Und auch der Umstand, daß Romeo und Julia hier ungestört ihren romantischen Vergnügungen nachgegangen sein sollen,

ist mir rätselhaft. Oder waren vielleicht ihre Nachbarn alle schwerhörig und blind?
Selbstverständlich bietet man dem Publikum auch noch das sogenannte Haus des Romeo an, das in der Via delle Arche Scaligere steht und eines der ältesten Häuser Veronas sein soll, was kaum eine Rechtfertigung für den erbärmlichen Zustand dieses Gebäudes ist. Manchmal fragen sich mißtrauische Touristen, weshalb man Schauplätze, die mit dieser ergreifenden Liebesgeschichte zu tun haben, in einem so desolaten Zustand beläßt. Nun, die Antwort darauf scheint mir einleuchtend zu sein. Die Italiener sind rationell denkende und kühl kalkulierende Geschäftsleute, wenn es um den lukrativen Fremdenverkehr geht, und sie sagen sich, daß ein ordentlich restauriertes und seiner romantischen Verfallserscheinungen entkleidetes Haus des Romeo oder ein Balkon der Julia, der durch kunstvolle bauliche Verbesserungen gleichsam modernisiert wird, kaum das Interesse romantischer Naturen erweckt. Und der Erfolg gibt ihnen recht! Denn gerade jetzt erst wieder hat man eine junge und recht attraktive Dame aus der besten Veroneser Gesellschaft mit der ehrenvollen Aufgabe betraut, die für Romeo und Julia einlaufende Post diskret und geschmackvoll zu erledigen.
Man wird nun möglicherweise erstaunt wissen wollen, um welche Art von Post es sich dabei handelt, denn schließlich sind Romeo und Julia, sofern sie tatsächlich einmal existiert haben, seit mindestens sechshundert Jahren tot. Aber so seltsam sich das auch anhören mag: Selbst im 20. Jahrhundert scheint es zahllose Menschen zu geben, die mit solcher Intensität an diesen Mythos glauben, daß sie sich wahre Wunderdinge davon erhoffen und Tonnen von Tinte und Papier verschwenden, um ihre Wünsche und Hoffnungen an die Adresse Romeos und Julias zu richten. Natürlich stehen Liebesangelegenheiten an erster Stelle, aber auch verwandtschaftliche Schwierigkeiten, pekuniäre Sorgen oder Krankheitsfälle werden in diesen Briefen an das imaginäre Liebespaar ausführlich beschrieben. Und ich beneide die junge Dame keinesfalls um ihre delikate Beschäftigung, die ebensoviel Einfühlungsvermögen in die rätselhafte Psyche der Menschen als auch warmherzigen Humor erfordert.
Wer jetzt das Gefühl hat, gleichfalls einen Brief an Romeo und Julia schreiben zu müssen, der hinterlege seine Post

einfach im ehemaligen Kapuzinerkloster hinter den Portoni della Bra. Dort nämlich, wo sich auch der rosafarbene und nun schmutziggraue Marmorsarkophag befindet, der Julias Grab symbolisiert und von dem einige unverbesserliche Zyniker behaupten, er erinnere sie an eine alte Viehtränke, gibt es einen marmorverkleideten Briefschlitz. Angeblich wird jedes Schreiben, das dort eingeworfen wird, pünktlich beantwortet.

Man muß natürlich nicht alles glauben, was einem in und über Verona an Erstaunlichem erzählt wird, aber immerhin scheint das Veroneser Klima früher einmal für romantische Liebesaffären recht günstig gewesen zu sein. Und daß sie manchmal, wie bei Rosamund und Shakespeares Liebespaar, tödlich endeten, ist gewiß nur ein unglücklicher Zufall. Denn da gab es zum Beispiel im 13. Jahrhundert – und damit ein paar Generationen vor Romeo und Julia, die ja angeblich anfangs des 14. Jahrhunderts gelebt haben sollen – einen unglaublichen Skandal, weil eine ehrbare Veroneserin, die noch dazu mit dem regierenden Herzog verheiratet war, eines Tages mit einem Habenichts namens Sordello auf und davon ging. Dieser Sordello bezeichnete sich als Troubadour, aber ich fürchte, daß die Eroberung der schönen Herzogin seine nachhaltigste literarische Leistung war. Bedauerlicherweise entbrannte rund um diese Affäre dann ein Krieg, der den gehörnten Ehemann zuletzt auch noch den Thron kostete.

Und schließlich war da diese Beatrice della Scala, die sich einen Ehemann aus der angesehenen Mailänder Familie Visconti nahm und ihm nicht nur zehn wohlgewachsene Töchter schenkte, sondern auch der Mailänder Scala den inzwischen berühmt gewordenen Namen gab, worauf man in Verona zumindest ebenso stolz ist wie auf die Tatsache, daß die Töchter dieser Beatrice ausnahmslos eine beachtliche Karriere machten. Eine wurde Königin von Zypern, eine andere heiratete den Österreicherherzog Leopold, und drei dieser bemerkenswerten Veroneser Kinder bereicherten die Dynastie der Wittelsbacher.

Der Vater dieser Beatrice della Scala, ein gewisser Mastino aus dem bedeutendsten Veroneser Geschlecht, nämlich der Skaliger, muß allerdings ein recht unangenehmer Zeitgenosse gewesen sein. Einmal tötete er sogar aus einer Laune heraus den Bischof von Verona, was man ihm in gewissen Kreisen bis

heute noch nicht verziehen hat. Sein Denkmal auf dem bizarren Friedhof der Skaliger ist folgerichtig auch das einzige Monument mit einem geschlossenen Visier. Das komme daher, erklärte man mir, daß sich einerseits Mastino über den Tod hinaus geniere, ausgerechnet einen harmlosen Mann der Kirche umgebracht zu haben, während andererseits die Veroneser nicht sonderlich darauf erpicht wären, das Gesicht eines Priestermörders betrachten zu müssen.
Diese vornehme Zurückhaltung im Umgang mit den Auswüchsen menschlicher Leidenschaften überrascht freilich wenig, wenn man sich ein paar interessante Details vergegenwärtigt, die einen anderen Eindruck vom Gefühlsleben der Veroneser vermitteln. Im großen Oval des Amphitheaters etwa, das wahrscheinlich um die Mitte des ersten nachchristlichen Jahrhunderts entstanden ist und damals noch vor den Mauern der antiken Stadt lag, sollte man sich nicht nur am sinnlichen Klang italienischer Opernarien delektieren, die hier seit dem Jahre 1913, als mit »Aida« die Sommerfestspiele in ihrer heutigen Form eingeleitet wurden, alljährlich von neuem erklingen, sondern man könnte gelegentlich einmal auch den Versuch unternehmen, sich die schrillen Schreie der Sterbenden vorzustellen, die in diesem berühmten Oval ihr Leben lassen mußten. Und gestorben wurde in Verona immer schon auf spektakuläre Weise! Bereits Plinius der Jüngere berichtete bedauernd von den Versorgungsschwierigkeiten mit afrikanischen Leoparden, denen manchmal die beliebte Menschenhatz römischer Tage zum Opfer fallen mußte. Im Spätmittelalter okkupierte die Inquisition das Gelände der Arena für ihre dramatischen Schauprozesse – vom erbarmungswürdigen Flammentod der Sirmioner Bürger habe ich schon erzählt –, aber auch blutige Turniere und vor allem Stierkämpfe fanden hier statt, wobei man freilich vorsichtig genug war, sich nicht eines Matadors zu bedienen, sondern einfach Hundemeuten auf die wütenden Stiere hetzte. Das war zweifellos billiger und garantierte die gleiche Unterhaltung.
Was übrigens die Gerichtsbarkeit à la Verona betrifft, so erfand man in dieser Stadt zumindest für vermögende Leute eine einzigartige Gelegenheit, den Kopf aus der Schlinge zu ziehen. Denn besaßen die vor Gericht beschuldigten oder gegeneinander prozessierenden Bürger genügend Geld, um

sich Gladiatoren leisten zu können, dann gewährte man ihnen eine Art Gottesurteil. Und das bestand ganz einfach darin, daß die Beschuldigten und Prozeßgegner sich berufsmäßige Raufbolde mieteten, die in der Arena des Amphitheaters die Geschäfte ihrer Mietherren mit dem Schwert austrugen. Dieses blutige Spektakel wurde in der Regel vor überfüllten Zuschauerrängen ausgetragen – die Eintrittspreise sollen dementsprechend hoch gewesen sein –, und es war nur eine Frage der Zeit, bis man weitere Einnahmequellen entdeckte: Spätestens seit dem Ende des 13. Jahrhunderts vermietete man die tiefergelegenen Räume der Arena an die Prostituierten von Verona.

Ich würde es nun allerdings bedauern, wenn aus allen diesen Anekdoten und Geschichten, die ich hier in aller Unschuld erzähle, tatsächlich der Eindruck entstünde, Verona sei eine Art Gruselkammer oder Raritätenkabinett, darin man die ausgeklügelte Kunst menschlicher Gemeinheit und Mordlust besichtigen könnte, gelegentlich aufgelockert durch Liebesaffären, deren moralischer Hintergrund zu allem Überfluß auch ziemlich fragwürdig ist. Nun, so schlimm ist es ganz gewiß wieder nicht! Und schließlich hat man auch in anderen Städten Italiens die Wölfe, die man etwa in der näheren Umgebung erlegte, gemeinsam mit den abgeschnittenen Köpfen hingerichteter Banditen ausgestellt, wie das hier in Verona auf der Piazza dell'Erbe der besseren Identifizierung und auch des abwechslungsreicheren Schauspiels wegen lange Zeit üblich war. Man kann den Schauplatz dieser eindrucksvollen Demonstration heute noch besichtigen. Es ist das ein baldachinartiges Gehäuse ungefähr in der Mitte des Marktes, das die Veroneser seit dem frühen 13. Jahrhundert einfach Capitello nennen und von wo aus nicht nur die Marktgeschäfte überwacht wurden, sondern wo auch der neugewählte Bürgermeister jeweils die Schlüssel der Stadt in Empfang nahm. Und man darf der Tatsache, daß diese bedeutende Zeremonie inmitten von Wolfskadavern und abgeschnittenen Menschenköpfen stattfand, eine gewisse pädagogische Wirkung auf die Moral des künftigen Stadtoberhauptes wohl kaum absprechen.

Dieser Platz im Zentrum der Stadt, flankiert vom uralten Getto, dessen letzte Überreste man erst 1925 endgültig verbaute, und dem Kolossalbau des beeindruckenden Palazzo del Comune, der eines der frühesten Beispiele eines italienischen Stadtpalastes darstellt und in seinen ältesten Teilen aus dem Jahre 1194 stammt, diese Piazza dell'Erbe also ist trotz Amphitheater, Balkon der Julia oder Basilika des heiligen Zeno zweifellos der Stolz der Stadt und bedeckt mit ihrer Fläche ziemlich genau das einstige römische Forum Veronas, dessen antikes Pflaster sich wenige Meter unterhalb des modernen Straßenniveaus teilweise noch erhalten hat. »Heute ist er von ockerfarbenen Häusern umgeben«, beschreibt der Engländer Morton den Platz, »von den Balkonen hängen Bilsenkraut und Blumenwinden herab, und an den Mauern sind immer noch die Schatten alter Fresken zu erkennen.« – Ich muß nun freilich gestehen, daß sich meine Leidenschaft für diese Piazza, die von vielen Autoren als einer der sehenswertesten Marktplätze ganz Italiens bezeichnet wird, doch etwas in Grenzen hält. Nur abends oder nachts, wenn aus der Mitte der Zeltschirme, unter denen tagsüber alles feilgeboten und gehandelt wird, was vom frischen Gemüse bis zum gebrauchten Anzug auf einem solchen Markt füglich erwartet werden darf, das leise Plätschern aus dem alten römischen Marmorbecken kommt, das eigentlich das geheime Wahrzeichen Veronas ist, nur nachts also gewinnt diese Piazza dell'Erbe für mich so etwas wie die Bedeutung eines endlich erfüllten Wunschtraumes. Und wenn das fahle Licht einiger Bogenlampen die Mauern rund um den Platz wie verzauberte Kulissen aussehen läßt, deren gewichtige Schatten schwerelos über die jetzt menschenleere Fläche fallen, während der geflügelte Löwe von San Marco, dieses Wahrzeichen venezianischer Präsenz, auf seiner hohen Säule ins samtfarbene Dunkel der Nacht zu entgleiten scheint und die gewaltigen Glocken- und Geschlechtertürme im Weichbild der Piazza an rostfarbene Brückenköpfe erinnern, die den Himmel erstürmen, dann begreife ich Verona als ein geheimnisvolles Erbe römischer und gotischer, byzantinischer und langobardischer Kultur. Dann verstehe und akzeptiere ich auch den Ausspruch eines italienischen Dichters, der einmal gesagt hat, Verona sei voller Vibration und Ausstrahlung, ganz Farbe und Kunst, vermischt mit der Landschaft, die perfekte Fata Morgana einer romantischen Stadt.

Und romantisch ist viel in dieser Stadt! Angefangen bei der sogenannten »Madonna von Verona«, deren Statue sich aus einer

römischen Brunnenschale mitten auf der Piazza dell'Erbe erhebt. Ursprünglich handelte es sich dabei nur um einen Torso gleichfalls römischer Herkunft, der erst im 14. Jahrhundert ergänzt wurde. Und es ist dieser nachgelieferte Kopf, dieses Meisterwerk eines unbekannten Bildhauers, das mich immer wieder von neuem betroffen macht. Denn dieses Porträt einer jungen Frau verrät bei aller weiblichen Herbheit und spröden Anmut eine so ungeheure Sinnlichkeit, daß man unwillkürlich alle rührseligen oder tragischen Geschichten über Liebe und Tod in Verona unter einem sehr modernen, fast psychoanalytischen Aspekt betrachtet. Der kühle glatte Stein scheint von innen her zu leben und verdeutlicht auf unnachahmliche Weise die Diskrepanz zwischen sittlichen Normen, wie sie zu allen Zeiten bestanden haben, und einer gesunden Freude an der Übertretung dieser Normen.
Oder ist es vielleicht doch nur das flirrende Licht der Laternen, dieses Spiel aus Schatten und verwischter Dämmerung, das dem marmorbleichen und scheinbar erstarrten Antlitz der Statue eine so irritierende Lebendigkeit verleiht? Tagsüber jedenfalls wirkt diese »Madonna von Verona« ein wenig unbeholfen und ist so viel oder so wenig verführerisch wie jede andere Statue südlich der Alpen. Und nur der dünnlippige Mund läßt vielleicht noch an laszive Geheimnisse denken, an diese Veroneser Nächte, in deren Schutz sich einige der erstaunlichsten Affären der italienischen Kulturgeschichte abgespielt haben.
Romantisch sind aber auch die Farben Veronas, das staubige Ziegelrot der Dächer und die sanft erglühenden Fassaden der alten Paläste, wenn die Sonne jeden Morgen von neuem den farblosen Dunst durchbricht, der wie ein Gespinst aus dünnem Glas über der Stadt liegt. Es ist schon viel über den kostbaren Veroneser Marmor geschrieben worden, über diesen rosafarbenen, an eine glattpolierte und glänzende Pfirsichhaut erinnernden Stein, der sich ohne weiteres mit den berühmten Marmorsorten des Landes messen kann, mit dem grünen Stein aus dem Valle d'Aosta, dem schwarzen mattglänzenden von Bergamo oder dem Marmor aus den Steinbrüchen Carraras. Und der Verona oder eigentlich die veronesische Architektur eines Michele Sanmicheli mit diesem warmen Schimmer geadelt hat, der vor allem nach einem Frühlingsregen oder unterm Licht der letzten klaren Herbst-

tage tatsächlich etwas von der Luzidität eines Sonnenaufganges besitzt.
Aber man sollte sich vor allzu leidenschaftlichen Phrasen hüten, denn selbstverständlich überzieht auch hier längst schon eine bedrohliche Dunstglocke aus Abgasen und Industriequalm die Dächer der Stadt! Und es ist nicht nur auf die wohlbegründete Furcht vor Kunstdieben zurückzuführen, daß man das vielleicht berühmteste und jedenfalls rätselhafteste Kunstwerk Veronas, nämlich das Portal von San Zeno mit den Bronzeskulpturen des Meisters Nicolao, durch einen Spezialrollbalken vor allen schädlichen Einwirkungen geschützt hat. Hier in San Zeno, ein wenig außerhalb des alten Stadtkernes, wo in der ehemaligen Benediktinerabtei, die bereits 1773 säkularisiert wurde, einige deutsche Kaiser auf ihren Pilger- und Feldzügen nach Italien Gastfreundschaft genossen, befindet man sich auch wieder auf den Spuren eines anderen, gleichsam mythischen Verona, das mit dem Negerbischof Zeno, den Heiligen Blasius, Firmus und Rusticus und natürlich auch mit dem legendären Paar Tosca und Teuteria über eine Reihe von Helden verfügt, die ein etwas ernsthafteres und frommeres Porträt der Stadt zeichnen als die Figuren all dieser Liebesgeschichten und undurchsichtigen Affären, denen wir bis jetzt begegnet sind.
»San Zeno che ride«, heißt es im Volksmund heute noch anerkennend über den populärsten Bischof und Heiligen Veronas, der im 4. Jahrhundert aus Nordafrika kam und sich allem Anschein nach rasch akklimatisierte. Er vollbrachte zwar einige überraschende Wunder, wie sich das für einen Heiligen gehört, angelte aber im übrigen mit Vorliebe an den Ufern der Etsch nach Fischen und unterhielt sich stundenlang mit dem einfachen Volk. Der Heilige Zeno, der lacht: Er muß ein recht sympathischer Bischof gewesen sein, dem man in Verona heute noch liebevolle Verehrung entgegenbringt. Seine Reliquien werden jetzt in der modernisierten Krypta der nach ihm benannten Kirche aufbewahrt, nachdem man sie im vorigen Jahrhundert zufällig in einem antiken Marmorsarkophag gefunden hatte.
An eine eher unbekannte Legende, die ebenfalls ein Gegengewicht zum lebenslustigen und wohl auch ein wenig frivolen Verona der Liebespaare, politischen Verschwörungen, Stierkämpfe, Meuchelmörder und gemieteten Raufbolde bilden

sollte, erinnert die kleine Kirche Tosca e Teuteria. Der Überlieferung zufolge wurde sie bereits im Jahre 751 eingeweiht, also noch in der Langobardenzeit und nur wenige Monate vor dem unrühmlichen Tod Alboins. Ihre Entstehung wird ins 5. Jahrhundert datiert, wofür es einige bemerkenswerte Beweise gibt, so zum Beispiel ein Fußbodenmosaik, dessen abstraktes Muster eine kunsthistorische Rarität darstellt. Den eigenartigen Doppelnamen hat diese Kirche aber von Tosca, einer sonderbaren Heiligen, die außerhalb der spätantiken Stadtmauern als Eremitin in einer Grotte lebte, und von Teuteria, einer englischen Königstochter, die eines Tages vor den Zudringlichkeiten eines liebeskranken Ritters Zuflucht suchte bei Tosca. Und als der ungestüme Freier nun gewaltsam in die Höhle der beiden frommen Frauen eindringen wollte, überzogen plötzlich Spinnen den Eingang mit einem dichten und unzerreißbaren Netz. Der Ritter, überwältigt von diesem Wunder, verlor jetzt nicht nur jeden Geschmack an seinen unkeuschen Absichten, sondern war von diesem Ereignis so tief beeindruckt, daß er zum frommen Einsiedler irgendwo in den grünen Hügeln der Valpolicella im Norden Veronas wurde.
Aber ich will hier keine erbaulichen Geschichten erzählen, die ohnedies kaum beweisbar sind und außerdem für mein Gefühl allzusehr dem selbstbewußten Charakter dieser Stadt widersprechen. Denn Verona ist ungeachtet seiner Heiligen und Märtyrer, seiner zahllosen Kirchen und Kathedralen, Kapellen und anderen sakralen Bauten weder sonderlich fromm noch besonders katholisch in diesem strengen Sinn, der es in den letzten anderthalbtausend Jahren einmal einer kirchlichen Institution ermöglicht hatte, die Herrschaft über die Stadt an der Etsch anzutreten. Hier ist man immer schon eher lebenslustig als weltabgekehrt, eher rustikal und sinnenfroh als asketisch und bigott gewesen. Man war stets, wie ich es mit einem zeitgenössischen Wort bezeichnen möchte, auf eine sehr vernünftige Art »diesseitig disponiert«. Denn wie sonst könnte man sich den einzigartigen Umstand erklären, daß man anfangs des 17. Jahrhunderts mit der Gran Guardia ein kolossales Gebäude in der Nähe des Amphitheaters errichtete, das keinem anderen Zweck diente als dem, Militärparaden unter den überdachten Loggien auch bei Regenwetter abhalten zu können? Und welche andere Stadt, Rom

vielleicht ausgenommen, besitzt einen so köstlich bizarren Friedhof, wie es die Gräber der Skaliger, der mittelalterlichen Herren über Verona, doch wohl zweifellos sind? Und wo wird, abgesehen von der Emilia, so gern und gut und üppig gegessen wie hier, wo man die orientalischen Genüsse Venedigs mit den bodenständigen Gaumenfreuden des bäuerlichen Venetien raffiniert vermengt hat und mit lustvoller Freude genießt?
Verona hat zweifellos seine Geheimnisse, seine magischen Augenblicke der Verzauberung. Denn zu tief reichen die Wurzeln dieser Stadt in die Geschichte hinab, als daß sie nur ein kunstvolles Beispiel schöner Architektur und ergreifender Geschichten sein könnte! Aber was auch geschehen mochte in den vergangenen zweitausend Jahren: Immer lag über aller Tragik ein Hauch der Heiterkeit, immer stand man mit beiden Füßen auf der Erde und begriff man vor allem das Leben als ein Schauspiel, bei dem es lediglich darauf ankommt, daß der Vorhang nicht zu unerwartet herabfällt.

Ein Mythos namens Valpolicella

Ich habe mir oft Gedanken darüber gemacht, wie man Verona am besten beschreiben oder am treffendsten charakterisieren könnte, denn diese »rosafarbene pfirsichhäutige« Stadt an der Etsch existiert ja nicht nur aus ihren geschickt vermarkteten Erinnerungen an ein klassisches Liebespaar der Weltliteratur oder vom verzweifelten Zauber einer lärmenden Saison im Oval der Arena, wenn dort alljährlich ein musikalisches Spektakel inszeniert wird, das seit seinen Anfängen im Jahre 1913 zum unabänderlichen Bestandteil des europäischen Festspielsommers geworden ist. Und auch der Sagenkreis rund um Dietrich von Bern, der vor allem die hoffnungslosen Romantiker unter den deutschen Besuchern anlockt, oder einige zweifellos bewundernswerte Beispiele römischer und spätmittelalterlicher Architektur, die noch bis ins 15. Jahrhundert hinein Baumeister und Steinmetze nicht nach Rom, sondern nach Verona gehen ließen, um diese Architektur zu studieren, auch diese beiden immerhin beeindruckenden Beweise für die Geistigkeit dieser Stadt – sofern es das überhaupt gibt – können mich nicht davon überzeugen, daß ausschließlich aus ihnen dieses Geheimnis gewachsen sei, das Verona so unverwechselbar macht.

Hat der Zauber dieser Stadt vielleicht etwas mit der Tatsache zu tun, daß sie gleichsam wie ein riesiger Kopfbahnhof des hier beginnenden mediterranen Südens ihre Besucher aus dem Norden empfängt, wenn diese endlich die Alpen überwunden und auch noch die letzte düstere Schlucht bei Chiusa mit ihren grimmigen Felswänden und dem Brausen der grünen Etsch bewältigt haben? Ich bin einmal ein paar Stunden lang in der Nähe von San Ambrogio di Valpolicella am Bahndamm der Eisenbahnlinie gelegen, die vom Brenner geradenwegs nach Verona führt, und obgleich es schon Spätherbst war und eine fast dampfende, orientalische Sonne, die wie eine venezianische Skulptur am Horizont stand, gegen den Nebel ankämpfte, der fächerartig vom nahen Gardasee herüberwehte, donnerten in schöner Regelmäßigkeit diese langen Eisenbahnzüge an mir vorüber, die alle in Verona enden und voll mit erwartungsvollen Reisenden aus

dem Norden waren. Ich zählte damals im Verlauf eines Vormittags fast ein Dutzend überfüllter Züge, die alle wie besessen nach Süden rasten. Und ich konnte mir gut vorstellen, mit welchen Erwartungen die Menschen in diesen Eisenbahnzügen auf das Ziel ihrer Sehnsucht zufuhren, auf die berühmte Schüssel der römischen Arena, in der früher einmal so mancher Akt der großen und gelegentlich nur schwerverständlichen veronesischen Tragödien stattgefunden hatte, auf die großartige Anlage von San Zeno Maggiore mit ihrer faszinierenden und auf kunstvolle Weise geheimnisvollen Bronzetür, auf den Bezirk rund um die Piazza dell'Erbe, der in seltener Kontinuität die Entwicklung einer Stadt von ihren römischen Anfängen bis in die Gegenwart dokumentiert. Und ich begriff Verona in diesem Augenblick tatsächlich als eine Art imaginärer Kopfbahnhof für die ungestillte Sehnsucht zahlloser Italienpilger.
Aber das alles erklärt mir persönlich noch immer nicht den eigentümlichen Zauber dieser Stadt. Denn während ich noch Beweise sammle für die Spiritualität und den intellektuellen Habitus Veronas, während mir Namen wie Paolo Caliari alias Veronese oder Michele Sanmicheli einfallen oder ich an den Aufenthalt Dantes am Hof der Skaliger denke, am prachtvollen und ebenso vitalen wie intriganten spätmittelalterlichen Fürstenhof einer der skurrilsten oberitalienischen Familien, der des Dichters und gescheiterten Politikers erste Station im Exil war – eine demütigende Erfahrung, wenn man zeitgenössischen Berichten glauben darf –, währenddem weiß ich auch schon, daß dies alles nicht die eigentlichen Quellen sein können, aus denen Veronas Kraft und gesunder Lebenssinn immer neuen Nachschub erhalten. Es klingt vielleicht vermessen, aber ich weiß es aus diesem Instinkt heraus, der einer so bizarren Künstlichkeit mißtraut, wie sie etwa die berühmten Gräber der Skaliger besitzen, und der sich lieber an eine Wirklichkeit hält, die ungebrochen und kraftvoll alle kunstvollen Attraktionen überschwemmt, denen Verona seine vordergründige Schönheit verdankt.
Denn woher kommen die Marktweiber auf der Piazza dell' Erbe? Und woher die farbenprächtigen und verführerisch duftenden Pyramiden aus Obst und Gemüse auf ihren Ständen? Von welchen besonnten Hängen strömt der Wein seit Jahrhunderten schon in die großen Kellereien der Stadt? Und

aus welcher Gegend brachen die Skaliger auf, die legendären Beherrscher Veronas für mehr als hundert Jahre? Aus welchen Steinbrüchen stammt der berühmte Marmor, elfenbeinfarben bis rostrot und manchmal tatsächlich so zart gefleckt wie eine pelzige Pfirsichhaut, dieser Marmor, der die Stadt selbst an nebelverhüllten Wintertagen aussehen läßt, als erglühe sie von innen her? Und auf welchen überwachsenen Pfaden wandern seit vielen Generationen diese braungesichtigen und rotwangigen Söhne vierschrötiger Bauernväter in die Stadt, um sich hier eine neue Existenz aufzubauen und trotzdem die Lebensart vom fernen Heimatdorf unverändert in ein städtisches Milieu zu übertragen, das selbst nur ein Konglomerat aus dörflichen Bezirken und selbstsicherer oder selbstbewußter bäuerlicher Lebensart ist?
Mit ist natürlich bewußt, daß man nicht nur auf solche Weise ein Kunstwerk wie Verona abfragen darf auf die Herkunft seines rustikalen Zaubers. Und doch entpuppt sich diese Stadt, die von den meisten ihrer Bewunderer immer noch als eine Art Museum betrachtet wird, zuletzt als ein Produkt der Landschaft, in der sie eingebettet liegt wie eine köstliche Frucht. Und wer genauer hinzuhören versteht, vernimmt bald unter der polyglotten Oberfläche dieses auf Selbstdarstellung und großartige Repräsentation eingerichteten Museums, das widerhallt von den Geschichten und Sprachen zahlloser Invasoren seit dem Auftreten eines Theoderich bis auf den heutigen Tag... vernimmt also bald einen anderen Tonfall, herb und vielleicht sogar rauh, in jedem Fall kräftig und auf überraschende Weise der kunstvollen Repräsentation widersprechend, für die Verona berühmt geworden ist. Wer sagt denn, daß man hier immer nur an Kunst und pompöse Gebärden gedacht hat, aus denen schließlich Veronas gegenwärtige Position entstand? Dantes Aufenthalt am Hof der Skaliger, auf den sich eine gebildete Oberschicht heute noch viel zugute hält, war ein Beispiel dafür, wie wenig man in dieser rustikalen Gesellschaft mit elitären Intellektuellen anzufangen wußte. Man überließ ihn einfach den Spaßmachern und Gauklern, in deren derber Kumpanei der Flüchtling aus Florenz über die Fragwürdigkeit seiner Situation nachdenken konnte. Und einem musikalischen Genie wie Rossini mutete man noch 1822, als hier unter Metternichs raffinierter Regie wieder einmal ein europäischer Fürsten-

kongreß tagte, ohne weiteres zu, die Texte jener Kantaten, die er für dieses Ereignis komponiert hatte, so lange umschreiben und verändern zu lassen, bis sie den Wünschen der österreichischen Zensur entsprachen. Der einzige unter allen Skaligern, dem man heute noch ein respektvolles Kopfnicken widmet, war ein gewisser Cansignorio, der als ein Liebling der Veroneser gilt, weil er in wirtschaftlich schwierigen Zeiten die Steuern senkte und das Getreide um die Hälfte seines normalen Preises verkaufen ließ. Und selbst als man nach seinem Tod dahinterkam, daß er durch unsaubere Geschäfte mit Kirchenpfründen und anderen waghalsigen Gaunereien ein riesiges Vermögen gemacht hatte, bewahrte ihn die Zuneigung des Volkes, die auf der Vernunft und den Erfahrungen bäuerlichen Denkens beruhte, vor posthumer Ächtung. Man nötigte damals sogar die Bischöfe von Verona, vor seinem Grabdenkmal eine Messe zu lesen und über Leitern, die man rasch aufgestellt hatte, das merkwürdige Denkmal selbst – das wie alle Skaligergräber in luftiger Höhe thront – mit Weihwasser und frommen Gesängen zu ehren.

Und wer mit einiger Sorgfalt ein anderes Grabmonument, nämlich das des populärsten aller Skaliger, studiert, wird überrascht feststellen, daß auf dem Gesicht der Statue ein fröhliches, fast verschmitztes Lächeln liegt, auf das die Veroneser heute noch stolz sind, weil es ihrer Meinung nach vortrefflich die Vitalität und das sanguinische Temperament ihres eigenen Geschlechtes charakterisiert. Daß der Name dieses lächelnden Fürsten Cangrande lautet, also »Großer Hund«, ist nur eine weitere Arabeske im erstaunlichen Porträt dieser Stadt.

Man sieht schon, daß ich mit dem herkömmlichen Bild, das die Fremdenverkehrsindustrie den Besuchern Veronas einredet, nicht ganz einverstanden bin. Und niemand bedauert mehr als ich den fatalen Umstand, daß so gut wie alle Besucher Veronas nahezu blindlings den ausgetretenen Pfaden folgen und wenige Augenblicke nach ihrer Ankunft schon unterwegs sind, zur Arena oder zum historischen Viertel rund um die Piazza dell'Erbe. Vielleicht änderten sie ihre Meinung, die immer ein wenig abstrakt bleiben muß, wenn sie ein paar Anekdoten wüßten, die den Charakter der Stadt und ihrer Bewohner deutlich machen! Es ist zum Beispiel noch gar nicht so lange her, daß es rund um die Ponte

della Vittoria, also um eine der schönen Brücken über die Etsch, einen pikanten Skandal gab, weil der zu jener Zeit regierende christlich-demokratische Stadtrat die Aufstellung nackter Marmorhelden und praller Pferdeleiber verbot. Man begründete dieses kuriose Verbot recht geschickt mit verkehrstechnischen Argumenten, aber jedermann in Verona wußte, daß die Affäre im Grunde nur moralische Ursachen hatte. Schließlich hatte es empörte Aktionen von Eltern gegeben, deren Kinder auf ihrem Schulweg zu anatomischen Studien vor diesen nackten Statuen angeregt werden könnten, und auch die Kirche argumentierte heftig gegen den Sittenverfall in einer Stadt, wo die Nacktheit schon selbstverständlich zu werden drohte. Auf dem Höhepunkt der Auseinandersetzung inszenierten die Studenten Veronas einen großen Umzug, bei dem sie Pferde mitführten, denen man schamhaft Unterhosen übergezogen hatte. Aber auch dieser diskrete Hinweis auf eine gewiß übertriebene Prüderie der christlich-demokratischen Stadtväter nützte nichts. Die Ponte della Vittoria muß ohne ihre prachtvollen Marmorstatuen auskommen.
Zugleich aber kann Verona den Ruhm für sich beanspruchen, das erste erschöpfende Militärhandbuch mit Illustrationen technischen oder wissenschaftlichen Charakters herausgebracht zu haben. Denn in der Offizin des Johannes Nicolai de Verona erschien im Jahre 1472 ein Buch, dessen Bedeutung dadurch noch erhöht wurde, daß die zweiundachtzig Holzschnitte, die es auch zu einer künstlerischen Rarität machen, ausschließlich die damals moderne Kriegstechnik darstellen und für lange Zeit das unentbehrliche Rüstzeug eines jeden Militärtechnikers waren. Da wimmelt es nämlich von drehbaren Geschütztürmen, wuchtigen Belagerungstürmen und raffinierten Sturmleitern, da drehen sich munitionsbestückte Schaufelräder und wird ein Taucheranzug ins Meer versenkt, da bewegen sich vorsintflutliche Ungeheuer, die tatsächlich die ersten Vorläufer moderner Panzerwagen sind, durch dieses kostbare und auf makabere Weise wohl nützliche Kompendium, und das alles vermittelt unter dem lapidaren Titel »De Re Militari« erstmals in der Geschichte der Buchdruckkunst und des Militarismus einen umfassenden Überblick über die technischen und wissenschaftlichen Möglichkeiten, einander auf möglichst perfide Weise umzubringen. Der Autor dieser Denkschrift, ein gewisser Robertus Val-

turius aus Rimini, war übrigens einige Jahre lang apostolischer Sekretär in Rom, was immerhin erstaunliche Rückschlüsse erlaubt auf das Interesse der Kirche an solchen militärischen Aspekten. Andererseits darf dieses Veroneser Kriegshandbuch den Vorzug für sich beanspruchen, daß es ein Requisit in der Bibliothek des großen Leonardo da Vinci war, und zwar zu der Zeit, als er in der bemerkenswerten Funktion eines Festungsbaumeisters und Kriegsingenieurs für den berüchtigten Cesare Borgia tätig war.

Dieser Hinweis auf eines der frühesten Druckwerke ziemlich bald nach der Erfindung der Buchdruckerkunst, das aus Verona kommt, sollte uns aber auch daran erinnern, daß einer der bedeutendsten zeitgenössischen Verleger und Drucker Italiens, nämlich Mondadori, gleichfalls in Verona seine Karriere begonnen hat. Hier nämlich begründete der aus der Gegend von Mantua stammende Mondadori sein Verlagsunternehmen, das auch für internationale Verhältnisse respektabel ist, mit einer Druckerei, die anfangs ein Deutscher leitete und die in den ersten Jahren ihrer Existenz nahezu ausschließlich mit einer Handpresse arbeitete, die bibliophil ungemein wertvolle und sorgfältig gearbeitete Buchausgaben herstellte. Heute verfügt dieses Unternehmen selbstverständlich über die modernsten Maschinen, und jeder Literaturfreund diesseits und jenseits der Alpen nennt längst schon mit Bewunderung den Namen Mondadori.

Warum erzähle ich das alles? Nun, für gewöhnlich verbindet man mit dem Namen Verona doch wohl ausschließlich architektonische und theatralische Sehenswürdigkeiten, denkt man an gewisse historische Ereignisse, die kein besonderes Ruhmesblatt in der Geschichte des abendländischen Humanismus sind, während sich andererseits ein paar Katholiken vielleicht noch mit Vergnügen an diesen seltsamen Heiligen aus Afrika erinnern werden, an den Negerbischof Zeno, der lieber an den Ufern der Etsch angelte und gelegentlich kleine Wunder vollbrachte, als seinen ein wenig pompösen Repräsentationspflichten nachzugehen. Und besonders kunstinteressierte und kunstsachverständige Besucher Veronas werden möglicherweise daran denken, daß es im Hinterland der Stadt einige Steinbrüche gibt, aus denen man seit dem frühen Mittelalter die Tuffsteinblöcke förderte, denen der bedeutendste Maler dieser Region, Paolo Veronese, sein berühmtes Grün verdankte, das es seit einigen Generationen von Künstlern bedauerlicherweise nicht mehr gibt. Der Tuffstein wurde nämlich durch Pulverisierung zum Färbemittel, wobei es allerdings immer ein Geheimnis Veroneses bleiben wird, durch welche Substanzen und durch welche Mischtechnik er dieses fahle und zugleich faszinierende Grün erzielte, das sein Werk so unvergleichlich macht. Übrigens kommt aus der Gegend von Verona auch noch die sogenannte »Sienaerde« die in Siena selbst längst nicht mehr vorkommt.

Ich muß meine Frage wiederholen! Warum zähle ich mit solcher Hartnäckigkeit Dinge und Anekdoten auf, die dem offiziellen Bild widersprechen, das wir uns seit vielen Jahrzehnten schon von Verona machen? Und warum begnüge ich mich nicht mit der einfachen Feststellung, daß Verona eine Kunststadt sei, dekoriert mit einigen sehenswerten römischen Ruinen und mittelalterlichen Prachtbauten, eine urbane und freundliche Stadt, deren Restaurants in der Regel vorzüglich und deren Geheimnisse spätestens seit Rosamund und Helmich oder Romeo und Julia attraktiv genug sind, um das internationale Reisepublikum anzulocken?

Die Antwort darauf ist nicht einfach, weil sie mit persönlichen Eindrücken zu tun hat. Und weil sie deshalb nur eine subjektive Meinung wiedergibt, eine Meinung, die allerdings auf langjähriger Erfahrung im Umgang mit einer Landschaft beruht, die heute noch zu den unbekannten Regionen Italiens zählt.

Es begann an einem Oktobermorgen, für den das abgenützte Adjektiv ›strahlend‹ völlig unzulänglich wäre! Ich hatte mir vorgenommen, ein winziges Dorf namens San Giorgio di Valpolicella ausfindig zu machen, das mir von Freunden aus mehreren Gründen dringend empfohlen worden war. Erstens sei der Rotwein, der in den Rieden dieses Dorfes wachse, von unvergleichlicher Qualität und übertreffe jeden anderen Rotwein aus der riesigen Familie der sogenannten Valpolicella-Weine, und zweitens, so versicherte man mir, würde ich in den entlegenen Hügeln der Valpolicella endlich den Mythos dieser Landschaft begreifen. Aber was heißt hier Mythos? Ich zögere unwillkürlich bei diesem Wort, weil es mir zu übertrieben oder auch zu tragisch erscheint für die selbstverständliche Anmut, mit der mir ein paar Stunden später dieses Dorf oben in den Hügeln begegnete. Und weil ich außerdem auf eines der erstaunlichsten sakralen Bauwerke der ganzen

Provinz stieß, auf die alte Pfarrkirche von San Giorgio, die mir mit ihren mächtigen Rundungen und Wölbungen, die mit dem legendären rosafarbenen Marmor dieser Gegend verkleidet sind, wie ein altertümliches Segelschiff unter voller Takelage entgegenkam, während ich über schmale und kurvenreiche Landstraßen bergauf fuhr.

Ich weiß, das alles hört sich ein wenig romantisch an, aber wenn man wie ich in diesem uralten Bergdorf der Weinbauern und Marmorarbeiter hoch über der dunstigen Ebene inmitten eines heute fast schon verschollenen bukolischen Lebens steht und zur gleichen Zeit den sanften Schatten eines riesigen Campanile und den beherzten Zugriff der venezianischen Sonne auf sich ruhen fühlt, während die Dinge des einfachen Daseins rundum ihren natürlichen Verlauf nehmen, dann begreift man vielleicht ein wenig von der Verzauberung, die ich dort empfand. Traktoren mit Anhängern, die überladen waren von gelbgrünen und dunkelblauen Weintrauben, schaukelten an mir vorüber. Ein schwer bestimmbarer Geruch nach platzenden Trauben und früher Fäulnis hing in der Luft. Zypressen und Pinien wuchsen hangaufwärts, gewaltige Nußbäume schlugen ihre Wurzeln ins rötlichbraune Erdreich, und zwischen den Weingärten erhoben sich immer wieder die fast geometrisch geordneten Vierecke der Obstplantagen, in denen die überreifen Früchte wie Farbkleckse leuchteten. Und oben im Dorf hatte es sich ein Wanderhändler mitten auf der Piazza vor der mächtigen Pieve gemütlich gemacht und blinzelte vergnügt in die Sonne, während die Frauen des Dorfes in den kostbaren Schätzen wühlten, die er den Berg heraufgebracht hatte. Da breiteten sich dann giftgrüne, safranfarbene und blutrote Staubbesen und Bartwische auf dem feingeäderten Marmor der Piazza aus und wirkten beinahe wie filigrane Kunstwerke, da glitzerte und glänzte dieses althergebrachte italienische Küchengeschirr, auf das man in einem ordentlichen italienischen Haushalt auch im Plastikzeitalter nicht verzichtet, wie kostbarer Schmuck unter der Sonne, da warfen Kannen und Siebe bizarre Schatten und wuchsen ganze Türme von abenteuerlichen Hüten in die Höhe, in denen jetzt die Frauen ein wenig ratlos wühlten, weil manchmal nicht mehr genau zu unterscheiden war, was ein Damenhut war und was einem Mann zumutbar sein könnte. Und im Hintergrund lagen bleiche Marmortrümmer, die noch aus der Langobar-

denzeit stammten, erhoben sich griechisch anmutende Säulen und umschatteten einige rostrot verfärbte Laubbäume einen aufgelassenen Friedhof, dessen ältester Teil bis in die Tage der Römer zurückreicht.
Gutinformierte Kunstfreunde werden vielleicht wissen, wovon ich hier spreche, denn bereits in vorrömischer Zeit hat es auf diesem Hügel, der sich wie ein Vorposten in die Ebene schiebt, eine Siedlung gegeben. Aber auch später, etwa während der Langobardenzeit und bis ins Hochmittelalter, war San Giorgio di Valpolicella ein Mittelpunkt des religiösen Lebens in dieser Region. Es ist also kein Zufall, daß die ältesten Grundmauern aus dem 8. Jahrhundert und der kleine Kreuzgang im Hintergrund dieses beeindruckenden Kirchenbaues aus den ersten Jahren des 12. Jahrhunderts stammen.
Ich habe im Verlauf dieser Überlegungen einmal gefragt, woher denn die Marktweiber Veronas kämen, die Früchte auf der Piazza dell'Erbe, die Bauernsöhne mit ihrer unveränderten Lebensart auch im neuen städtischen Milieu, der kostbare Marmor und natürlich der Wein, für den diese Gegend berühmt ist, woher also alle diese Menschen, Gefühle, Früchte, Steine und Gewohnheiten kämen, aus denen Verona tatsächlich besteht, denen es seine alltägliche Existenz verdankt, seine Fabriken und Fleischerläden, lärmenden Wohnviertel und überfüllten Marktplätze... nun, ich glaube, hier hatte ich eine befriedigende Antwort gefunden! Hier in San Giorgio di Valpolicella und anderswo in dieser hügeligen Landschaft, die dann allmählich zum Gebirgskamm der Lessinischen Berge ansteigt, die übrigens einer uralten deutschen Tradition verpflichtet sind, früher einmal ›de Pergn un sin« geheißen haben – was soviel bedeutet wie »Berge der Almhirten und Sennen« –, Berge, die bis ins venezianische Zeitalter von deutschstämmigen Bauern und Almhirten besiedelt wurden und die heute die nördliche Mauer eines gigantischen Amphitheaters bilden, dessen Bühne Verona selbst ist. Und wollte ich mich dieser poetischen Aufschneiderei bedienen, die aus Landschaften Bühnenkulissen und aus den selbstverständlichen Dingen des Alltages ein kolossales Schauspiel macht, dann könnte ich jetzt sagen, daß über die Abhänge dieser Berge und Hügel, die Verona im Norden halbkreisförmig umschließen, ein ununterbrochener Strom des Lebens, der einfachen Genüsse und der menschlichen

Wärme in die Stadt an der Etsch fließt. Denn was zwischen dem Gardasee, der mich immer an ein birnenförmiges Meer erinnert, weil er tatsächlich wie eine große saftige Birne von den letzten Ausläufern der Alpen bis in die fruchtbaren Ebenen reicht, denn was also zwischen diesem im Verlauf der letzten Jahre anscheinend hoffnungslos verschmutzten und unter den Abflüssen einer stetig wachsenden Industrie erstikkenden Gewässer, das so lange Deutschlands Poeten zu den gefühlvollsten Bekenntnissen animiert hat, und den südlichen Tälern der Lessinischen Berge an Kulturlandschaft, an natürlichen Reserven und auch, um es mit diesem häßlichen Wort zu sagen, an möglichen Emigranten existiert, scheint wirklich nur den einen ausschließlichen Zweck zu haben, Verona am Leben zu erhalten.
Aber wie komme ich zu dieser Behauptung? Ist Verona tatsächlich nur ein gieriger Moloch, der alle Säfte des Lebens und der Natur in seiner näheren Umgebung gnadenlos aufsaugt? Oder sind die Lebensbedingungen in diesen zum Teil weltabgeschiedenen und schwer zugänglichen Dörfern wirklich so unerträglich, daß es dagegen nur noch das zweifelhafte Mittel der Landflucht gibt?
Beide Annahmen wären irreführend, denn einerseits besitzt diese Region mit Soave, Bardolino und Valpolicella nicht umsonst drei der fruchtbarsten, köstlichsten und damit auch berühmtesten Weingebiete ganz Italiens, und andererseits hat sich Verona trotz seines enormen Wachstums in den letzten Jahrzehnten keinesfalls zu einer ausschließlich industriell orientierten Stadt entwickelt. Mich erinnert diese Stadt vielmehr an ein Pumpwerk von gigantischen Ausmaßen – wenn man will, könnte man das auch als ein kräftig pulsierendes Herz bezeichnen –, das durch zahllose Stränge und Adern mit der Landschaft ringsum verbunden ist und dessen kompliziertes Nervensystem von den Impulsen abhängt, die irgendwo fünfzig oder achtzig Kilometer hügelaufwärts auf einem fruchtbaren Ackerboden, in einem überquellenden Weingarten oder in einem der vielen Marmorsteinbrüche ihren Anfang nehmen und erst in ihrer Gesamtheit dieses gigantische Pumpwerk in Bewegung halten. Man könnte nun einwenden, daß ein solcher Kreislauf überall dort stattfindet, wo Großstädte mitten in einer urtümlich gebliebenen Bauernlandschaft emporgewachsen sind. Das ist völlig richtig, aber

Verona scheint mir ein Musterbeispiel dafür zu sein, weil es erstens in seiner Gesamtheit ein Kunstwerk ist und zweitens bis in winzige Nuancen und bis in scheinbar nebensächliche Details die Gewohnheiten und auch den Rhythmus der Valpolicella und der Lessinischen Berge und sogar der sanften Hänge am Ostufer des Gardasees angenommen hat. Das vierschrötige und kräftig gebräunte Antlitz einfacher Menschen, dem man in dieser Gegend so häufig begegnet, kann genau so gut im Umkreis der Piazza dell'Erbe oder in einem der winzigen Bergdörfer beheimatet sein, die Heiligen in irgendeiner dunklen Bauernkirche sehen den berühmten Heiligenfiguren in den großen Kathedralen der Stadt zum Verwechseln ähnlich, und selbst der Dialekt, der vielleicht beste Beweis für die Zusammengehörigkeit von Menschen, ist beinahe überall im mächtigen Halbrund dieses Amphitheaters beliebig austauschbar.
Habe ich also das, was man ein wenig hochtrabend den Mythos dieser Region nennt, wenigstens teilweise begriffen? Auf einer meiner Fahrten durch die Hügelwelt der Valpolicella stieß ich einmal auf einen winzigen Wanderzirkus, der außerhalb eines Dorfes mitten in den endlosen Weingärten und Obstplantagen sein notdürftiges Winterquartier aufgeschlagen hatte. Es waren durchwegs brave und anständige Leute, allem Anschein nach solide Handwerker und Arbeiter, auch wenn sie sich während der Saison zu artistischen Kunststücken und rührenden Dressurakten aufrafften. Und doch wirkten sie, wirkte ihr kleines Unternehmen wie ein ärmlicher Fremdkörper in dieser selbstsicheren und von der Fruchtbarkeit einer begnadeten Natur strotzenden Umgebung. Ich hätte nicht sagen können, was mich an diesen Wohnwagen und Tierkäfigen störte, was mich so befremdete, daß auch ich plötzlich die Augen mißtrauisch zusammenkniff. Aber ich begriff mit einem Mal die Geringschätzung und das Mißtrauen auf den Gesichtern der Weinbauern, die aus sicherer Entfernung den Zirkus beobachteten. Und ich ahnte, daß bei diesen Bauern die Welt noch in Ordnung war, und zwar auf diese archaisch anmutende Weise, bei der es noch die genaue Unterscheidung zwischen oben und unten gibt, zwischen gewachsenem Wohlstand – auch wenn er nur verhältnismäßig ist – und der seiltänzerischen Bravour, mit der wir unser Leben als Stückwerk betrachten.

Brunnenfigur: »Madonna von Verona«, Wahrzeichen der Stadt

Belluno: Palazzo dei Rettori

Marostica (Venetien): mittelalterliches Haus

Bassano del Grappa (Venetien)

Villa Maser (Villa Barbaro) bei Treviso: A. Palladio

Die Bürger von Vicenza

Es gibt unter den vielen Möglichkeiten, eine fremde Stadt oder eine unbekannte Landschaft über ihre allgemein bekannten Baudenkmäler und historisch bedeutsamen Schauplätze hinaus besonders gründlich und gleichsam von einer privaten Seite her besser kennenzulernen, meiner Meinung nach vor allem zwei Wege, in dieses Mysterium einer neuen Geographie einzudringen. Denn um ein Mysterium handelt es sich ja zweifellos, was immer wieder von neuem hinter einem Gespinst aus Wahrheit und Dichtung, aus kunsthistorischen Feststellungen und den Erzählungen des Volkes verborgen liegt und mit jedem weiteren Anlauf, den man um irgendeiner fragwürdigen Wahrheit wegen unternimmt, stets ein anderes und von der herkömmlichen Meinung abweichendes Antlitz zeigt.

Aber ich werde mich hüten, jetzt plötzlich eine Art Philosophie des Reisens zu verkünden! Ich will nur diese beiden Wege kurz beschreiben, die mich so oft schon und immer nach verhältnismäßig kurzer Zeit hinter das Geheimnis haben blicken lassen, das manche Städte und Landschaften wie ein Schutzmantel umgibt. In Vicenza zum Beispiel führten sie mich im Verlauf von nicht einmal vierundzwanzig Stunden zwar zuerst in die Irre, weil ich eine ganze Reihe von erstaunlichen Widersprüchen zu dem entdeckte, was ich mir selber über diese Stadt des Palladio eingebildet hatte, doch dann brachten sie mich auch zu einigen Erkenntnissen, die im Grunde freilich weder besonders originell noch sonderlich dramatisch waren. Und denen ich trotzdem bemerkenswerte Einblicke in die Seele, in den Charakter Vicenzas verdankte, auch wenn sich eine solche Behauptung vorerst noch etwas gewagt anhören mag.

Es begann mit einem Abendspaziergang – also mit dem ersten Weg –, der in der Gegend des Bahnhofes seinen Anfang nahm und mich in den nächsten paar Stunden über den Corso Palladio zur Basilica – was in diesem Fall einmal keine Kirche oder Kathedrale bedeutet – und zum Teatro Olimpico und schließlich in die ältesten und wenig bekannten Stadtviertel an

den Ufern des Bacchiglione brachte und mich am langsamen Erlöschen aller urbanen Funktionen und auch der lärmenden Fröhlichkeit des Lebens in einer norditalienischen Stadt von mittlerer Größe teilnehmen ließ. Das Besondere an diesem fließenden Hinübergleiten von der abendlichen Geschäftigkeit in die Stille der Nacht lag dabei darin, daß sich das alles vor einer teilweise noch mittelalterlichen und hauptsächlich renaissancehaften Kulisse abspielte. Die städtischen Autobusse fuhren mit seufzenden Geräuschen durch die schmalen Gassen der Innenstadt, die für jeden anderen motorisierten Verkehr gesperrt waren. Aus den ebenso geschmackvoll wie abwechslungsreich dekorierten Schaufenstern eleganter Geschäfte, die in wuchtigen Palästen aus dem 15. und 16. Jahrhundert untergebracht sind, brach eine Sturzflut von grellem Licht auf die dunklen Straßen. Und in manchen großen Hinterhöfen, die sich wie bizarre und geheimnisvolle Landschaften hinter riesigen Toreinfahrten verbargen, stellten melancholische Maler ihre Bilder aus, beugten sich großgesichtige, schweißglänzende Junggesellen genießerisch über dampfende Schüsseln voll Spaghetti und eingedickter Bohnensuppen oder studierten unschlüssige Nachtschwärmer das ausgehängte Kinoprogramm für die Spätvorstellungen. Auf den Hauptstraßen aber drängten sich noch lange die jungen Leute dieser Stadt und inszenierten das ewig gleiche Schauspiel eines mediterranen Abendspazierganges, wie er zwischen dem Felsen von Gibraltar und den mit Zedern geschmückten Abhängen des Antilibanon anscheinend auch heute noch unvermeidlich ist.
Ich trieb mehr oder minder ziellos in der Menge dahin, umgeben von Wortfetzen, raschen Gebärden und dunklen Konturen, die wie mit dem Messer herausgeschnitten aus der abendlichen Dunkelheit hervortraten. Zwischen matt glänzenden Säulen und unter den Kolonnaden hinter dem Dom wuchsen Blöcke einer schwärzlichen Finsternis empor. Gelegentlich tauchten rostrote Zinnen der alten Stadtbefestigung wie geisterhafte Vögel aus dem plötzlich einfallenden Nebel auf, der zähflüssig und unaufhaltsam bis in die innersten Bezirke der alten Stadt vordrang und spätestens gegen Mitternacht das hellerleuchtete Vicenza in ein merkwürdig diffuses Licht tauchte. Und vom nahen Bahnhof her drangen gedämpft die Geräusche einfahrender Eisenbahnzüge, während

endlich auch die letzten hellerleuchteten Restaurants, Cafeterias und Schaufenster wie von einer Geisterhand berührt erloschen und zurückfielen ins Dunkel der Nacht.
Dem Nebel begegnete ich dann auch noch in den frühen Morgenstunden des darauffolgenden Tages – und das war mein zweiter Weg –, als die Stadt erschöpft und fast wie leergefegt einem zögernden Morgengrauen entgegendämmerte, das den farblosen Nebel langsam mit Licht erfüllte. Irgendwo hinter den elfenbeinfarbenen Fassaden der alten Paläste und ihren Ziegeldächern begann eine Kirchenglocke mit ihrem dünnen Geläut. Ein paar Straßenkehrer, denen der Atem in weißen Wolken vor dem Mund stand, säuberten mit trägen schlafwandlerischen Bewegungen das große Viereck der Piazza dei Signori vor der Basilica, die fast zur Hälfte mit diesem schwankenden Nebel bedeckt war, der in kleinen dünnen Kaskaden von den Palastfassaden und mächtigen Dachlandschaften rund um den gähnend leeren Platz herabfiel. Jetzt dröhnten auch die schweren Glocken vom nahen Dom. Mit dem letzten Schlag tauchten seltsame Figuren von überallher auf, versetzte ein geheimnisvolles Treiben die kleine und fast intime Piazza di Palladio hinter der Basilica, wo das Denkmal des Andrea Polladio ein wenig verloren zwischen den Schatten großer Häuser steht, in aufgeregte Unruhe, wuchsen ganz überraschend die farbigen Pilze eines frühmorgendlichen Marktes in die Höhe, wurden Kisten herangeschleppt und geräuschvoll entleert, und während sich der Nebel endlich so weit hob und lichtete, daß man mehr als nur Umrisse sehen konnte, entstand hier der Gemüsemarkt von Vicenza. Die ersten Hausfrauen erschienen mit ihren bauchigen Einkaufskörben, der erste Polizist drehte fröstelnd seine Runden, die ersten Priester huschten wie verkatert und ein wenig bläßlich durch die morgendliche Dämmerung eines Herbsttages, der sich spätestens am frühen Vormittag zu strahlender Schönheit entwickeln sollte. Die ersten Barkellner, die mich in ihren großen weißen Schürzen an Segelschiffe erinnerten, die gelassen den Nebel zerteilen, schleppten riesige Tabletts voll aromatisch duftendem Kaffee auf den Markt, und als schließlich auch der erste Parkwächter für den großen Parkplatz am Nordrand der Piazza dei Signori sein Amt antrat, war die Stadt endgültig für einen weiteren Tag ihres sehr alten, sehr bürgerlichen und sehr beschaulichen Daseins gerüstet.

Aber beschreibe ich jetzt, nachdem ich flüchtig meine Eindrücke über einen Abend- und einen Morgenspaziergang notiere, das hochberühmte und vor allem kulturell so angesehene Vicenza auch richtig? Werde ich tatsächlich dem Mysterium dieser Stadt gerecht, deren architektonischer Ruhm bis nach England und in die Vereinigten Staaten gedrungen ist, wo man einige Generationen lang im Stil eines Palladio und seiner eifrigen Nachfolger bauen ließ und sich an eine Wohnkultur zu gewöhnen versuchte, deren geistige Wurzeln im fernen Venetien lagen? Kann man sich Vicenza überhaupt so nähern, wie ich das jahrelang getan habe? Ein wenig respektlos, immer zwischen den alten Palästen und dekorativen Auslagen unterwegs, die handlichen Bücher über Kunstgeschichte und Architektur leichten Herzens im Hotel zurücklassend, den Blick neugierig auf die Menschen gerichtet, die zwischen den Überresten der vielleicht genialsten Architektur Europas ihren alltäglichen Beschäftigungen nacheilen. Und immer den verführerischen Genüssen der venezianischen Küche erliegend, die sich in der Gegend von Verona und Vicenza noch ihre Volkstümlichkeit bewahrt hat. Und die Schinken zählend, die wie blasse Fledermäuse den Himmel zahlloser Metzgerläden bevölkern.
Ich erinnere mich zum Beispiel mit Vergnügen an Restaurants von gigantischen Ausmaßen, in denen die Bürger Vicenzas einer ihrer Leidenschaften frönen: nämlich dem Essen von importiertem Stockfisch, der hier wie überall in Italien baccalà heißt. Mir fallen wieder die derben und wohlvertrauten Gerüche ein, die in diesen Restaurants die Köpfe der Gäste benebeln, Rosmarin und Knoblauch, Fenchel und Salbei und dazwischen der vollmundige Geschmack nach geriebenem Parmesan, während der braunrote Wein dieser Gegend, der die Farbe der Ziegeldächer Vicenzas nachahmt, in bauchigen Flaschen die Tische mit ihren würfelig gemusterten Baumwoll- oder Plastikdecken beherrscht.
Warum denke ich eigentlich in Venetien zuerst an baccalà und pasta, an gefüllte Schweinsfüße und gesottenes Rindfleisch, an gedünstete Perlhühner und Marzipankuchen, bevor ich mich der Exponate des wahrscheinlich größten Freilichtmuseums dieses Kontinentes entsinne? Warum begleitet der Geruch nach siedendem Olivenöl, rauchendem Risotto und

dunkelbraunen Bohnensuppen, in denen gewaltige Teigstükke schwimmen, meinen nachdenklichen Weg durch eine Kunstlandschaft, die noch im unaufhaltsamen Niedergang unvergleichlich ist? In der Emilia, die von Venetien ja nur durch die naturbelassene Wildnis der Aulandschaften des Po getrennt ist, existiere ein Fanatismus des guten Essens, eine Fähigkeit zur rauschhaften Versenkung in die eigenen Eingeweide, meinte einmal ein italienischer Dichter, der zufällig aus Vicenza stammt. Auf dem venezianischen Festland hingegen sei die Leidenschaft fürs Essen leichter, pittoresker, habe nichts von dieser mystischen Erhebung an sich, die man etwa in den Gaststätten Bolognas zelebriere. In diesem Zusammenhang möchte ich auch noch an die Legende vom wahrhaften Epikuräertum erinnern, die einen feinschmeckerischen Bürger aus Verona oder Vicenza sich ins nächste Flugzeug setzen läßt, um im neapolitanischen Formia an einem gustiösen Fischessen teilnehmen zu können ... was immerhin schon vorgekommen sein soll!
Dabei haben die Italiener weder die Spaghetti noch den Reis als dieses solide Grundnahrungsmittel erfunden, das ihrer Küche den bodenständigen Charakter verleiht, von dem die Genießer seit Jahrhunderten schon schwärmen. Und auch die erfindungsreichen Venezianer, die geschmacksicheren Lombarden, die sich viel darauf zugute halten, die italienische Küche um einige bedeutsame Geschmacksnuancen und nützliche Erfindungen bereichert zu haben, verdanken ihre Leidenschaft für Reis und Spaghetti lediglich irgendwelchen bis heute nicht ganz geklärten Zufällen, die diese köstlichen und inzwischen längst schon selbstverständlich gewordenen Nahrungsmittel im Spätmittelalter in die Hände ebenso vorausblickender wie geiziger Tyrannen à la Sforza und Visconti spielten, die dann ziemlich rasch erkannten, daß sie es hier in erster Linie mit billigen Volksnahrungsmitteln zu tun hatten.
Es heißt zwar, daß Marco Polo seinen venezianischen Landsleuten die segensreiche Erfindung des eßbaren Reises aus China mitgebracht habe. Auch die Einfuhr der ersten Bandnudeln aus dem fernen Orient wird ihm zugeschrieben. Tatsächlich aber dürfte zumindest der Reis von den Arabern eingeschleust worden sein, und zwar via Sizilien – das lange genug in arabischer Hand war – und kurioserweise auch über den Umweg ärztlicher Verordnungen und geheimnisvoller

Apotheken, wo man Reiskörner als Medizin verschrieb. Erst Ende des 15. Jahrhunderts kam es dann zu den ersten größeren Anpflanzungen von Reiskulturen in der Nähe von Ferrara. Und was die segensreiche Einrichtung der pasta betrifft, also der Teigwaren, ohne die eine italienische Mahlzeit nur schwer vorstellbar ist, so hat es nachweisbar vor Marco Polo schon verschiedene Arten von Spaghetti gegeben. Allerdings führt auch hier die Spur des ersten Auftauchens nach Norditalien, und zwar in die Lombardei.

Aber das alles bringt uns jetzt natürlich vom Vicenza des Palladio und des unvergleichlichen Teatro Olimpico weit fort, obgleich einige der wichtigsten Kapitel aus der umfangreichen Biographie des Essens sehr viel gerade mit Vicenza und Venetien zu tun haben.

Nun, beginnen wir vielleicht einmal ausnahmsweise nicht mit den historischen Anfängen, die hier mit dem römischen Vicetia ziemlich genau auf das Jahr 135 vor Christus zurückdatierbar sind, sondern beschäftigen wir uns mit dem 16. Jahrhundert, da Vicenza seinen kulturellen und städtebaulichen Höhepunkt erreichte und unter anderem das imaginäre antike Vicetia allein schon dadurch seine klassische architektonische Fassung erhielt, daß einer der berühmtesten Baumeister der Renaissance, Andrea Palladio, das alte römische Forum in einem der schönsten Plätze Italiens und durch einige der eindrucksvollsten architektonischen Leistungen der Renaissance gleichsam noch einmal und schöner, größer, erhabener auferstehen ließ. Denn die Piazza dei Signori mit ihren monumentalen Bauten bildete nicht nur Jahrhunderte hindurch das administrative Zentrum der Stadt, sondern entspricht in ihrer topographischen Lage im wesentlichen auch dem römischen Forum Vicetias.

Das 16. Jahrhundert in Vicenza: Gleich zu Beginn, am Namenstag des heiligen Andreas im Jahre 1508, wird einer einfachen Handwerkerfamilie namens di Pietro in der längst schon venezianisch gewordenen Stadt Padua ein Sohn geboren, der das ehrbare Gewerbe eines Steinmetzen erlernt, sich aber bald auch als Bauplastiker und Baumeister versucht und frühzeitig nach Vicenza kommt. Es ist ein Zeitalter des Friedens und eines bürgerlichen Wohlstandes, der seinen kulturellen Niederschlag in humanistischen Akademien und in einer reichen Bautätigkeit findet, die aus der im 9. und

10. Jahrhundert von den Magyaren vollkommen zerstörten Stadt am Bacchiglione ein wahres Juwel Venetiens machen soll. Und in dem viele erstaunliche Ideen nur darauf warten, verwirklicht zu werden.
Und genau das ist auch der Augenblick, da ein gewisser Giangiorgio Trissino den Schauplatz betritt. Er, distinguiert und aus altem Vicentiner Adel, Bewunderer der antiken Kunst und dilettierender Dichter, ebenso einflußreich wie hochgebildet, zugleich introvertierter Gelehrter und selbstloser Förderer aller jungen Begabungen, Giangiorgio Trissino also, der sich zeitlebens auch mit Architektur beschäftigt hatte, errichtete etwas außerhalb der Stadt an der Landstraße nach Marostica ein Landhaus – es existiert heute noch – und entdeckte bei dieser Gelegenheit die eminente Begabung des jungen Steinmetzen und angehenden Baumeisters di Pietro, der zufällig an diesem Bau Beschäftigung gefunden hatte. Trissino war nicht umsonst ein leidenschaftlicher Anhänger der Antike. Jetzt ermunterte er seinen Schützling, den er bis zu seinem Tod fördern sollte, zum genauen Studium der bedeutendsten Schriften über Architektur. Und das waren zu jener Zeit zweifellos die Aufzeichnungen des Veronesers Vitruvius Pollio, der unter Kaiser Augustus gelebt hatte. Außerdem nahm Trissino den jungen Baumeister, der inzwischen den Namen Palladio angenommen hatte, mehrmals nach Rom mit, wo Palladio sich an Ort und Stelle mit den Geheimnissen antiker Baukunst beschäftigen konnte.
Bereits 1540 – also als Zweiunddreißigjähriger und allerdings immer noch unter der geistigen Obhut seines Mäzens stehend – baut Palladio nördlich von Vicenza seine erste Villa. Es ist ein Landhaus für die Familie Valmarana. Sechs Jahre später beginnt er dann mit der Arbeit, die seinen Ruhm endgültig festigt und ihn zugleich bis zum 10. August 1580, also bis an seinen Sterbetag, immer wieder von neuem beschäftigt: Palladio beteiligt sich erstmals am Wettbewerb um den Neubau des Palazzo Pubblico, also der sogenannten Basilica von Vicenza!
Die Geschichte der Entstehung dieses neben dem Teatro Olimpico gewiß populärsten Bauwerkes von Vicenza ist freilich schon wieder eine Legende für sich! Denn ein knappes halbes Jahrhundert nach der freiwilligen politischen Unterwerfung der Vicentiner Bürger unter die venezianische Ober-

hoheit hatte man hier an der Stelle eines viel älteren Gebäudes einen spätgotischen Palast errichtet, der erstmals für Vicenza der eigenständigen Architektur der venezianischen terra ferma nachvollzogen war. Aber schon zwei Jahre nach der endgültigen Fertigstellung der mit Bleiplatten verkleideten Dachstuhlkonstruktion und der zweigeschossigen Loggienreihen stürzte ein Teil des Bauwerkes am 20. April 1496 aus vorerst noch unerklärlichem Anlaß wieder ein. Wenige Monate später beauftragte man den leitenden Baumeister am Dogenpalast zu Venedig, Antonio Rizzo, mit dem Wiederaufbau. Aber Rizzo stellte rasch fest, daß die statischen Berechnungen für das Untergeschoß des Palazzo Pubblico falsch gewesen waren. Und diese für die ursprünglichen Baumeister recht peinliche Feststellung sowie die unsichere politische Lage der nächsten Jahre brachten es mit sich, daß man erst in den dreißiger Jahren des 16. Jahrhunderts an eine Fortsetzung der Arbeit dachte. Und jetzt bemühte man sich auch um die Mitarbeit der führenden Architekten Venetiens – Iacopo Sansovino, Antonio Scarpagnino, Michele Sanmicheli, Giulio Romano –, bis zuletzt 1546 und nochmals im Oktober 1548 Palladio sich mit seinen Entwürfen an den verschiedenen Wettbewerben beteiligte und schließlich vom Großen Rat der Stadt die Baudurchführung übertragen erhielt.
Übrigens wird Palladio später einmal in einem Traktat über diesen Bau selbst den Namen »Basilica« nennen, der sich bis auf den heutigen Tag für dieses Beispiel monumentaler Renaissancearchitektur gehalten hat.
Aber auch die zweite attraktive Sehenswürdigkeit Vicenzas, nämlich das Teatro Olimpico, kann auf eine bemerkenswerte Baugeschichte zurückblicken. Es war eine Vicentiner Gesellschaft zur Pflege von Wissenschaft und Kunst, die sich ein wenig hochtrabend und freilich auch ganz im Geiste der auslaufenden Renaissance ›Olympische Akademie‹ nannte und deren Mitglieder im Jahre 1579 ein günstig gelegenes Grundstück auf dem ehemaligen Glacis von Vicenza erwarben, um hier ein Theatergebäude zu errichten, darin man sich dem Vergnügen hingeben konnte, Theaterstücke aufzuführen, die der Antike nachempfunden waren oder aus der Antike stammten. Zwar gab es allenthalben in diesen geistig aufgeschlossenen und in einem künstlerischen Sinne wohl

auch revolutionären Jahrzehnten Theateraufführungen, bei denen man den Idealen einer wiederentdeckten Antike huldigte. Aber dieser Theaterbau – für den selbstverständlich das Ehrenmitglied der ›Olympischen Akademie‹, Andrea Palladio, den Entwurf geliefert hatte – sollte in jeder Hinsicht etwas Außergewöhnliches werden, nämlich das erste ständige und sozusagen feste Theatergebäude des Abendlandes seit der Antike!

Das hört sich vielleicht ein wenig überraschend an und entspricht doch der historischen Wahrheit. Selbstverständlich hatte es auch vorher schon Theateraufführungen gegeben. Aber da war auf der Straße, auf irgendwelchen mehr oder weniger geeigneten Stadtplätzen, in Kirchen oder in eilfertig dafür adaptierten Sälen gespielt worden. Jetzt hingegen, mit dem Baubeginn im Februar 1580, entstand der erste geschlossene und überdachte Theaterraum Europas, der zum erstenmal seit der Antike wieder ausschließlich der Schauspielkunst vorbehalten sein sollte.

Die Arbeiten daran dauerten drei Jahre, wurden nach dem Tode Palladios im Jahre 1580 von seinem Sohn Silla weitergeführt und durch die perspektivisch ebenso reizvollen wie eigenartigen Architekturkulissen von Vincenzo Scamozzi endgültig abgeschlossen. Die erste Vorstellung in diesem Urtheater aller europäischen Schaubühnen fand dann 1584 statt, und zwar mit dem ›Ödipus‹ des Sophokles. Der dafür eigens geschaffene architektonische Hintergrund kann heute noch besichtigt werden. Er ist in der Tat mehr als erstaunlich! Und verleiht einem unwillkürlich das Gefühl, vor einer völlig realistisch dargestellten Stadt mit Renaissancehäusern und Straßen und Plätzen zu stehen, bis man endlich, getäuscht und verwirrt von dieser Perspektive, sich selbst auf die Bühne begibt und jetzt erst erkennt, daß beispielsweise die angeblichen Straßen nur ein paar Meter in die Tiefe reichen. Früher einmal drapierte man bei Aufführungen, die einen gewissermaßen lebensechten Hintergrund erforderten, kleingewachsene Statisten, Kinder und sogar Zwerge in diesen Kulissen, und man vervollständigte die Illusion von einer natürlichen Stadtlandschaft als Bühnenkulisse noch durch raffinierte Lichteffekte und andere technische Kunststücke.

Dieser erste Theaterbau Europas seit der Antike, ein rustikales Ziegelhaus, efeubewachsen und in einem idyllischen kleinen Park gelegen, dessen kiesbestreute Pfade von verwitterten Putten, Marmorstatuen und Sarkophagen bevölkert werden, steht am Ende des Corso Palladio, der ziemlich genau dem Decumanus Maximus des römischen Vicetia entspricht und der hier gewissermaßen als Vicenzas Hauptstraße heute in die Piazza Matteotti einmündet. In den schattigen Kolonnaden dieses Corso aber drängten sich vor allem auf dem leicht abschüssigen letzten Wegstück zur Piazza Matteotti hinunter die ältesten und köstlichsten Spezereigeschäfte, Metzgerläden und Zuckerbäckereien Vicenzas, und es ist schon ein eigenartiges und auf sublime Weise tröstliches Gefühl, sich auf diesem Weg in die Kunst- und Kulturgeschichte einer Stadt von eindrucksvollen Galerien knackiger Würste und safranfarbener Gewürzsäcke, von Körben voll Nüssen und gebrannten Mandeln, von gewaltigen Käselaiben und schäumenden Torten begleitet zu sehen, von recht irdischen Genüssen also, deren Farbigkeit im lebendigen Gegensatz steht zu den Grundfarben dieser Stadt, die praktisch weiß und schwarz sind, bedeckt vom stumpfen Rostbraun der Ziegeldächer.

Überhaupt ist dieses Viertel in mehrfacher Hinsicht interessant. Gleich neben dem Teatro Olimpico und schon im Bereich des Corso Palladio erhebt sich die sogenannte Casa del Palladio, das ehemalige Wohnhaus des Meisterarchitekten der Renaissance, ein dunkler und verwinkelter Bau, den neben anderen Mietern heute auch ein Architekt bewohnt. Ob diesem modernen Nachfolger eines Palladio die illustre Wohnadresse immer nur Vorteile bringt? Schräg gegenüber der Casa del Palladio erinnert eine Gedenktafel an einen legendären Fliegeroffizier, der ausgerechnet im Spanischen Bürgerkrieg mit der höchsten militärischen Auszeichnung Italiens geehrt wurde, während anschließend an das Palladio-Wohnhaus die Kirche von San Corona ein eher bescheidenes Dasein fristet. Und doch enthält ihr Reliquienschrein neben anderen hochverehrten Kostbarkeiten aus der Welt der Heiligen auch ein winziges Stück der Dornenkrone Christi, das auf mancherlei abenteuerlichen Umwegen im Jahre 1260 in der Hand eines inzwischen seliggesprochenen Bischofs namens Bartolomeo nach Vicenza gelangt war.

Die italienische Renaissance als ein Beispiel für eine Architektur, die nur der Lust und den schöpferischen Launen ihrer genialen Baumeister gehorchte, habe gerade in Vicenza etwas Schimäres an sich, schrieb einmal ein berühmtgewordener Sohn dieser Stadt, nämlich der Schriftsteller Guido Piovene. Und er versuchte das durch den Umstand zu erklären, daß hier nie die strenge und dabei doch ordnende Hand eines Fürsten in die Geschicke dieser zutiefst bürgerlichen Stadt eingegriffen habe, sondern immer nur Bischöfe, wohlhabende Bürger, Humanisten und schließlich die Verwalter der venezianischen Herrschaft den Dingen ihren verhältnismäßig freien Lauf gelassen hätten. Ich bin mir nicht sicher, ob diese Meinung in jedem Fall den historischen Tatsachen entspricht. Aber immerhin sind Kunstwerke wie Palladios Villa Rotonda, von der Goethe meinte, vielleicht habe die Baukunst ihren Luxus niemals höher getrieben, oder die ebenso eigenwillige wie kostbare Villa Valmarana dei Nani, die nicht zuletzt auch durch die Fresken eines Giambattista Tiepolo weltberühmt geworden ist, immerhin sind solche Kunstwerke anderswo als in Vicenza gar nicht denkbar. Vielleicht war es gerade dieses Fehlen einer tyrannischen Diktatur durch ein Fürstengeschlecht oder durch eine einzige bevorzugte Familie, das den schöngeistigen Gelehrten und Dichtern dieser Stadt die Lust an der großartigen Selbstdarstellung erlaubte. Sie waren selber keine großen Künstler, diese vermögenden Bürger von Vicenza. Aber sie finanzierten große Kunstwerke. Wie etwa jener literarische Dilettant Gian Maria Bertolo, der die Villa Valmarana in Auftrag gab. Oder wie dieser Graf Trissino, der Palladio entdeckt und dann ein Leben lang nachdrücklich gefördert hatte. Oder auch wie jener humanistisch gebildete Ratsherr Girolamo Chiericati, auf dessen Veranlassung Palladio einen Palast entwarf, der zu den frühen klassischen Bauten dieses Architekten zählt und der heute das Museum der Stadt enthält. Immer war irgendein Mäzen zur Stelle, immer gab es zur rechten Zeit die richtigen Impulse und wehte ein Hauch abenteuerlicher Freiheit durch die schmalen Gassen, was man in einem gewissen Sinn wohl auch auf einen waghalsigen Globetrotter ausdehnen kann, der gemeinsam mit Magellañ die Erde umsegelte und darüber eine mehrbändige Reisebeschreibung veröffentlichte, die seinerzeit viel gelesen wurde. Sein Name war Antonio Pigefatta, und sein gotisches Wohnhaus kann man heute noch in Vicenza besichtigen.

Was übrigens die Villa Valmarana dei Nani betrifft, die auf einem kleinen Hügel des Vicentiner Wallfahrtsberges Berico errichtet wurde, so gibt es dazu eine recht tragische Legende. Demnach lebte einst in alter Zeit – wobei wir allerdings festhalten müssen, daß sie bereits 1669 fertiggestellt war – hinter den Mauern dieser Villa ein verkrüppeltes Mädchen, die Tochter des Eigentümers. Um nun zu verhindern, daß die zwergenwüchsige Tochter normalgewachsenen Menschen begegnete und sich dadurch ihres Unglücks bewußt werden könnte, wurden als Diener immer nur Zwerge oder zumindest kleingewachsene Menschen aufgenommen, bis das Mädchen eines Tages zufällig aus dem Fenster blickte und einen jungen Mann von hinreißender Schönheit vorbeireiten sah. Verzweifelt über das trostlose Schicksal, dessen Unabänderlichkeit es in diesem Augenblick erstmals begriff, nahm sich das Mädchen das Leben.
An eben diese traurige Geschichte erinnern zahlreiche groteske Statuen von Zwergen und kleinen verwachsenen Dämonen auf der straßenseitig gelegenen Umfassungsmauer der Villa.
Mir persönlich bereitet allerdings eine andere Legende, die mit der Entstehungsgeschichte des Santuario della Madonna di Monte Berico am südlichen Stadtrand von Vicenza zusammenhängt, ein wesentlich größeres Vergnügen ... sofern man sich eines so profanen Adjektivs in einem solchen Zusammenhang überhaupt bedienen darf. Jedenfalls erschien am 2. August des Jahres 1428 – unten in der Stadt wütete die Pest schon seit Monaten – einer alten Bäuerin namens Vicenza Pasini die Muttergottes auf dem sogenannten Bericoberg, der mit seinen Weingärten, Oleanderbüschen, Zypressen und Pinien eine Art Schanze bildet, die farbenprächtig und feierlich bewegt bis tief ins Stadtbild von Vicenza hineinreicht.
Es erschien also an diesem Augusttag die Muttergottes und verkündete der wahrscheinlich mehr erschrockenen als ergriffenen Bäuerin, daß Vicenza augenblicklich von der Pest befreit werden könnte, wenn man der Muttergottes an der Stelle dieser Verkündigung eine Kirche weihe. Wenige Tage später fand die Grundsteinlegung statt, und nach ein paar Monaten war die kleine Basilika dann auch tatsächlich vollendet. Im Jahre 1576 beauftragte man Palladio mit der baulichen Vergrößerung des weitum berühmten Heiligtums, während

der sehenswerte Arkadengang, der über siebenhundert Meter weit von der Stadtgrenze bergauf bis zur Wallfahrtskirche führt, erst im 18. Jahrhundert ausgebaut wurde. Im Inneren der Kirche, und zwar im Refektorium, hängt übrigens eines der berühmten ›Gastmahl-Bilder‹ Paolo Veroneses, das er 1572 für das Santuario della Madonna gemalt hatte und das über eine abwechslungsreiche Biographie verfügt. Denn 1811 verschwand es im Verlauf der napoleonischen Kriege nach Frankreich, kam sechs Jahre später nach Vicenza zurück und wurde dann während der Revolutionswirren von 1848 durch österreichische Soldaten schwer beschädigt. Und erst 1858 konnte das kostbare Gemälde nach mühsamen Restaurierungsarbeiten wieder an seinen ursprünglichen Platz gebracht werden.
Aber auch Vicenza selbst, das von dem im Süden gelegenen Hügelplateau aus wie ein Panorama menschlicher Vernunft und Größe aussieht und gelassen in der rauchfarbenen Ebene liegt, während die Strahlenfülle einer entflammten Spätherbstsonne die gewaltige türkisfarbene Wölbung der Basilica und des Doms noch besonders hervorhebt... aber auch Vicenza hat viel gelitten! Allein von den Palästen und Villen des Palladio sind im letzten Krieg vierzehn durch Bomben zerstört worden. Und es wirkt wenigstens auf mich stets wie ungewollte Ironie, daß hier oben auf der Plattform vor der Wallfahrtskirche ein mächtiges Kriegerdenkmal aus dem herbstlich verfärbten Laub der Kastanienbäume gebieterisch hervortritt und diese prachtvolle Bühne beherrscht, die wie ein Spiegelbild der darunter ausgebreiteten Stadt anmutet.
Irgendwo plärrt ein Autoradio. Kinder spielen mit jubelndem Eifer vorne an der Balustrade, von der das wellige Gelände steil abfällt zur Stadt. Eine Besuchergruppe aus Bayern, durch Autokennzeichen und die fröhliche rauhe Umgangssprache ausgewiesen, schwankt zwischen frommer Einkehr ins Gotteshaus und der Rückkehr zu den gefüllten Fleischtöpfen Venetiens. Dann fällt schwer und süß ein langgezogener Glockenton über die besonnte Landschaft. Das Schönbrunnergelb des Arkadenganges hinauf zur Wallfahrtskirche, aus deren Glockenturm jetzt der ausdauernde Gesang der Glokken kommt, leuchtet plötzlich auf, fahl und feurig zugleich. Und ich blicke noch einmal auf die Stadt hinunter, sehe die verschwommenen Konturen der Lessinischen Berge und des

Altopiano d'Asiago im Norden und ahne mehr, als ich es erkennen und beschreiben könnte, das kunstvolle Geheimnis unten in der Mulde, die sich nun allmählich mit Rauch und Nebel füllt.

Es ist wohl das Geheimnis eines Genies namens Palladio. Und das wiederum ist das Ergebnis eines ungebändigten Bürgerstolzes, der sich so lange Zeit prachtvoll entfalten konnte. Und dem dann über die banale Lust zur Selbstdarstellung hinaus auch noch die Einsicht gelang, diese Selbstdarstellung solchen Männern zu überlassen, die daraus einen absoluten Höhepunkt der abendländischen Kultur schufen.

Zwischen Belluno und Feltre

Es liegt wohl in der Natur der Sache, daß man gewissen geheimnisvollen Widersprüchen auf den Grund zu kommen sucht. Und weil man in den meisten Reisehandbüchern vergeblich nach Hinweisen über Belluno und Feltre forschen wird, die mehr als nur eine allernotwendigste touristische Information enthalten, machte ich mich eines Tages ebenso spontan wie neugierig auf den Weg nach Feltre. Das ist eine kleine altertümliche Stadt am westlichen Ausgang jenes ellipsenförmigen Hochtales, durch das der Piave, von der Provinzhauptstadt Belluno kommend, einige Kilometer westwärts fließt, bevor er knapp vor Feltre endgültig nach Süden abbiegt.

Ich hatte vorher immer wieder vergeblich nach schriftlichen Anhaltspunkten für die erstaunlichen Ereignisse gesucht, die Feltre und teilweise auch Belluno vor langer Zeit und aus mehreren guten Gründen in den Mittelpunkt des öffentlichen Interesses nicht nur dieses Gebietes, sondern ganz Italiens und darüber hinaus noch Deutschlands und Österreichs gerückt hatten. Selbst ein so viel gelesenes Standardwerk deutschsprachiger Reiseliteratur wie das dreibändige Kompendium Eckart Peterichs über Italien erwähnt nichts von der bemerkenswerten Vergangenheit der beiden Nachbarstädte, die immerhin auf ein historisch nachweisbares Alter zwischen zwanzig und sechsundzwanzig Jahrhunderten verweisen können. Und andererseits hatte Guido Piovene noch anfangs der sechziger Jahre in seinem auch in Deutschland vielbeachteten Italienbuch die Region von Belluno lediglich als eines der Notstandsgebiete Italiens beschrieben. Und daß der landwirtschaftliche Kleinbesitz hier die Züge des Elends trage. Aber das war dann auch schon alles!

Nun, ich war in der diffusen Dämmerung eines spätherbstlichen Nachmittags nach Feltre gekommen, das gleichsam gut getarnt am Südabhang eines dichtbewaldeten und langgestreckten Hügels wie ein zu Stein erstarrtes Segelschiff wirkt, das irgendwann einmal eher zufällig gestrandet ist. Und tatsächlich sah es beim langsamen Näherkommen so aus, als

blähte ein steifer Nordwind die Türme und Mauern der Stadt, die wie mit einem grauen Puder bestäubt waren und eine merkwürdige, fast bedrohliche Patina angenommen hatten. Mein erster Eindruck, der sich am anderen Morgen als richtig erweisen sollte, hatte in den nächsten Stunden auch folgerichtig mit einem unangenehmen Gefühl des Frierens und der Kälte zu tun, so daß man zwischen diesen lichtlosen und schmalen Gassen fast zwangsläufig den Mantelkragen hochschlägt und fröstelnd die Hände in den Taschen vergräbt. Und noch im Hotel, das mit seinen Bogenfenstern, winzigen Erkern und Säulen und mit seinen verwitterten Fresken an die Karikatur eines spätmittelalterlichen Palastes erinnerte, fror ich zuerst im hellerleuchteten und freilich so gut wie leeren Speisesaal, wo ich vor einem hoffnungslos erkalteten Abendessen saß, und schließlich auch im riesigen Schlafzimmer, durch das der Wind kühl und stetig wehte und dessen hölzerne Fensterläden zerbrochen waren.
Das alles enthält natürlich nichts von den Voraussetzungen, die es braucht, um ebenso gutgläubige wie kulturhistorisch interessierte Besucher anzulocken. Und zumindest nach dieser ersten Nacht, die ich schlaflos und frierend auf meinem kahlen Ritterzimmer verbracht hatte, glaubte ich verstanden zu haben, weshalb Feltre und auch Belluno von den Schriftstellern so stiefmütterlich behandelt werden.
Aber ich war nicht nur neugierig, sondern auch festentschlossen, den Widerspruch zu begreifen, der hier im Schatten der südlichen Dolomiten und schon dicht an der uralten Sprachgrenze zwischen Deutschen, Ladinern und Italienern einige historisch unbestreitbare Tatsachen für die gegenwärtigen Verhältnisse gegenstandslos macht. Und der unter anderem auch daraus resultiert, daß ein Mythos, der fast ein halbes Jahrtausend lang weit über die Region hinaus wirksam sein konnte, heute völlig in Vergessenheit geraten ist.
Es begann um die Mitte des 11. Jahrhunderts, als durch Umstände, die kaum noch restlos geklärt werden können, der venezianische Doge Domenico Contarini die Reliquien von zwei Heiligen allem Anschein nach ohne jede Gegenleistung verschenkte, nachdem diese Reliquien einige Jahrhunderte hindurch in Venedig ein eher unbeachtetes Dasein gefristet hatten. Allerdings in einem recht hübschen Mausoleum, das jetzt im Jahre 1055 der Spitzhacke zum Opfer fiel und dessen

byzantinische Säulen eilfertig nach Feltre verfrachtet wurden, wo ein Ritter namens Giovanni del Castellani da Vidor sich sowohl des kostenlosen Baumaterials als auch der großzügig verschenkten Reliquien dankbar annahm.

Vielleicht hatte man damals am Canal Grande schon genügend solcher Reliquien besessen? Vielleicht wollte der Doge diesem frommen Ritter aus den fernen kalten Bergen einfach gefällig sein? Vielleicht war dieses Geschenk aber auch nur ein politisch genau kalkulierter Schachzug, durch den man die Bürger des starkbefestigten und strategisch günstig gelegenen Feltre für die Interessen und Wünsche Venedigs aufgeschlossener machen wollte? Wir werden die Wahrheit darüber wohl nie erfahren. Ebenso muß die entscheidende Frage offen bleiben, ob der Doge auch dann so altruistisch gehandelt hätte, wenn ihm zu Bewußtsein gekommen wäre, welche Reliquien er da leichtfertig aus der Hand gegeben hatte.

Und damit komme ich zum zentralen Problem dieser seltsamen Geschichte! Denn bei den vergilbten Schenkel- und Armknochen, bei den Kiefer- und Schädelknochen und Gelenksknochen, die da im Jahre 1055 unter starker Bewachung von der Lagunenstadt ins nördliche Feltre gebracht worden waren, handelte es sich um die immerhin auch schon bald neunhundertjährigen Überreste zweier Titularheiliger, deren Martyrium bereits im 2. Jahrhundert stattgefunden hatte und deren Gebeine dann angeblich im 6. Jahrhundert von venezianischen Kaufleuten – die ja mehr als fünfhundert Jahre lang wie verrückt jede halbwegs wertvolle Reliquie gesammelt, gekauft oder einfach gestohlen hatten – aus der Hafenstadt Kyreneia auf Zypern entführt und nach Venedig gebracht worden sein sollen. Die Namen dieser beiden Heiligen aber waren: Vittore und Corona! Und wer sich ein wenig in der ebenso umfangreichen wie unübersichtlichen Geschichte der katholischen Heiligen auskennt, der weiß auch, daß die fromme Jungfrau Corona, von ihrem Märtyrerfreund Vittore leidenschaftlich unterstützt, allen Anfechtungen gegen ihren Glauben heldenmütig widerstand, bis sie im Jahre 177 an die herabgebogenen Wipfel zweier Palmen gebunden und von den emporschnellenden Bäumen zerrissen wurde.

Es begann also mit der Überführung dieser Reliquien von Venedig nach Feltre, und bald ereignete sich in der damals noch von Bischöfen regierten Stadt an der einstigen Via

Claudia Augusta eine ganze Reihe von rätselhaften Zwischenfällen und Wundern, die alle irgendetwas mit Geld und Vermögenswerten zu tun hatten. Später einmal würde in den diversen Heiligenlegenden zu lesen sein, daß die heilige Corona, deren beziehungsreicher Name als Begriff für das Geldstück ›Krone‹ identifiziert wurde, bis in die nachmittelalterliche Zeit als Patronin und Helferin in allen schwierigen Geldangelegenheiten galt, wobei dieser Kult hauptsächlich in Österreich und Bayern Verbreitung fand. Wie dieses Gerücht, das rasch zum Mythos wurde, wirklich entstanden ist und ob es in der Tat beweisbare Wunder gegeben hat, bei denen irgendein hochverschuldeter Kaufmann oder Aristokrat vor dem drohenden Bankrott gerettet worden ist? Oder ob sich den demütigen Pilgern die spätestens seit dem Ende des 11. Jahrhunderts allen Berichten und Überlieferungen zufolge in wachsender Zahl auf den steilen Berg südlich von Feltre wallfahrten, wo sich nunmehr das Heiligtum der beiden Heiligen aus Zypern befand... ob sich den Menschen also vor diesem sonderbaren Reliquienschrein die spröden Geheimnisse von Soll und Haben enträtselten? Darüber gibt es heute natürlich keine historisch einwandfrei belegten Beweise mehr.
Hingegen ist unbestritten, daß mindestens drei deutsche Kaiser nach Anzú pilgerten, wie dieses Heiligtum jetzt heißt. Und zwar Friedrich II., der darauf versessen war, die kostbaren Reliquien wenigstens zu sehen. Dann Karl IV., der sich ausgerechnet den rechten Arm der heiligen Corona schenken ließ – oder was davon noch übriggeblieben war – und der dafür nicht nur einen neuen Sarkophag, sondern auch seinen eigenen Brokatmantel stiftete, der noch im Stadtmuseum von Feltre besichtigt werden kann und der allerdings alle Stilmerkmale eines späteren Jahrhunderts aufweist. Und schließlich begab sich auch Kaiser Sigismund nach Anzú. Er muß sich in besonders desolaten finanziellen Verhältnissen befunden haben, denn er kletterte sogar barfüßig den Steilabhang zum Berg hinauf, um sich vor dem wundertätigen Reliquienschrein eine Wendung zum Besseren zu erflehen.
Irgendwann um das Jahr 1500 wurde das Heiligtum dann durch ein Klostergebäude erweitert, wobei es interessant ist, daß von diesem Augenblick an die Wundertätigkeit der beiden Heiligen oder vielleicht auch nur das abergläubische

Vertrauen der gläubigen Pilger in ihre Hilfe rasch an Wirksamkeit verloren. Ob das mit den Mönchen zusammenhing, die jetzt den Berg mit dem Lärm ihrer Gebete und frommen Litaneien erfüllten, wissen wir nicht. Ich persönlich neige eher dazu, das Erlöschen dieses Mythos mit einer epochalen und zugleich auch ungemein nützlichen Erfindung in Verbindung zu bringen, die im benachbarten Belluno erstmals realisiert wurde. Denn ungefähr zur gleichen Zeit, als die Mönche Anzú übernahmen, begründete der später seliggesprochene Bernhardin von Feltre in der Nachbarstadt Belluno die erste Pfandleihanstalt der Geschichte, für die dann die gewitzten Italiener bald den doppeldeutigen Namen ›Monte di Pietà‹ erfanden.
Im übrigen aber wurde trotz des nachlassenden Interesses am sogenannten Santuario dei Vittore e Corona in Anzú bis ins 19. Jahrhundert hinein fleißig weitergebaut, wobei es bezeichnend ist, daß man nunmehr den schmalen und gefahrvollen Pilgerweg hinauf zum Kloster verbreiterte und zu einer serpentinenreichen Straße ausbaute. Den letzten und schwierigsten Wegabschnitt entschärfte man sogar durch eine allmählich ansteigende Freitreppe. Aber auch das scheint nicht mehr viel genützt zu haben, denn wie man mir in Anzú versicherte, verirre sich nur noch gelegentlich eine schwach besetzte Bauernwallfahrt aus den umliegenden Hochtälern bis vor das Heiligtum.
Dabei kann man heute mühelos mit dem Wagen bis knapp vor das Kloster fahren, dessen malerischer Kreuzgang mit Fresken geschmückt ist, die um 1700 entstanden sind und in allegorisierenden Bildern die Biographien der beiden Schutzheiligen von Feltre erzählen. Das Heiligtum selbst steht etwas abseits, macht einen weniger altehrwürdigen wie trostlosen oder eigentlich vereinsamten Eindruck und demonstriert seine unbestreitbare historische Bedeutung erst im Inneren der Kirche, die 1096 begründet und anfangs des 12. Jahrhunderts im romantisch-byzantinischen Stil neu errichtet wurde. Hier kann man dann auch die zierlichen Säulen der Emporengalerien aus griechischem Marmor bewundern, die möglicherweise noch aus dem frühen 6. Jahrhundert stammen und zum ersten Mausoleum der beiden Heiligen gehörten, das sich im zypriotischen Kyreneia befand. Und auch den legendären Sarkophag Kaiser Karls IV. sollte man besichtigen, den er

1355 als Gegenleistung für den rechten Armknochen der segensreichen Corona gestiftet hatte und der seit jener Zeit die sterblichen Überreste der zwei Märtyrer enthält.
An dieser wenig bekannten Geschichte ist zweifellos alles erstaunlich und ungewöhnlich. Am erstaunlichsten aber ist der Umstand, daß ausgerechnet in einer wirtschaftlich so dürftigen und sogar rückständigen Gegend wie Feltre eine Heilige rund fünfhundert Jahre lang ausschließlich deshalb verehrt wurde, weil sie als Fürsprecherin in finanziellen Angelegenheiten und damit überhaupt als Schutzheilige des Geldes gegolten hatte. Wo ist der Reichtum geblieben, den die zahllosen Pilger in dieser Stadt zurückgelassen haben müssen? Denn schließlich mußten sie Quartier beziehen und sich verköstigen, und auch von ausgiebigen Stiftungen und Geldgeschenken ist in den alten Chroniken der Stadt gelegentlich die Rede. Man durchstreift mit einiger Verwunderung und wachsender Ratlosigkeit die altmodisch gepflasterten Straßen, Gassen und Plätze Feltres, das zwar in seinem Zentrum den geschlossenen Eindruck einer düsteren, schmalbrüstigen und dabei durchaus wehrhaften Stadt etwa aus der Mitte des 16. Jahrhunderts macht, das aber kein einziges mittelalterliches Baudenkmal noch aus der Zeit der großen Wallfahrten deutscher Kaiser und italienischer Kaufleute nach Anzú vorweisen kann.
Nun haben archäologische Funde und andere authentische Hinweise, darunter ein ausführlicher Bericht des römischen Historikers Plinius, zweifelsfrei bestätigt, daß sich auf dem Burghügel von Feltre schon im 6. vorchristlichen Jahrhundert eine rätische Festung befunden hatte. Und auch die Römer waren hier frühzeitig ansässig geworden, nämlich seit 172 vor Christus, also nur acht Jahre später als im benachbarten Belluno. Aber im Gegensatz zu der größeren, wohlhabenderen und wohl auch insgesamt glücklicheren Stadt hatte Feltre immer wieder unter Schicksalsschlägen zu leiden, die es sich allerdings oft auch selbst eingehandelt hatte. So zum Beispiel im Jahre 1510 während des Krieges gegen die Liga von Cambrai, als man sich mannhaft und selbstmörderisch zugleich gegen eine habsburgische Übermacht unter Kaiser Maximilian stellte und bitter dafür büßen mußte. Denn die Truppen der Verbündeten, denen hauptsächlich an der Zerschlagung der venezianischen Vormachtstellung gelegen war

– und Feltre war seit 1404 venezianisch –, beantworteten den sinnlosen Widerstand der Bürger von Feltre mit einem selbst für damalige Verhältnisse beispiellosen Akt der Barbarei. Die Stadt wurde so vollkommen zerstört, daß fast kein Haus oder öffentliches Gebäude oder selbst eine Kirche aus der Zeit vor 1510 erhalten blieb. Und das erklärt auch den seltsamen Eindruck, taubengrau und rauchfarben, einige Hausfassaden noch freskenbedeckt, einige Laubengänge vor allem in der Via Mezzaterra noch von dieser schwermütigen Romantik durchtränkt, der man in so vielen venezianischen Städten begegnet, einige Paläste so wuchtig und dunkel, als wäres es Kulissen für irgendeinen historischen Film in der Nachfolge Eisensteins oder Bunuels. Und alles wirkt absichtsvoll streng und so, als wäre es nach jenem Unglück von 1510 in einem einzigen Augenblick angestrengtester Verzweiflung nur zu dem einen Zweck wieder errichtet worden, um für alle Ewigkeit ein Zeugnis abzulegen für die Barbarei der Menschen. Feltre ist in der Tat ein melancholisches Denkmal des plötzlichen Niederganges einer blühenden und lebenslustigen Stadt, die sozusagen fröstelnd und völlig zurückgezogen nach der Katastrophe weiterlebt.
Dabei verfügt die Stadt in ihrem Rathaus, dessen mächtige Loggia wahrscheinlich von Andrea Palladio projektiert worden ist, über ein hübsches intimes Theater, wo der Mitbegründer der Commedia dell'Arte, Carlo Goldoni, 1729 seine ersten Komödien aufführen ließ. Außerdem wurden mit Panfilo Castaldi, der im 15. Jahrhundert den entscheidenden Anstoß gab für die Beschäftigung einer ganzen Generation von Kalligraphen und Schriftkünstlern mit der rätselhaften Welt der Buchstaben, sowie mit dem Renaissancemaler Lorenzo Luzzo, den man den ›Toten von Feltre‹ nennt, einige der bedeutendsten Persönlichkeiten der venezianischen Kulturgeschichte hier in Feltre geboren. Einer der berühmtesten Pädagogen des frühen 15. Jahrhunderts, Vittorini de Rambaldoni, ist 1378 gleichfalls hier zur Welt gekommen. Und auch ein weniger bekannter Zeitgenosse Luzzos, nämlich der Maler Marescalchi, stammt aus Feltre. Und schließlich hat man anfangs der siebziger Jahre unseres Jahrhunderts eine Universität für vergleichende Sprachwissenschaft und Fremdsprachen in dieser dunklen und wie im Schmerz erstarrten Stadt der Schutzpatronin des Geldes etabliert, was an

diesem alten Schnittpunkt dreier Kulturen und Sprachen – nämlich der italienischen, ladinischen und selbstverständlich auch der deutschen – nur allzu verständlich erscheint.

Und trotzdem kehrt man beinahe aufatmend aus der bedrükkenden Atmosphäre Feltres nach Belluno zurück, dessen Via Mezzaterra die ansehnlicheren und vor allem freundlicheren Laubengänge besitzt als die gleichnamige Hauptstraße in der Nachbarstadt und dessen Marktplatz nicht nur malerischer ist als der Feltres, sondern auch lichtüberschwemmter, lebendiger und fröhlicher, wenngleich man hier an einem der alten Laubenhäuser heute noch an einer Säule seltsame Kratz- und Schleifspuren erkennen kann, die davon herrührten, daß an dieser Säule einmal der Schandkäfig Bellunos aufgehängt wurde. Darin wurden bis ins 18. Jahrhundert die Schuldner, Ehebrecherinnen und Raufbolde der Stadt zur Schau gestellt. Und weil das Urmodell aller modernen Pfandleihanstalten aus dem Jahre 1501 – ›Monte di Pietà‹ – nur ein paar Schritte davon entfernt war, darf man wohl annehmen, daß dieser Käfig nie lange leer blieb.

Auch Belluno gehört zu diesen verhältnismäßig wenig bekannten Städten des ehemals venezianischen Bereiches in Oberitalien, denen völlig ungerechtfertigt etwas von dieser verschlafenen Anonymität anhaftet, die man nur noch schwer durchdringt. Dabei kann die schöngelegene und mit ihren zahlreichen Brunnen und Arkaden auch überaus romantische Stadt, die wie Feltre ursprünglich eine rätische Gründung war, auf eine recht abwechslungsreiche und auch bedeutsame Vergangenheit zurückblicken. Denn nach dem langen Zeitalter römischer Herrschaft, an die heute noch der guterhaltene spätrömische Sarkophag eines römischen Verwaltungsbeamten namens Ostilius und seiner Frau Domitilla erinnert, den man 1480 bei Ausschachtungsarbeiten für die Chorkapelle der Kirche von San Stefano zufällig gefunden hatte und der jetzt auf einem Sockel vor der Kirche als eine Art Wahrzeichen Bellunos ausgestellt ist, also nach dieser römischen Epoche, dann nach den darauffolgenden langobardischen Verhältnissen und einem beachtlichen katholischen Zwischenspiel, als hier wie auch im benachbarten Feltre Bischöfe regierten – mit dem Ehrgeiz und freilich auch mit der Sachkenntnis umsichtiger Lokalpolitiker –, begann eine der schwierigsten und freilich auch interessantesten Epochen

Bellunos. Man war nämlich nach manchen einschneidenden Erfahrungen mit den Herrschaftsgewohnheiten norditalienischer Tyrannen, unter anderem der Visconti und der Skaliger, ausgesprochen kaiserfreundlich geworden, woran zum Beispiel einige Passagen in der Selbstbiographie Kaiser Karls IV. und dann vor allem einer der ältesten, schönsten und ursprünglichsten Plätze der Stadt erinnern. Denn auf der Piazza del Mercato, die allein schon durch die Regelmäßigkeit ihrer rechteckigen Form dokumentiert, daß sich hier einmal das antike Forum des römischen Bellunum befunden haben muß, versammelten sich in jenen unruhigen Zeiten des ständigen Streites zwischen dem Kaiser und den selbstbewußten Städten Oberitaliens die Ghibellinen, also die Anhänger der kaiserfreundlichen Partei, zu ihren leidenschaftlichen Kundgebungen. Die eindrucksvollen Arkadengänge des Platzes waren ja gleichfalls ein Bestandteil der ursprünglich wesentlich größeren ›Loggia dei Ghibellini‹. Der Umstand, daß sich an der Westseite dieser Piazza auch noch die mit zahlreichen Wappenschildern und Inschriftentafeln versehene Fassade der einstigen Pfandleihanstalt des seligen Bernhardin befindet, erhöht noch den historischen Reiz der ganzen Anlage.
Was den Ausgang der langen und für beide Seiten verlustreichen Auseinandersetzung zwischen der kaiserlichen Macht und den oberitalienischen Stadtstaaten angeht – die ja oft wie souveräne Fürstentümer auftraten und zweifellos die politische und militärische Macht kleiner Königreiche besaßen –, so endete diese ganze Geschichte sowohl für Belluno als auch für Feltre praktisch im Jahre 1404, als man sich, wie so viele andere Städte und Grafschaften, freiwillig Venedig unterwarf. Dabei kam Belluno fast ungeschoren davon, was unter anderem dazu geführt hat, daß zahlreiche Bauwerke aus dem 15. und 16. Jahrhundert heute noch das Stadtbild prägen. Man begegnet hier einigen hervorragenden Beispielen der italienischen Spätgotik, da in Belluno erstaunlicherweise erst Ende des 15. Jahrhunderts der allmähliche Übergang zur Renaissance erfolgt war. Ein geradezu signifikanter Beweis dafür ist die Kirche von San Stefano, die im letzten Jahrzehnt des 15. Jahrhunderts fertiggestellt wurde, als überall in Venetien schon die Renaissance in voller Blüte stand.
Im übrigen sollte wohl auch daran erinnert werden, daß Belluno die Heimatstadt des Papstes Gregor XVI. ist – das

berühmte Priesterseminar, in welchem zahlreiche zukünftige Würdenträger der katholischen Kirche sozusagen das Alphabet ihrer Karriere zu begreifen versuchen, trägt seinen Namen –, während der ›lächelnde Papst‹ unseres Jahrhunderts, Johannes Paul I., aus dem nahe gelegenen Argorda kam und selbstverständlich gleichfalls im ›Seminario Gregoriano‹ ausgebildet wurde.

Am eindrucksvollsten an diesem Priesterseminar, das für die weitgehend bäuerliche und nicht eben mit Reichtümern gesegnete Bevölkerung dieser Provinz seit Generationen schon eine besondere Bedeutung besitzt, erscheint mir persönlich die Bibliothek zu sein. Denn neben zahlreichen seltenen Handschriften enthält sie auch eine der frühesten und künstlerisch bemerkenswertesten Abschriften der ›Göttlichen Komödie‹ Dantes. Sie stammt immerhin aus dem Jahre 1337! Den verarmten Bauernsöhnen freilich, die seit ein paar hundert Jahren schon dieses ›Seminario Gregoriano‹ hoffnungsvoll besuchen, weil es ihnen einen vernünftigen Ausweg aus ihrem Elend ermöglicht, wird wohl eine der schönen Kirchen Bellunos oder vielleicht mehr noch das prachtvolle Gebäude der ehemaligen venezianischen Statthalterei imponieren.

Aber Belluno beeindruckt heute weder durch eine klerikale Atmosphäre, die möglicherweise sogar verständlich wäre, noch nimmt die Stadt diese verhängnisvolle und traurige Denkmalpose ein, die einige Nachbarstädte wie etwa Vittorio Veneto und Feltre ebenso künstlich wie erstarrt unter der Last ihrer historischen Verantwortung aussehen läßt. Man befleißigt sich hier in Belluno einer zwar gedämpften, aber im Grunde unverwüstlichen Freude am Dasein, die vielleicht am besten mit dem Hinweis auf einen sanguinischen Optimismus zu erklären ist, wie er eigentlich überall in Venetien den Charakter der Menschen mitgeprägt hat. Daran ändert nicht einmal die Erinnerung an die Katastrophe von Longarone etwas. Das war – und ist heute wieder – eine kleine Gemeinde von etwa dreitausend Einwohnern, die einige Kilometer entfernt im Val Serpentine direkt unterhalb der mächtigen Staumauer des Vaiontdammes lag und im Jahre 1963 innerhalb von Sekunden buchstäblich ausgelöscht wurde. Regenfälle hatten damals oben im Gebirge die Ufer des Staudammes und vor allem die Abhänge der Berge ringsum unterwaschen,

bis dann Tausende von Kubikmetern Geröll und Gestein in das gefüllte Becken des Staudammes stürzten und dadurch das angesammelte Stauwasser über den Damm hinaus ins Tal geschleudert wurde. Unter der gigantischen Flutwelle starben rund zweitausend Menschen, Longarone selbst verschwand vom Erdboden. Und noch tagelang nach dieser Katastrophe schwemmte der angeschwollene Piave Leichen, Hausrat und Tierkadaver weit unterhalb Longarones an die sandigen Ufer.
Heute ist nicht nur die vollständig zerstört gewesene Ortschaft wieder aufgebaut, sondern es hat auch den Anschein, als habe man das Entsetzen jener Sintflutnacht von 1963 weitgehend vergessen oder wenigstens seelisch bewältigt. Und irgendwie erinnert mich das an die freundliche Unverdrossenheit der Belluneser, die gleichfalls ihre Stadt immer wieder durch alle Widrigkeiten und Schicksalsschläge brachten, ohne daß sie je einmal den Mut zu einem neuen Anfang verloren hätten. Das benachbarte Feltre ist düster und streng, weil es die Katastrophe von 1510 nie überwunden hat. Und Vittorio Veneto, die aus zwei Gemeinden entstandene Stadt der italienischen Einheit von 1866, verströmt diese Melancholie einer erschöpften Resignation, die sich nichts mehr erhofft. Und die freilich auch keine Wünsche und Forderungen mehr ans Leben hat.
Belluno ist völlig anders. Man verfügt hier über ein freundliches Selbstbewußtsein und ist dabei auf eine Weise mediterran, der alles Grelle, Hektische und übertrieben Leidenschaftliche fehlt. Ich wüßte jedenfalls keine andere Stadt – Bozen und Udine vielleicht ausgenommen –, die besser den Übergang von den Alpen zur großen Ebene Venetiens charakterisiert und die Vorzüge beider Regionen mit einem so selbstverständlichen Charme auf sich vereint.

Vittorio Veneto oder Der traurige Triumph

Wenn man einen flüchtigen Blick auf die Landkarte Venetiens wirft, erkennt man zuerst einmal das amphitheatralische Halbrund der südlichsten Alpenausläufer, das in der schönen Form einer vollausgewachsenen Pinie die Ebenen und Hügellandschaften der terra ferma umklammert. Und quer durch diese gebirgigen Mauern, also quer durch die Baumkrone dieser imaginären Pinie, die man sich auch als eine Art Schutzdach vorstellen könnte, die das rauhere Klima des Nordens von den mediterranen Küstenlandschaften abhält, ziehen einige Straßenstränge nordwärts, die ausnahmslos römischen oder zumindest mittelalterlichen Straßen folgen. An einem dieser Straßenstränge liegt eine seltsame Doppelstadt, die seit etwas mehr als einem Jahrhundert auf den ein wenig pompösen und wohl auch künstlich anmutenden Namen Vittorio Veneto hört.

Wer von den zahlreichen Touristen, Italienern und Ausländern, die an diesem Vittorio Veneto vorbei entweder südwärts nach Venedig oder nordwärts nach Cortina d'Ampezzo fahren, käme auf den Gedanken, ausgerechnet hier das erstaunliche Resultat einiger Jahrzehnte europäischer Diplomatie und Kriegsführung zu vermuten? Oder hinter den Mauern dieser Doppelstadt den sozusagen spirituellen Nachweis für den Triumph des italienischen Nationalismus zu suchen?

Vittorio Veneto liegt also an der Strecke Venedig-Cortina. Im Westen, von dem es durch die Gebirgskette des Monte Crep und des Monte Cesen getrennt ist, hinter dem der Piave in einem anmutigen Bogen endgültig die große venezianische Ebene erreicht, in diesem goldenen Westen drängt sich auf verhältnismäßig engem Raum die ganze Fülle venezianischer Kultur, stehen spätgotische Schlösser und Renaissancevillen entlang der legendären Straße, die von Bassano über Asolo und die Villa Maser zum Piave führt, breitet sich also dieses unwiederholbare Panorama einer von genialen Kunstbeispielen durchsetzten alten Kulturlandschaft aus, deren größter politischer Triumph durch und mit Vittorio Veneto doku-

mentiert werden sollte. Nur hat die Stadt selbst, um die es hier geht, längst schon keine vitale Beziehung mehr zu dieser kulturgesättigten Landschaft, liegt sie längst schon nicht nur geographisch, sondern auch geistig und politisch in einem verödeten Niemandsland.
Im Osten schiebt sich der gewaltige Bosco di Consiglio mit dem Monte Pizzóc und dem dahinterliegenden Doppelgipfel der Crosetta und dem Col Maior wie eine unüberwindliche Mauer ganz nahe an die unglückliche Stadt heran, die einerseits unter ihrem unverschuldeten Schicksal leidet, gleichsam ein zur nationalen Pose erstarrtes Denkmal sein zu müssen, und die andererseits in dieser ostwestlichen Umklammerung durch Berge und Steilabhänge zu ersticken droht. Im Norden verengt sich das bewohnbare Kulturland zur langgezogenen Schlucht des Val Serpentine, das schließlich in die Hochgebirgslandschaft der Dolomiten mündet. Und lediglich nach Süden zu, in die hügelige Grenzlandschaft zwischen dem ältesten Stammland des venezianischen Festlandes und dem westlichen Friaul, stößt der Blick dieser künstlichen Veneter, die sich auch noch mit dem Vornamen eines berüchtigten italienischen Soldatenkönigs haben abfinden müssen, auf keine gebirgigen Barrieren, schroffen Hänge oder undurchdringlichen Wälder. Aber gerade hier endet der ohnedies geringfügige Einfluß schon wieder, den die Bewohner dieser Stadt in wirtschaftlicher und kultureller Hinsicht haben.
Nun, eine Reihe solcher Bemerkungen über eine Stadt, wie ich sie jetzt gemacht habe – nicht geringschätzig oder abwertend gemeint, aber auch nicht gerade enthusiasmiert –, braucht fraglos eine Rechtfertigung. Ich werde sie geben, so gut ich das vermag. Und gestehe jetzt schon ein, daß vieles von dem, was als Kritik an Vittorio Veneto aufgefaßt werden könnte, auf recht subjektiven Beobachtungen und Erfahrungen beruht. Andererseits sollte man nicht vergessen, daß diese Stadt gewaltsam zu dem gemacht wurde, was sie heute ist. Und der jubelnde Beifall der Italiener, der nach dem Anschluß des Veneto an das damals noch junge Königreich Italien im Jahre 1866 den Akt begleitete, durch den Vittorio Veneto sozusagen aus der Taufe gehoben wurde, ändert nichts an der Künstlichkeit des Vorganges. Der Jubel ist längst schon verstummt und vergessen. Aber die Bewohner der merkwürdigen Doppelstadt müssen immer noch dafür büßen.

Doch jetzt zur Sache! Und die hat mit Vittorio Veneto zu tun, auch wenn ich vorläufig von ganz anderen Städten, Ereignissen und Dingen erzählen werde.
Eines Tages näherte ich mich, aus der Gegend von Vicenza kommend und auf wenig befahrenen Seitenstraßen und kreuz und quer das schöne Trevisaner Land durchstreifend, nur langsam, fast unwillig der Gegend von Vittorio Veneto. Ich durchwanderte dabei zuerst einen Vormittag lang die reizvolle Hügelstadt von Asolo, deren sagenhafte Anfänge praktisch in prähistorischer Zeit liegen, die schon im ersten vorchristlichen Jahrhundert eine bedeutende römische Siedlung und dann vom frühen Mittelalter bis ins 10. Jahrhundert das religiöse und politische Verwaltungszentrum dieser Landschaft war. Bis dann auch hier die verhängnisvolle Leidenschaft der dafür berüchtigten Magyaren, sozusagen durch herostratische Leistungen unsterblich zu werden, alles in Schutt und Asche legte.
Eine solche Vergangenheit macht natürlich neugierig, zumal Asolo, das sich schon frühzeitig der venezianischen Macht unterworfen hatte – was wohl nach dem Motto geschehen sein wird, daß man gegen den Wind nicht gut musizieren könne –, hauptsächlich durch die Existenz von zwei bedeutenden Frauen heute noch von sich reden macht. Denn im Jahre 1489 bekam Caterina Cornaro, die aus einem ebenso alten wie einflußreichen und um den Ruhm Venedigs verdienstvollen Patriziergeschlecht stammende Witwe des letzten Königs von Zypern, eben dieses Asolo als Residenz zugewiesen. Es bleibt allerdings der jeweiligen Betrachtungsweise überlassen, wie weit diese sogenannte Residenz ein politisch völlig bedeutungsloser Witwensitz oder aber sogar eine Art Exil war. Immerhin war Caterina Cornaro nur ein Jahr mit Jaques des Lusignan, dem Zypernkönig, verheiratet gewesen, und der eigentliche Zwecke dieser Ehe – die nichts weiter als ein geschicktes Damenopfer der Markusrepublik darstellte –, hatte ja vor allem darin bestanden, die strategisch und ökonomisch ungemein wichtige Mittelmeerinsel den Venezianern in die Hände zu spielen.
Dennoch muß diese unglückliche Königin, die zuerst den schönen Leib und dann auch noch ihren persönlichen Ehrgeiz den machtpolitischen Plänen ihrer unersättlichen Heimatstadt geopfert hatte und deren zypriotische Regierungszeit nur

ein kaum beachtetes Gastspiel gewesen war, dennoch muß sie also eine Persönlichkeit von ungewöhnlichem Format gewesen sein. Denn die beiden Jahrzehnte, die sie nach ihrem Ausscheiden aus der großen Politik noch in Asolo hofhielt – was immer man darunter verstehen mag: zumindest die Art dieser Hofhaltung hat Spuren sogar im hochmütigen Bewußtsein der Venezianer hinterlassen –, diese beiden Jahrzehnte befruchteten die Stadt musisch und intellektuell so nachhaltig, daß man sich auch heute noch nur schwer der romantischen Stimmung entziehen kann, die auf diesem sanft geschwungenen und immergrünen Hügel im nördlichen Trevisaner Land vorherrscht. Dabei gibt es aus der Zeit der Königinwitwe selbst lediglich einen einzigen Turm, den sogenannten Torre dell'Orologio, der noch die ehemalige Pracht dokumentiert, für die das ›Castello della Regina‹ einmal berühmt gewesen ist.

Es war gerade Markttag, als ich damals nach Asolo hinaufkam. Die warme Herbstsonne Venetiens beschien ein Idyll, das mich an meine Jugendzeit erinnerte, als nicht nur die Dörfer, sondern auch die meisten kleinen Landstädte Italiens hauptsächlich durch Wanderhändler und Marktfahrer versorgt wurden. Die Piazza Garibaldi, das Zentrum der Stadt, mit dem unmittelbar daran anschließenden Marktplatz, auf den das herbstlich verfärbte Laub mächtiger Kastanienbäume herabsegelte, war bedeckt von den farbenfrohen Zelten, Ständen und Fuhrwerken dieser Markthändler und auch der Bauern aus der umliegenden Gegend bis hinüber nach Verona und Bergamo. Da dufteten die berühmten lombardischen Käselaibe und verströmte der harte ockerfarbene Grana, der manchmal wie ein durchzogener Marmor aussieht, seinen würzigen Geruch. Da häuften sich die wie mit glänzenden Lackfarben bemalten Früchte der Landschaft auf hölzernen Stellagen, breiteten sich unzählige Schuhpaare in der strengen Ordnung einer längstvergangenen Mode rund um einen stimmungsvollen Brunnen aus dem frühen 16. Jahrhundert aus, da blähten sich die dunkelblauen Arbeitsanzüge der Bauern und kleinen Handwerker und glitzerte das traditionelle italienische Küchengeschirr unter den halbverwischten Fresken auf alten Hauswänden, und über allem thronte das bleiche Mauerviereck der legendenumwobenen Festung von Asolo, der sogenannten Rocca, deren Zyklopenmauern, eine

Vorstellung davon geben, daß hier schon in vorrömischer Zeit eine befestigte Anlage existierte.
Übrigens ruhen die Grundmauern der größten und ältesten Kirche der Stadt – Santa Maria Assunta oder auch Santa Maria di Breda – auf den Fundamenten einer römischen Thermenanlage. Und römische Inschriften und Überreste von Skulpturen kann man auch im brüchigen und baufällig gewordenen Mauerwerk des ehemaligen Rathauses entdecken, ebenso spärliche Reste eines uralten Bischofspalastes, die noch aus der Zeit herrühren als Asolo – und zwar bis 996 – ein Bischofssitz war. Heute ist aller kirchlicher Glanz freilich längst schon verlorengegangen. Heute kann man nur mehr mit einen ›Armenischen Priesterseminar‹ aufwarten, das in der schön gelegenen Villa Contarini untergebracht ist, die sich dadurch auszeichnet, daß sie auf zwei gegenüberliegenden Hügeln errichtet und später durch einen geheimnisvollen unterirdischen Gang sozusagen mit sich selber und auch mit der Außenwelt verbunden wurde. Und auf dem verträumten und leider auch beängstigend überfüllten Annenfriedhof befindet sich noch die Grabstätte der wahrscheinlich bedeutendsten italienischen Tragödin, Eleonora Duse, die einige Jahre lang zurückgezogen und menschenscheu in der kleinen Landstadt lebte. Sie ist die zweite große Frauenpersönlichkeit, auf die Asolo mit einigem Stolz verweisen kann. Wobei ich mir nicht ganz sicher bin, was ihren Nachruhm stärker beeinflußt hat: die ekstatische Exzentrik, mit der sie sich ihrer Rollen bemächtigte, oder ihr ebenso leidenschaftliches wie widersprüchliches Verhältnis zu und mit Gabriele d'Annunzio, dem exaltierten Dichter, der ihr als Komödiant durchaus ebenbürtig gewesen sein muß.
Hingegen dürfte wenig bekannt sein, daß hier nicht nur der bemerkenswerte italienische Komponist Malipiero lebte, sondern auch Robert Browning starb, der berühmte englische Lyriker, an den jetzt noch die Via Roberto Browning erinnert, die mit ihren prachtvollen Arkaden und zahlreichen Fassadenfresken vornehmlich aus dem 15. Jahrhundert zu den schönsten Straßen dieser Stadt und vielleicht sogar des ganzen venezianischen Festlandes zählt.
Aber warum erwähne ich das alles? Schließlich könnte ich mit der gleichen waghalsigen Berechtigung die Geschichte Coneglianos erzählen, das nur ein paar Autominuten südlich von

Vittorio Veneto schon inmitten der von Weinbergen bedeckten Ebene liegt und immerhin den Ruhm für sich beanspruchen kann, angeblich unmittelbar nach der Sintflut oder wenigstens nach dem Untergang Trojas von einem kleinasiatischen Flüchtling namens Antenor gegründet worden zu sein, während Asolo doch mehr als eine einstündige Autofahrt von Vittorio Veneto enfernt ist! Oder warum erwähnte ich in diesem Zusammenhang nicht auch das vielleicht spektakulärste Zeugnis der venezianischen Renaissance, nämlich die Villa Maser, die von Andrea Palladio für seine Gönner und Freunde Daniele und Marcantonio Barbaro entworfen worden war und deren Innenräume niemand Geringerer als Veronese ausgemalt hatte?
Mir fällt mit dem besten Willen keine plausible Rechtfertigung ein! Es sind Gefühle, Verdachtsmomente, die mich so handeln lassen. Es ist ein durch die verrückten italienischen Verhältnisse gewissermaßen geschärfter Instinkt, der mich nur auf Umwegen nach Vittorio Veneto kommen läßt, das zwar wie Asolo oder die Villa Maser oder Conegliano zum Verwaltungsbezirk von Treviso gehört, das aber meines Erachtens wie ein melancholischer Fremdkörper am Rande dieses überwältigenden Angebotes kulturellen und geschichtlichen Reichtums liegt, der ja wie eine mächtige Woge einmal von Venedig seinen Ausgang genommen und sich dann allerdings schon an den ersten Hügelkämmen und Bergwäldern der venezianischen Voralpen gebrochen hatte. Und Vittorio Veneto ist nun einmal dazu verurteilt, am Fuße dieser Voralpen seine Existenz zu fristen.
Aber vielleicht sollte ich meine Frage anders formulieren: Was hat die Italiener nach den dramatischen und ihren leidenschaftlichen Patriotismus bestätigenden Ereignissen von 1866 eigentlich wirklich dazu bewogen, aus zwei kleinen und ein wenig düsteren und im Grunde verhältnismäßig unbedeutenden Gemeinden eine Doppelstadt zu machen? Und ihr, zu Ehren Königs Vittorio Emanuele II. und in Erinnerung daran, daß hier dieses nach der langen Kadenz österreichischer Fremdherrschaft nunmehr wieder italienische Veneto beginnt, den umständlichen Doppelnamen Vittorio Veneto zu verleihen, der nichts aussagt, die alten Verhältnisse nicht erklärt und die organisch gewachsene Geschichte dieser Gegend verschweigt? Denn Serravalle, die

eine Ortschaft, und Céneda, die andere kleine Stadt, hatten durchaus ihre historische Berechtigung gehabt. Und besaßen eine eigenständige Geschichte, die entweder wie in Céneda bis an die Zeit der römischen Antike zurückreicht, oder wie in Serravalle Erinnerungen wachruft an eines der einflußreichen venezianischen Geschlechter namens Da Camino, das immerhin imstande gewesen war, sich gegen die Mailänder Visconti und auch gegen die Veroneser Skaliger erfolgreich zu behaupten.

Ich habe vorhin also ein paar Dinge über Asolo erzählt. Und zögere jetzt fast ein wenig, meine unmittelbaren Eindrücke von Vittorio Veneto allzu offenherzig zu beschreiben. Schließlich hätten ja gerade die Österreicher einige handfeste Gründe zur Verdrossenheit, wenn von dieser Stadt die Rede ist. Andererseits kann Vittorio Veneto darauf verweisen, auch heute noch allein durch seine Existenz den romantischen Höhepunkt der nationalen Einigung Italiens in der zweiten Hälfte des 19. Jahrhunderts zu beweisen. Dabei spielt dann ein rundes halbes Jahrhundert später freilich auch der traurige Triumph von 1918 eine nicht unbedeutende Rolle, als nämlich noch während der Waffenstillstandsverhandlungen in der Villa Giusti bei Padua, die rund um den 4. November 1918 stattfanden und von denen heute Österreicher und Italiener zwei völlig voneinander abweichende Versionen erzählen, hier in der Nähe von Vittorio Veneto eine ganze Armee des in Auflösung begriffenen österreichischen Heeres entgegen den Vereinbarungen entwaffnet und in die Gefangenschaft geführt wurde.

Meine Eindrücke von Serravalle und Céneda? Platanen und Akazien, die diese langen Alleen umstehen, denen man folgen muß, um auf große leere Plätze zu kommen, die dann von baufälligen Palästen, alten Häusern und Kirchen umrahmt sind. Und alles ist viel zu groß und viel zu wuchtig und viel zu dekorativ. Immer überragt irgendwo ein Berg, ein steil in die Tiefe stürzender Abhang die flachen Steindächer und grauen Fassaden der Häuser. Eigenartig gewundene, schmale Gassen mit schattigen Arkaden verleihen diesem altertümlich anmutenden Durcheinander abgenutzter Back- und Ziegelsteine etwas Labyrinthisches. Dazu kommen noch schluchtenähnliche Durchbrüche und Einstiege ins Gebirge, das sanfte Rauschen eines Mühlwassers, einige anscheinend leer-

stehende Paläste mit abbröckelndem Verputz und mit Bretterverschlägen anstatt der Fenster. Und manchmal das blecherne Schlagwerk einer Glocke. Nach der Lebhaftigkeit in den kleinen Landgemeinden und Städten rund um Vicenza und Treviso ist die rätselhafte Stille von Vittorio Veneto beinahe unheimlich.
Ich habe keine Ahnung, weshalb die Italiener ausgerechnet auf diese beiden Städte gekommen sind, als sie nach 1866 ihrer patriotischen Begeisterung einen möglichst tiefempfundenen Ausdruck verleihen wollten. Hatten sie überhaupt einen Grund, begeistert zu sein? Ich weiß, daß ich eine so ketzerische Frage in Italien selbst nicht stellen dürfte. Aber schließlich war der Weg zur politischen Vereinigung und Einigkeit dieses sanguinischen Volkes nicht gerade mit triumphalen Erfolgen gepflastert gewesen. Es hatte einer ganzen Generation von intriganten Diplomaten und karrieresüchtigen Politikern bedurft, damit überhaupt erst einmal dieses Problem einer allgemeinen Italianisierung Italiens in Angriff genommen werden konnte. Vittorio Emanuele II., ein seiner polternden Primitivität wegen zumindest beim Volk beliebter Soldatenkönig, der in den Salons zwischen Paris und London allerdings lähmendes Entsetzen verursachte, wäre allein und auf sich gestellt viel zu schwach gewesen, beispielsweise das venezianische Festland oder Sizilien seinem Königreich anzuschließen. Die Österreicher, die zwischen Mailand und Udine zumindest anfangs noch mehr durch ihre Bürokratie als durch militärische Präsenz in Erscheinung getreten waren, hatten ja das venezianische Erbe mehr oder minder unangetastet gelassen. Sie verwalteten, kassierten Steuern, führten ein paar halbherzige Neuerungen ein, hüteten sich im übrigen aber, aus den Venezianern jetzt plötzlich gute Österreicher zu machen. Und es ist noch die Frage, ob Vittorio Emanuele II. mit seinem merkwürdigen Verbündeten Louis Napoleon und getrieben von seinem ungeduldigen Ministerpräsidenten Cavour tatsächlich diese vielgerühmte nationale Einigung erreicht hätte, wenn sich nicht die Venezianer selbst darauf versteift hätten, endlich auch Italiener zu werden.
Denn wie hatte die geschichtliche Entwicklung dieser Region in den fünfzigern und sechziger Jahren des 19. Jahrhunderts tatsächlich ausgesehen? In der Nachfolge der Revolution von 1848, die auch in den Mailändern, Veronesern, Vicentinern

und Venezianern den Wunsch nach politischer Unabhängigkeit und größtmöglicher persönlicher Selbständigkeit wach werden ließ, bewegte sich, ausgehend von Mailand, eine ganze Reihe verrückter Kriegshandlungen immer weiter nach Osten, bis schließlich Venedig erreicht wurde, das hier noch ein letztes Mal eine besondere Rolle spielen durfte, indem es praktisch seinen eigenen Aufstand inszenierte, der freilich ziemlich wirkungslos blieb. In diesem Zusammenhang sollte man vielleicht einmal das Märchen von den verhaßten Österreichern korrigieren. Natürlich bekämpfte die norditalienische Aristokratie, in deren Adern ja das Blut dieser Tyrannen floß, die einige Jahrhunderte vorher Städte wie Mailand, Verona oder Mantua sozusagen zum Mittelpunkt italienischer Politik und Zivilisation gemacht hatten und unter deren erklärten Feinden sich stets auch ein deutscher oder habsburgischer Kaiser befand... natürlich bekämpfte diese traditionsbewußte und aus einigen guten und aus vielen schlechten Gründen wohl auch ein wenig hochmütige Aristokratie jetzt mit allen Mitteln die österreichische Herrschaft. Aber das Volk verhielt sich weitgehend neutral. Oder sagen wir, es verhielt sich überall dort neutral, wo es nicht unmittelbar zum Gegenteil aufgefordert wurde. Und während die Aristokratie und auch das gehobene Bürgertum in den Städten die längste Zeit in der zwiespältigen Person des französischen Kaisers Louis Napoleon seinen Retter und Befreier vom österreichischen Joch sahen, begriffen die Bauern in den Dörfern und auf dem flachen Land, wo alle diese Schlachten und Scharmützel stattfanden, die fast dreißig Jahre lang Norditalien verwüsteten, daß es für sie herzlich wenig ausmachte, wem sie Steuern zahlen und ihre Arbeitskraft zur Verfügung stellen mußten.

Übrigens wären natürlich ohne das Eingreifen Preußens und die vernichtende österreichische Niederlage bei Königgrätz vor allem in Venetien, auf das die Habsburger schon aus Gründen der Tradition einen Anspruch zu haben glaubten, die Verhältnisse aller Wahrscheinlichkeit nach bis ins 20. Jahrhundert hinein unverändert geblieben. In Venedig selbst, dessen Niedergang seit ein paar hundert Jahren unaufhaltsam war, haßte man zwar die Österreicher, was zu einem gewissen Teil gleichfalls schon Tradition war. Aber man profitierte auch von ihnen, obgleich natürlich das benachbarte Triest

jetzt eindeutig bevorzugt und zur übermächtigen wirtschaftlichen Rivalin wurde.
Was Venedig und damit das ganze Veneto betrifft, so bestätigen intime Kenner der Situation, daß man hier das restliche Italien auch heute noch als eine Art exotisches Ausland betrachte. Der Argwohn, nicht genügend beachtet zu werden, verführe gelegentlich dazu, dem übrigen Italien zu beweisen, daß man selbst nur wenig davon halte. Und daraus entstehe dann dieser klassische Hochmut der Venezianer, der freilich nur dem unbegreiflich ist, der die historischen Hintergründe nicht genau kennt. So wenigstens versuchen einheimische Intellektuelle und Humanisten etwas zu erklären, das ihnen selber merkwürdig vorkommt.
Jedenfalls war nach Solferino und mehr noch nach Königgrätz das Veneto für Österreich nicht mehr zu halten gewesen. Und die Idee von einem geeinten Italien – von der einige Zyniker behaupten, sie wäre bis auf den heutigen Tag unerfüllt geblieben – nahm recht konkrete Formen an. Daß zugleich damit eine bewundernswerte Kultur zum Untergang verdammt wurde, kümmerte damals keinen dieser begeisterten Patrioten, die im mediterranen Überschwang ihrer Gefühle unter anderem auch den durchaus verständlichen Wunsch hatten, den triumphalen Erfolg der Einigung Italiens – den sie hauptsächlich dem Deutschen Bismarck und dem Franzosen Louis Napoleon zu verdanken hatten – auf eine Weise zu feiern, die vor allem in antiken Zeiten gebräuchlich war. Man suchte und fand zwei Gemeinden, Serravalle und Céneda, die man rasch zu einer Stadt vereinigte und kurzentschlossen umtaufte. Hübscher, eindrucksvoller wäre natürlich eine Neugründung gewesen. Aber das wäre wohl nicht ganz einfach zu bewerkstelligen gewesen.

Aufenthalt in Treviso

Ich bin in den vergangenen Jahren verhältnismäßig oft nach Treviso gekommen, in diese merkwürdig melancholische Stadt im Vorfeld Venedigs, deren Schicksal es zu sein scheint, entweder unterschätzt oder von ihrem mächtigen Nachbarn ausgenützt zu werden, und die seit der Fertigstellung der Autobahnen von Venedig hinüber nach Triest und Udine und hinauf nach Vittorio Veneto ein wenig abseits liegt, wie abgeschnürt und jetzt auch ziemlich unbeachtet von der übrigen Welt. Damit aber ist sie endgültig zur Provinzstadt geworden, die nach Jahrhunderten des kulturellen Glanzes nun den unaufhaltsamen Abstieg in die Bedeutungslosigkeit erdulden muß. Obleich dieser Niedergang nur allmählich und etappenweise vor sich gegangen ist, berührt er trotzdem schmerzlich, weil er vor allem unverschuldet ist. Und im Grunde heute noch unverständlich bleibt, wenn man sich einmal den fast schon sagenhaften kulturellen Reichtum vorstellt, der das immer noch viel zu wenig bekannte Hinterland Trevisos auszeichnet.

Denn unter allen Landschaften Venetiens verfügt meines Wissens wohl nur dieses Trevisaner Land über eine nahezu legendäre Fülle baukünstlerisch hervorragender Zeugnisse, an denen die tatsächliche Bedeutung venezianischer Kultur ohne jede Einschränkung oder Verfälschung abzulesen ist, ganz zu schweigen davon, daß in und um Treviso einige der wichtigsten Protagonisten bestimmter Abschnitte der europäischen Kulturgeschichte gelebt und gearbeitet haben. Oder daß hier einige der schönsten Mythen innerhalb des großen nordadriatischen Amphitheaters entstanden sind. Oder daß man zumindest in Venetien selbst, wo man sich in derlei Fragen eigentlich auskennen sollte, dieses Trevisaner Land als die faszinierendste Kunstprovinz Europas bezeichnet, wobei Namen wie Asolo, Maser, Posagno, Follina, Conegliano, Motta di Livenza oder Oderzo – wo beispielsweise die Christianisierung dieses ganzen Raumes vorbereitet worden ist – und Castelfranco oder Fanzolo einen Reichtum an spirituellen und praktischen Kunstergebnissen signalisieren,

den es in dieser Form auf dem ganzen venezianischen Festland und darüber hinaus auch auf dem Kontinent wahrscheinlich kaum ein zweites Mal gibt. Allein die imponierende Zahl venezianischer Landhäuser und Villen und ihre verhältnismäßig wenig bekannte politische und gesellschaftliche Entstehungsgeschichte rechtfertigen das Interesse aller Italienbesucher, die allerdings an den adriatischen Strandbädern und vor allem natürlich am nahen Venedig mehr interessiert sind als am eher abseits gelegenen Trevisaner Land.
Die entscheidende Phase des Niedergangs begann dann zweifellos im letzten Weltkrieg, als die alliierten Bomberkommandos sich gerade auf diese alte schöne Stadt stürzten – die damals freilich der wichtigste Knotenpunkt für den deutschen Nachschub in Oberitalien war – und sie so lange und so gründlich bombardierten, bis Treviso die am meisten von Fliegerangriffen heimgesuchte Stadt ganz Italiens war. Alle bis dahin sorgfältig bewahrten Spuren des römischen Tarvisium oder des uralten Bischofssitzes – seit dem Jahre 396, und im Verhältnis dazu muß man sich vorstellen, daß Venedig zu diesem Zeitpunkt überhaupt noch nicht existierte –, aber vor allem auch einige der schönsten Beispiele norditalienischer Architektur aus dem Spätmittelalter zerbrachen unter dem Bombenhagel und gingen endgültig verloren. Und wenn es irgendwo in diesem verrückten Abendland einen Schauplatz gibt, an dem man die Fähigkeiten der Restauratoren bewundern kann, dann ist das neben Warschau wohl hier in Treviso der Fall, wo vom ehemals berühmten Dombezirk bis zu den Profanbauten rund um den Palazzo Comunale und die Piazza dei Signori alle Kriegsschäden auf eine Weise repariert worden sind, daß jeder flüchtige und nicht gerade außerordentlich kunstsachverständige Besucher ehrlich davon überzeugt sein wird, einer vollkommen unversehrten Stadtlandschaft aus dem späten Mittelalter und mehr noch aus jenem Zeitalter gegenüberzustehen, als Venedigs Baukunst auch auf dem Festland ihren Höhepunkt erreicht hatte.
Das waren jedenfalls einige meiner Überlegungen, als ich zuletzt in der Vorweihnachtszeit 1978, die ein paar erstaunliche Wochen lang sozusagen unter tiefblauem Herbsthimmel stattfand, wieder einmal nach Treviso kam. Und zwar wie so oft auf recht eigenwilligen Umwegen, die mich kreuz und quer durch das venezianische Hügelland führten. Was bringt

uns eigentlich dazu, ein perfekt restauriertes Kunstwerk geringer zu achten als das halbzerstörte Original? Oder welcher geheimnisvolle Instinkt zwingt uns, die dem Untergang geweihte Kulisse am Canal Grande ehrfürchtig zu bestaunen, während nur wenige Kilometer landeinwärts Dutzende, ja Hunderte von prachtvollen Palästen und großartigen Landhäusern, von faszinierenden Parklandschaften und genial konstruierten Bewässerungsanlagen einen künstlerischen Geschmack, eine Wohnkultur, eine blühende Zivilisation und einen beinahe unvorstellbaren kulturellen Reichtum demonstrieren, dessen wir uns heutzutage kaum noch bewußt sind?

Solche scheinbar planlosen Wanderungen, solche Umwege quer durch eine Landschaft können manchmal recht aufschlußreich sein. Hier im küstennahen Venetien zum Beispiel wird man nach einiger Zeit die Beobachtung machen, daß der Piave – dieser heilige Fluß des Vaterlandes aller Italiener, was immer man sich auch im Zeitalter des anarchistischen Terrors darunter vorstellen mag – so etwas wie eine imaginäre Grenze für die Venezianer darstellte. Denn als die schwerreiche Aristokratie Venetiens, also millionenschwere Kaufleute, vermögend gewordene Parvenüs und geschäftstüchtige Generäle, spätestens im 14. Jahrhundert damit begann, auf dem Festland einen riesigen Grundbesitz zusammenzukaufen, der freilich nichts weiter als ein privater Prolog für die spätere offizielle Landnahme war, durch die Venedig auch zum kontinentalen Imperium wurde, da waren vor allem zwei Voraussetzungen unerläßlich. Zuerst einmal brauchte man unverdächtige Strohmänner, die jenseits der Lagune als die neuen Grundbesitzer auftreten konnten, weil ja die benachbarten Stadtstaaten und Fürstentümer insgesamt ein ziemlich unfreundliches Ausland waren, das nicht im mindesten daran interessiert sein konnte, von der mächtigen Konkurrenz unterwandert zu werden. Lediglich Treviso ergab sich bereits 1344 freiwillig der Serenissima, während für die meisten anderen großen Städte erst anfangs des 15. Jahrhunderts der Augenblick kam, da sie ihre Unabhängigkeit aufgaben und venezianisch wurden. Das bedeutete aber, daß der Landhunger der venezianischen Oligarchie, die sich auf ihren Inseln und wasserumspülten Palästen reichlich beengt fühlte, in den entscheidenden Anfängen der Expansion nur durch juridische Tricks und schlaue Spiegelfechtereien befriedigt werden konnte. Und es berührt schon eigenartig, daß eine Entwicklung, die auf ihrem Höhepunkt in der schönsten und reichsten Kulturlandschaft Europas kulminierte, eigentlich mit handfesten Täuschungsmanövern und sogar mit Betrug begonnen hatte.

Die andere wesentliche Voraussetzung aber war, daß diese venezianische Plutokratie – und mir fällt kein besseres Wort ein für die ebenso hochmütigen wie reichen Nachfolger einiger Lagunenfischer, Muschel- und Schneckensammler und leidlich brauchbarer Matrosen –, daß also diese neue venezianische Gesellschaft nur dort ihren feudalen Lebensstil zu demonstrieren bereit war, wo sie mit weitgehender politischer Sicherheit rechnen durfte. Also am – von Venedig aus gesehen – diesseitigen Ufer des Piave, wo es keine unmittelbare Bedrohung durch die beiden Erbfeinde Venedigs gab, durch die Habsburger und durch die Türken. Hier in den weiten Ebenen des zentralen Venetien, die sich im Norden zu sanften Hügelketten erheben und die hinreichend fruchtbar und wasserreich sind, daß man neben der unerläßlichen prunkvollen Repräsentation auch über die landwirtschaftlichen Grundlagen verfügte, die eine gewisse Autarkie ermöglichten ... hier also war man bereit, sich diesen feudalen Besitzerstolz zu erfüllen, der zugleich auch die Sehnsucht nach eigenem Grund und Boden mit üppigen Weingärten und ertragreichen Äckern mit einschloß.

Und damit kommen wir endgültig auf Treviso und sein Hinterland zurück, das diese beiden Voraussetzungen glänzend erfüllte und zudem die notwendige Substanz besaß, die den – seit dem 14. Jahrhundert beginnenden – Ausbau Venedigs von der Seemacht zur Landmacht ermöglichte. Man war hier hinreichend weltaufgeschlossen, um die Zeichen der neuen Zeit richtig zu deuten. Man hatte opfermutig an der Seite der berüchtigten oder berühmten Lombardischen Liga – das kommt auf den Gesichtspunkt an, unter dem man diese Liga und ihre gelegentlich halsbrecherische Politik betrachten will – gegen den deutschen Kaiser Friedrich Barbarossa gekämpft, obgleich gerade durch ihn erst wenige Jahre zuvor die wesentlichsten Privelegien Trevisos bestätigt worden waren. Man hatte im Sinne Venedigs Charakter bewiesen, als man zwar deutsche und österreichische Handelsleute in der

Stadt aufnahm, sie aber in finanzieller Hinsicht tüchtig zur Ader ließ. Andererseits gab es in Treviso schon Ende des 10. Jahrhunderts ein funktionsfähiges Hospital, wo so mancher venezianische Kavalier seine Wunden oder Krankheiten ausheilen konnte, die er sich möglicherweise bei einem der Landausflüge geholt hatte, die jetzt um die Jahrtausendwende immer stärker in Mode kamen.

Denn neben der Tatsache, daß Treviso am richtigen Ufer des Piave lag, machte vor allem ein Umstand diese Stadt in den Augen der Venezianer begehrenswert und vielleicht sogar beliebt: Man war hier nämlich kulturell aufgeschlossen und trotzdem schlau genug, gegen die beginnende venezianische Unterwanderung nichts zu unternehmen. Und bald konnten die vermögenden Venezianer auf diesen beliebten Landausflügen, die im 12. und 13. Jahrhundert immer ausgedehnter wurden und bald den Charakter richtiger Expeditionen annahmen, sich in Treviso nicht nur vollkommen sicher fühlen, sondern sich auch unter anderem in der sogenannten Loggia dei Cavalieri vergnügen, die ein ganzes Zeitalter hindurch und in jeder Hinsicht »per sollazzo dei Nobili« diente, also ausschließlich dem recht weitgespannten Unterhaltungsbedürfnis der Aristokratie zur Verfügung stand. Meines Wissens ist übrigens dieses aus der zweiten Hälfte des 13. Jahrhunderts stammende Gebäude aus der Via Martiri della Libertà das einzige noch halbwegs erhaltene Beispiel dieser Art von adeligen Vergnügungshäusern in Italien.

Treviso also war, wie wir das heute wohl bezeichnen können, das Kernstück des venezianischen Brückenkopfes auf dem Festland. Dahin führten schiffbare Kanäle und eine gut ausgebaute Landstraße, von da aus kam man über die alten Römerstraßen beispielsweise rasch nach Asolo, das gleichfalls frühzeitig venezianisch geworden war und dessen Bedeutung damals sowohl in religiöser als auch in verwaltungspolitischer Hinsicht noch außerordentlich war. Und ich kann mir gut vorstellen, wie Treviso bald auch als Aufmarschplatz für die vermögende und einflußreiche venezianische Klientel diente, die von hier aus ihre manchmal zwielichtige Strategie des Landaufkaufes plante und ihre Strohmänner und Helfershelfer, darunter auch die Architekten, Baumeister, Ingenieure, Maler, Stukkateure und Verwalter dirigierte, die das ganze Land bis hinauf zu den venezianischen Voralpen aufkauften,

rodeten und schließlich auf diese unnachahmliche Weise kultivierten – wobei man unter ›kultivieren‹ mehr verstehen muß als nur die Bearbeitung und Nutzbarmachung des Bodens –, bis dieser Zustand einer grandiosen Künstlichkeit erreicht war, der heute noch unser Erstaunen ... oder nein: unsere Bewunderung hervorruft!
Aber es kann natürlich zu folgenschweren Mißverständnissen führen, wenn man den Blick immer nur beharrlich auf die Geschichte einer Landschaft heftet und dabei übersieht, welche Gegenwart daraus entstanden ist. Männer wie der mysteriöse Giorgione, der eigentlich Zizo Barbarelli hieß und 1477 in Castelfranco geboren wurde, einer kleinen mittelalterlichen Stadt, die ihre Existenz militärpolitischen Überlegungen Trevisos verdankt, oder Antonio Canova, der aus der kleinen Trevisaner Ortschaft Possagno kommt ... solche Männer haben gemeinsam mit Architekten, Ingenieuren und anderen Künstlern zwar diese Kunstlandschaft errichtet, deren Landhäuser, Schlösser, Parkanlagen, Wasserspiele, Gemäldesammlungen, Fresken und Skulpturen gewissermaßen gegen die Natur eingesetzt wurden, aber sie haben die Natur selbst nicht grundlegend verändern können. Es konnte auf künstlerischem Gebiet nichts entstehen, was nicht schon durch den Charakter der Landschaft vorgezeichnet gewesen wäre. Und wer in diesem Zusammenhang glaubt, daß die Monotonie der Ebenen, die fast geometrische Ordnung dieser in Weingärten und Maisfelder gegliederten Hügel, deren Sanftheit verführerisch ist, kaum einen so dramatischen Akzent besäße, wie ihn angeblich alle Kunst braucht, der hat diese Landschaft rund um Treviso und im unmittelbaren Vorfeld Venedigs noch nicht wirklich kennengelernt.
Manche Autoren sprechen vom »griechischen Venetien«, wenn sie diesen Teil des Festlandes charakterisieren wollen. Und sie meinen damit gewiß kein idealisiertes Hellas fernab jeder Wirklichkeit. Andere wieder spüren unter der Anmut und Ausgeglichenheit, die sie in diesem Zentralvenetien zu erkennen glauben, eine nur schwer erklärbare Dämonie, die in Verbindung mit einem Höchstmaß an gestalteter Kunst die ideale Landschaft schlechthin ermöglicht habe. Und selbst heute, da gleich hinter Treviso an der Landstraße nach Giorgiones Castelfranco einer dieser strategischen Flugplätze angelegt wurde, die mit dem infernalischen Lärm der starten-

den und landenden Kampfflugzeuge jede nachdenkliche Vorbereitung oder Einstimmung auf Asolo, Possagno oder die Villa Barbaro in Maser beinahe unmöglich machen, selbst jetzt, da rund um Treviso eine Industrie praktisch über Nacht aus dem Boden schießt, die das einträgliche Geschäft mit dem Handel von und nach Venedig endgültig abgelöst hat und Mestre, dieses Beispiel einer technisch-chemischen Gigantomanie, immer näher rücken läßt, selbst heute also ist diese von alter Kunst und neuen Technologien buchstäblich überschwemmte Region immer noch ›natürlich‹ in diesem schönen Sinn, wie das nicht einmal ein zauberhaft gestaltetes Gemälde hundertprozentig ausdrücken könnte. Ich will versuchen, das an einem Beispiel zu erklären.
Ich traf also in einer frühlingshaften Vorweihnachtszeit am späten Nachmittag in Treviso ein. Das gedämpfte Rot der Stadtmauern hinter den grünen Büschen und dünnen Pappeln, davor der leise rauschende Fluß Sile, der über weite Strecken die alten Burggräben füllt, und immer wieder die überraschten Blicke an einer Biegung des Flusses auf neue und verwirrende Perspektiven, während eine tiefstehende Sonne die türkisfarbenen Kuppeln der Kirchen und das rostigbraune Gewölk der Ziegeldächer vergoldete: Das war eine so vollkommene Übereinstimmung von romantischen Vorstellungen und farbiger Wirklichkeit, daß ich noch lange in der Stadt umherfuhr, bevor ich mir ein Hotel suchte. Und dabei durch winzige Gassen kam, aus deren abgeschliffenem Kopfsteinpflaster mächtige Portale und dunkle gewölbte Laubengänge unvermittelt emporwuchsen, oder mich auf Plätze verirrte, die wie Schaubühnen aus einem weit zurückliegenden Zeitalter wirkten. Da war zum Beispiel die alte Franziskanerkirche, deren Hauptaltar sogar noch im radikal aufgeklärten und skeptischen 20. Jahrhundert aus einem riesigen Steinblock ausgeführt wurde, den man aus dem Berg Verna herausgebrochen hatte, dem Schauplatz der Stigmatisierung des heiligen Franz von Assisi. Da war das Oratorio del Beato Enrico, das über dem bescheidenen Wohnhaus einer der eigenartigsten Figuren der nachfranziskanischen Ära errichtet worden war, nämlich des Heinrich von Bozen, der hier als armer Tagelöhner starb, nachdem er ein Leben lang seine Mission als aufopfernden Dienst am Nachbarn verstanden hatte. Da war die dem heiligen Gaetano von Thiene

gewidmete Kirche, die ursprünglich ein Sakralbau des mächtigen Johanniterordens gewesen war, unter deren Campanile auch einer der letzten Großprioren dieser einstmals so mächtigen Gemeinschaft begraben liegt und die mit ihren Deckengemälden an die heute schon wieder vergessene Existenz eines der großen naiven Moralisten aus dieser Gegend erinnert. Und da waren die immer wieder aus dem Schatten hervortretenden Arkaden und freskengeschmückten Fassaden in der hoffnungslos verwinkelten Altstadt, deren älteste Beispiele bis ins frühe 14. Jahrhundert zurückreichen.
Es war wie ein langsames Hinabtauchen in den Untergrund der Geschichte. Wer weiß schon, daß in der Franziskanerkirche neben Petrarcas einziger Tochter Francesca auch noch der Sohn Dantes begraben liegt oder daß der Dom von Treviso über eines der schönsten Altarbilder Tizians und über Fresken des genialen Pordenone verfügt oder daß sich mit der Kirche von San Niccolò eines der wichtigsten Beispiele der italienischen Gotik in Treviso befindet –, und erst viel später in den weitläufigen Anlagen der Villa Barbaro in Maser, wo die Kunst eines Andrea Palladio und Paolo Veronese mit der des viel zuwenig bekannten Plastikers Alessandro Vittoria wetteifert, erst hinter den ziegelroten Mauern der alten Festungsstadt Castelfranco mit dem geheimnisvollen Madonnenbild des Giorgione oder im einzigartigen Canova-Museum von Possagno würde der Untergrund dieser Geschichte wieder begreifbar werden, würde man verstehen lernen, daß hinter der venezianischen Expansion und hinter allen diesen Intrigen und dubiosen Geschäften vergangener Zeiten auch so etwas wie der unbändige Wille zur vollkommenen Eroberung einer Landschaft durch die Kunst stand.
Nun, in der darauffolgenden Nacht, nach meiner systemlosen und nur vom Zufall diktierten Wanderung durch Treviso fiel dann völlig unerwartet der erste Schnee dieses Winters. Er fiel nicht auf Treviso selbst, sondern auf die Hügel und Berge im Norden, die rund fünfzig oder sogar noch mehr Kilometer von der Stadt entfernt gleichsam die erste Reihe des gewaltigen Amphitheaters ausmachen, das dieses norditalienische Alpenvorland ja auch tatsächlich darstellt. Und plötzlich – ich meine: wie von Zauberhand – war das Leben der Menschen rund um mich auf diese natürlichste Sache der Welt abgestimmt. Aber wie sie abgestimmt war! Mit den abenteuerlich-

sten Vermummungen und den skurrilsten Gesprächen, dramatisch, beinahe hysterisch, als ob eine Katastrophe unvorstellbaren Ausmaßes über diese armen Trevisaner hereingebrochen wäre, die jetzt mit dichten Atemwolken vor dem Mund einander unentwegt versicherten, daß es nicht nur ein besonders kalter, sondern auch ein außerordentlich langer Winter werden müßte ... alle diese frierenden und bis über die Ohren zugedeckten, zugeknöpften Menschen fühlten sich von der Natur buchstäblich überfordert. Ein jahrhundertealter Instinkt ließ sie plötzlich daran zweifeln, daß sie diese Herausforderung des ersten Schneefalls oben in den Hügeln bewältigen würden – böse, heimtückisch lag am späten Vormittag ein kalter herzloser Sonnenschein auf den schneebedeckten Hügelkämmen –, weil sie Kunstfiguren waren, Geschöpfe aus der Hand und nach dem Willen großer Baumeister, Maler, Bildhauer, Stadtmenschen also, verweichlicht durch Kunst, denen jede tiefere Bindung zur Landschaft, zur Natur längst schon abhanden gekommen ist.
Ich kenne diese Geschichten! Der erste Schneefall, die erste Hitzewelle, der erste Nebel, also praktisch alles, was die artifizielle Schönheit italienischer Stadtlandschaften scheinbar oder tatsächlich gefährdet, wird als feindlich empfunden. Und das urbane Leben zieht sich dann schlagartig von jeder Natur zurück. Man betrachte sich in diesem Zusammenhang nur einmal italienische Ferien- und Fremdenverkehrszentren, deren Künstlichkeit erschreckend ist.
Und so fuhr ich an diesem Vormittag, an dem ein frostiger Wind durch das wiederaufgebaute und trotzdem immer noch anheimelnd verwinkelte Treviso wehte, hinüber nach Castelfranco, das mir persönlich nach dem geschichtsträchtigen und romantischen Asolo in der ganzen Provinz Treviso am liebenswertesten zu sein scheint. Dabei war die Entstehungsgeschichte dieser kleinen mauernumgürteten Stadt alles andere als liebenswert. Denn um die Wende vom 12. zum 13. Jahrhundert delegierte der zwar allmächtige, aber damals doch auch etwas verunsicherte Stadtrat von Treviso rund hundert Familien an die immer wieder von den angriffslustigen Paduanern bedrohte Westgrenze der Trevisaner Landschaft, was Padua damit beantwortete, daß es jetzt seine Grenze durch den Bau der Festung von Cittadella absicherte. Zoll- und Steuerfreiheit und einige andere Privilegien sollten

den unfreiwilligen Jungbürgern von Castelfranco – und wohl auch denen von Cittadella – den Umstand erträglicher machen, daß sie trotz ihrer mächtigen Festungsanlagen häufig von irgendwelchen Armeen belagert wurden, bis schließlich nach mehr als einem Jahrhundert der chaotischen Unsicherheit diese Festung, deren ziegelrote Mauern heute noch eindrucksvoll das Stadtbild beherrschen, im Jahre 1339 endgültig venezianisch wurde. Das hat dann freilich auch nicht verhindern können, daß der Erzfeind Venedigs, nämlich Kaiser Maximilian I., hier während des Krieges gegen die Liga von Cambrai für längere Zeit sein Hauptquartier aufschlug.

Es war Markttag, was noch nichts besagt, denn wenn man nur ausdauernd genug durch die italienische Provinz wandert, wird man fast an jedem Wochentag irgendwo auf das abwechslungsreiche und lebendige Treiben eines Bauernmarktes stoßen. Aber weil ich ein paar Wochen vorher auch an einem Markttag nach Castelfranco gekommen war, damals freilich unter einem strahlend blauen Novemberhimmel, vom dem eine warme Sonne leuchtete, konnte ich jetzt an diesem ersten kalten Wintertag auch hier die Erstarrung und den Schock erkennen, den so etwas Natürliches wie leichter Schneefall in den Bergen oder ein halbwegs winterlicher Lufthauch, der von Osten her über die weiten Ebenen strich, für die Menschen dieser Gegend bewirkte. Die Hälfte der Stände und Buden entlang des Burggrabens war diesmal unbesetzt. Und wo sich einige Wochen vorher noch eine kompakte Menschenmenge um die ausgestellten Waren gedrängt hatte – von Schuhen über Oberbekleidung bis zur intimen Miedermode aus einem vergangenen Jahrzehnt lag da alles in schöner Eintracht neben leuchtenden Südfrüchten, prallgefüllten Gemüsekörben und köstlichen Süßigkeiten –, da eilten jetzt einige fröstelnde Hausfrauen unterm kalten Widerschein der riesigen Mauern eilig dahin, dieser imposanten Mauern, die mich mit ihren backsteinroten Zinnen und Wehrtürmen unwillkürlich an ein zähnefletschendes Ungeheuer erinnerten. Und auch dahinter, also hinter den mittelalterlichen Stadttoren war alles Leben auf eine nahezu kummervolle Weise erstarrt. Dafür erhebt sich hier nach jeder Straßenbiegung, über jeder schmalen Seitengasse ein drohender Mauerkranz oder ein wuchtiger Wehrturm. Es ist eine

etwas martialische Idylle, die einen zufälligen Besucher schon melancholisch stimmen kann. Und dieser Eindruck wurde noch verstärkt durch das düstere Geburtshaus Giorgiones, eines Mannes also, der zu den geheimnisvollsten Meistern der venezianischen Kunstlandschaft zählt und dessen früher Tod – er starb wahrscheinlich schon dreiunddreißigjährig an der Pest in Venedig – die Legendenbildung um sein Leben und mehr noch um sein Werk beträchtlich förderte.
Es ist gerade in den letzten Jahren wieder viel über diesen rätselhaften Maler diskutiert und geschrieben worden, von dem man mit einiger Sicherheit eigentlich nur weiß, daß er aus Castelfranco stammt, als junger Mann nach Venedig gegangen ist, dort in der Werkstatt seines großen Lehrmeisters und Zeitgenossen Bellini arbeitete und lernte und nach seinem frühen Tod kaum mehr als zwanzig Gemälde hinterließ, von denen zwar kein einziges eigenhändig signiert war, die aber schon kurz nach seinem Tod zu Höchstpreisen gehandelt wurden, weil sie etwas Revolutionäres und bis dahin Unerhörtes in der zeitgenössischen Kunst dokumentierten. Freiheit von Form, Farbe und Phantasie: so etwa könnte man dieses ästhetische Programm beschreiben, das mit und durch Giorgione den Beginn der klassischen venezianischen Malerei bestimmte. Ich zum Beispiel finde – und dazu braucht man ja wohl kaum ein Kunstexperte zu sein –, daß das Unheimliche und seltsam Suggestive gerade der Trevisaner Landschaft nirgends besser, detailgetreuer und bei aller malerischen Idealisierung auch ›naturnaher‹ dargestellt wird als auf einigen der schönsten Gemälde Giorgiones, darunter dem hinreißenden ›Ländlichen Konzert‹, im Louvre – von Tizian vollendet –, und dann auch in den Landschaftspartien seines großartigen Madonnenbildnisses von Castelfranco.
Alles im Leben und im Werk dieses Mannes aus der venezianischen Provinz war ungewöhnlich und geheimnisvoll. Dazu gehört vielleicht auch eine Anekdote von der kunstinteressierten Marchesa Isabella d'Este aus Mantua, die, als sie im Oktober 1510 davon benachrichtigt wurde, daß Giorgione in Venedig an der Pest verstorben sei, sofort ihren venezianischen Gesandten damit beauftragte, zumindest eine bedeutende Arbeit des verstorbenen Malers sicherzustellen. Aber der mantovanische Gesandte in Venedig mußte nach einiger Zeit resignierend mitteilen, daß es schlichtweg unmöglich sei,

auch nur ein einziges Stück bemalter Leinwand – von Giorgione bemalter Leinwand – noch aufzutreiben, weil die in geschäftlichen Angelegenheiten immer schon raffinierten Venezianer alles von ihm aufgekauft hätten.
Castelfranco, die kleine unbedeutende Landschaft, die ihren Traum von Größe und Ruhm einige kurze Monate lang verwirklichen konnte, als 1978 hier in diesen intensiv roten Mauern die Fünfhundertjahrfeiern zu Ehren Giorgiones stattfanden. Die signorile Weitläufigkeit der Architektur Palladios und der unvergängliche Ruhm der Fresken Veroneses in der Villa Barbaro in dem eher ärmlichen Bauerndorf Maser. Die überwältigende Fülle historischer Erinnerungen und kunstgeschichtlicher Details in der uralten Hügelstadt Asolo. Das eigenartige Museum mit dem Werk Canovas im weltabgeschiedenen Dorf Possagno. Die Kirchen, Paläste, Landhäuser und Festungen, dieser ganze eindrucksvolle Katalog venezianischer Kunst und Macht auf dem diesseitigen Ufer, im ›diesseitigen Land‹ des Piave: Alles ist Provinz! Und doch ist das alles nirgends provinziell!

Nacht über den Euganeischen Hügeln

Noch vor wenigen Jahrzehnten war die Landschaft im Südwesten Paduas sowohl weitgehend unbekannt als auch so gut wie unzugänglich. Lediglich das damals schon bekannte Abano Terme mit seinen Hotels und Thermalanlagen am Fuße der Euganeischen Hügel war eine rühmliche Ausnahme, während man vom dahinterliegenden Hügelland selbst nur wußte, daß es vulkanischen Ursprungs und seiner desolaten Straßenverhältnisse wegen beinahe völlig abgeschirmt war von der übrigen Welt. Der bekannte britische Reiseschriftsteller Morton zum Beispiel, der noch in den sechziger Jahren das Sterbehaus des großen italienischen Dichters Petrarca aufsuchte, beklagte sich bitter über die erbärmlichen Karrenwege und fand, daß er hier in den Euganeischen Hügeln das moderne Italien wohl endgültig verlassen habe. Rund hundertfünfzig Jahre vorher hatte ein klassisches Liebespaar des 19. Jahrhunderts, nämlich die venezianische Gräfin Teresa Guiccioli und Lord Byron, vor diesen berüchtigten Wegen kapitulieren müssen. Man war mit zwei Kutschen nach Arqua gefahren, und zwar mit der immerhin sechsspännigen Kutsche des Grafen Guiccioli und mit dem Reisewagen Byrons, der geräumig genug war, daß darin ein Bett, eine kleine Bibliothek sowie eine »Menge Porzellan und Wäsche« Platz fanden. Aber alle Versuche, den unsterblichen Spuren Petrarcas auf möglichst bequeme Weise zu folgen, scheiterten letztlich kläglich. Man war genötigt, den Rest des Weges zu Fuß zurückzulegen, wobei es sich die romantische oder auch nur exaltierte Gräfin nicht nehmen ließ, den reichlich mühsamen Weg bergaufwärts dadurch abzukürzen, daß sie mit leidenschaftlicher Hingabe Petrarcas Verse rezitierte. Was sich Byron dabei gedacht haben mag, wissen wir zwar nicht genau, können es uns aber unschwer vorstellen...

Heute führt eine schmale Asphaltstraße nach Arqua Petrarca hinauf, wie das kleine altertümliche Dorf, wo Petrarca die letzten vier Jahre seines Lebens zubrachte, seit 1868 heißt. Aber immer noch erwecken die ockerfarbenen und fahlbraunen Steinmauern der alten Häuser den Eindruck eines weit zurückliegenden Zeitalters, und wenn man wie ich an einem bitterkalten Dezembertag in das düstere Dorf kommt, während schon Schnee in der Luft liegt und ein beißender Wind dunkles Gewölk von der Adria her über die winterlich erstarrten Hügel schiebt und den Rauch aus den Kaminen gegen die frierende Erde drückt, dann begreift man auch, wie wenig diese abseits gelegene Landschaft mit dem übrigen Venetien gemeinsam hat.

Das beherrschende Denkmal von Arqua Petrarca ist zweifellos der aus rotem Veroneser Marmor gestaltete Sarkophag des Dichters auf dem Hauptplatz vor der alten Pfarrkirche. Er wurde wahrscheinlich vom Schwiegersohn Petrarcas, einem Bologneser namens Francesco da Brossano, im Jahre 1380 errichtet, also gerade sechs Jahre nach dem Tod des Dichters, und zählt heute wie etwa das Grabmal Dantes in Ravenna gleichsam zu den bevorzugten Wallfahrtsplätzen der europäischen Intelligenz, sofern sie noch Geschmack findet an solchen gefühlsbetonten Exkursionen. Wie groß die Faszination dieses mächtigen Sarkophages – und wohl noch mehr seines Inhaltes – auf die Menschen immer schon gewesen sein muß, dokumentieren zwei eigenartige Versuche, sich in den Besitz dieses Inhaltes zu bringen. In einer Mainacht des Jahres 1630 erbrach der damalige Pfarrer von Arqua den Sarkophag und raubte – den seit damals spurlos verschwundenen – rechten Arm des toten Dichters. Und im Dezember 1873 drang ein neugieriger Professor namens Canestrini kurz entschlossen in den Sarkophag ein, um am Skelett angeblich anthropologische Studien vornehmen zu können.

Das einstige Wohnhaus Petrarcas in der schmalen Via Valleselle im oberen, wesentlich höher gelegenen Teil des Dorfes, wo die berühmten Spätwerke des großen Poeten und Humanisten entstanden sind – darunter die letzte Fassung des ›Trionfo della Divinità‹ – und wo man ihn in den frühen Morgenstunden des 19. Juli 1374 an seinem Arbeitstisch sitzend und über ein aufgeschlagenes Buch gebeugt tot auffand, dieses Wohnhaus ist jetzt natürlich ein Museum. Mich persönlich hat dabei der weite Blick übers Land beeindruckt, den man an klaren Tagen von der Terrasse dieses Hauses aus hat. Aber auch die Innenräume sind sehenswert, so etwa die sogenannte Sala del Camino mit einer schönen und reich verzierten Holzdecke, oder das ehemalige Arbeits- und Sterbezimmer des Dichters, wo unter anderem auch noch ein Sessel und ein Bücherschrank stehen, von denen man behauptet, daß sie zum ursprünglichen Mobiliar aus dem 14. Jahrhundert gehörten.

Arqua Petrarca ist zweifellos die bemerkenswerteste Ortschaft in den Euganeischen Hügeln, die wie die benachbarten Monti Berici im Süden Vicenzas vulkanischen Ursprungs sind. Es war der große Baumeister der Renaissance, Andrea Palladio, der einmal gesagt hatte, daß inmitten dieser merkwürdig geformten Hügel »die von den Erregungen der Stadt ermüdete Seele endlich Trost und Erholung finden kann«, und auch Petrarca selbst oder der bedeutende italienische Dichter Carducci haben immer wieder das Lob dieser wenig bekannten Landschaft im südwestlichen Hinterland Paduas gesungen. Tatsächlich stellt dieser Teil Venetiens eine vollkommen eigene und eigenartige Welt dar. Der bereits erwähnte Morton sprach von einer Miniatur-Schweiz, die sich hier zauberhaft in den Himmel erhebe. Der deutsche Publizist Eckart Peterich formulierte das schöne Wort vom »dichten Schwarm steiler Kuppen«, die geradezu inselartig aus der venezianischen Ebene aufsteigen. Ich erinnere mich an einen Herbsttag vor vielen Jahren, als ich – von Padua kommend – kreuz und quer durch diese Hügelwelt fuhr, zuerst vom trostlosen Nebel eingehüllt, der aus den zahlreichen Kanälen und nahen Lagunen wolkenartig aufstieg, und schließlich weiter oben in den Hügeln unter einem strahlend blauen Himmel, während die Landschaft unter mir buchstäblich so aussah, als wäre sie in einem milchigen Gewässer ertrunken. Einige erdbraune und dunkelgrüne Hügel ragten jetzt noch aus dem Nebel und wirkten tatsächlich wie Inseln in einem unruhigen Meer. Und dort, wo die Herbstsonne voll auf die schön geformte Landschaft fiel, leuchtete die Erde goldfarben auf. In diesen Augenblicken ahnte ich etwas vom tiefen Eindruck, den der Zauber der Natur auf die abergläubischen Menschen dieser Region vor langer Zeit schon gemacht haben mußte. Schließlich war es kaum ein Zufall, daß gerade hier in dieser mythischen Hügelwelt eine der ältesten Orakelstätten Italiens entstand und daß bereits vor mehr als zweitausend Jahren einem glücklichen Cäsar sein Sieg vorausgesagt wor-

den ist. Andererseits ist damals schon das aus der Erde schießende heiße Wasser von den praktisch veranlagten Römern ausgiebig genutzt worden.
Den Schauplatz des Orakelheiligtums in den Euganeischen Hügeln hat man noch immer nicht entdeckt. Aber die umfangreichen archäologischen Ausgrabungen, mit denen man im 18. Jahrhundert begonnen hatte, haben inzwischen einwandfrei nachgewiesen, daß seit den Tagen der Römer und dann auch wieder unter dem Ostgotenkönig Theoderich hier zwischen dem heutigen Abano Terme, Montegrotto und Battaglia Terme eine der bedeutendsten antiken Thermalzonen des ganzen Mittelmeerraumes existierte. Man fand die Überreste zahlreicher Bäder, Denkmäler, Tempel und luxuriöser Villen, und noch im auslaufenden Spätmittelalter brachte diese Landschaft einen der großen Ärzte und Astrologen Europas hervor, Pietro d'Abano, der sich ein Leben lang mit den vielen Möglichkeiten einer Therapie durch Thermalwasser beschäftigte und seine Erfahrungen im ›Conciliator‹ zusammenfaßte, in einem berühmt gewordenen Buch, das man als das geistige Vermächtnis dieses ungewöhnlichen Mannes betrachten darf. Es waren nicht zuletzt seine Erkenntnisse, die dann spätestens seit dem 15. Jahrhundert Padua und vor allem Venedig dazu animierten, die verfallenen Thermen wieder zu restaurieren. Als 1629 eine Pestepidemie das ganze Hinterland von Padua beinahe entvölkerte, war es wieder Venedig, das Giuseppe Mingoni, einen der bedeutenden Ärzte des 18. Jahrhunderts, damit beauftragte, eine mögliche Ausnutzung der Thermen von Abano und Montegrotto gleichsam wissenschaftlich vorzubereiten. Bereits hundert Jahre später, um die Mitte des 19. Jahrhunderts, begann dann noch unter der österreichischen Verwaltung der Aufstieg dieser Thermalzone zu ihrer gegenwärtigen Bedeutung. Und vor allem Abano, das wahrscheinlich auch der Geburtsort des römischen Historikers Titus Livius war, wo sich nach römischen Cäsaren und ostgotischen Potentaten auch so zwielichtige Figuren wie Casanova der Kraft des heilenden Wassers überließen oder wo Carlo Goldoni eine seiner berühmtesten Komödien schrieb oder der noch jugendliche Kaiser Franz Joseph mit seiner kapriziösen Frau Sissy zur Kur weilte, vor allem Abano also wurde so etwas wie ein Wallfahrtsort, wobei man noch bis weit ins

20. Jahrhundert stolz darauf war, über eine hauptsächlich aristokratische Klientel zu verfügen. Diesen gesellschaftlichen Hochmut verschweigt man heute, da man hier am Fuße der Euganeischen Hügel vom österreichischen und deutschen Mittelstand abhängig ist, der in den perfekt durchorganisierten und ausgebauten Hotel- und Thermalanlagen seine Schlamm- und Thermalbäder und Massagen konsumiert. Wen es dabei nach religiöser Erbauung verlangt oder wer eine der absonderlichsten und zugleich reizvollsten Städte Venetiens kennenlernen will – und sich nicht davor scheut, möglicherweise Augenzeuge zu sein, wie einem rechtsorientierten Stadtrat oder Industriellen die Beine durchschossen werden – oder wer sich für die legendären Fresken Giottos, für den ältesten Anatomiesaal der Welt oder für den ersten wissenschaftlich genützten botanischen Garten Europas interessiert, der kann das benachbarte Padua aufsuchen und sich vielleicht Gedanken darüber machen, welcher Zufälligkeiten es manchmal bedarf, damit eine Stadt von sich behaupten kann, die älteste Stadt Italiens zu sein.
Denn im Jahre 1274 fand man bei Ausschachtungsarbeiten in Padua einen Sarkophag, der neben Goldmünzen und einer ausländischen Waffe auch noch die Gebeine eines unbekannten Mannes enthielt. Das wäre weiter nicht erstaunlich gewesen, denn wie fast alle norditalienischen Städte war auch Padua, das alte römische Patavium, immer wieder angegriffen, in blutige Kämpfe und verlustreiche Belagerungen verwickelt und mindestens zweimal – nämlich von den Langobarden und von den Ungarn – auch gründlich verwüstet worden. Wahrscheinlich handelte es sich bei dem jetzt gefundenen Toten um die Überreste eines magyarischen Kriegers aus dem 10. Jahrhundert. Denn damals hatten die fremden Eroberer sozusagen ganze Arbeit geleistet und das gerade erst wieder aufgebaute Padua fast völlig zerstört.
Da betrat eine der originellsten Figuren der Lokalgeschichte Paduas den Schauplatz, ein gewisser Lovato de Lovati, ein phantasievoller Poet, dessen patriotische Verse ziemlich schwülstig waren – Verse die inzwischen längst schon wieder vergessen sind –, der aber anscheinend seinen ganzen Ehrgeiz dareinsetzte, für seine Heimatstadt eine möglichst ruhmreiche Ahnentafel zu konstruieren. Und weil man in jenen Jahren nichts dabei fand, sich der sagenhaftesten und un-

glaublichsten Heiligen oder Städtegründer zu bedienen – manche Inselrepubliken in der Lagune von Venedig verfügten über mehr als tausend Heilige und Schutzpatrone, Venedig selbst lieferte das klassische Beispiel, wie man den Anfang seiner eigenen Geschichte möglichst attraktiv gestalten konnte –, und weil man fast überall in Italien zu diesem patriotischen Zweck die mediterrane Mythologie plünderte, meinte auch de Lovati, daß es hoch an der Zeit wäre, für Padua einen spektakulären Ahnherrn nachzuweisen. Wer hätte besser seinen hochgeschraubten Erwartungen entsprochen, als ein trojanischer Kriegsheld, von dem man ohnedies seit langem schon überzeugt war, daß er nach dem Untergang Trojas an die Küsten Italiens verschlagen worden wäre? Immerhin erzählte man sich, daß er den sagenhaften Stamm der Veneter von Kleinasien an die nördlichen Küsten des Adriatischen Meeres geführt und dort Venetien begründet habe...

Lovato de Lovati behauptete jedenfalls mit allem Nachdruck und der ganzen Überzeugungskraft seines poetischen Geistes, daß es sich bei dem rätselhaften Toten im Sarkophag um niemand anderen handeln könne als um den legendären Antenor, den schon Homer rühmend erwähnt hatte. Die Paduaner ließen sich leichten Herzens davon überzeugen, daß ein trojanischer Kriegsheld sich besser ausmachte als Stadtgründer denn irgendein römischer Kaiser, den man außerdem auch noch mit anderen Gemeinden teilen mußte. Sie unterstützten begeistert die Initiative ihres Lokaldichters und errichteten dem unbekannten Soldaten, dessen Wiege zweifellos zwischen Theiß und Donau gestanden hatte, ein neues und prachtvolles Grabdenkmal, das sich bis auf den heutigen Tag erhalten hat. Aber auch dem Erfinder oder Entdecker Antenors ließ man nach dessen Tod im Jahre 1309 volle Gerechtigkeit widerfahren und bestattete ihn feierlich neben dem Sarkophag des Antenor. Seit damals ist genügend Zeit vergangen, um auch noch die absurdesten Geschichten widerspruchslos zu akzeptieren. So kann es einem heute in Padua ohne weiteres passieren, daß man auf einer Gesellschaft beiseite genommen und mit beschwörenden Worten davon überzeugt wird, sich in der ältesten Stadt Venetiens und möglicherweise sogar ganz Italiens zu befinden. Außerdem erinnert die Piazza Antenore unweit der alten Universität nachdrücklich an diese Geschichte, und wer will, kann die poetischen Inschriften der beiden Sarkophage studieren, in denen der angebliche Antenor und sein Mentor Lovato de Lovati gleichsam als stumme Zeugen für die großartige Vergangenheit Paduas aufbewahrt werden. Selbstverständlich wäre es überflüssig zu betonen, daß diese Inschriften gleichfalls von Lovati stammen.

Diese erstaunliche Geschichte rund um die Wiederentdekkung eines mythischen Städtegründers – auch Conegliano in der Region von Treviso führt seine Existenz auf diesen Antenor zurück – ist freilich nicht die einzige Überraschung, die einem unvorbereiteten Besucher dieser Stadt widerfahren kann. Wahrscheinlich wäre jeder einigermaßen gebildete – und fromme oder auch bloß abergläubische – Mitteleuropäer zumindest ein wenig verunsichert, wenn man ihm erklären wollte, daß diese Stadt am Fuße der Euganeischen Hügel in mancher Hinsicht der am wenigsten bekannte Ort unter allen berühmten Kulturzentren und Wallfahrtsplätzen Italiens ist. Oder daß der allgemein vertraute Eindruck, den diese Stadt in jedem Besucher hinterläßt – die Fresken des Giotto gehören dazu, und dann natürlich die Wallfahrtskirche des heiligen Antonius von Padua –, in Wahrheit von Geschichten, Anekdoten und Merkwürdigkeiten abhängt, denen man trotz aller Publizität in Sachen Padua kaum einmal auf die Sprünge kommt. Ich meine jetzt nicht die sozialkritischen Balladen aus den Arbeiterquartieren in manchen Vorstädten, wohin kaum einmal ein Strahl des allgemeinen Ruhmes dringt, den gerade diese Stadt ebenso genießerisch wie geschäftstüchtig vermarktet. Ich spreche auch nicht von diesen kleinen Gruppen militanter Anarchisten und melancholischer Extremisten unter den Studenten, die zwar den Stadtvätern Kopfzerbrechen bereiten, die aber im übrigen fast schon so etwas wie ein folkloristisches Element auf der reichlich undurchsichtigen italienischen Politszene darstellen.

Nein, ich denke an etwas anderes, gewissermaßen Prätentiöseres! Ich denke an unbekannte Rekorde und an vergessene Sensationen etwa auf wissenschaftlichem Gebiet, an Paduaner, die Unerhörtes geleistet haben – wozu gewiß auch dieser kuriose Lovato de Lovati gehört –, ich denke an die vielen Söhne dieser Stadt, die es zu etwas gebracht haben, das in jedem Falle überdurchschnittlich war, ohne daß man sie heute noch mit ihrer Heimatstadt identifizierte, ich denke an

Kuriositäten und Monstrositäten, ich denke an ein Padua, das mich immer an eine Katakombe erinnert, angefüllt mit verstaubtem Plunder und überraschenden Schätzen ... nur daß diese Katakombe sozusagen an der Oberfläche liegt, allgemein zugänglich und doch weithin unbekannt.

Was für eine herrliche Stadt das doch ist: für närrische Systematiker und besessene Materialiensammler, die ihre Funde dann zu gigantischen Biographien verarbeiten, die allerdings niemals fertiggeschrieben und veröffentlicht werden. So zum Beispiel ist die umfassende und einleuchtende Biographie jener Familie Scrovegni noch immer nicht publiziert worden, die im frühen 14. Jahrhundert zu den Millionären Paduas zählte und deren unermeßlicher Reichtum lediglich dadurch ein wenig beeinträchtigt wurde, daß er auf betrügerischer Manipulation und vor allem auch auf Wucher basierte. Eines Tages dann wollte sich ein Sohn dieser Familie namens Enrico vom Makel des unredlich erworbenen Reichtums loskaufen, indem er auf dem Gelände des ehemaligen römischen Amphitheaters – wo er einen inzwischen längst schon wieder abgerissenen Palast errichtet hatte – eine Kapelle bauen ließ. Angeblich war es Papst Benedikt, der ein solches Zeichen der Buße gefordert hatte, wobei wir freilich vermuten dürfen, daß außerdem noch eine gewaltige Summe den Besitzer gewechselt hatte, denn schließlich waren auch damals schon materielle Stiftungen für die Kirche nichts Ungewöhnliches. Im Verhältnis dazu wird die Summe geringfügig gewesen sein, die Enrico Scrovegni dem aus Florenz gebürtigen Giotto di Bondone bezahlte, damit ihm dieser den Innenraum der Kapelle ausmalte. So kommt es, daß menschliche Habgier in Verbindung mit frühkapitalistischem Machtstreben eigentlich die Ursache war für eines der großen Kunstwerke des christlichen Abendlandes. Denn spätestens nach der Fertigstellung der frommen Fresken Giottos in der Kapelle zur Madonna della Carità war wohl auch das Oberhaupt der katholischen Kirche durchaus damit einverstanden, daß der reiche Bürger Scrovegni wieder seine Goldstücke zählte und beliebig vermehrte ...

Was für eine bezaubernde Stadt das doch ist: für Exzentriker und unverbesserliche Romantiker, die sich selber und aller Welt beweisen wollen, daß alle offiziellen Broschüren, Monographien und Stadtbeschreibungen unbefriedigende Ansatzpunkte sind, weil jede Beschäftigung mit dieser Stadt und ihren Geheimnissen eine Lebensaufgabe für Sonderlinge ist, die trotz aller intellektuellen Anstrengungen nie über das Stadium des Ansatzpunktes hinauskommen! Das beinahe schon weltberühmte Reiterdenkmal des Condottiere Erasmo de Narni, genannt Gattamelata, vor dem Santo, also vor der Wallfahrtskirche des heiligen Antonius, gehört zweifellos zu den spektakulärsten Sehenswürdigkeiten Paduas, weil es einerseits von Donatello stammt und andererseits das erste Reiterstandbild seit der Antike ist. Aber weit weniger bekannt dürfte wohl sein, daß dieser Gattamelata – was soviel wie ›gefleckte Katze‹ heißt – einer der bedeutendsten Söldnerführer des damaligen Italien war, aus Umbrien stammte, an zahlreichen Feldzügen teilgenommen hatte und zuletzt Kommandant der venezianischen Landtruppen gewesen war, der, als er 1443 zu Padua verstarb, seinen kostbaren Feldherrnstab dem heiligen Antonius vermachte. Es war der ehemals hochangesehene Humanist Johannes Pontanus, der in seiner Totenrede auf den verblichenen Feldherrn dessen Menschlichkeit und Frömmigkeit rühmte, geradeso, als ob dieser Erasmo de Narni niemals ganze Städte niederbrennen und ganze Armeen niedermetzeln habe lassen...

Vielleicht liebe ich diese Stadt im Schatten der Euganeischen Hügel deshalb so sehr, weil sie ein Palimpsest ist – wie Alexandria, Neapel und Istanbul, wie Venedig, gegen dessen übermächtigen Schatten man sich hier schon seit mehr als einem Jahrtausend keinen Rat mehr weiß, obgleich man vor langer, langer Zeit einmal selber mitgeholfen hatte, dieses Venedig überhaupt auf die Beine zu stellen –: Wenn Padua also wirklich ein Palimpsest ist und solche vielfach überschriebenen und verwirrend beschrifteten Denkmäler immer nur schwer zu entziffern sind, dann kommt hier zur Liebe auch noch die Geduld dazu, mit der man den Mythos dieser Stadt zu enträtseln versucht.

Warum ich das alles so kategorisch behaupte? Obgleich ich natürlich kein Paduaner, ja nicht einmal ein Venezianer bin, und über einige Kindheits- und Jugenderinnerungen nie hinausgekommen war, die ich mit vielen Italienern meiner Generation teilte und die selbstverständlich mit dem Katholizismus – oder sollte ich besser sagen: mit der unausrottbaren Neigung zum finstersten Aberglauben – dieses zutiefst katholischen und gleichzeitig auch zutiefst abergläubischen Landes zu tun hatten? Also mit lärmender Wallfahrt zum populärsten aller italienischen Heiligen, der freilich ein gebürtiger Portugiese war und nur durch einen verrückten Zufall nach Italien gelangte – wohin er in Wahrheit nie wollte –, eine Art zweiter Antenor, wobei es noch abzuwarten bleibt, bis wieder einmal ein phantasiebegabter Lokaldichter aufsteht und den Nachweis erbringt für die unverfälschte und über jeden Verdacht erhabene paduanische Abstammung des heiligen Antonius.

Überhaupt diese Wallfahrten nach Padua! Das waren eigentlich immer Vergnügungen, deren Naivität groß genug gewesen sein muß, daß sie dem unschuldigen Charakter uralter Volksfeste entsprachen, wie sie im Schatten aller mediterranen Wallfahrtsplätze eine Tradition besitzen, die auch noch dem aufgeklärten und skeptischen Liberalismus unserer Gegenwart widersteht. Ich persönlich erinnere mich dabei an gargantueske Mahlzeiten nach getaner Pilgerpflicht, mit pompösen sieben oder acht Speisenfolgen in bauchigen und hoffnungslos überfüllten Extrazimmern, von denen ich nur noch die prachtvollen Rotweinflecken auf den blütenweißen Tischtüchern deutlich vor mir sehe... und wie irgendeine Großmutter oder ältliche Tante Unmengen von Salz über die verräterischen Spuren streute. Und zwischen diesen Frauen, die nach Moschus und auch ein wenig nach Schweiß dufteten, einige rotgesichtige und sanft rülpsende Priester, die zur Verwandtschaft gehörten – ach, was sage ich: die zur Zierde dieser weitläufigen Verwandtschaft zählten, wenigstens hier in Padua – und die von den Kindern meistens verabscheut wurden, weil sie streng rochen und trotzdem immer respektvoll geküßt werden mußten oder sich selber unaufgefordert mit ihren welken weinbefeuchteten Lippen über die jüngsten Pilger beugten. Während eine halbvergessene Musik durch meinen Kopf geht, eine Art monotoner Melodie, die unveräußerlich mit Padua zusammenhängt und die ich mir heute nur so erklären kann, daß es entweder der Wind vom nahen Meer war, der durch die schmalen gekrümmten Gassen mit ihren endlosen Laubengängen blies – wobei diese Arkaden wie die Bässe und Tenöre einer riesigen Ziehharmonika wirkten –, oder daß es die Vielzahl der Stimmen und Geräusche war, die von der Wallfahrtskirche, von den Schaubuden und Verkaufsständen mit ihren verlockenden Angeboten bis in die überfüllten Extrazimmer eine unvergeßliche Spur von Akkorden und Dissonanzen legte. Es war das eine Musik, die nach bodenständigem Kirchtag schmeckte, nach Weihrauch und ein wenig auch nach irgendwelchen exotischen Wundern, deren Herkunft man sich nie so recht erklären konnte.

Es ist sicher töricht, aber ... nun, ich habe plötzlich wieder das Gefühl, daß man die Geheimnisse Paduas – und was immer man sich darunter auch vorstellen mag, so wird es zutreffen – nur dann einigermaßen begreift, wenn man die unbekannte und geheimnisvolle Welt der Euganeischen Hügel durchstreift hat oder wenn man an einer Wallfahrt zum heiligen Antonius teilgenommen hat oder sich wenigstens ein wenig mit der Geschichte und den wackeren Helden der Universität beschäftigt hat. Denn diese drei Voraussetzungen sind meines Erachtens auch das Maß aller Dinge für Padua. In den Euganeischen Hügeln existierte vor mehr als zweitausend Jahren schon das erste Orakelheiligtum, das die Menschen mit den Göttern verband. Der Schutzheilige von Padua wiederum vermenschlichte das strenge Bildnis, das die Menschen von Gott hatten. Und die Weisheit der Universität erleichterte den Umgang mit heidnischen Göttern und christlichen Symbolen.

Was für eine Stadt! Allein die Erinnerung an sie macht es mir unmöglich, so chronologisch vorzugehen, wie es wohl meine gute Pflicht wäre. Oder so seriös zu sein, daß ich beispielsweise die bis auf den heutigen Tag nicht gänzlich verstummten Gerüchte dementierte oder ignorierte, die etwas von einem längeren Aufenthalt William Shakespeares in Padua wissen wollen. Immerhin habe ich mich längst schon dazu entschlossen, auch an den legendären Antenor zu glauben. Und schließlich gibt es eine ganze Reihe von ehrenwerten Gelehrten – natürlich überwiegen dabei die Engländer –, die sogar das ungefähre Datum herausbekommen haben, an dem dieser Aufenthalt des unsterblichen Dramatikers stattgefunden haben soll, nämlich die frühen neunziger Jahre des 16. Jahrhunderts, als alles schon abgeschlossen war, was Padua großgemacht hatte: die Fresken des Giotto und das Reiterstandbild Donatellos vor dem Santo, die Erfindung des Antenor und die Gründung der Universität!

Hingegen ist zum Beispiel die Anwesenheit Wallensteins in Padua verbürgt, denn der spätere Generalissimus studierte hier, wenngleich man sein Studium als reichlich nutzlos bezeichnen möchte, sofern man an seine spätere Karriere denkt. Der große Albertus Magnus arbeitete hier, und auch Galileo Galilei lehrte ganze achtzehn Jahre lang an der Universität von Padua, und ich stelle mir stets mit Vergnügen vor, wie er an dem von ihm konstruierten Fernrohr herumbastelte, durch das er dann als erster Mensch die Monde des Jupiter und die Sterne der Milchstraße beobachten sollte. Dabei hatte dieses Fernrohr anfangs nur eine dreifache Vergrößerung ermöglicht. Erst im Verlauf der Jahre gelang dem genialen Wissenschaftler diese zweiunddreißigfache Vergrößerung, die ihn mehr als nur einen skeptischen Blick ins Weltall tun ließ.

Überhaupt diese Universität! Es begann im Jahre 1222 mit einigen zornigen Gelehrten, die aus Bologna emigrieren mußten und nach Padua übersiedelten, wo sie ihr Wissen den aus ganz Europa herbeigeeilten Studenten anfangs noch in verschiedenen provisorischen Räumlichkeiten beizubringen versuchten, wobei diese Lehrsäle über die ganze Stadt verstreut waren. Denn erst im 15. Jahrhundert brachte man es zu einem eigenen Universitätsgebäude, dessen Vorgeschichte ein wenig kurios anmutet, weil man zuerst einen bekannten und beliebten Gasthof abreißen mußte, der auf den gebräuchlichen Namen ›Zum Ochsen‹ hörte. Daraus entstand dann rasch der volkstümliche Name für die Universität, nämlich ›il bó‹, was nichts anderes als der Dialektbegriff für dieses nützliche Tier ist. Und auch der Glockenturm des alten Universitätsgebäudes hieß ›Torre del Bó‹, dessen nach venezianischen Vorbildern gestaltete Turmuhr seit 1603 stets pünktlich den Beginn der Vorlesungen ankündigte. Ganz in der Nähe befindet sich übrigens ein Gebäude, daß den ältesten anatomischen Hörsaal der Welt enthält, das sogenannte anatomische Theater, das deshalb so genannt wurde, weil sich die Galerien für die Studenten amphitheatralisch rings um eine kleine Bühne erhoben, auf der früher einmal der Seziertisch stand. Und weil es lange Zeit ziemlich gefährlich war, selbst an die Leichen hingerichteter Verbrecher diese Studien zu machen, die den Berufsstand der Chirurgen über eine bloße Bader- und Schröpfertätigkeit erhob, hatte man in den Boden dieser Bühne eine Öffnung geschnitten, durch die man bei Gefahr die sezierten Leichen rasch verschwinden lassen konnte.

Meran
BOZEN
N
W
O
S
TRIENT
Adige
Gardasee
Malcesine
Caprino V.
Garda
S. Ambrogio di V.
Peschiera
VERONA
Villafranca
Isola d. Scala
Nogara
MANTUA
Zevio
Cerea
Legnago
S. Bonifacio
Cologna V.
Lonigo
Noventa
Montagnana
Este
Monselice
Stanghella
Recoaro
Bosco va Chies.
Chiampo
Tregnago
Arzignano
Schio
Valdagno
VICENZA
Thiene
Marostica
Arsiero
Asiago
Enego
Primolano
Feltre
Pedavena
Bassano d.G.
Asolo
Montebelluna
Castelfranco Ven.
Cittadella
Camposamp
Piazzola
Brenta
PADUA
Teolo
Abano
Arqua
Piove di Sacco
Conselve
Cavarzere
Scorze
Mestre
Mira
Fusina
TREVISO
Mogliano
Chioggia
Valdobbiadene
Susegana
Revine
Vittorio
Sedico
Ponte n. Alpi
BELLUNO
Agordo
Cencenighe
Falcade
Forno di Zoldo
Alleghe
S. Vito di C.
Pieve di
Cortina d'Ampezzo
Misurina
Auronzo
Calalzo
Po
FERRARA
0 10 20 30 40 50
Km

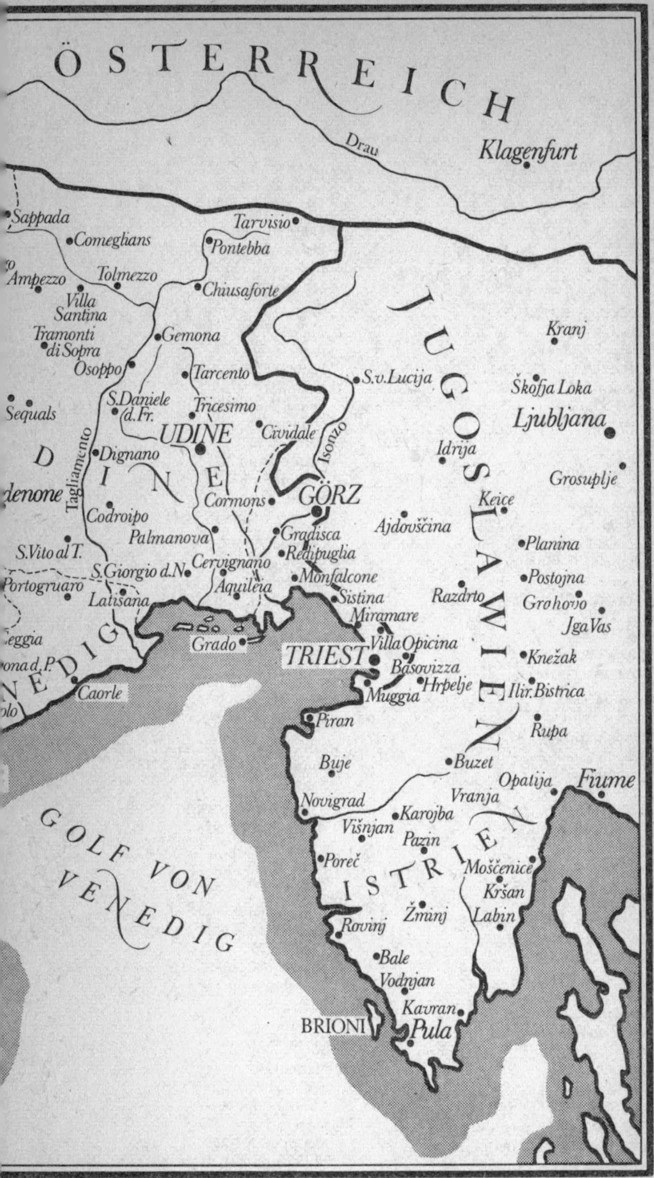
ÖSTERREICH
Drau
Klagenfurt
Sappada
Comeglians
Tarvisio
Pontebba
Ampezzo
Tolmezzo
Villa Santina
Chiusaforte
Tramonti di Sopra
Gemona
Osoppo
Tarcento
S.Daniele d.Fr.
Tricesimo
Sequals
Cividale
UDINE
Dignano
Tagliamento
Isonzo
GÖRZ
Cormons
Codroipo
Palmanova
Gradisca
Redipuglia
S.Vito al T.
S.Giorgio d.N.
Cervignano
Monfalcone
Portogruaro
Aquileia
Latisana
Sistina
Miramare
Grado
TRIEST
Villa Opicina
Basovizza
Hrpelje
Muggia
Caorle
Piran
Buje
Novigrad
Buzet
Opatija
Fiume
Vranja
Karojba
Višnjan
Pazin
Poreč
ISTRIEN
Moščenice
Kršan
Žminj
Labin
Rovinj
Bale
Vodnjan
Kavran
BRIONI
Pula
GOLF VON VENEDIG
JUGOSLAWIEN
Kranj
S.v.Lucija
Škofja Loka
Ljubljana
Idrija
Grosuplje
Keice
Ajdovščina
Planina
Postojna
Razdrto
Grohovo
Jga Vas
Knežak
Ilir.Bistrica
Rupa

Register

Humbert Fink

Venetien zwischen Gardasee und Istrien

Der Doge kam nur bis Asiago
364 Seiten mit 17 farbigen Abbildungen. Leinen

Hier wird ein Herzstück Europas beschrieben, mit gehöriger Kenntnis und Belesenheit, mit großem Einfühlungsvermögen und mit Seiten, die hohes schriftstellerisches Können zeigen.
Die Welt
(Süddeutscher Verlag)

Süditalien

Tränen unter der Sonne
318 Seiten mit 18 farbigen Abbildungen. Leinen

Das ist kein Buch für den oberflächlichen Touristen, es stimmt zu nachdenklich – indem es gleichzeitig fasziniert. Die Poesie der Küstenlandschaften, der Tempelplätze; die Sinnlichkeit der glimmenden Hitze, die Brutalität von Armut und Elend: ein gekonnt mit Worten gezeichnetes Bild, dreihundert Seiten voll Verständnis und Liebe für ein Land, „in dem das Leben als Traum erscheint, den man nach Tunlichkeit rasch vergißt."
Neue Zürcher Zeitung
(Süddeutscher Verlag)

Franz von Assisi

Der Mann – Das Werk – Die Zeit
349 Seiten mit 3 Karten. Gebunden

Zum 800. Geburtstag von Franz von Assisi eine Biographie, die sich ihrem Helden mit Liebe und Respekt nähert. Fink beschreibt das Heldenleben eines Antihelden. Sein Buch ist keine Schönfärberei, sondern eine der Realität nahekommende Gestaltwerdung des Heiligen.
Sonntagspost
(Paul List Verlag)

Auf Pilgerstraßen durch Europa

Ein Engel fliegt über den Kontinent
384 Seiten mit 34 z. T. farbigen Abbildungen. Leinen

Ein Reisebuch ungewöhnlicher Art, es macht den Leser vertraut mit den wichtigsten europäischen Wallfahrtszentren. Fink beschreibt nicht nur die Stätten, er geht auch auf die Geschichte der Wallfahrt ein; er befaßt sich kritisch mit den Legenden und Wundern und läßt den Leser immer auch wenigstens das letzte Stück der Anreise miterleben.
Bayerische Staatszeitung
(Paul List Verlag)